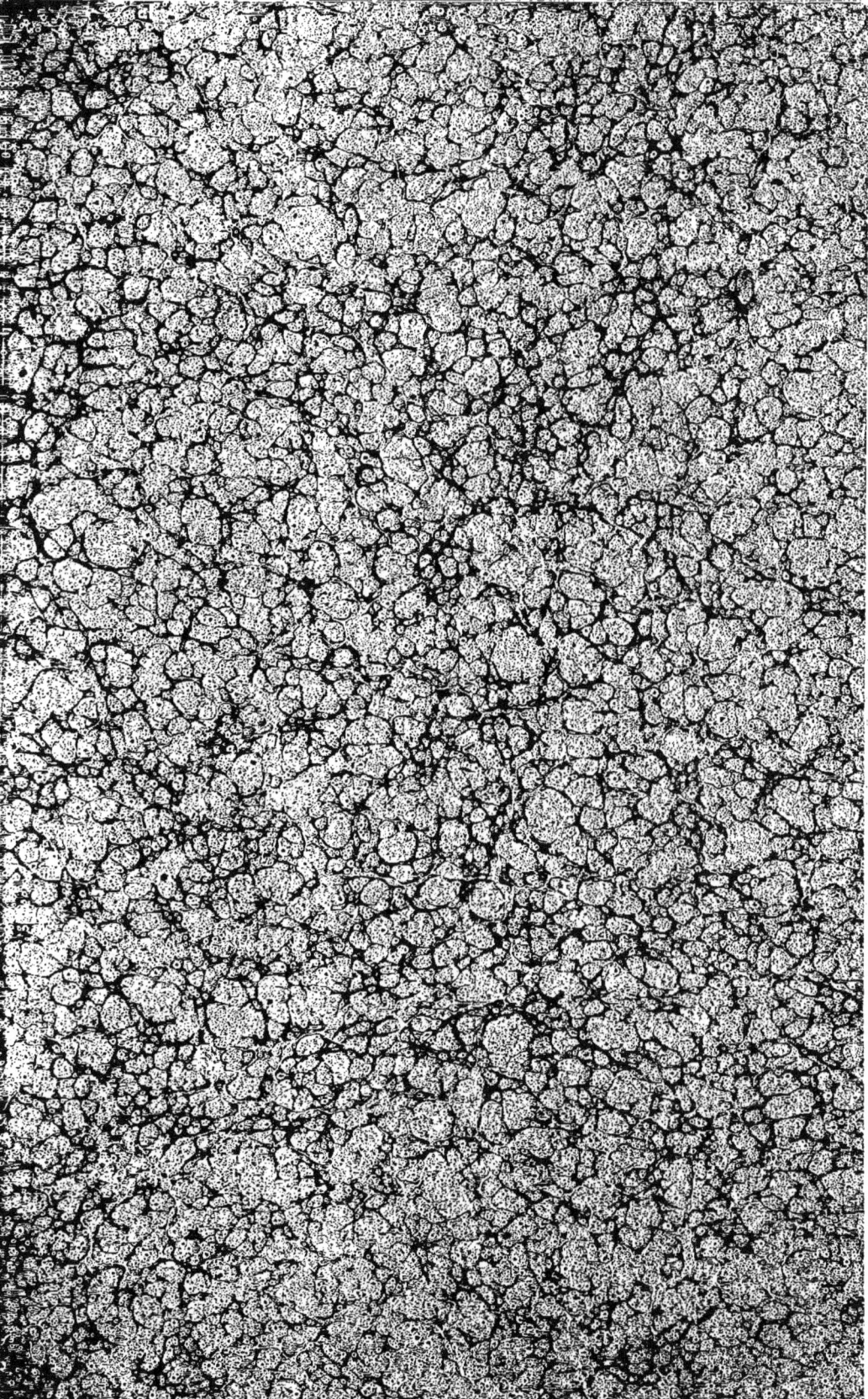

G

©

7941

HISTOIRE

UNIVERSELLE

DES RELIGIONS.

PARIS. — IMPRIMERIE DONDEY-DUPRÉ,
46, rue Saint-Louis, au Marais.

HISTOIRE

UNIVERSELLE

DES RELIGIONS

Théogonies, Symboles, Mystères, Dogmes, Livres sacrés.

ORIGINE DES CULTES,

FOURBERIES SACERDOTALES, PRODIGES ET MIRACLES, SUPERSTITIONS, CRIMES DES PRÊTRES, MOEURS, COUTUMES ET CÉRÉMONIES RELIGIEUSES.

MYTHOLOGIES

de l'Inde, de la Chine, du Japon, de la Chaldée, de la Perse de l'Égypte, des Celtes, des Germains, des Slaves, de la Grèce, de l'Italie, et généralement de tous les peuples de l'Asie, de l'Afrique, de l'Europe, de l'Amérique et de la Polynésie,

DEPUIS L'ORIGINE DU MONDE JUSQU'A NOS JOURS.

PAR UNE SOCIÉTÉ D'HOMMES DE LETTRES ET DE SAVANTS,

SOUS LA DIRECTION

DE J. A. BUCHON.

Magnifique édition splendidement illustrée.

II

RELIGIONS
DE LA CHINE, DU THIBET ET DU JAPON,
PAR M. CHARLES CASSOU.

PARIS.
ADMINISTRATION DE LIBRAIRIE,
26, RUE NOTRE-DAME-DES-VICTOIRES, PRÈS LA BOURSE.

1845
1844

RELIGIONS

DE

LA CHINE, DU THIBET ET DU JAPON,

PAR

CHARLES CASSOU.

RELIGIONS DE LA CHINE.

CHAPITRE PREMIER.

ÉPOQUE ANTÉHISTORIQUE. CROYANCE MYTHOLOGIQUE DES CHINOIS.

Premières colonies chinoises venues des montagnes occidentales de la Chine, du fabuleux Kouen-lun. — Les habitants indigènes, nommés *Porteurs de grands arcs*, sont chassés. — Civilisation prématurée des premiers Chinois contrastant avec l'état intellectuel et moral des peuples primitifs. — Point de castes religieuse et militaire. — Indifférence pour le principe de légitimité dans les dynasties. — Gouvernement impérial tempéré par certaine constitution et par l'organisation des mandarins. — Les six ministres du conseil impérial. — Efforts des historiens pour reculer au delà des temps réels l'origine d'un peuple qui présente dès son apparition dans l'histoire un état de civilisation si avancé. — Création de la cosmogonie chinoise. — Pan-kou, premier homme et premier empereur de la Chine. — Les trois Hoang ou Augustes, qui représentent trois énormes périodes de temps régies par des rois du ciel, de la terre et de l'homme. — Traits distinctifs et formes bizarres des premiers Hoang. — Perfectionnements successifs de la forme corporelle humaine. — Les hommes vivent des milliers d'années. — Fou-hi, second fondateur de la nation chinoise. — Il est fils d'une vierge. — Il est l'inventeur de presque tous les arts, surtout de la musique et de l'écriture. — Son règne est rapporté à l'année 3468 avant notre ère. — Hoang-ti, premier empereur de l'histoire authentique. — Considérations sur les croyances cosmogoniques des Chinois dans leur rapport avec la science géologique. — Ossements humains d'une grandeur gigantesque trouvés du temps de Confucius en Chine.

Depuis que la science s'est occupée de la généalogie des races, qu'elle a cherché dans leur berceau le secret de leur existence, elle a trouvé qu'un fait, assez généralement le même, avait présidé à leur apparition en corps de nation sur la scène du monde, à leur avénement à la vie de l'histoire. Quel est ce fait sous l'empire duquel des hommes auparavant inconnus, errant isolés au vent de leurs caprices et de leurs besoins sur des terres incultes, se rapprochaient tout à coup, se confédéraient en hordes et en armées, et venaient se présenter aux confins du monde civilisé et l'épouvanter de leurs barbares essaims? On est assez d'accord pour rattacher, dans les temps bien connus, les grands mouvements de population à des révolutions religieuses, à un fanatique esprit de prosélytisme qui, déracinant du sol comme un tourbillon des peuplades entières, les poussaient impérieusement devant elles à des distances immenses de leur pays, et les disséminaient le long des fleuves et des mers, sur les versants des montagnes et dans les plaines. Quand la Germanie, au troisième siècle de notre ère, tressaillit dans ses forêts séculaires, et les abandonna pour commencer contre les Romains cette guerre d'invasion qui devait plus tard ouvrir le monde à ses hordes, Odin venait de se révéler. Qui eût pu deviner tout ce que l'Arabie renfermait de guerriers avant que la voix de Mahomet, stimulant leur courage et leur zèle religieux, les eût fait déborder de toutes parts comme les eaux d'un vase trop plein, et les eût jetés au nord et au midi, à Grenade et à Bagdad ?

Tout fait présumer pourtant que ce n'est pas à une pareille cause que la Chine a dû ses habitants actuels. Des traditions confuses indiquent qu'à l'époque où ils y vinrent, les contrées orientales de l'Asie étaient occupées par des peuplades primitives d'une autre race qu'eux, et vivant dans l'état sauvage. Les nouveaux habitants sortaient des montagnes du nord-ouest, pour lesquelles ils ont conservé depuis un culte respectueux dans leurs cérémonies et leurs souvenirs, de ce fameux Kouen-lun, si célèbre dans les légendes de la Chine, et dont l'historien Lo-pi, dans sa naïveté sceptique ou sincère, a dit : « Les vieillards savent par tradition qu'il y a un mont Kouen-lun ; mais il n'y a personne qui affirme y avoir été. » On croit que cette montagne mythologique est le Koulkoum, qui se joint par le Thsoung-ling à la montagne Céleste. Descendus vers les plaines du sud et de l'est, les colonies du Kouen-lun, composées de *cent familles* (dénomination qui a servi depuis à désigner toute la nation chinoise), firent tomber devant elles les grandes forêts qui arrêtaient partout leur marche, traquèrent dans leurs vastes solitudes les tribus dispersées des indigènes, les exterminèrent successivement, ou les rejetèrent vers les côtes orientales du continent asiatique et de là dans les îles. Quelques débris des habitants primitifs, désignés par les noms de *Porteurs de grands arcs* ou d'*Hommes des champs incultes,* passèrent aussi sur les derrières de l'invasion, et se campèrent sur les montagnes occidentales de la Chine, où ils existent encore, inaccessibles à toutes les attaques comme à toutes les sollicitations de la civilisation. Ils appartiennent sans doute à la souche des Kiang ou des Thibétains, avec lesquels ils se sont mélangés.

Nul indice certain ne peut faire découvrir le mobile qui avait ainsi poussé, à une époque indéterminée, les colonies de Kouen-lun vers l'orient. L'histoire de la Chine est précédée de ce chaos qui plane sur l'origine de tous les peuples anciens comme sur celle de la terre elle-même, et on ne peut que répéter ici les paroles d'un ancien philosophe chinois : « Ce que l'homme sait n'est rien en comparaison de ce qu'il ignore. » Toutefois, ce que nous tenons à faire remarquer, parce que là est en grande partie la raison qui différencie la nation chinoise de la plupart des peuples, c'est, comme nous l'avons dit, qu'elle n'est pas sortie toute armée d'une réforme religieuse. Différente des grandes branches de la famille hindo-germanique, elle n'a pas même admis, à son origine, de système religieux, manifesté par un culte. Nulle cosmogonie suivie, nulle épopée religieuse accomplie sur le théâtre de sa primitive habitation, n'ont servi chez elle de base à une croyance déterminée. Au contraire; à la place de récits mythologiques, ses anciens livres contiennent une morale sociale, monotone à force d'être positive, fondée sur les devoirs réciproques des membres de la société, en tant que pères, fils, époux, sujets ou gouvernants; leur notion de la Divinité est un déisme dégagé d'idées fabuleuses, de mythes conservés par une tradition intéressée. Fruit spontané d'une nature primitive souverainement droite et réglée, car rien ne peut autoriser à le croire un produit d'une civilisation antérieure importée de l'ancienne patrie, ce phénomène pourrait devenir un argument en faveur de l'école de J. J. Rousseau, qui place la perfection morale des peuples à l'origine même des siècles. Ce n'est pas du reste par l'absence seule de toute mythologie que se manifestent la haute culture des Chinois et leur rectitude d'esprit ; ce bon sens religieux n'est sans doute qu'une conséquence des mœurs politiques de ce peuple et de ses idées sur les arts, sur la vie, sur la dignité de l'homme, contrastant singulièrement avec ce que nous savons des peuples primitifs. Né, pour ainsi dire, avec un sixième sens, le sens de l'utile et du positif, le Chinois nous apparaît, de toute antiquité, peu occupé de méditations spéculatives, non qu'il les ignore, mais parce qu'il les dédaigne, peu inquiet aussi de son origine et de sa destinée future, mais cherchant avec ardeur, avec intelligence, à rendre commode sa demeure terrestre, par l'honnêteté et la facilité de rapports avec ses semblables, luttant avec la nature pour l'assouplir à ses besoins, perfectionnant tout autour de lui, et se perfectionnant lui-même par l'industrie, le commerce et la morale. Aussi les arts qui servent à l'usage ou à l'embellissement de la vie, semblent-ils, en Chine, contemporains de l'établissement même de la nation ; et le Chou-king, compilation sacrée de livres très-anciens, faite par Confucius, près de six cents ans avant notre ère, les mentionne-t-il sans avoir jamais à rapporter la date de leur origine. La polarité de l'aimant était connue des Chinois deux mille cinq cents ans avant notre ère. De tout temps, ils surent travailler les métaux, faire des instruments de musique, polir et tailler les pierres dures.

Un autre trait caractéristique de l'esprit des Chinois, c'est qu'il n'y a parmi eux aucune trace de castes héréditaires supérieures au reste de la nation ; ni guerriers ni prêtres n'ont marqué, sur ce sol où l'égalité des hommes a été de tout temps une idée fixe et naturelle, l'empreinte de leur éperon ou de leur sandale. Il n'y a là ni superposition d'une portion conquérante à un noyau resté asservi, ni servilisme originaire fondé sur des théories religieuses d'indignité humaine. Toutes les familles y étaient, à l'origine comme aujourd'hui, égales; nul préjugé ne parquait indéfiniment les individus dans des corporations infranchissables dont l'horizon était la glèbe, le comptoir ou l'atelier (1). La dynastie régnante des empereurs, bien qu'investie d'une autorité absolue, n'y jouissait même que d'un pouvoir de fait, attaché à la fonction et non à l'homme, qui ne durait qu'autant que cette fonction était remplie au profit du peuple. Aussi nul prestige de légitimité ne suivait dans les rangs du peuple, où elle allait se perdre, la famille que le peuple révolté avait rejetée du trône. La puissance nouvelle qui surgissait des conflits de la nation avec le pouvoir déchu, était consacrée et légale à l'instant de l'occupation de l'empire. Aucune tentative ne s'est faite en Chine, où vingt-deux dynasties se sont succédé, dans un but de restauration.

Quoique absolu et exclusivement exercé par l'empereur, le pouvoir impérial n'était point despotique. Un certain sentiment filial qui inspirait la vénération, environnait le prince, qualifié de *souverain seigneur* et de *fils du Ciel*; et ce sentiment, qui ennoblissait l'obéissance quand les princes étaient bons, n'aveuglait point sur les crimes des mauvais princes. Une conduite tyrannique brisait, pour ainsi dire, le pacte d'alliance qui existait entre l'empereur et le peuple. Une foule de passages des livres sacrés des Chinois consacrent le droit de révolte contre des maîtres injustes, et ne semblent exalter à l'excès la personne officielle du prince que pour marquer les hauteurs difficiles où le devoir lui commande de se tenir. Le pouvoir de l'autocrate avait encore un contre-poids dans le droit de représentation individuelle que possédaient tous les habitants de l'empire, quels qu'ils fussent, magistrats, artisans ou lettrés. Les moyens mis en usage pour l'exercice de ce droit présentent à l'origine les caractères naïfs d'une simplicité toute primitive. L'empereur Yao, qui régnait deux mille trois cent cinquante-sept ans avant notre ère, désireux de faire parvenir la vérité jusqu'à lui, avait imaginé de placer à la porte extérieure de son palais une tablette, sur laquelle tous les Chinois avaient droit d'écrire les avis qu'ils croyaient utiles aux besoins de l'empire et leurs remontrances aux actes du gouvernement. Un tambour, élevé sur deux supports, se trouvait à côté de la tablette, et celui qui venait d'adresser un avis ou une remontrance devait y frapper pour en avertir l'empereur. Ce droit de représentation, qui ne s'est jamais perdu, se régularisa depuis administrativement, et passa à la classe des magistrats. L'ordre des fonctionnaires publics formant une espèce d'aristocratie assez semblable déjà à celle des lettrés, qui s'organisa au septième siècle de notre ère, contrebalançait encore ce pouvoir en le retenant dans les habitudes pratiques et dans la jurisprudence de l'administration. Ces fonctionnaires, civils ou militaires, que les premiers Portugais qui eurent des relations avec la Chine ont appelés du nom général de mandarins, dérivé de *mandare*, commander, se recrutaient, par des examens et à l'aide de certaines conditions d'aptitude, dans toutes les classes de la société. Élevés dans le respect et l'observance des rites et des cérémonies de l'antiquité, ils en enveloppaient comme d'un réseau l'arbitraire du pouvoir, et la justice trouvait sa garantie dans les procédés formalistes de ce corps.

La Chine enfin possédait, par tradition sinon par écrit, ce que nous appellerions chez nous une constitution politique, et les divers conquérants de la Chine, Tartares ou Mantchoux, impuissants à lutter contre l'inflexible énergie des usages chinois, se sont pliés tour à tour aux cadres administratifs tracés déjà, deux mille ans avant notre ère, par les empereurs Yao et Chun. « Yao et Chun, lisons-nous dans le Chou-king, après avoir *examiné l'antiquité*, créèrent cent mandarins. Les mandarins de l'intérieur s'appelaient Pe-kouei et Se-yo ;

ceux de l'extérieur étaient les Tcheou-mou, les Heou et les Pe (c'étaient des princes feudataires et des gouverneurs de provinces). Les dynasties de Hia et de Chang doublèrent le nombre de ces mandarins. » C'est à ces premiers empereurs, imitateurs d'une antiquité plus reculée encore, qu'il faut aussi faire remonter la création des six ministères ou conseils souverains, entre lesquels se partage, de nos jours, en Chine, l'administration de toutes les affaires de l'état.

Ces six ministres, par une division toute naturelle qui existe dans les choses, correspondaient à nos ministres de l'intérieur, de l'instruction publique, des cultes, de la guerre, de la justice et des travaux publics. Chacun de ces grands dignitaires avait dans son ressort une foule de mandarins distribués dans les neuf provinces de l'empire de Yao. Le nombre des provinces s'est accru depuis; et c'est au moyen de ces institutions et de ces agents, tous reliés entre eux par les liens de la fonction et de la hiérarchie, que les premiers empereurs chinois créèrent cette vaste et puissante centralisation qui, jetant tout un empire dans un moule commun, a réalisé, pendant des milliers d'années, une œuvre plus vaste que celle de Rome, qui tomba après cinq siècles de durée, plus vaste encore que celle d'Alexandre et de Charlemagne, qui ne survécut pas à leurs fondateurs.

Voilà donc à quelle haute antiquité remonte cette nation chinoise, cet empire le plus grand qui fut jamais et dont l'existence semble devoir se prolonger indéfiniment à travers les accidents de l'avenir! Toutefois, comme si quarante siècles d'une vie pareille, attestés par des monuments écrits et des calculs astronomiques, ne suffisaient pas à sa gloire, des historiens chinois, préoccupés de l'idée que les notions philosophiques dont nous avons parlé étaient trop avancées pour ne pas laisser supposer par-delà Hoang-ti et Yao, les premiers empereurs certains, un état social antérieur, ont avidement plongé dans les temps antéhistoriques et ont rapporté de ces landes chronologiques sans limites, des récits détaillés et curieux. L'histoire des fables humaines est aussi importante que celle des faits réels, et elle est de beaucoup la plus considérable. Tout n'est pas faux, du reste, dans les récits épiques de la naissance des peuples. Soit qu'ils s'appuient sur les souvenirs des générations passées, soit qu'ils ne soient qu'un reflet de l'imagination des peuples, on y apprend toujours à connaître la nation qu'ils célèbrent, ou par les faits racontés, s'ils sont réels, ou par la conception qu'elle a eue elle-même de son origine et dans laquelle elle se réfléchit, s'ils sont imaginaires. Les poëmes d'Homère n'en apprennent-ils pas sur la Grèce un peu plus que les voyages d'Anacharsis? On ne croit pas, du reste, à la sagesse d'un homme qui n'a jamais erré, et il faut bien que les Chinois, ce peuple si grave, si réservé, nous laisse voir aussi les fables et les rêveries qu'il a mêlées à ses idées théosophiques; on sera peut-être étonné de trouver quelque vérité dans ces écarts mêmes.

Presque contemporains d'un grand déluge, qui semble avoir partout précédé l'apparition de l'homme sur la terre, les Chinois conservent dans leurs traditions de vagues souvenirs d'une époque antérieure, et représentent leurs premiers aïeux comme ces êtres moitié monstres, moitié hommes, qui ouvrent, dans presque toutes les cosmogonies, la marche de l'humanité; comme il est naturel de s'y attendre, ils expliquent l'origine de leur empire par l'origine même du monde. Le premier homme est leur premier empereur; ce premier homme était Pan-kou, dans lequel on a voulu voir le Manou de la mythologie indienne. Deux millions d'années au moins le séparent de la naissance de Confucius, arrivée dans le sixième siècle avant notre ère, et, au gré des traditions diverses, Pan-kou flotte sous neuf formes, qu'il peut tour à tour revêtir : représenté ici comme doué d'une force créatrice et distinguant les choses dans le chaos primordial, là, n'arrivant que le lendemain de la création, alors que la terre, séparée du ciel, pouvait offrir un établissement à l'homme. Dans cette dernière version, un être primordial aurait façonné antérieurement le *grand terme*, qui n'avait ni figure ni corps ; mais devait servir de base et de support à toutes les couleurs, à toutes les formes ; ce grand terme, c'était la matière première dont les choses avaient été faites.

Après Pan-kou, vinrent trois périodes de temps, trois règnes fabuleux, remplis par trois ordres de rois, qui gouvernent successivement le monde ; ce sont : le règne du ciel, le règne de la terre et le règne de l'homme. Dans ces trois règnes, appelés les trois Hoang, les êtres qui sont à la tête des races vivantes possèdent des formes fantastiques et tout à fait différentes de celles de l'homme actuel, quoique l'intelligence et la raison leur soient données comme attributs principaux. Les rois de la première dynastie ont le corps de serpent ; tranquilles sur leur sort, sans goût et sans passion, ils erraient sur la terre, insouciants des besoins de la vie. Leurs peuples s'organisaient d'eux-mêmes, disent les historiens. Sous le second, se produisent des êtres au visage de fille, à la tête de dragon, au corps de serpent, aux pieds de cheval ; chacun de ces êtres vivait dix-huit mille ans ; aussi assurait-on qu'ils n'étaient point nés et ne changeaient point. Dans le règne de l'homme, qui suivit, les êtres humains conservèrent bien encore de l'animal les parties postérieures de leur corps ; mais le visage appartint à l'espèce actuelle. Ils demeuraient dans des antres, se perchaient sur les arbres comme dans des nids, et montaient sur des cerfs ailés et des dragons. Ils commencèrent alors à quitter leur isolement, à se rapprocher, à s'unir par des liens d'association et à se bâtir dans le voisinage l'un de l'autre des demeures plus ou moins fixes. Les vêtements distinguèrent les sexes ; le mariage s'établit ; car avant, disent les traditions, « les hommes n'étaient ni mâles ni femelles. »

Le règne de l'homme se partage en dix périodes secondaires, nommées Ki, et dans ces périodes, des modifications s'opèrent successivement dans l'organisation du corps. Chose assez bizarre dans cette cosmogonie! la partie spirituelle, qui avait été l'apanage des premiers êtres humains, dépérit à mesure que leur forme se rapproche de celle que nous possédons aujourd'hui. Du reste, les élaborations sont lentes et capricieuses; dans le huitième ki, on trouve encore des rois qui ont quatre mamelles, le front de dragon, quatre yeux brillants; mais cette dernière période fut si heureuse, qu'on peut la regarder comme l'âge d'or de la mythologie chinoise. « Il n'y avait alors ni dedans ni dehors; ni tien ni mien, personne ne ramassait ce que l'imprévoyance avait laissé tomber sur le chemin; la concorde régnait partout; la droiture et la bonté étaient les seuls liens qui guidassent les hommes; un ordre charmant unissait le ciel et la terre; toutes choses croissaient sans relâche; les animaux se laissaient conduire à la volonté de l'homme, et les oiseaux faisaient leurs nids si bas, qu'ils semblaient solliciter la main à les prendre. » Les rois, qui l'aurait dit? véritables pasteurs de peuples, sans sceptre, sans couronne, réalisant une formule politique devenue de nos jours fameuse, *régnaient* sur l'univers sans le *gouverner*. Aussi, ajoutent les légendes chinoises, le monde était content de son sort et regardait ses rois comme des dieux. C'est à cette époque qu'on fait remonter la découverte des arts et des métiers utiles aux premiers besoins de la vie : l'invention des caractères chinois, formés d'abord de cordes garnies de nœuds, de la musique, des poids et des mesures, des chars, des monnaies; alors s'élèvent aussi des demeures en bois ou en pierre, pour abriter les hommes contre les animaux, devenus chaque jour plus hostiles et plus nombreux. A chacune de ces inventions est en général attaché le nom de quelqu'un des rois innombrables qui règnent dans ces périodes imaginaires, créées par les traditions nationales ou l'imagination des Hérodotes chinois. Tsang-kie fut l'inventeur des lettres. « Il avait un front de dragon, la bouche grande et les quatre yeux spirituels et brillants. Le suprême ciel le donna à tous les rois pour modèle, et le doua d'une très-grande sagesse. Ce prince savait former les lettres au moment où il naquit. Il visita la partie méridionale, monta sur la montagne Yung-hiu et s'approcha du fleuve Lo, au septentrion. Une divine tortue, portant sur son dos des lettres bleues, les lui donna. Ce fut alors que, pénétrant tous les changements du ciel et de la terre, en haut il observa les diverses configurations des étoiles, en bas toutes les traces qu'il avait vues sur la tortue, considéra le plumage des oiseaux, prit garde aux montagnes et aux fleuves qui en sortent, et enfin de tout cela composa les lettres. »

Ce que les traditions rapportent des heureux effets du gouvernement d'un autre de ces rois est trop curieux pour que nous le passions sous silence. « He-sou, disent-elles, respectait le peuple et ne négligeait rien pour son bonheur. Sous lui les hommes vivaient dans une continuelle et paisible ivresse, insouciants de savoir ce qu'ils faisaient et où ils allaient : ils se promenaient gaiement, en se frappant le ventre de petits coups, comme si c'eût été un tambour; la bouche toujours pleine, ils goûtaient une joie pure. Le jour était donné à des exercices peu fatigants, la nuit au repos ; quand ils sentaient la soif ils cherchaient à boire, à manger quand la faim aiguillonnait leur palais; en un mot, ils ne connaissaient point encore ce que c'était que bien ou mal faire. » Sous Tse-siang, les vents furent si grands et les saisons si déréglées, que ce prince donna ordre à Se-kouei de faire une guitare à cinq cordes, pour remédier au dérangement de l'univers et pour conserver ce qui a vie. A ceux qui seraient tentés de demander quel rapport peut avoir la musique avec l'arrangement de l'univers, l'historien Lo-pi répond « que la musique n'est autre chose que l'accord des deux principes, l'un actif, nommé *yang*, l'autre passif, nommé *yn*, sur lesquels roule la conservation du monde visible. » Enfin, pour en finir avec les êtres de cette singulière mythologie, nous ne mentionnerons plus que Pe-hoang : il sortit avec son char, attelé de six dragons, du tronc du Pou, arbre divin, d'où émerge tous les jours le soleil lui-même, en commençant sa carrière. Cet arbre du soleil était encore nommé l'arbre de l'obéissance ; il avait dix fleurs dont la lumière éclairait notre monde.

Fou-hi commence la neuvième période et sert de transition entre les temps fabuleux et l'histoire réelle. Quoiqu'il apparaisse encore avec quelque reste d'attributs mythologiques qui font douter de son existence, il est généralement regardé comme le fondateur de l'empire. Sa naissance rappelle cette idée si commune chez tous les peuples, d'une conception virginale, opérée par l'influence du ciel.

La fille du Seigneur, nommée Hoa-sse, c'est-à-dire la fleur attendue, fut mère de Fou-hi. Comme elle se promenait un jour sur les bords d'un fleuve de même nom, elle marcha sur les traces du *grand homme*; un arc-en-ciel l'ayant environnée, elle tressaillit et conçut; au bout de douze ans, le quatrième jour de la dixième lune, elle accoucha vers l'heure de minuit; c'est pourquoi l'enfant fut appelé Souï ou l'année. Un ancien auteur chinois, qui rapporte cette légende, ajoute qu'autrefois les Ching ou sages se nommaient enfants du ciel, parce que leurs mères les enfantaient par l'opération du ciel. Fou-hi avait la tête de bœuf, les dents de tortue ; sa barbe blanche descendait jusqu'à terre. Ses portraits le représentent avec des excroissances frontales, qu'on a comparées à celles qui surmontent le front de Moïse dans quelques figures traditionnelles, et qui pourraient bien n'être qu'un symbole du génie.

Les écrivains qui commencent à Fou-hi l'histoire de l'empire chinois lui font honneur de toutes les inventions déjà mentionnées. Ainsi, c'est lui qui apprend aux hommes l'art de la chasse et de la pêche, apprivoise les six animaux domestiques (le cheval, le bœuf, la poule, le cochon, le chien, le mouton), établit le mariage et les cérémonies propres à le consacrer. Une des institutions matrimoniales qu'on lui attribue, est celle qui, encore aujourd'hui, défend à deux personnes de même nom de se marier ensemble, qu'elles soient ou ne soient pas parentes. Fou-hi organisa le gouvernement par la création de ministres, sous le nom de dragons, par allusion à l'animal mythologique de la Chine, qu'on rencontre constamment dans son histoire. Mais ce qui a rendu par-dessus tout populaire le nom de ce fondateur de la nation chinoise, c'est l'invention des *koua*, petites lignes brisées qui ont servi d'éléments générateurs à l'écriture chinoise, et celle du fameux *kin*, lyre de sept pieds deux pouces, formée de vingt-sept cordes de soie. Chin-nong fut le Triptolème de cette nation naissante. Incarnation, comme Fou-hi, de toutes les découvertes faites sous son règne, il n'est un monstre que par ses attributs : comme Osiris, il a des cornes de bœuf; mais elles indiquent qu'il découvrit l'agriculture, dont cet animal est le soutien. Le premier, il ouvrit le sol avec la charrue, confia des semences aux sillons, et leur fit produire des blés et des arbres à fruit; il donna aussi des noms aux plantes, les classa par sections, et fixa les saisons pour leur culture. Les traditions l'appelèrent le Divin Laboureur (Chin-nong), et jetant le voile de l'allégorie sur ses connaissances en agronomie et dans l'art des arrosages, elles assurèrent qu'il obtenait du ciel, à son gré, la chaleur et l'humidité, tous les cinq jours une bouffée de vent, et tous les dix jours un peu de pluie.

Avec Hoang-ti, nous mettons enfin le pied sur la terre ferme de l'histoire; les séries des cycles de soixante années, et correspondant à nos siècles, remontent d'une manière certaine à la soixante-unième année du règne de cet empereur; et depuis lors les événements et les institutions se succèdent en Chine avec la régularité et la suite qui caractérisent les époques les plus positives. La Genèse chinoise est finie. Dans les faits mythologiques qui précèdent, nous voyons comme un retentissement des bruits confus du chaos, du débrouillement des éléments, des pénibles et prolongées élaborations de l'univers;

nous y voyons l'homme traversant vingt essais de conformation et n'arrivant que par degrés à la conquête de son esprit et de son corps. Il y a là un vif sentiment de l'incertitude des premières formes, alors que l'homme, retenu encore à la nature par le cordon ombilical, conservait un vague souvenir de la confusion primordiale. Ces premiers êtres qui vivent sous les Hoang ne seraient-ils pas ces énormes mastodontes, ces mégalonyx, ces palæontherium, que la science a retrouvés à l'état fossile dans les couches antédiluviennes? Ces fables ne sont-elles pas un écho indéfini des existences chaotiques, prolongé par-delà les secousses du globe, qui firent jaillir l'homme à la vie? Quoi qu'il en soit, il nous a paru curieux de terminer cet aperçu sur la Genèse chinoise par le récit suivant, qu'on trouve dans la vie de Confucius.

Le roi de Ou venait de conquérir le royaume de Youé. En fouillant dans les fondations des murs de la capitale, qu'il avait ordonné de raser, on trouva des ossements humains qui annonçaient dans l'être à qui ils avaient appartenu une taille démesurée ; car les os de ce squelette, dit le texte chinois (évidemment entaché de quelque exagération), étaient suffisamment gros pour emplir seuls une charrette entière. Le roi députa aussitôt vers Confucius, pour le consulter sur cette découverte et lui demander s'il y avait autrefois des hommes d'une taille si prodigieuse. « L'étude particulière que j'ai faite de l'antiquité, répondit le philosophe, m'a appris qu'il y avait anciennement des hommes dont la taille était fort au-dessus de celle du commun, et qu'il y en avait aussi dont la taille était si fort au-dessous, qu'on les eût pris pour des êtres d'une autre espèce ; mais ces cas étaient rares, et l'histoire ne manquait pas d'en faire mention. Il s'en faut que nous ayons tout ce qui a été écrit. »

On a vu combien ces fables de la mythologie chinoise sont peu fécondes et peu brillantes, combien, par le cachet même d'une certaine vérité matérielle, elles s'éloignent de ces riches cosmogonies dont l'imagination de quelques autres peuples, celle des Grecs, des Indiens, des Scandinaves même, a doté les premiers temps de la création. Dans ces inventions, dans ces réminiscences lointaines, il y a de plus l'absence complète de tout système religieux, de tout sens suivi et mythique, une espèce de dédain pour les choses extra-naturelles. Ainsi, tandis que les autres peuples composent leur Olympe de tous ces êtres fabuleux qui ont précédé le séjour de l'homme sur la terre, la Chine les renvoie dans le néant et l'indifférence. Si les historiens les mentionnent, c'est plutôt par scrupule d'érudition que par orgueil religieux. Le culte des Chinois pour le passé est grand, on le sait; mais il ne va pas jusqu'à diviniser et adorer les fondateurs de l'empire; ils ont débuté dans la vie par où les autres peuples finissent; ils n'ont admis, à l'origine de leur histoire, ni symboles ni personnifications de la Divinité; ils n'ont point élevé de temples, n'ont point taillé de dieux dans les flancs de la pierre ou les veines du bois, n'ont professé, en un mot, aucun dogme systématisé par les traditions et la caste exceptionnelle des prêtres.

CHAPITRE II.

**TEMPS HISTORIQUES DEPUIS HOANG-TI JUSQU'AUX DEUX PHILO-
SOPHES LAO-TSEU ET KHOUNG-FOU-TSEU (CONFUCIUS) (DE 2637
A 604 AV. J.-C.),**

Déisme primitif des Chinois. — Culte de la nature. — Notions métaphysiques de l'Être suprême. — Système physico-religieux. — Dualité des principes élémentaires l'*yang* et l'*yn*, à laquelle est rapportée la création de tous les êtres réels et abstraits, les animaux et les vertus.—Peu de précision dans ces notions.— Croyance superstitieuse aux esprits qu'on divise en trois classes : les *Hien*, les *Chen* et les *Kouei*. — Ces esprits remplissent dans la police des airs des fonctions qui leur sont assignées par l'empereur chaque année lors de la promulgation du calendrier. — Ils président aux jours de l'année et aux heures du jour. — Singulière promotion dans ce gouvernement fantastique que fit Wou-wang, chef de la troisième dynastie de la Chine, dans l'année 1122 avant J.-C. — Magie et sorcellerie pratiquées par l'intervention de ces esprits, et au moyen de la tortue et des *koua*. — Éclipse de soleil, célèbre dans les annales chinoises. — Cérémonies établies en l'honneur du Ciel ou du *Chang-ti* sur les quatre montagnes sacrées de l'empire chinois. — Sacrifices. — Temples des trois premières dynasties. — Troubles dans l'empire causés par les excès du régime féodal. — Naissance de Lao-tseu.

Si le peuple chinois, dans les deux mille ans environ que comprend son histoire positive, depuis son origine jusqu'à Confucius, n'a point connu de système religieux, leurs King ou livres sacrés, qui ne sont qu'une compilation de livres nationaux plus anciens, renferment pourtant les traces d'une théorie métaphysique. Cette théorie n'est nulle part formulée d'ensemble, mais il est possible, jusqu'à un certain point, d'en reconstituer l'exposition à l'aide des allusions qui y sont faites dans le cours des récits historiques.

Par un procédé naturel à l'esprit humain, les Chinois, voulant désigner l'Être suprême, antérieur à tout, père du monde et des hommes, ont transporté à l'idée qu'ils se faisaient de cet être, les noms des grandes créations qui en témoignent la puissance. Frappés de l'union mystérieuse qui rattache le ciel à la terre, et des influences des astres sur celle-ci, que les astres font tressaillir dans ses entrailles et fécondent, ils donnèrent au ciel et à la terre une vie propre et collective et les identifièrent avec l'être primordial lui-même. L'yang et l'yn furent à leurs yeux les deux matières élémentaires de cet être qui réunissait en lui les deux principes contraires, le céleste et le terrestre, le sec et l'humide, le parfait et l'imparfait. Les Chinois reconnaissaient, il est vrai, d'une manière abstraite, que cette dualité reposait sur l'unité, comme germe, et pour donner une sorte de personnalité à cet être, ils l'adoraient publiquement sous le nom de *Chang-ti* ou seigneur. Mais pour ces esprits positifs, qui croyaient que rien ne pouvait sortir de rien, et qu'un être simple s'agiterait éternellement dans le vide sans y produire la vie, il fallait en réalité que le créateur du monde renfermât en lui les éléments mêmes des choses, le principe mâle et le principe femelle, qui, par leurs éternels embrassements, donnassent naissance aux productions d'une nature indéfiniment féconde; et c'est sous ces deux attributs, ou sous l'un ou l'autre indifféremment, que la nation chinoise offrait des sacrifices au souverain être ; car cette religion, moitié physique, moitié philosophique, n'excluait pas, comme nous le verrons, les sacrifices.

La notion métaphysique de la Divinité flotte donc, dans les esprits chinois, entre l'idée de personnalité et celle d'attribut ; mais dans la pratique, c'est à la dualité des éléments de l'être primordial qu'ils rapportent tous les résultats de la création ; c'est cette dualité qu'ils voient s'épanouir partout, dans les plus chétifs comme dans les plus magnifiques objets de la nature ; c'est d'elle que les astres qui roulent dans les plaines de l'espace tirent leur éclatante lumière, les fleurs leur parfum, la perle son brillant, le vent sa fraîcheur ou sa furie, les montagnes leur élévation et leurs cimes vertigineuses, l'abîme sa profondeur ; par elle s'agitent les poissons dans les ondes, les oiseaux dans les airs. Cette dualité se réfléchit même dans l'âme humaine, qui est comme un abrégé de l'univers. Les productions de la nature produisent à leur tour, par l'opération des principes qu'elles renferment; ou plutôt ce sont les atomes élémentaires qui, par mille phénomènes de destruction et d'action réciproque, peuplent l'univers de tous ces êtres dont les existences passagères forment le tableau changeant qui passe sous nos yeux.

La physique chinoise attribue encore à l'action réciproque de l'yang et de l'yn la production plus immédiatement directe des cinq éléments, qui sont le bois, le fer, la terre, le métal et l'eau; et, par une théorie parallèle à la première, et qui ne la détruit pas, ces cinq éléments entrent aussi dans la combinaison de tous les corps. Ce qui a lieu de surprendre, c'est la prodigieuse faculté de génération que possèdent ces éléments, d'après les idées chinoises, faculté qui va jusqu'à produire les êtres moraux qui n'ont de réalité que dans la pensée, tels que les vertus et les institutions. Ainsi, suivant ces idées, la charité sort du bois, la justice du métal, etc. A chacun de ces éléments se rattache une des cinq parties de l'empire, une des cinq saisons de l'année. Les rois qui ont régné sur la Chine ont tour à tour pris pour symbole l'un de ces éléments et ont fait de sa couleur la couleur de leur dynastie. L'histoire chinoise abonde en locutions telles que celle-ci : « Cette dynastie a régné par la vertu du bois ou du métal. » Exaltant ensuite ces dérivations de la cause générale jusqu'à la hauteur de la cause générale elle-même, les Chinois donnèrent à chacun des éléments, par une espèce de figure, le nom sacré de Chang-ti, et les rois de chaque dynastie, dans les sacrifices qu'ils offraient au Souverain suprême, l'invoquaient sous les attributs de l'élément conservateur de leur race. Par suite encore de cette subtilité dont nous avons parlé, et qui consistait à transporter de la génération physique des corps matériels à la génération des vertus morales les principes producteurs d'un des éléments, les rois s'attachaient à pratiquer les vertus supposées inhérentes à l'élément adopté pour symbole, et à modeler sur ses propriétés les résultats de leur règne.

On peut rire, certainement, et avec raison, de quelques-unes de ces pauvretés métaphysiques ; la division même des corps de la nature en cinq éléments est aussi fausse que ridicule, au point de vue de la science, et on est en droit de douter que les Chinois, qui ont porté dans leurs appréciations théoriques sur le gouvernement et les arts utiles tant de sagacité et de sagesse, dont le code moral est un des plus purs qui soit sorti de l'esprit des nations, aient pu donner crédit à de pareilles folies : cela s'explique pourtant. L'empire chinois date des temps où le sol était encore à peine essuyé des eaux du déluge ; là les générations ont végété sur pied, renaissant d'elles-mêmes, sans déplacement, sans grande commotion, comme ces arbres séculaires dont la semence et les feuilles, en retombant sur le sol qui les produisit, y fécondent sans cesse des tiges nouvelles. Nourries dans les traditions et la pratique des usages antiques, identifiant dans la vie de leurs ancêtres leur propre vie, les populations chinoises ont pu faire, en avançant, de grands progrès ; mais en apprenant, ils n'ont rien oublié. Bien au contraire : les premières idées religieuses et scientifiques des ancêtres, au lieu de s'effacer devant les nouvelles idées, ont donné leur couleur à ces dernières ; le culte du passé, considéré comme un garant de l'avenir, a imposé une certaine empreinte improgressive à toutes les innovations. De là les efforts constants, non pas pour transformer les idées anciennes, mais pour donner aux nouvelles le moule et la forme extérieure des anciennes, pour tout ramener au cadre primitif. Les cinq éléments, le bois, la terre, l'eau, le métal, le feu, avaient d'abord été, en vertu de leur usage perpétuel, considérés par les premiers habitants de la Chine comme les choses indispensables de la vie ; et de même qu'on disait à Rome, interdire le feu et l'eau, pour exprimer la condamnation de celui qu'on privait de tous les avantages attachés à la vie du citoyen, les Chinois, par une tradition pareille, avaient conservé les anciennes catégories scientifiques. Les peuples qui ont poussé de longues racines sur le sol sont formalistes ; ils tiennent aux noms comme à des signes du passé, quand ils ne tiennent plus aux choses. La Chine a donc cherché à nouer la chaîne des temps et à immobiliser en apparence dans une forme improgressive le fond des institutions incessamment changeantes.

Il faut bien l'avouer, du reste, toute cette métaphysique est vague et incohérente, et l'on sent qu'elle n'a jamais été perfectionnée par une caste sacerdotale qui en ait fait sa vie propre, comme l'artiste le fait de son œuvre. La morale, ce grand objet de la sagesse chinoise, ne s'y rattache pas par des liens très-directs ; elle ne cherche pas en elle sa sanction, elle n'en a pas d'autre que celle qui résulte de la conscience d'un certain ordre abstrait, fixé entre les devoirs et les droits. Le ciel est, à la vérité, intelligent et rémunérateur ; mais l'homme étant supposé accomplir ici-bas toute sa destinée, on ne sait pas comment les récompenses et les punitions se distribuent. Le ciel pourtant est regardé comme ayant fait connaître aux hommes la loi morale et leur ayant donné les facultés nécessaires pour la suivre ; c'est lui qui inspire les grands projets aux peuples, donne mandat aux rois pour commander, et soulève la révolte contre leur pouvoir tyrannique. Le ciel, ou le Chang-ti, remplit, en un mot, ce rôle vague d'une Providence, consacrée dans toutes les langues des peuples, comme l'objet d'une idée qui existe dans le fond de la pensée humaine, qu'on invoque d'instinct et d'inspiration, sans égard pour les formes d'un culte, et sans que son existence admise implique aucun système théosophique.

L'idée indéterminée que nous donnons au ciel et à Dieu dans ces phrases : « Fassent les cieux ; je fais des vœux au ciel ; » cette idée, c'est celle que les anciens Chinois prennent pour base de leur religion. Aussi ce mot de religion ne se produit-il souvent dans leurs livres que pour remplacer la chose absente.

Tout le dogme est à peu près renfermé dans les formules qui suivent : « La raison éternelle du ciel ou du Chang-ti rend heureux les hommes vertueux, et malheureux les hommes vicieux. Il n'y a que le ciel qui soit souverainement intelligent et éclairé ; l'homme parfait l'imite, les ministres (d'état) lui obéissent, et le peuple suit les lois du gouvernement ; le ciel voit ce que les peuples voient ; le ciel entend ce que les peuples entendent. » Ce dernier aphorisme revient à celui-ci : *vox populi, vox Dei*, et ce n'est pas là une banalité de la sagesse des nations ; le caractère démocratique domine dans toutes les institutions et dans toutes les idées gouvernementales des Chinois. « Le ciel a des prédilections pour le peuple, disent ailleurs les livres sacrés, et ce que les peuples désirent, il s'empresse de le leur accorder. Il y a une communication intime entre le ciel et le peuple ; que ceux qui gouvernent le peuple soient donc attentifs et réservés. »

On le voit, le Dieu des Chinois est bien le modérateur suprême des lois de l'univers ; mais à la notion de sa puissance ne se rattache aucun de ces sentiments de vengeance et de jalousie dont les religions révélées font surtout les attributs nécessaires de la Divinité. Nous ne voyons pas dans cette croyance de ces épouvantails qui, sous le nom d'Enfer et de Tartare, surgissent par-delà la tombe pour terrifier les esprits ; le calme Élysée de la fable n'a pas non plus sa place ici. La récompense est entrevue dans les ressouvenirs de la postérité et dans ce culte si profond que les fils gardent pour leurs pieux aïeux ; culte qui fait des générations existantes et des générations passées une longue chaîne d'êtres se prolongeant à travers le temps et l'espace. La conscience du devoir, la soumission à la loi naturelle, sont des mobiles suffisants d'action ; car, dit un passage du Chou-king, « celui qui garde la loi est heureux ; celui qui la » viole est malheureux ; c'est la même chose que l'ombre et » l'écho. »

Étrange contradiction de l'esprit du peuple chinois, ou plutôt curieux résultat de cette perpétuelle dualité qu'on retrouve toujours au fond de l'intelligence humaine, qui fait que l'homme admet à la fois deux choses contraires comme si elles étaient vraies, le oui et le non comme s'ils étaient possibles, qui le porte, lors même qu'il ne croit plus à Dieu, à l'implorer ou à le blasphémer, comme s'il devait en être entendu! A côté des idées si sages que la morale chinoise s'est formée touchant le rôle de la Divinité dans les affaires sublunaires, nous trouvons tout un système de superstitions, tout un peuple d'esprits et de génies qui planent dans l'atmosphère vide de Dieu, tourbillonnent autour des mortels, et par des signes certains leur dévoilent l'avenir et les secrets du destin. Ainsi, du temps de Cicéron, dans ce siècle si policé d'Auguste, où deux augures ne pouvaient se regarder sans rire, des poulets sacrés étaient encore nourris dans les temples, l'art des divinations était interprété et conservé par un collége de prêtres.

La théorie des Chinois sur les esprits est une consécration détournée du principe de l'immortalité de l'âme. Comme ils n'admettent pas de lieu fixe où aillent les morts en franchissant le seuil de ce monde, comme quelque chose répugne aussi à ce que l'homme, supérieur à tous les êtres par l'excellence de son organisation, se dissolve comme eux dans une vaine poussière moléculaire, les Chinois ont imaginé que les parties les plus subtiles de l'homme demeurent encore unies après sa mort, et constituent des êtres réels quoique sans forme, qui, semblables aux larves et aux gnomes de la poésie scandinave, errent sans bruit dans l'air. On dirait aussi que l'homme ne peut se faire à l'idée d'être seul sur la terre, de n'avoir pas quelques témoins cachés de sa vie interne; qu'il a besoin de confier sa joie et sa reconnaissance à des êtres invisibles pour les événements heureux qui lui arrivent, de s'en prendre à eux des malicieuses entraves opposées à ses efforts. De la manière dont l'intelligence humaine est organisée, il n'est pas à craindre que la morale manque jamais de sanction.

Les Chinois des temps anciens reconnaissaient donc trois sortes d'esprits : les Hien, les Chen et les Kouei. Les premiers étaient les saints ou les sages de la Chine, ceux qui, ayant imité le ciel et s'étant conformés aux affections naturelles, s'étaient dégagés de tout contact avec la partie terrestre de leur être, et étaient allés se perdre dans le sein du Chang-ti. Pour les Chen, ils tenaient encore à la partie animale par quelques vices non expiés dans la vie antérieure, et participant tout à la fois à la nature céleste et aux faiblesses de l'humanité, ils restaient suspendus entre le ciel et la terre. Dans cette situation intermédiaire, leur condition les destinait entièrement au service de l'homme, et leur faisait un devoir de maintenir tous les genres d'êtres dans les limites imposées à leur nature ; ils présidaient au soleil, à la lune, aux étoiles, aux vents, à la pluie, à la grêle, aux saisons, aux jours, aux mois, à tous les phénomènes, à toutes les substances de la nature. C'était à l'empereur, comme fils du ciel et père de son peuple, qu'il appartenait de départir aux Chen les charges qu'ils auraient à remplir ; car les Chen faisaient encore partie de l'empire. A cet effet, il choisissait parmi eux les protecteurs particuliers de chaque ville, village, hameau, et assignait, au moyen du calendrier, à quelques-uns l'année, à d'autres le mois, le jour, l'heure, le moment où ils devaient remplir leurs fonctions respectives.

Si, dans cette hiérarchie fantastique, il arrivait à quelque Chen de mal remplir sa tâche, de manquer à ce qu'on attendait de lui, on lui reprochait vertement sa négligence, son peu de talent ou sa paresse, et après l'avoir chargé d'outrages, on le déposait. Dans les temps modernes, où des statues ont été élevées dans des chapelles à chaque esprit, on frappe et on brise la statue du Chen incapable, et une nouvelle statue, consacrée à un autre Chen, s'élève à la place de la première. Les bonzes de Fo, qui ont fait passer toutes ces superstitions dans leur culte, ont su tirer un parti immense de cet usage. Quand un triste fléau, qu'ils n'ont su ni prévoir ni conjurer, désole une ville, quand eux-mêmes ont commis quelque faute, ils trouvent une commode impunité dans la responsabilité qu'ils font peser sur les Chen; ils détournent ainsi sur la statue la colère du peuple, et lorsque, dans une exécution solennelle, le Chen a été dégradé aux applaudissements des spectateurs, tout est dit. Malheureusement pour les mandarins, il n'en était pas encore tout à fait de même à l'époque où nous sommes, et des empereurs, plus cruels que dévots, ne se contentèrent pas toujours d'une vengeance aussi illusoire. Un des empereurs de la seconde dynastie de la Chine, Wou-y, qui régnait dans le treizième siècle avant notre ère, avait trouvé plaisant dans son grossier fétichisme de faire faire pour le logement des esprits, suivant l'expression chinoise, de petites statues en bois, et considérant ces statues comme les esprits eux-mêmes, de les prendre pour compagnons inséparables de ses plaisirs. Avec eux, il aimait à causer par l'intermédiaire des mandarins qu'il avait attachés à leur service; avec eux, il aimait surtout à faire des paris; mais malheur au représentant si l'idole perdait : il était chargé d'injures et souvent mis à mort. Un jour qu'un de ces esprits avait eu plus que jamais la chance contraire, Wou-y, triomphant de joie et riant de l'impuissance du dieu, s'avisa d'un moyen assez singulier pour lui témoigner son mépris insultant. Il fit remplir une outre du sang du malencontreux représentant mis à mort, et l'ayant suspendue à un mât élevé, il décocha à l'esprit une volée de flèches.

D'après ces actes de folie, il ne faudrait pas croire que la coutume existât alors en Chine de personnifier les esprits dans des idoles; cette coutume est de beaucoup plus récente. Ni vases ni cloches, ni boucliers ni casques antiques, ne présentent sur leurs contours rien d'analogue aux figures des dieux de l'Égypte ou de l'Inde, rien d'analogue à ce peuple de démons et d'anges, qui rit ou grimace sur la pierre de nos églises gothiques. Il n'y a pas une seule tête humaine dans tous les monuments qui décorent les arcs de triomphe et les portes des villes. Aujourd'hui, ce ne sont encore que les grossières sectes de Fo et du Tao qui renferment des statues dans les miao; les partisans de Confucius n'en ont point. Mais revenons aux Chen.

A chaque avénement de dynastie, époque de renouvellement pour les tombeaux et les temples, une grande révolution se faisait dans l'état civil des esprits célestes; comme les serviteurs vivants de la dynastie tombée, les Chen qui l'avaient protégée étaient éconduits et mis en déroute. L'histoire chinoise rapporte à ce sujet une particularité assez plaisante. Lorsque Wou-wang, fondateur de la dynastie des Tcheou, sous laquelle vivait Confucius, se fut rendu maître de l'empire, il ne voulut en prendre possession qu'après que tout eut été réglé, suivant l'usage, entre le ciel et lui, et qu'il se fut ainsi préparé à gouverner dans la meilleure forme possible. Les règlements des choses du ciel et de la terre étaient contenus dans deux livres. Le premier était celui des lois qui allaient être promulguées; le second renfermait le nom des offices et des Chen appelés à être les nouveaux protecteurs de l'empire.

La lecture de ce dernier livre se fit sur la montagne Ki-chan. La foule, accourue de fort loin pour être témoin de la cérémonie, se rangea sur les hauteurs, et un représentant du futur empereur se plaça au milieu des officiers de l'empire sur un trône préparé à cet effet. En face du trône était un autel sur lequel étaient tracés les huit *koua* ou lignes hiéroglyphiques de Fouhi, le cycle sexagénaire, et les cinq couleurs des éléments; ces objets se trouvaient encore reproduits sur trois étendards qui flottaient sur l'autel, et semblaient abriter sous leurs plis le fameux livre de promotion qu'environnaient les plus riches parfums. Quand l'heure de la cérémonie fut venue, Tsée-ya descendit de son trône, fit des libations sur l'autel, après lesquelles, ayant repris sa place, il ouvrit le registre et lut ce qui suit (2) :

« Dans le long intervalle de temps qui s'est écoulé depuis que, commençant à parcourir les échelles des êtres, une heureuse combinaison d'yang et d'yn vous plaça enfin sur celle destinée à l'espèce humaine, et qu'après avoir parcouru différents échelons, vous fûtes jugés dignes d'être mis après votre mort au rang des Chen, vous n'avez rien fait qui mérite de nouvelles récompenses; vous mériteriez au contraire des châtiments pour avoir négligé de remplir les emplois qu'on vous avait confiés, avec les soins et l'exactitude qu'ils exigent et qu'on avait lieu d'attendre de vous. Cette négligence de votre part est en partie cause des maux qui ont affligé les hommes sous le dernier empereur de la race de Tcheng-tang. Les crimes dont s'est souillé cet indigne prince ont comblé la mesure, et l'empire a été donné à une autre race qui fera longtemps le bonheur des hommes par la manière dont elle les gouvernera. Vous ne sauriez remplir sous cette nouvelle race les emplois qui vous étaient confiés sous celle qui vient de finir. Le ciel vous en décharge pour le donner à d'autres plus dignes que vous de les occuper. Allez, retirez-vous où bon vous semblera; ou, si vous l'aimez mieux, tâchez de rentrer dans le cercle de la vie humaine pour y expier promptement vos fautes et mériter les récompenses qui sont attachées à la bonne conduite et à la pratique constante de la vertu. »

Puis vint la lecture des promotions. On prit les Chen dans tous les partis. On nomma la plupart des princes, des seigneurs et des officiers qui avaient péri les armes à la main en combattant pour le dernier empereur, lequel, *quoique très-méchant, était cependant leur légitime souverain.* Mais en honorant chez eux la fidélité et le dévouement, on n'en condamna pas moins les actes de l'empereur déchu. Ceux qu'il avait fait mourir pour se délivrer de leurs représentations, ceux qui n'avaient trouvé un refuge contre ses persécutions qu'à la cour des Tcheou, furent les plus élevés en grade dans cette hiérarchie aérienne. L'un d'eux fut donné pour maître aux Chen des montagnes primitives, un autre à ceux des Sée-yo ou montagnes sacrées sur lesquelles se célébraient des sacrifices aux quatre saisons de l'année. Les guerriers morts pour soutenir les prétentions de Wou-wang ne furent pas non plus oubliés, comme on le pense. Officiers et soldats reçurent pour leurs mânes des honneurs proportionnés à leurs mérites, et allèrent augmenter de leurs bataillons le nombre des agents de la police céleste.

On avouera sans peine que c'était là un assez ingénieux procédé pour concilier les partis le lendemain d'une guerre civile. Ceux qui devaient surtout être satisfaits de ce culte rendu aux morts, c'étaient les vivants sur lesquels, amis et ennemis, retombaient les effets de la divinisation posthume de leurs aïeux. La paix de la tombe scellait celle de la vie. Voilà un moyen de gouvernement dont les usurpateurs ne se sont jamais avisés en Europe.

La troisième classe des esprits était celle des Kouéi. Descendus par leurs crimes de la qualité d'homme dans une existence intermédiaire entre l'homme et la brute, ces êtres ambigus se jouaient dans leurs malicieux instincts comme l'oiseau dans l'élément de l'air. Doués, pour mal faire, de l'intelligence de l'homme et de la perversité de l'animal, ils ne cherchaient de distractions que dans les piéges qu'ils pouvaient tendre aux humains, ricanant à la vue des sottises qu'ils leur faisaient faire, toujours prêts à rire de leurs espérances trompées et de leurs malheurs, attirant la nuit les voyageurs égarés vers les eaux des marais infects dont ils faisaient leur demeure; rôdant autour des tombeaux pour se nourrir des miasmes putrides qui s'en échappaient. Qu'un de ces vils Kouéi, trompant la vigilance des Chen chargés de comprimer leurs entreprises funestes, parvînt à se glisser dans une forme humaine, un règne de malheurs et de cruautés commençait pour l'empire. Ce n'était qu'un misérable Kouéi, cette fameuse Ta-ki, la fille la plus belle de son temps, et aussi la plus méchante, et qui est restée, dans l'histoire chinoise, comme la Jézabel des Juifs, avec une auréole sanglante. Maîtresse de Cheou-sin, dernier empereur de la seconde dynastie, elle amena, par ses débauches et ses prodigalités, la révolte, qui plaça Wou-wang sur le trône. Rien n'égalait sa féconde subtilité à varier les supplices. Son imagination inventa un jour de faire fondre un cylindre d'airain, et, une fois rougi au feu, de le donner à embrasser à ses victimes jusqu'à ce que les chairs fussent consumées. Cette femme, insatiable de voluptés, avait obtenu de son lâche amant un palais somptueux pour en être le théâtre. C'était une vaste tour en marbre, fruit de dix ans de travail et d'énormes impôts pris sur le peuple. L'intérieur, magnifiquement orné, présentait en développement un tiers de lieue; d'innombrables flambeaux allumés dans l'enceinte y remplaçaient le jour : et là, renfermée six mois de l'année avec une horde impudique d'hommes et de femmes dépouillés de tout voile, la royale concubine présidait à de frénétiques orgies, les excitant par son exemple, épuisant tous les plaisirs, toutes les débauches. Jamais Kouei plus malfaisant n'avait surpris la vigilance des Chen pour venir tourmenter les hommes.

On devine facilement combien de pareilles idées sur les esprits devaient favoriser l'art des divinations et les pratiques occultes. Une double magie était en effet puissante en Chine dès les temps les plus reculés. L'une, qu'on pourrait appeler la magie noire, était particulièrement le lot du vulgaire, et s'adressait aux Kouei pour en apprendre les secrets de l'avenir; des magiciens et des sorciers, vils charlatans que les édits avaient souvent frappés, prétendaient obtenir des relations intimes avec ces esprits de ténèbres, et les évoquer par des chansons et des danses cabalistiques. L'autre magie était toute officielle, elle s'appelait la science des sorts; et un livre sacré, entouré encore des respects de la nation, en contenait les préceptes. Le *Pou* et le *Chi* étaient les deux manières de consulter les sorts. Le *pou* consistait à faire brûler une tortue et à chercher des présages et des indices dans les esprits aqueux et autres que l'action du feu faisait sortir, et dans les différentes figures qu'on remarquait sur l'écaille de cette tortue à mesure qu'elle brûlait; cette liqueur et ces traits donnaient cinq sortes d'indices, selon cinq sortes de figures qu'on croyait régulièrement apercevoir sur la tortue. Le *chi*, selon les interprètes, était une herbe qu'on examinait avec les koua. Avec des feuilles et des filaments de cette herbe, on faisait de petites lignes, et on les remuait ensemble; une fois remuées, on examinait les figures qui en résultaient, et on allait chercher dans le livre des sorts (l'Y-king) ce que signifiaient ces figures. Or, on sait que les Koua, qui ont été la source des caractères de l'écriture chinoise, étaient de petites lignes au moyen desquelles Fou-hi, en les combinant diversement, avait prétendu désigner toutes choses, soit par l'image de la chose, soit par la représentation, soit par transport ou emprunt d'idée d'une chose à une autre, soit par l'indication ou l'usage, soit enfin par le son ou l'accent.

Ces hiéroglyphes avaient été de tout temps inintelligibles; mais il n'y a rien de tel que l'obscurité pour tout exprimer; et les commentateurs avaient essayé de faire passer en eux toute leur science. Le texte n'était rien, pour ainsi dire; la main de l'interprétation écrivit sous chacun de ces signes cabalistiques les plus belles choses du monde. Lorsque, au moyen du *chi*, on était parvenu à former une figure, on cherchait ce signe dans le livre canonique des sorts, et du commentaire on concluait à l'éventualité d'un événement. Nous ne pousserons pas plus loin dans ces broussailles de la magie : ce qui nous étonne, et nous donne à penser que cet art augural avait peut-être un but plus relevé que celui de fournir des horoscopes, c'est que tous les grands empereurs de la Chine se sont occupés du livre des sorts, et que Confucius lui-même composa sur les koua de beaux commentaires qui ont précisément pour objet de détourner le Chinois du désir de trouver dans l'Y-king plutôt un art de divination que des préceptes de morale. Il y avait un chef préposé au *pou* et au *chi*; d'après les règles prescrites, il devait être sans passion et en état de connaître par sa vertu les intentions du ciel et des esprits. Il paraîtrait, d'après le récit suivant, que cette charge d'augure était héréditaire dans certaines familles, qui se transmettaient ainsi la jurisprudence des divinations. Wou-wang étant un jour sur le point d'aller à la chasse, voulut consulter les koua sur les résultats qu'il s'en promettait. « Votre chasse sera heureuse du côté de Wai-yang, lui dit Sée-pien (l'homme chargé d'interpréter les sorts); vous y prendrez quelque chose de grand; ce ne sera ni un dragon ni rien de semblable; ce ne sera ni un tigre ni rien de semblable; encore moins un ours; mais vous aurez le bonheur de rencontrer un sage, et vous en ferez l'acquisition. Ce sage est le maître que le ciel vous destine pour l'accomplissement du dessein où il est de vous faire chef d'une troisième race de rois. — Vous me promettez là des merveilles, dit Wou-wang; mais cette promesse aura-t-elle son effet? — Oui, sans doute, répliqua Sée-pien : il en sera de ce que je vous annonce comme il en fut autrefois des choses annoncées au grand Yu. C'est par le moyen des koua que l'un de mes ancêtres pronostiqua à cet empereur qu'il gouvernerait l'empire, et la chose arriva ainsi. »

A côté de ces superstitions plus ou moins occultes et dont il est difficile de pénétrer le secret, il y avait en Chine un culte solennel et public, des cérémonies imposantes et populaires où le rite minutieux n'étouffait point la prière, où le prêtre ne masquait point le peuple devant l'autel, cérémonies plus civiles encore que religieuses, offertes en l'honneur du Chang-ti, par l'empereur, en sa qualité de chef du peuple, célébrées par toute la nation réunie en corps. Comme ces cérémonies avaient pour objet de demander au ciel sa douce influence sur les champs et les moissons, ou de le remercier après la récolte ou la vendange, elles avaient lieu à des époques astronomiques de l'année. Aussi était-ce en Chine une grave affaire d'état que la rédaction du calendrier. « Que Hi et Ho respectent le ciel suprême et suivent exactement les règles dans la supputation de tous les mouvements des astres, du soleil et de la lune, qu'ils fassent connaître au peuple les temps et les saisons pour la rédaction du calendrier. » Tels sont les mots par lesquels commence le Chou-king; tel est l'ordre que donnait Yao à ceux des fonctionnaires de son empire chargés des observations astronomiques.

Il se joignait aussi, au besoin de fixer les époques de l'année pour les cérémonies, le grave intérêt de connaître le temps de la conjonction des astres et des éclipses. Ces phénomènes, que les peuples primitifs ont toujours regardés comme des manifestations volontaires de la bonté ou de la colère célestes, retombaient, quand ils n'avaient point été prévus, en foudres terribles sur la tête du négligent astronome. Les descendants de cette famille, préposée par Yao aux affaires du ciel, en éprouvèrent les terribles atteintes vers l'an 2155. « En ce temps-là, lisons-nous encore dans le Chou-king, Hi et Ho oubliaient leurs devoirs dans les excès de leurs vices et se plongeaient dans le vin, lorsque leur condition leur faisait un devoir de se livrer à l'exercice de leur magistrature. Abandonnant le soin du calendrier qui leur était confié, ils portaient le trouble dans la chaîne céleste. Aussi, au premier jour de la troisième lune d'automne, le soleil et la lune n'étant pas en harmonie dans leur conjonction avec la constellation de Tang, l'aveugle a frappé du tambour, les magistrats et la foule du peuple se sont répandus partout en courant avec la précipitation d'un cheval égaré. Hi et Ho, pendant ce temps, étaient comme des cadavres dans leurs fonctions, ils n'ont rien vu, n'ont rien entendu. Rendus aveugles et stupides sur les signes célestes, ils ont encouru la peine établie par les rois nos prédécesseurs; car le Tching-tien porte : « Celui qui devance le temps doit être mis à mort; celui qui retarde le temps doit être mis à mort. »

Ce récit, qui nous montre quelle était la frayeur des Chinois en présence des éclipses, nous fait connaître aussi au moyen de quels artifices on s'efforçait de détourner les menaces de l'astre sanglant. Les mandarins se rendaient au palais avec l'arc et la flèche pour s'y tenir au secours de l'empereur, qui passait pour être l'image du soleil. L'intendant de la musique frappait du tambour, et l'empereur attendait dans le jeûne le moment de la conjonction.

Revenons maintenant aux cérémonies publiques. Elles se célébraient aux solstices et aux équinoxes, ces grandes époques de renouvellement pour la nature, ces points culminants des révolutions oscillatoires des astres. Les premiers sacrifices établis par les Chinois empruntaient toute leur magnificence à la nature; ils avaient la noble simplicité et la grandeur des spectacles qu'elle présente. Une montagne était l'autel, une nation composait l'assistance; l'empereur, unique et souverain pontife, sacrifiait au nom de tous. On demandait au ciel de féconder de ses ardeurs le sein de la terre, de faire germer le grain dans les sillons, d'envoyer une subsistance abondante aux agriculteurs laborieux. Quatre montagnes, consacrées sous le nom de Yo, et qu'on supposait placées aux quatre extrémités cardinales de la terre, étaient les lieux où chaque année se rendait l'empereur pour offrir les sacrifices, soit que ce fût en souvenir des temps rapprochés du déluge, où les plaines encore inondées n'avaient laissé aux habitants que le refuge des hautes vallées, soit que les premiers Chinois eussent pensé que cette élévation de la terre permettrait à leurs chants et à leurs prières de s'élever plus librement, et de monter en tribut vers la voûte céleste. Célébrées en l'honneur du soleil, emblème du Chang-ti, les cérémonies se réglaient sur la marche de cet astre autour de l'écliptique; on le suivait, le printemps sur la montagne d'orient, l'été sur celle du sud, l'automne sur celle de l'ouest, l'hiver enfin sur celle du nord. Lorsque ce radieux monarque, qui parcourt incessamment son vaste empire, l'asservissant partout aux lois de sa volonté, commençait à se dégager des brouillards et des frimas qui l'avaient longtemps enseveli, qu'il projetait sur notre monde des regards moins obliques, et reparaissait enfin, comme une promesse de bonheur, derrière les montagnes sacrées du Taï-chan, c'était alors, dans ce moment où la terre tressaille dans une fécondation nouvelle, où les jours sont égaux aux nuits, que le souverain, pour la première fois de l'année, se dirigeait à l'orient vers la montagne du sacrifice.

Un char simple, sans couleurs et dénué de tout ornement, conduisait l'empereur à travers les populations de l'empire, qui se joignaient successivement au cortége. Douze étendards le précédaient, sur lesquels étaient représentés le soleil et la lune, comme les symboles de tous les phénomènes du ciel, durant l'espace de temps qu'emploie l'astre du jour à parcourir ses douze demeures. Le soleil et la lune étaient encore représentés sur le bonnet de cérémonie du prince, tout autour duquel pendaient, pour indiquer aussi les douze signes du zodiaque, douze cordons tressés de pierreries. Arrivé sur le Taï-chan, on s'empressait d'élever le *tan*, ou tertre orbiculaire, au moyen de pierres amoncelées en rond, et une double enceinte, appelée *kiao*, était formée de branchages enlevés aux arbres du chemin, pour recevoir le sacrificateur et les victimes. Des deux côtés du tan, dans l'espace circulaire laissé entre les parois de la double enceinte, deux petits autels, dressés à droite et à gauche, complétaient les agrestes apprêts de la cérémonie. Ni idoles ni représentations figurées de la Divinité n'étaient déposées dans ce temple d'un jour, mais seulement les objets nécessaires au sacrifice : des vases, des parfums, des fleurs et le couteau sacré. Le bœuf, animal si utile à l'agriculture, servait le plus souvent de victime. Les autels latéraux étaient élevés aux ancêtres et aux Chen; on les avertissait là de ce qu'on allait faire, pour qu'ils intercédassent auprès du Chang-ti, et on revenait les y remercier après le sacrifice. L'empereur et les fonctionnaires des rites pénétraient seuls dans l'enceinte du temple de branchages, tandis que le peuple, groupé le long de la montagne, de la base au sommet, se mettait en prières au signal des mugissements de la victime, et faisait retentir l'air des chants religieux consignés de toute antiquité dans le livre sacré des Vers (Chi-king).

Elles étaient belles dans leur simplicité, ces fêtes de la nature et du peuple, alors qu'un pur soleil de printemps venait en éclairer le tableau. Tout prédisposait à l'émotion et à la joie ; point de ces croyances en un dieu vengeur et sévère qu'il fallait apaiser ; ici le sacrifice n'était point une expiation, mais l'offrande unie à la prière. Aucune formule mystique n'était prononcée qui eût séparé la foule du prêtre. Instruit de ses besoins ou des bienfaits reçus, chacun, laissant librement s'échapper de son cœur ses désirs ou sa reconnaissance, les exprimait dans le langage de sa pensée, sans que la récitation d'un monotone formulaire vînt glacer l'enthousiasme et le sentiment. Chacune des quatre cérémonies de l'année avait son objet, et des vers sacrés étaient sans doute composés pour demander ensemble ce qu'on attendait du Chang-ti.

Au printemps, on priait le ciel qu'il veillât sur les semences confiées à la terre et qu'il les fît germer promptement. A la cinquième lune, dans laquelle se rencontrait le solstice d'été, le souverain allait accomplir les mêmes cérémonies sur la montagne du midi, et on demandait au ciel d'envoyer une chaleur bénigne qui, se répandant dans les entrailles de la terre et la pénétrant de sa vive influence, l'aidât à développer tout ce qu'elle avait de vertu. A l'équinoxe d'automne, lorsque le soleil, chaque jour plus tôt évanoui, achevait de mûrir les moissons, le sacrifice était offert sur la montagne de l'ouest, dans le but d'obtenir que les insectes et les animaux nuisibles, que la sécheresse et une trop grande humidité, ne fussent pas des obstacles à une abondante récolte. Enfin, au solstice d'hiver, lorsque le soleil, arrivé au plus bas de sa course, terminait sa carrière, on remerciait le ciel sur la montagne du nord, pour les bienfaits reçus dans l'année qui s'achevait, et on lui en demandait d'autres pour celle qui allait commencer. Cet usage d'aller sacrifier tous les ans sur chacune des quatre montagnes appelées Sée-yo, subsista sous les trois premières races de Hia, de Chang et de Tcheou. Les empereurs de la troisième consacrèrent une nouvelle montagne, qui, située au centre des quatre autres, fut considérée comme le centre de l'empire.

Ces pieuses cérémonies ne tardèrent pas à perdre leur caractère pittoresque et naïf. Les empereurs, quand ils étaient bons, trouvaient là une occasion solennelle de se montrer aux populations, de visiter tout leur empire; ce fut ce qu'évitèrent avec soin les tyrans. Sûrs de ne pas trouver dans la nation ce flot de louanges qui coulait dans leur palais; sûrs peut-être d'y trouver des murmures pour tout concert, ils renoncèrent à ces pèlerinages lointains, et s'enfermèrent dans leur palais, où leurs voluptés, il est vrai, les retenaient quelquefois comme captifs. Tranquilles au sein de leur capitale, ils craignaient le dérangement comme une fatigue. Les intempéries de l'air, la difficulté des chemins, l'ennui d'un service se présentant régulièrement avec l'inflexibilité d'une loi astronomique, tout cela avait contribué aussi à les en dégoûter. Ce fut quelque ingénieux courtisan, sans doute, qui trouva le moyen de faire venir les montagnes jusqu'au prince, puisque le prince ne pouvait aller à elles. Cette idée fut réalisée dans l'édification d'un temple à cinq salles, représentant les cinq yo dans les murs même de la capitale de l'empire. Sous chacune des trois premières dynasties, ce temple prit un nom différent et une forme nouvelle. Les Hia le nommèrent Chi-chi, ou maison des générations et des siècles. Les cinq salles n'avaient ni ornements ni peintures; on n'y voyait que les murs nus et percés de fenêtres qui laissaient passer le jour; on y montait par un perron de neuf degrés. Sous les Chang, le temple, sans varier dans son appropriation aux usages anciens, prit plus d'ampleur et de richesse : chaque salle, séparée des autres par un préau, était ouverte sur toutes les faces; c'était un portique formé par deux étages de colonnes superposées, soutenant deux toits habilement décorés. Les

Tcheou voulurent revenir à la simplicité primitive, en proscrivant de leur temple, qu'ils appelèrent Ming-tang, ou temple de la lumière, tout ornement et tout luxe. Les cinq salles n'y furent séparées que par de simples murailles se coupant à angles droits. On entrait dans ce simple édifice par quatre portes qu'on avait tapissées d'une mousse très-fine, afin de représenter les branchages dont on formait autrefois l'enceinte du kiao; la mousse couronnait aussi l'arête des toits. Un canal creusé tout autour de l'enceinte servait à recevoir l'eau nécessaire pour l'immolation de la victime. A ce temple principal, les Tcheou en ajoutèrent un second, qu'ils appelèrent Tsing-miao, ou temple des purifications; il fut exclusivement consacré aux cérémonies établies en l'honneur des ancêtres. Du temps de Confucius, il y avait à l'un des côtés de la salle, dans la cour qui y conduisait, une statue d'or, représentant une figure de femme posée sur un piédestal; la bouche de la statue était fermée au moyen de trois aiguilles qui perçaient ses lèvres. On lisait sur son dos les sentences morales qui suivent :

« Anciennement les hommes étaient très-circonspects dans leurs discours; il faut les imiter. Ne parlez pas trop, car lorsqu'on parle beaucoup, on dit presque toujours quelque chose qu'il ne faudrait pas dire.

» Ne vous chargez pas de trop d'affaires; beaucoup d'affaires entraînent avec elles beaucoup de chagrins, ou tout au moins des soucis sans nombre. Ne vous embarrassez que de celles qui sont de votre indispensable devoir.

» Ne cherchez pas à vous procurer trop de joie ni une trop grande tranquillité; la recherche que vous en feriez est elle-même une peine et un obstacle au repos.

» Gardez-vous de jamais rien faire dont tôt ou tard vous puissiez avoir sujet de vous repentir.

» Ne négligez pas de remédier au mal, quelque petit qu'il vous paraisse; un petit mal négligé s'accroît peu à peu et devient très-grand.

» Si vous ne tâchez d'éviter qu'on vous fasse de petites injustices, vous serez bientôt dans le cas d'employer tout votre savoir-faire pour vous mettre à couvert de plus grands torts.

» En parlant ou en agissant, ne pensez pas, quoique vous soyez seul, que vous n'êtes ni vu ni entendu : les esprits sont témoins de tout.

» Un feu longtemps caché devient un incendie difficile à éteindre. Un feu dont la flamme paraît s'éteint aisément. Plusieurs ruisseaux réunis forment une rivière; plusieurs fils joints ensemble forment une corde qu'on ne peut rompre qu'avec peine.

» Il peut sortir de la bouche des traits aigus qui blessent, un feu brûlant qui dévore; une vigilance extrême peut mettre obstacle aux traits et au feu et empêcher qu'ils ne nuisent. Ne vous persuadez point qu'un homme qui a la force en partage, puisse, sans risquer sa vie, s'exposer à tous les dangers : un fort trouve toujours un plus fort qui le terrasse.

. . . .

» J'ai la bouche fermée, je ne puis parler; c'est en vain qu'on me proposerait des doutes, je ne les résoudrais point. De mon côté, je n'ai rien à demander. Ma science, quoique cachée, n'en est pas moins réelle. Quoique je sois dans un état élevé, les hommes ne sauraient me nuire. Qui de vous peut en dire autant?

» Le ciel n'a point de parents; il traite également tous les hommes.

» Quelque pleins que soient les fleuves et la mer, ils reçoivent les autres eaux et ne débordent point.

» Ce que vous venez de lire mérite de votre part les plus sérieuses réflexions. »

Ingénieuse méthode de l'antiquité, que d'animer ainsi à l'œil des hommes ces préceptes invariables de la morale naturelle, et de représenter sur la bouche close des statues, symboles du passé, les maximes de l'éternelle sagesse.

Cette inscription, qui remonte à onze cents ans environ avant notre ère, peut être considérée comme un abrégé de la morale chinoise; elle en contient les deux principes primordiaux, que les philosophes Lao-tseu et Confucius, dont nous allons bientôt parler, ont développés chacun isolément : le sentiment de la perfection, que celui-ci a placé dans un juste milieu invariable en toutes choses, et la défiance pour l'excès, même en fait de vertus, que le premier a converti en inaction philosophique.

Quoique les Tcheou aient été les premiers à bâtir un temple en l'honneur des chefs de leur race, ce n'est pas d'eux que datait le culte des ancêtres. De temps immémorial on rendait hommage aux ancêtres dans l'enceinte du kiao. Avant le sacrifice offert au Chang-ti, on les prenait à témoin qu'on n'avait rien changé à leurs sages institutions, et on les avertissait du sacrifice qui allait se faire. Dans une foule de circonstances, on leur demandait des conseils, et l'écaille d'une tortue, qu'on faisait brûler d'après les règles du *Pou*, était sollicitée de rendre leur réponse. Les empereurs des premières dynasties avaient suppléé au temple, en consacrant un appartement du palais à l'habitation de leurs aïeux, qu'il était d'usage d'honorer comme s'ils étaient vivants; leurs portraits ou les tablettes qui portaient leurs noms, y étaient distribués le long des murs. A l'exemple des empereurs, chaque famille avait aussi dans sa maison un petit oratoire, destiné aux hommes marquants qu'elle avait produits. Comme le culte des ancêtres s'est conservé jusqu'à nos jours avec assez de pureté, nous aurons occasion, plus tard, d'en peindre les cérémonies dans toute leur extension, sans avoir à distinguer ici, péniblement et sans fruit, ce qui est ancien de ce qui est récent.

Plus une religion s'écarte de la simplicité de sa donnée métaphysique, plus elle cherche à se symboliser dans la personnification des objets de son culte, et plus aussi elle a besoin de moyens humains pour se maintenir. Du moment que le

Chang-ti fut renfermé dans l'enceinte d'un temple, que des temples fixes furent construits, il fallut y attacher des prêtres et des desservants, tout un nombreux personnel de mandarins. Ce ne fut pas le seul inconvénient. Comme ce ne fut jamais le défaut des prêtres de convertir leurs emplois en sinécures, ces mandarins mirent une ardeur intéressée à compliquer, à multiplier les cérémonies, et, sous prétexte de les systématiser, à leur donner une signification exceptionnelle.

Ces essais de religion pratique eurent une coïncidence fâcheuse avec les désastres qui amenèrent la fin de la dynastie des Tcheou. La révolte multipliant les états indépendants, les états multiplièrent les centres de cérémonies. Quoiqu'il n'y eût qu'un seul temple de toute la nation dans la capitale des Tcheou, chaque petit roi voulut cependant avoir son culte officiel. L'histoire de la Chine présente, à l'époque de la naissance de Confucius, le tableau d'une grande dissolution sociale. Une orageuse féodalité y servait de foyer constant à l'anarchie, à la révolte et aux luttes sanglantes. Le fondateur de la monarchie des Tcheou n'avait renversé la dernière famille des empereurs qu'à l'aide des grands fonctionnaires du royaume, gouverneurs des provinces; et pour se faire pardonner par eux son élévation, ou pour les récompenser de leur concours, il leur avait donné des souverainetés vassales qui relevaient de la sienne. Les vingt-deux états feudataires fondés à l'origine s'étaient d'abord dédoublés en quarante-trois, et avaient fini par s'élever au nombre de cent cinquante-six, toujours en lutte ouverte, toujours en armes pour des questions de limites. Dans le principe, cette création de divers centres politiques, qui devenaient en même temps des centres de mouvement et de travail, avait concouru à la civilisation générale, en portant sur plusieurs points de l'empire une action qui ne se faisait sentir qu'au centre. Mais il y a toujours danger à confier à quelques hommes isolés une puissance trop grande; la puissance est corruptrice. A l'époque dont nous parlons, ces rois feudataires ne rivalisaient plus que de luxe et de cruautés. Celui qui ne pouvait l'emporter par l'éclat de la magnificence ou du savoir, voulait l'emporter par la guerre, et la guerre ruinait la magnificence et le savoir. Tout l'empire chinois n'était qu'un vaste champ clos, où les armées, sans cesse en mouvement, défaisaient ou constituaient les royaumes au gré de leur caprice.

Au milieu de ces déchirements du vieux monde chinois, apparurent Lao-tseu et Confucius (Khoung-fou-tseu), brillants météores dans un ciel de ténèbres ; comme si la nature, en faisant naître les grands hommes aux terribles époques de crise morale, eût voulu montrer qu'elle porte toujours en elle-même son contrepoids, et que toujours de la nuit doit sortir la lumière. Le spectacle des désordres qui avaient grondé autour du berceau de ces philosophes fut peut-être l'éclair d'inspiration qui leur indiqua leur mission et leur donna la force de la remplir ; car bien souvent c'est au feu des circonstances que s'éveille telle idée qui dormait confuse dans un coin du cerveau ; c'est bien souvent du choc des circonstances dans l'intelligence de l'homme que jaillit l'étincelle. Mais que Lao-tseu et Confucius eussent puisé dans la vue des malheurs de leur temps la résolution de les faire cesser, ou qu'elle fût chez eux un effet de cette exaltation divine dont quelques hommes rares éprouvent les atteintes à travers les âges de l'humanité, ni l'un ni l'autre ne s'entourèrent de ces demi-prétentions, de ces vagues et mystérieux voiles de divinité que l'histoire prête aux fondateurs des religions. Naturellement, et sans apparence de ressources autres que celles d'une métaphysique éclairée et d'une morale pure, ils exposèrent leurs doctrines, devenues par la suite deux religions puissantes. Ces doctrines, quoique vivement marquées à l'empreinte du caractère chinois, sont visiblement opposées dans leurs tendances Le temps avait agi diversement sur les deux philosophes : l'un, au milieu de cette agitation malheureuse des princes, de ces entreprises, de ces mouvements ambitieux et heurtés, ne vit de refuge pour le sage que dans une théorie spéculative qui l'isolait du monde, au profit d'un quiétisme exagéré; l'autre le chercha dans l'action incessante et dévouée de la philosophie sur le gouvernement et les mœurs, dans une espèce de propagande en faveur de la raison et de l'intérêt général. L'un disait comme Épictète : « Abstiens-toi, souffre ou jouis au sein d'une indifférence complète; » l'autre eût soutenu volontiers, comme Marc-Aurèle, « que les peuples ne seraient heureux que lorsque les philosophes monteraient sur le trône. » La doctrine confucéenne, beaucoup plus pratique que spéculative, devint la religion officielle des empereurs, des lettrés, celle des hommes actifs, amis du gouvernement; la Chine lui dut sa civilisation et sa durée. La métaphysique un peu abstraite de Lao-tseu représentant un autre point de l'esprit chinois, celui par lequel il se rattachait à l'Asie, a donné naissance à la religion du Tao, dont la mysticité a été féconde en rêveries superstitieuses.

CHAPITRE TROISIÈME.

LAO–TSEU, PHILOSOPHE ET FONDATEUR DE LA SECTE DES TAO-SSÉ
OU DOCTEURS DE LA RAISON (604 AVANT J.-C.).

Les particularités de la vie réelle de Lao-tseu sont fort peu connues. — Il est l'auteur du *Livre de la Voie et de la Vertu* (Tao-te-king). — Son système philosophique de la raison primordiale présente des rapports avec les doctrines idéalistes de l'Inde. — Son voyage supposé à l'Occident. — Exposition de sa théorie de la viduité de Dieu. — L'excellence de cet être primordial consiste dans la non-existence, dans la non-manifestation, dans la non-activité. — La perfection morale placée conséquemment au principe métaphysique dans le non-agir, dans l'annihilation de toutes les facultés tant physiques qu'intellectuelles. — Conséquences funestes en morale et en politique de ce quiétisme philosophique.

L'histoire certaine de la vie de Lao-tseu est fort courte et peu intéressante; mais plus tard sa légende nous dédommagera. Ce philosophe naquit dans le royaume de Thsou (état feudataire chinois, correspondant à la province actuelle de Hou-nan), le quatorzième jour du neuvième mois de l'année 604 avant notre ère, cinquante-quatre ans avant Confucius. Son nom de famille était *Li*, son petit nom *Eul*, son titre honorifique *Péyang*. Il occupa la charge de gardien des archives à la cour des Tcheou. Lao-tseu, sur la fin de ses jours, eut avec Confucius un entretien, dont Ssé-ma-thien, chef des historiens de l'empire, nous a conservé les circonstances, et que nous rapporterons ailleurs; c'est au même historien que nous devons de connaître le motif qui porta le philosophe de Thsou à écrire son *Livre de la Voie et de la Vertu*. « Suivant les préceptes de sa morale, dit le biographe, Lao-tseu s'efforça de vivre dans la retraite et de rester inconnu. Voyant la dynastie des Tcheou, dont il était fonctionnaire, tomber en décadence, il se hâta de quitter sa charge et alla jusqu'au passage de Han-kou, qui formait la barrière du district de Hou-nan, où il était né. In-hi, gardien de ce passage, lui dit quand il le vit : « Puisque vous voulez vous ensevelir dans la retraite, je vous prie de composer un livre pour mon instruction. » Alors Lao-tseu écrivit un ouvrage en deux parties, qui renfermait un peu plus de cinq mille mots, et dont le sujet est la Voie et la Vertu. Après quoi il s'éloigna, et on ignore où il finit ses jours. »

C'est à ce peu de mots que se réduit tout ce qu'on sait sur Lao-tseu ; naissance obscure, mort ignorée, création d'un ouvrage dont la postérité recueille l'héritage, n'est-ce pas là en général toute la biographie des grands hommes? Il y a pourtant dans celle du philosophe chinois, si mince soit-elle, un indice qui peut nous expliquer, jusqu'à un certain point, le caractère de sa doctrine et ses rapports avec les systèmes de l'Inde. Lao-tseu avait été archiviste des Tcheou, et depuis que la Chine existait à l'état de puissant empire, ses guerriers avaient poussé souvent leurs conquêtes vers l'ouest, ses sages avaient entrepris des voyages vers le mystérieux Kouen-lun et les contrées occidentales. Guerriers et savants avaient dû rapporter en Chine quelques livres de la sagesse indienne, qui s'étaient accumulés dans les bibliothèques avant que les croyances qu'ils renfermaient se fussent répandues; objets de curiosité extérieure, comme pouvaient l'être pour nous les monuments des lettres égyptiennes ou sanscrites, avant la naissance des orientalistes qui devaient les débrouiller. Cette interprétation nous dispense de faire voyager Lao-tseu vers l'Occident, comme l'ont voulu quelques écrivains, et de le faire aboucher, dans ses pérégrinations philosophiques, avec Pythagore ou Platon, avec les brahmanes de l'Inde ou les prêtres de l'Égypte.

Du reste, les rapports de la doctrine du Tao avec le bouddhisme, fussent-ils plus marqués encore qu'ils ne le sont, nous ne croyons pas à l'inévitable besoin du lien traditionnel, pour expliquer des conformités d'idées que l'identité de l'espèce humaine implique. Les subtiles spéculations de la métaphysique de Lao-tseu ne nous étonnent pas non plus. La Chine a pu en être la patrie naturelle. Le terrain de la philosophie n'était en effet encombré ici ni de superstitions grossières ni de prescriptions religieuses oppressives. Les abstractions d'une métaphysique toute nue allaient fort bien à l'esprit d'un peuple qui, depuis longtemps, ne pratiquait que le culte du bon sens et de la raison. L'esprit sacerdotal n'avait point courbé sous le joug d'une croyance fixe, la libre expansion de la pensée humaine; la théologie ne s'était point implantée là, tenant dans le Saint des saints une doctrine connue des seuls adeptes. Il n'y avait point d'initiation qui asservît forcément les intelligences à un moule commun. Comme rien n'était imposé, il n'y avait point de révoltes, point d'allégories, point d'apologues, qui sont les protestations de la pensée esclave. L'intelligence y marchait l'égale de l'intelligence. Penser et s'exprimer sans voile était un devoir et non un privilége.

Le livre composé par Lao-tseu porte, nous l'avons dit, le titre de *la Voie et la Vertu* (Tao-te-king). Remontant à près de six cents ans avant notre ère, il est un des plus authentiques monuments de la civilisation chinoise, car il ne fut point compris dans l'incendie des livres qui eut lieu sous les empereurs de la quatrième dynastie. Comme c'est un livre de haute philosophie, plus encore qu'un évangile, il est l'objet d'un respect général de la part de toutes les sectes de la Chine, également tolérantes pour les grandes œuvres. Il a eu des commentateurs sans nombre, parmi lesquels sept bouddhistes et trente-quatre lettrés de l'école de Confucius.

Les autres appartiennent à la religion même du Tao. Chaque commentateur, sans parti pris comme sans dessein de s'approprier les idées du Tao-te-king, les a rapprochées de ses propres croyances, et l'excuse de ceci était dans un langage obscur, énigmatique à force d'être concis, qui se prête facilement à l'interprétation. Du temps même de l'auteur il était difficile de l'entendre. « Ceux qui me comprennent sont rares, » disait Lao-tseu. Et il ajoutait, avec quelque satisfaction sans doute:

« Je n'en suis que plus estimé. » S'il entendait caractériser par là cette tendance de l'esprit humain à s'incliner aveuglément devant ce qui le surpasse, il entrevoyait déjà peut-être dans l'avenir quelques rayons de sa divinité posthume.

D'où venons-nous? où allons-nous? qu'est-ce que Dieu? qu'est-ce que l'esprit? qu'est-ce que la matière? Voilà certainement les premières questions que se pose tout homme qui veut se servir de sa raison pour se rendre compte de son existence actuelle et construire l'édifice de ses connaissances. Tout commence là, tout y retourne. Chaque peuple, chaque âge de l'humanité, sont tour à tour venus s'essayer à la solution de ces problèmes, toujours résolus et toujours à résoudre, et leur éternelle énigme ne leur a rien fait perdre de l'intérêt qui s'y attache. Il est curieux d'étudier comment procède d'ordinaire l'intelligence humaine dans sa recherche de la notion de Dieu.

Comme l'homme, en voulant pénétrer l'essence divine, n'est soutenu par rien dans ces hautes régions où il s'élève, il retombe naturellement sur lui-même et sur le monde créé. C'est donc par les rapports de cet être avec lui qu'il essaie de le définir. Or, en mesurant ses propres qualités avec celles qui sont supposées constituer l'essence divine, l'homme procède par opposition et contraste, et partant, retranche de Dieu tous les attributs de l'humanité. L'homme est mortel, muable, personnel, fini, corporel; Dieu sera donc immortel, immuable, impersonnel, infini, incorporel, une collection de négations qui, pour être complète, doit réduire l'être primordial à la privation de toute qualité, de toute action, de toute manifestation, au néant enfin. C'est là une suprême conséquence devant laquelle n'ont pas reculé maintes fois des doctrines philosophiques aussi logiques que sincères. Les néoplatoniciens d'Alexandrie appelaient Dieu l'être n'étant pas (τὸ ὂν μὴ ὄν), et pour peindre son anéantissement dans son infinitude, dans son vide immuable, ils l'avaient nommé le silence et l'abîme. Cette doctrine est celle même du philosophe chinois Lao-tseu, et il l'expose avec une franchise qu'on trouve rarement ailleurs.

« Avant le chaos, dit-il, qui a précédé la naissance du ciel et de la terre, un seul être existait, immense, silencieux. On peut le regarder comme la mère de l'univers. J'ignore son nom ; mais je le désigne par le mot de raison (Tao). » Le Tao est le principe de l'univers ; il en règle les actions et il les maintient, sans jamais errer ni réfléchir : c'est de son sein que tout émane, c'est dans son sein que tout revient. Mais cet être peut être conçu sous la relation de deux époques et sous deux aspects. En lui-même il n'a ni forme, ni couleur, ni nom ; pour lui en donner un, il faut dire qu'il est sans commencement ni fin, qu'il n'est ni intérieur ni extérieur, ni subtil ni manifeste ; son état est le repos, son essence le vide. L'excellence du vide sur toutes choses s'exprime chez Lao-tseu par un grand luxe de métaphores. « Trente raïs, dit-il, se réunissent autour d'un moyeu ; c'est de son vide que dépend l'usage du char. On pétrit la terre glaise pour en faire des vases ; c'est de son vide que dépend l'usage des vases. On perce des portes et des fenêtres pour faire une maison ; c'est de leur vide que dépend l'usage de la maison. »

Pour créer le monde, le Tao est sorti du non-être. Le ciel et la terre ont été formés par son action, et dans cette opération, il s'appelle la mère de l'univers. C'est en tant que créateur que les hommes peuvent se former une idée de lui ; les hommes ne l'ont nommé que dans cette seconde phase de sa durée ; ils l'ont fait passer ainsi de la non-existence à l'existence du langage.

Le non-être a produit l'être ; c'est là une idée familière à Lao-tseu ; et la contradiction apparente des termes n'arrête pas un instant la subtilité de son esprit ; car pour lui toutes choses produisent leurs contraires. Affirmer le oui, c'est affirmer le non ; la laideur implique la beauté ; le mal implique le bien ; l'antériorité a sa naissance dans la postériorité ; la vie et la mort se correspondent; tout est possible, tout est indifférent, tout se trouve dans la nature, et tient à de simples relations, dont le vide est l'impalpable support. Cette théorie se rapproche beaucoup, on le voit, des doctrines des nihilistes de l'Inde; si elle en diffère, c'est bien plus par la crudité de la pensée, par son expression nette et impitoyable, que par l'idée elle-même. Chez les bouddhistes, l'imagination a caché sous l'éclat un peu énigmatique des images et des symboles l'abîme qu'elle craignait de découvrir, tandis qu'ici une main froide et impassible a écarté tous les voiles officieux qui en dérobaient le fond. Lao-tseu s'est placé en face de l'être primitif, sans éprouver de vertige. Et quand on voit ce philosophe débuter par de telles idées, qui annoncent une raison rompue aux combinaisons les plus subtiles de la spéculation philosophique, on ne doit pas non plus s'attendre à lui voir avancer, sur l'origine et la formation de l'univers, quelques-unes de ces fables qui sont le domaine des esprits craintifs et timorés. Sa cosmogonie s'appuie sur l'émanation, sur les déploiements successifs de l'être panthéistique.

Du moment qu'il est admis que tous les êtres ne sont que de pures modifications temporaires de l'être universel, modifications qui prennent naissance ou périssent sans laisser plus de trace qu'un rayon de soleil, ne semble-t-il pas que les instincts, les passions, tous les mouvements moraux et physiques qui agitent l'homme, doivent être les résultats de lois absolues qu'il est tout au moins inutile de juger? que la douleur, le plaisir, le bien et le mal, ne sont que des accidents de substance assez indifférents? que l'homme enfin n'a pas d'efforts à faire pour modifier sa nature? que son plaisir et non son devoir consiste à se regarder passer et vivre, dans le curieux spectacle de ses impressions et des évolutions de son existence? Aussi tel est, d'après Lao-tseu, le rôle du sage. Il doit chercher à imiter la vacuité du Tao, à se dépouiller de toutes les passions, de tous les instincts, à faire un vide complet autour de lui-même, à se plonger dans l'inertie et l'indifférence. Le quiétisme parfait est présenté à l'homme comme son état normal. « Lorsqu'on est constamment exempt de passions, on voit l'essence spirituelle du Tao ; le saint homme pratique le non-agir ; il s'occupe de la non-occupation ; il savoure ce qui est sans saveur ; il fait consister ses instructions dans le silence. » L'intelligence étant même une cause d'activité, le sage doit se délivrer de ses lumières et garder ses défauts ; car tout effort est un mal. « Le sage arrive sans marcher ; sans agir il accomplit de grandes choses ; le dernier terme de la perfection, c'est le non-agir ; celui qui est parvenu au comble du vide garde fermement le repos. » A toutes les provocations des sens, de l'intelligence et de l'instinct, Lao-tseu répond par ces mots, qui composent toute sa morale et qu'il répète sous toutes les formes, dans toutes les circonstances : Abstiens-toi. « L'homme doit clore sa bouche, fermer ses oreilles et ses yeux ; augmenter sa vie est une calamité. »

Pour montrer enfin jusqu'où peut aller la logique de ce renoncement, ce désir de s'abstraire de tout, d'échapper à la loi de mouvement et d'action qui agite tout autour de l'homme, il nous faut citer encore ce curieux passage d'un commentateur de Lao-tseu : « Celui qui aime la vie peut être tué ; celui qui aime la pureté peut être souillé ; celui qui aime la gloire peut être couvert d'ignominie ; celui qui aime la perfection peut la perdre. Mais si l'homme reste étranger à la vie, qui est-ce qui peut le tuer ? S'il reste étranger à la pureté, qui est-ce qui peut le souiller ? S'il reste étranger à la gloire, qui est-ce qui peut le déshonorer ? S'il reste étranger à la perfection, qui est-ce qui peut la lui faire perdre ? Celui qui comprend cela peut se jouer de la vie et de la mort. » La doctrine de l'inaction philosophique n'est-elle pas ici portée jusqu'à la folie ? Jamais le quiétisme ressembla-t-il mieux au calme de la mort ? De pareilles théories sont bien dangereuses et bien funestes en politique et en morale, et cependant il y a là un sublime courage en même temps qu'un sublime désespoir. Il y a désespoir à n'oser aspirer à rien, dans la crainte de trouver toute joie et toute vertu ternies par le souffle de l'homme ; il y a courage à se roidir contre les provocations de notre nature, qui, ne pouvant jamais nous porter jusqu'au but, nous pousse toujours sur le chemin. Ce sentiment de défiance, qui n'est pas tout à fait l'abnégation religieuse, a du vrai et trouve un écho dans l'homme. Ce n'est pas l'Inde seule qui en est le berceau : nous trouvons le quiétisme en Égypte, en Grèce, en France même, dans les régions les plus soumises aux énervantes influences du soleil, comme dans celles où la vie pratique est le plus développée. Rien n'est-il donc nouveau dans l'intelligence humaine ? et faut-il s'écrier avec un philosophe chinois : « Une vive lumière éclairait la haute antiquité ; mais à peine quelques rayons sont venus jusqu'à nous. Il nous semble que les anciens étaient dans les ténèbres, parce que nous les voyons à travers les nuages épais dont nous venons de sortir. L'homme est un enfant né à minuit ; quand il voit le lever du soleil, il croit qu'hier n'a jamais existé. »

Partant d'un calme dédain pour la nature humaine, dont il sent en lui l'impuissance et la vaine fierté, le quiétiste revient par un détour aux sentiments de la charité la plus tendre. Il aime les individus de tout l'amour qu'il refuse à l'espèce ; il sait qu'on ne peut exiger d'eux de grands efforts, et il est comme reconnaissant des plus petits. Sur toutes leurs actions il jette le sourire complaisant de son indulgence, et l'étend jusque sur leurs fautes. Aussi le quiétisme renferme-t-il toujours, à côté d'un principe de désespoir résigné, le précepte d'une charité universelle et de la plus douce morale, de cette morale aimable dont Fénelon est resté l'apôtre parmi les âmes tendres. Dans le Tao-te-king il y a aussi des chapitres tout empreints de mansuétude et d'humanité. Pour le philosophe donc, nulle acception de personne. S'il pouvait repousser quelqu'un, ce serait le puissant ; car il dit, avec le sage des temps chrétiens : « Celui qui s'élève sera humilié ; celui qui s'humilie sera élevé. » Voyez par quelles énergiques paroles il condamne l'ambition des princes et les fureurs des conquérants : « La victoire la plus éclatante, dit-il, n'est que la lueur d'un incendie. Si le peuple a faim, c'est parce que le prince dévore sa subsistance ; s'il est difficile à gouverner, c'est qu'il est surchargé de travaux ; mais quand il trouve trop de peine à se procurer ses moyens d'existence, il se réfugie dans son insouciance et voit arriver la mort sans regrets. Les armes excellentes sont des instruments de malheur ; partout où séjournent les troupes, on voit naître les épines et les ronces. Le général qui se réjouit de sa victoire aime à tuer les hommes ; celui qui a vaincu dans un combat doit se couvrir de deuil et se tenir dans le temple à la place de celui qui préside aux rites funèbres. »

Telle est cette doctrine du premier philosophe chinois ; pleine d'idées profondes, ingénieuses dans leur profondeur, quelquefois sublimes, elle embrasse toutes les questions essentielles. Sur tous ces points, ses solutions ne diffèrent pas beaucoup de celles de la sagesse indienne, égyptienne ou grecque ; mais ce qui les distingue, c'est qu'elles se présentent exemptes de toute forme mythologique, qu'elles s'adressent à la raison sans détours et sans voiles, purgées d'allégories et d'énigmes, exposées avec un bon sens et une absence de fanatisme remarquables. Les spéculations les plus subtiles prennent ici une précision presque mathématique ; c'est l'abstraction passée à l'état de fait.

On pourrait, avec raison, reprocher à cette philosophie son principe d'inaction, qui est susceptible d'agir sur les âmes avec la puissance énervante d'un soporifique, de détruire en elle ses plus vigoureux ressorts, d'émousser ses facultés les plus vives ; mais, on n'en saurait douter, ce principe n'avait point dans l'esprit de Lao-tseu la généralité qu'il paraît avoir dans ses écrits. Le philosophe était, de son temps, témoin des abus de la force ; il alla jusqu'à en condamner l'exercice. Quand les désordres étaient les résultats naturels de l'activité, par une opposition exagérée, il plaça l'ordre dans l'inertie. L'esprit procède-t-il jamais autrement? N'est-il pas sans cesse, dans son mouvement oscillatoire, porté d'un extrême à l'autre? Dans l'application du remède, il croit n'atteindre que la guérison, et il tue parfois avec ce qui devrait faire vivre. Sur le terrain des idées, la verticale est difficile à tenir. On dépasse le but de toute la force qu'il a fallu pour se détacher d'une position où l'on était enchaîné. Le principe d'inaction se rattachait, de plus, chez Lao-tseu, à une idée fixe de perfection primitive, qui aurait été le lot de l'homme à son origine, et qu'une trop grande expansion donnée à son être et à ses facultés lui aurait fait perdre. Aussi ne voulait-il point que par la préoccupation et le mouvement on contrariât l'action bienfaisante et spontanée du Tao. Il faisait de l'homme une liqueur dont la lie aurait été violemment remuée, et qui, dans le calme et l'obscurité, déposerait au fond du vase son impureté et reprendrait sa limpidité et sa couleur. L'homme naît bon; c'est la société qui le déprave. Lao-tseu le croyait, comme plus tard Rousseau. Reculer donc par l'inaction au delà du temps, c'était là toute la sagesse.

Lao-tseu n'était certes ni un thaumaturge ni un inspiré, et ses doctrines philosophiques, sous leur lucide transparence, laissent facilement entrevoir le travail de la pensée humaine. Cependant il a été le chef d'une religion, et nous devons avouer que ses doctrines en recélaient les germes. Toujours les idées d'indignité de la personne humaine et de renoncement ont conduit à une mysticité religieuse. La vérité de cette déduction est générale, et quand la philosophie, imprégnée de ces idées, n'est pas allée jusqu'à l'adoption d'un culte, elle a admis du moins des formules de dévotion et des pratiques auxquelles elle attachait une certaine vertu mystérieuse. La plupart des principes du philosophe chinois devaient, étant poussés à l'extrême, aboutir à des dogmes religieux. Tel était celui de l'abnégation qui conduisait à l'extase, état de l'âme où, s'abstrayant de tout, du temps et des lieux, perdant jusqu'au sentiment de son corps, l'homme se plonge au sein du vide et se noie dans le vague de l'univers; tel était celui du retour à la primitive nature, qui allait faire naître des moyens artificiels pour redescendre la pente de la civilisation, et qui, arrachant l'homme à la société, à l'affection, au gouvernement et à la famille, devait le pousser dans l'isolement et le désert; tel était enfin celui de l'absorption en Dieu, d'où naissait une distinction établie par Lao-tseu lui-même entre les saints et les méchants, distinction qui entraînait la création d'un sacerdoce se posant en intermédiaire entre le ciel et les hommes, indiquant la route du salut, prophétisant au besoin, et délivrant le breuvage de l'immortalité et des sauf-conduits pour l'autre monde. Les temps amenèrent toutes ces révolutions dans la philosophie de Lao-tseu, et de nos jours elle sert, comme nous le verrons, de voile officieux à toutes les absurdités de la crédulité la plus grossière. Ainsi dégénèrent, entre les mains de l'interprétation intéressée, les données les plus pures de la pensée humaine.

Les résultats du quiétisme, que nous avons vus se produire jusque dans l'active Europe, nous font concevoir jusqu'à un certain point que cette doctrine de Lao-tseu ait pu naître en Chine, ce pays d'activité aussi, où les esprits sont si pratiques et si nets, si positifs et si peu mystiques, et ne vont guère chercher par delà l'horizon terrestre une Providence qu'ils chargent de réparer leurs fautes. Ils nous font concevoir qu'elle ait pu naître dans la patrie de Confucius, et de son temps. C'est comme la gageure de l'esprit chinois, comme le caprice d'un peuple qui, accusé de matérialisme, prend à tâche un beau jour de prouver que le domaine de l'intelligence lui est aussi bien soumis que celui des arts utiles; qu'il peut, quand il le veut, y donner des lois; mais ce n'est là qu'un jeu. Aussi

Lao-tseu a bien pu devenir, par l'habileté de certains docteurs, un chef de secte particulière; mais la nation s'est reconnue dans Confucius, sa personnification la plus évidente. La doctrine de ce philosophe, elle l'a admise comme par tempérament et par habitude d'esprit; le philosophe et la nation ne faisaient que se donner réciproquement ce qu'ils s'étaient emprunté l'un à l'autre, s'admirer l'un dans l'autre.

CHAPITRE QUATRIÈME.

CONFUCIUS (KHOUNG-FOU-TSEU), FONDATEUR DE LA RELIGION DES LETTRÉS (DE 551 A 479 AV. JÉSUS-CHRIST).

Parallèle entre Lao-tseu et Confucius. — Leurs caractères distincts se font jour dans une entrevue qu'ils eurent ensemble. — Naissance de Confucius. — Circonstances fabuleuses qui l'accompagnent. — Son enfance. — Son éducation. — Ses premiers pas dans la carrière du mandarinat.—La mort de sa mère le force, suivant une coutume du pays, de renoncer pour trois ans aux emplois publics. — A l'expiration de son deuil il reçoit des princes féodaux de la Chine des ambassades qui l'invitent à venir donner des codes de lois à leurs royaumes. — Il se rend dans plusieurs. — Dans ses voyages il s'arrête quelque temps chez un célèbre musicien-philosophe nommé Siang, qui connaissait tous les mystères de l'art inventé par Fou-hi. — Effets merveilleux de la musique chinoise. — Illuminisme des mélomanes de ce pays. — Confucius s'environne de disciples. — Il fonde des écoles dans les divers royaumes qu'il parcourt. — Confucius ne fonde pas un système philosophique ; il ne fait que restaurer les préceptes d'ordre et de sagesse légués par les premiers patriarches de la Chine, et prêcher le respect de l'antiquité. — Jugement porté par Confucius contre la doctrine énervante de Lao-tseu. — Il déduit ses préceptes de l'usage et du principe pratique de l'utilité plutôt que de la théorie. — Antique parabole du seau. — Confucius est la personnification et le résumé complet de tout le peuple chinois. — Il représente sa perfection un peu guindée, sa majesté un peu froide, son bon sens privé d'enthousiasme. — Les désordres moraux de l'empire et son impuissance à les corriger affligent son cœur et déconcertent ses espérances. — Ses chants de désespoir. — Il revient dans sa patrie et s'y applique à la composition des six *King*, livres sacrés de la Chine. — Ses soixante-douze disciples. — Yen-hoei le disciple bien-aimé. — Confucius se sent approcher de sa fin. — Exhortation à ses disciples. — Il offre avec eux un sacrifice au Chang-ti sur une montagne, le jour de l'achèvement des *King*. — Il meurt en 479 av. J.-C. — Ses funérailles. — Premiers honneurs rendus à son tombeau par le roi de Lou. — Ses disciples recueillent ses instructions et en forment les trois livres classiques de la Chine. — Le *Ta-hio* ou la Grande étude, le *Tchoung-young* ou l'Invariable milieu, le *Lun-yu* ou les Entretiens philosophiques, aussi vénérés que les King. — Système métaphysique qu'ils renferment. — Le sentiment de l'humanité est la base de la morale confucéenne.

Confucius ramena vers la terre la pensée élevée si haut par Lao-tseu. Ce dernier, dans une complète abstraction de l'état social au milieu duquel il se trouvait, avait construit, sur les seules bases de la pensée absolue, une doctrine indépendante des temps et des lieux, une doctrine qui n'a pas d'époque, qui n'a subi aucune influence des milieux et des circonstances, et reste comme produit idéal de l'intelligence chez tous les peuples et dans tous les pays. Confucius, lui, va se placer au milieu même de ses contemporains, ne refusera pas de les administrer, les prendra à partie dans ses enseignements, leur citera les ancêtres, tous les grands noms de la Chine, les gourmandera en leur nom, exhalera son ardeur réformatrice ou le sentiment de son impuissance en exhortations éloquentes ou en plaintives doléances. Pas plus que Lao-tseu, il ne prétend aux honneurs d'une illustration divine; pas plus que lui, il ne fait intervenir le ciel en sa personne; mais, bien différent de lui, il ravive le dogme de l'activité dans la vertu, rappelle l'intelligence à l'initiative, invite les hommes à la connaissance et au perfectionnement d'eux-mêmes; il est religieux sans dévotion, réformateur sans faste; véritable Socrate qui n'eut pas besoin d'un Platon.

L'histoire de la Chine, qui fait naître Confucius contemporain de Lao-tseu, veut que les deux philosophes aient eu une entrevue ensemble, et les paroles qu'elle leur fait tenir caractérisent trop bien leurs points de vue respectifs, pour que, en face de nos appréciations, nous ne mettions pas le jugement qu'ils ont porté l'un de l'autre.

« Lorsque le sage se trouve dans des circonstances favorables, dit Lao-tseu à Confucius qui était venu le visiter, il monte sur un char; quand les temps lui sont contraires, il erre à l'aventure. J'ai entendu dire qu'un habile marchand cache avec soin ses richesses et semble vide de tout bien; le sage dont la vertu est accomplie aime à porter sur son visage et dans son extérieur l'apparence de la stupidité. Renoncez à l'orgueil et à la multitude de vos désirs; dépouillez-vous de ces dehors brillants et des vues ambitieuses qui vous occupent : cela ne vous servirait de rien. Voilà tout ce que je puis vous dire. »

Confucius, de retour parmi ses disciples, leur dit : « Je sais que les oiseaux volent dans l'air, que les poissons nagent, que les quadrupèdes courent. Ceux qui courent peuvent être pris avec des filets; ceux qui nagent, avec une ligne; ceux qui volent, avec une flèche. Quant au dragon qui s'élève au ciel, porté par les vents et les nuages, je ne sais comment on peut le saisir. J'ai vu aujourd'hui Lao-tseu : il est comme le dragon. »

Confucius n'aima jamais les régions trop élevées où le vertige habite; la théorie purement abstraite ne soutenait pas assez son esprit grave et pratique. Il ne comprit pas qu'on lui dit de se retirer du monde, lui, dont les enseignements étaient dans ses actions, dont la meilleure partie de la doctrine consistait dans l'histoire de sa vie. Pour nous, nous ne séparerons pas dans Confucius deux choses si intimement liées; aucune obscurité ne plane sur son existence; il remplit pendant sa longue carrière plusieurs fonctions civiles et sociales. C'est à ce titre qu'il eut souvent occasion d'exposer les préceptes de sa morale; ce sera donc faire connaître cette morale que d'exposer la biographie de son auteur.

Khoung-fou-tseu, que les missionnaires ont fait connaître à l'Europe sous le nom de Confucius, naquit l'an 551 avant notre ère, la onzième lune de la vingt-deuxième année du règne de Ling-wang, dans le royaume de *Lou* (province actuelle de Chan-toung). Voilà pour la vérité matérielle, qui enregistre aussi indifféremment sur l'état civil des cités, et sans leur donner plus de place, les noms des enfants destinés à avoir du génie, que les noms de ceux dont la stupidité est le lot. Mais les *Grands tableaux chronologiques* chinois ont revendiqué pour la Chine tout entière l'honneur d'avoir produit le philosophe. « Quoique Khoung-tseu soit né dans le petit royaume de Lou, disent-ils, il fut cependant le plus grand instituteur du genre humain qui ait paru dans tous les âges. Il n'est pas seulement la plus grande gloire de Lou, mais de la dynastie des Tcheou, parce que ce grand sage appartient à tout l'empire. »

Confucius naquit dans la ville de Tseou, dont son père était gouverneur. Une foule de prodiges, s'il fallait en croire ses enthousiastes biographes, auraient signalé sa naissance. Le Ki-lin, cet animal fabuleux aimé des poëtes chinois, et qui, suivant eux, n'apparaît sur la terre que pour annoncer les événements heureux, se montra un matin dans le jardin de la maison où la mère de Confucius habitait pendant sa grossesse, et laissa tomber de sa bouche une pierre de jade sur laquelle on lisait ces mots : « Un enfant, pur comme l'onde cristalline, naîtra quand les Tcheou seront sur leur déclin ; il sera roi, mais sans aucun domaine. » Au moment de la naissance, *deux dragons furent vus dans les airs au-dessus de la maison où naquit le philosophe, et cinq vieillards entrèrent ensemble dans l'appartement de sa mère.* On entendit ensuite une musique harmonieuse qui faisait retentir les airs de ces paroles solennelles : *Tout le ciel tressaille de joie à la naissance du saint fils!*

L'école publique, l'école des enfants du peuple, la plus utile de toutes et la plus instructive, fut celle de Confucius. Dans ce contact incessant avec ses semblables, dans cette mise en commun et dans cette lutte naturelle de tous les désirs, de toutes les passions naissantes, dans ce premier milieu social, où se forme le caractère, où l'intelligence contracte l'habitude de l'indépendance, il puisa les grands principes de charité et de bienveillance qui sont le premier et le dernier mot de sa doctrine.

L'enfant se fit homme de bonne heure. A dix-neuf ans, Confucius se maria. Un an après, il entrait dans l'ordre des mandarins en qualité d'inspecteur général des campagnes et des troupeaux, avec plein pouvoir d'abroger et d'établir tels usages qu'il jugerait à propos. Confucius élargit alors le cercle de ses études dans la proportion des nouveaux devoirs qui lui étaient confiés. C'était pour lui un plaisir de parcourir incessamment sa province administrative, de visiter les campagnes et les bourgs, de s'entretenir avec les laboureurs, le jour, quand ils étaient courbés sur leurs instruments de travail, le soir, dans leurs foyers. Il discutait avec eux les procédés et les résultats; il recueillait des renseignements partout, et les combinant avec habileté, réformant ici, encourageant là bas, ramenait tout à une sage uniformité. En même temps, bien que le philosophe perçât à peine encore sous le jeune homme, et que son principe fût toujours, « qu'il valait mieux faire parler les faits que les mots, que les idées réalisées en disent plus que les théories, » on pense bien que les enseignements moraux se mêlaient souvent aux enseignements d'utilité pratique. Quatre ans d'une administration si sage avaient amené comme un âge d'or dans les campagnes de son district. Les champs étaient partout florissants et fertiles; des terres regardées de tout temps comme incultivables, se couvraient de moissons; les troupeaux croissaient comme l'herbe des prairies; et les cultivateurs trouvant au milieu du bonheur la vertu moins pénible, se montraient plus faciles à se laisser guider en proportion du bien qu'on leur faisait.

Le noviciat administratif de Confucius avait produit les résultats d'une pratique consommée. Distingué déjà de la foule des mandarins, il se trouvait naturellement désigné par son mérite pour de nouveaux honneurs; mais sa mère vint à mourir, et, autant par affection pour elle que par soumission envers les anciennes coutumes de la nation, il obéit à la loi qui interdisait alors, comme elle le fait encore aujourd'hui, tout emploi public à celui qui venait de perdre un des auteurs de ses jours. Il se renferma donc chez lui pendant les trois ans d'usage : mais auparavant il voulut donner un exemple de ce vif respect qu'il avait conçu dès sa jeunesse pour l'antiquité, et que pendant toute sa vie il devait s'appliquer à faire partager par ses contemporains. Dans les désordres qui avaient accompagné la révolte des princes feudataires, les cérémonies établies pour les funérailles s'étaient perdues ou dépravées; les rois, aussi peu soucieux des morts que des vivants, tout entiers à leurs plaisirs ou à leurs rivalités, avaient laissé s'introduire par leur silence les abus qu'ils n'autorisaient pas par leur exemple. Dans ces temps d'anarchie morale, répudiant toute décence et toute compassion, l'enfant jetait le cadavre de son père, l'époux celui de son épouse, dans le premier terrain inculte qui s'offrait à lui, ou l'enterrait dans un coin obscur de son jardin ou de son champ. Le deuil des habits ne durait pas plus longtemps que celui du cœur. Confucius, dans les funérailles de sa mère, fit revivre les pieux usages des ancêtres. Il voulut que le corps de sa mère fût placé à côté de celui de son père, disant, avec une ingénieuse piété, que ceux qui ont été unis pendant la vie ne devaient pas être séparés après leur mort. Il les fit enfermer dans des bières solides, pour les soustraire à l'avidité des animaux carnassiers; et pour les garantir encore de la corruption, les bières furent exhaussées, suivant l'antique usage, sur de petits monticules. L'exemple du jeune philosophe fut suivi bientôt par toute la Chine, et les règles qu'il avait remises en vigueur pour les funérailles de sa mère existent encore aujourd'hui.

Pendant les trois ans de deuil qui suivirent la mort de sa mère, Confucius, retiré dans le calme et l'étude, tout entier aux inspirations de cette voix qui parle dans la solitude, compulsa avidement les annales de son pays, et, se passionnant pour les primitives époques dont elles contenaient le récit imposant, il y puisa la noble ambition de les faire renaître. L'histoire des fondateurs de la monarchie, de ces patriarches des temps historiques, Yao, Chun, Yu, dont il devait, à son tour, retracer dans le Chou-king les vertus et les sages institutions, sollicitait vivement sa sympathie et son enthousiasme. En même temps, il méditait sur ce qui détermine les décisions de l'homme, l'entraîne ou l'éloigne, sur les causes avouées ou secrètes qui mettent en jeu sa volonté et son intelligence; et il arrivait à ces conclusions : « qu'il n'était pas bon pour un gouvernement de mettre le devoir en opposition avec l'intérêt, la loi avec les sentiments et les instincts; et que la morale, qui n'était autre que la législation, consistait à donner leur essor et leur exercice à toutes les facultés, en ne les assujettissant qu'au lien logique du bien collectif. » Confucius était bien loin de ressembler à ces réformateurs qui, pleins de dédain pour leur temps, se tiennent orgueilleusement en dehors de la sphère du gouvernement, qu'ils jugent pour eux trop étroite, et se contentent de condamner en théorie. Sans préjugés aussi comme sans obstination, il se mêlait, dans un but d'instruction ou d'influence, à tous les événements, à tous les devoirs de la vie publique, avec le respect qu'exigeaient les lois de son pays. Quand les habitants de son village faisaient les cérémonies du Nô pour chasser les esprits malins, il se revêtait de sa robe de cour, et allait s'asseoir du côté oriental de la salle. Quand ils l'invitaient à un festin, il ne sortait de table que lorsque *les vieillards qui portaient des bâtons* étaient eux-mêmes sortis.

Les trois ans expirés, le fils respectueux alla déposer sur le tombeau de sa mère ses vêtements de deuil et reprendre ceux de la vie active. Mais avant qu'il songeât à se présenter, suivant la coutume, au souverain et à ses ministres pour rentrer dans les emplois publics, il vit arriver près de lui l'envoyé d'un prince qui s'était rendu indépendant dans une province septentrionale de la Chine, et qui sollicitait ses conseils sur la manière dont il devait administrer son royaume naissant. « Je ne connais ni votre maître ni ceux qui sont sous sa domination, répondit le philosophe à l'envoyé; que pourrais-je dire qui fût à son avantage et à l'avantage des siens? S'il voulait savoir de moi ce que faisaient les anciens souverains dans certaines circonstances et comment ils gouvernaient l'empire, je me ferais un plaisir et un devoir de le satisfaire, parce que je n'aurais à parler que sur ce que je sais. » Et il refusa. Pourtant, sur de nouvelles invitations et des instances plus pressantes, il consentit à se rendre près du roi de Yen, et il travailla, avec le concours de ses ministres, à une sage réforme des lois et des mœurs. Sa mission remplie, Confucius se hâta de quitter la cour de Yen, car d'autres provinces et d'autres princes lui avaient député de leur côté, pour réclamer de sa sagesse des codes de législation et des constitutions politiques. Ainsi faisaient, vers le même temps, les cités naissantes de la grande Grèce à l'égard des philosophes Pythagore et Charondas. A l'occasion d'un des voyages de Confucius à travers les divers royaumes de la Chine, nous lisons dans ses biographes une anecdote qui peut jusqu'à un certain point expliquer les merveilles qu'on trouve racontées fréquemment dans les livres chinois au sujet de la musique, représentée sans cesse comme la suprême institutrice des peuples, servant à orner la personne de vertus, à régler le cœur, à mettre un frein à la concupiscence, à régler l'ordre du ciel et de la terre.

Confucius ayant entendu dire que dans le royaume de Kin vivait un musicien célèbre, du nom de Siang, qui faisait revivre les traditions du passé, et rappelait par son habileté les prodiges de la musique antique, il se rendit près de lui, et quoiqu'il eût atteint l'âge de vingt-huit ans, il se fit admettre parmi ses disciples. Le musicien lui parla, en effet, de son art comme un philosophe eût fait d'un code de morale. La musique avait le don, lui disait-il, de calmer les flots tumultueux des passions, de consoler l'esprit de toutes les peines, de le guérir de toute sa perversité, de faire le *bel accord du ciel et de la terre*. Il lui en exposa ensuite les règles essentielles, et comme application, il lui joua sur le kin, la lyre de Fou-hi, une pièce composée autrefois par le sage Wen-wang. Cette première audition jeta Confucius dans un ravissement étrange, et le maître, satisfait de l'effet produit, finit là sa leçon. Pendant dix jours de suite, la pièce de Wen-vang servit exclusivement d'objet d'études. Siang crut enfin pouvoir la faire répéter à Confucius devant tous ses disciples, et content de sa réussite, il y applaudit. « Votre jeu, lui dit-il, ne diffère pas du mien; il est temps que vous vous exerciez sur un autre mode. Mais le philosophe, sans se laisser charmer par ces éloges, lui répondit : « Votre disciple Kiéou ose vous prier de différer quelques jours ; je cherche l'idée du compositeur, que je n'ai pas encore saisie.—Bien, répliqua Siang, je vous donne cinq jours pour la trouver. » Le terme expiré, Confucius se présenta à son maître, et lui demanda cinq jours encore, lui déclarant que si, après ce délai, il n'atteignait pas le but auquel il visait, il se regarderait comme incapable d'y parvenir jamais, et ne s'occuperait plus de musique. Mais le matin du cinquième jour, Confucius se réveilla dans l'exaltation de la joie, et se trouva comme transformé en un autre homme. Courant aussitôt chez le vieux Siang : « Votre disciple, lui dit-il, a trouvé ce qu'il cherchait; je suis comme un homme qui, placé sur un lieu éminent, découvrirait le pays au loin. Je vois dans la musique tout ce qu'elle renferme. Avec de l'application et de la constance, je suis parvenu à découvrir, dans la pièce de l'ancienne musique que vous m'avez donnée à apprendre, l'intention de celui qui l'a composée. Je suis pénétré, en la jouant, de tous les sentiments qu'il éprouvait en la composant. Il me semble que je le vois, que je l'entends, que je lui parle. Je me le représente comme un homme d'une taille moyenne, dont le visage un peu long est d'une couleur qui tient le milieu entre le blanc et le noir ; il a les yeux grands, mais pleins de douceur; sa contenance est noble, son ton de voix sonore; toute sa personne inspire à la fois la vertu, le respect et l'amour : c'est, je n'en doute pas, l'illustre Wen-wang. »

Si ce n'est pas là une scène d'illuminisme inventée par quelque mélomane chinois, jaloux de faire du sage de la Chine le révélateur de son art, ou bien encore un exemple de cette exagération de sentiment chez certains artistes qui prétendent trouver un rapport intime entre l'idée qu'ils conçoivent et les signes employés à l'exprimer; si c'est, au contraire, une réalité que cette anecdote de la pièce de Wen-wang, nous sommes forcés de rapprocher la musique des **Chinois** de la thaumaturgie, dont l'antiquité grecque nous a raconté tant de fois les prodiges, dont l'alchimie a été un reflet, et à laquelle nous ne saurions rien comprendre de nos jours, quoique nos temps de civilisation nous offrent aussi le spectacle du magnétisme et du somnambulisme ; sciences mystérieuses qu'on prône et qu'on bafoue, cent fois convaincues de charlatanisme, et toujours renaissantes sous de nouveaux noms et avec de nouveaux adeptes ; éternels mirages de la raison humaine, hochets que semble jeter devant nos pas une puissance frondeuse et sarcastique, pour faire trébucher dans le ridicule nos conceptions les plus hautes.

Nous croyons cependant que la musique, chez les **Chinois**, se rattachait à un but moins illusoire que celui de disposer des forces secrètes de la nature, et de mettre l'homme en communication intime avec les esprits des morts ou des absents. Nous savons que les cosmogonies de tous les peuples primitifs ont eu des poëmes sacrés pour interprètes, et que le chant fut destiné à célébrer la gloire des premiers héros ; sous ce rapport, les récits poétiques de la Grèce, qui nous peignent Orphée élevant des cités aux sons de sa lyre magique et entraînant les animaux et les forêts, ne diffèrent guère de ceux que renferment les sagas sur les prophétesses scandinaves. La sagesse antique s'est toujours produite sous la forme du rhythme et avec les allures de la cadence métrique. Nul doute que cette musique des **Chinois** ne fût un recueil de chants religieux transmis de siècle en siècle avec un certain culte traditionnel un peu énigmatique, et que ce qu'on dit des instruments ne se rapportât aux préceptes moraux, dont ils étaient l'harmonieux écho.

Quoi qu'il en soit de ce qui précède, et malgré ses dispositions manifestes pour la musique, **Confucius** ne se laissa pas éblouir par les éloges de son maître. Il crut qu'il avait mieux à faire dans le monde que de jouer de la lyre de **Fou-hi**, et revint dans sa patrie. Pendant les trois années de deuil, ses idées avaient pris une direction plus large ; ses voyages à travers les royaumes auxquels il avait été appelé à donner des lois, lui avaient révélé, pour les réformes qu'il méditait, une destination plus élevée et plus efficace que celle qu'il aurait pu se promettre dans un coin isolé du gouvernement. Aussi quand ses amis, étonnés de ne pas le voir reprendre sa carrière administrative, voulurent l'y pousser de nouveau, il leur répondit : « Vous vous efforcez inutilement de me faire changer de résolution, j'y resterai constamment fidèle. Je me dois indifféremment à tous les hommes, comme ne composant entre eux tous qu'une seule famille dont j'ai mission d'être l'instituteur. »

Dès ce moment, en effet, sa maison devint une école, et les disciples s'y pressèrent en foule. On y vint de tous les côtés ; quelques-uns pour le voir, beaucoup plus pour s'instruire ; car l'éloquence découlait de ses lèvres comme la vérité de son cœur. Magistrats, guerriers, hommes jeunes et vieux, gens de toute classe et de tous pays, composaient son auditoire ; car il ne prêchait ni la haine des grandeurs ni le dédain des biens de la vie, ni le respect de la tyrannie : humanité, amour, devoirs sociaux, c'étaient là les principes de sa morale, et il les faisait habilement ressortir des enseignements de l'histoire chinoise, qu'il présentait comme le type des sociétés à ses contemporains dégénérés.

Quelle qu'eût été pourtant la résolution de Confucius de ne plus enseigner que dans l'enceinte de son école, il dut encore bien des fois se rendre aux invitations qui ne cessaient de circonvenir sa retraite, et aller visiter divers petits rois feudataires. D'ordinaire, pendant le séjour qu'il faisait dans leurs royaumes, il y fondait des noyaux d'école, où, après son départ, des disciples formés par lui continuaient l'enseignement de sa doctrine. Flattés du concours de célébrités et de hauts personnages qu'attirait la réputation du philosophe et qui entretenaient le mouvement et l'éclat de leurs capitales, ces rois ne manquaient jamais de donner à leur hôte pour résidence et pour école quelqu'une de leurs maisons royales. Plus faibles aussi que corrompus, croyant avoir assez fait pour les idées réformatrices quand ils avaient honoré leur auteur, ils aimaient à s'entretenir avec Confucius et à l'entendre rappeler les grands exemples de l'antiquité; mais tous ces honneurs, qui s'adressaient à l'homme plus qu'à ses doctrines, ne satisfaisaient point le philosophe, et voyant tous les jours ajournées les réformes qu'il conseillait, il quittait brusquement parfois le faste des cours pour revenir au milieu de ses disciples.

En 519, il se rendit pour la première fois dans la capitale de la Chine, à la résidence des Tcheou. Aussitôt qu'il avait appris son dessein, l'empereur s'était empressé d'envoyer au-devant du philosophe un de ses chars, attelé de deux chevaux, pour lui servir de transport, et un de ses officiers pour lui faire cortége. Arrivé dans la ville des Tcheou, Confucius y rencontra le sage Tchang-houng, musicien philosophe, qui voulut le loger dans sa maison. Comme la Grèce du temps de Thalès, la Chine renfermait alors dans chacun de ses royaumes quelque sage en possession d'une grande popularité. Confucius accepta l'hospitalité de Tchang-houng, qui le produisit à la cour et le présenta à un ancien ministre d'état. Celui-ci, curieux d'entendre discourir le philosophe, se hâta de l'interroger sur sa doctrine et sur sa manière d'enseigner. Mais Confucius se retrancha derrière l'autorité des siècles, et prétendit que sa doctrine n'était pas nouvelle et qu'elle était toute dans les livres de la nation. « C'est celle que tous les hommes doivent suivre, ajouta-t-il; c'est celle qu'ont pratiquée Yao et Chun. Quant à ma manière de l'enseigner, elle est simple; je cite en exemple la conduite des anciens; je conseille la lecture des livres sacrés, et j'exige qu'on s'accoutume à réfléchir sur les maximes qui s'y trouvent. » C'était là, en effet, toute la doctrine de Confucius, et l'impression que produisaient l'homme et la doctrine sur ses contemporains est exprimée dans ces paroles du sage Tchang-houng, qu'un grand de la cour interrogeait sur son hôte : « C'est un homme auquel on ne saurait comparer aucun homme de nos jours : sa physionomie annonce la plus haute sagesse; ses yeux sont comme deux fleuves de lumière. Il ressemble aux sages les plus distingués de l'antiquité. Il ne dédaigne pas de s'instruire auprès de ceux qui sont moins sages et moins éclairés que lui : il fera l'admiration de tous les siècles, et la postérité se le proposera comme le modèle le plus parfait. Si les belles instructions de Yao et de Chun venaient à se perdre, si les sages règlements de l'empire, si les cérémonies, la musique, venaient à se corrompre, la lecture des écrits que laissera Khoung-tseu rappellerait les hommes à la pratique des devoirs, et ferait revivre dans leur mémoire ce que les anciens ont enseigné de plus utile et de plus beau. »

Deux puissants motifs avaient conduit le sage de Tseou dans la capitale de l'empire. Comme résidence de l'empereur, cette ville renfermait le grand temple de *la lumière*, et Confucius désirait assister aux cérémonies solennelles qui s'y faisaient en l'honneur du Chang-ti. L'autre désir, tout aussi fort quoique moins avoué peut-être, était d'y voir un philosophe que la renommée se plaisait à célébrer, en dépit de lui-même, de son insouciance des hommes et de son amour de la solitude; ce sage était Lao-tseu. Bien des fois le philosophe, amant de l'antiquité, s'était dirigé vers la demeure de celui qui avait rompu si brusquement avec elle. Mais quand tout s'empressait autour du fils de Chou-liang-ho, Lao-tseu, qui tenait d'ordinaire sa porte fermée aux visiteurs sans s'inquiéter de leurs noms, aussi peu soucieux de leur communiquer ses doctrines que de s'instruire des leurs, n'avait pas fait exception pour lui. Un jour pourtant Confucius arriva avec quelques disciples à Sée-tai, bourg éloigné de huit lis (près d'une lieue) de la capitale, et Lao-tseu, qui y faisait sa résidence, avait consenti ce jour-là à recevoir les étrangers venus pour le visiter.

Parmi la foule qui se pressait autour de lui, Lao-tseu ne distingua point Confucius; il ne quitta point, pour venir lui faire accueil, le lit de repos sur lequel il était assis; et lorsqu'on le lui eut nommé, lorsque Confucius lui-même eut exprimé à l'archiviste des Tcheou la satisfaction qu'il aurait à l'entendre, il leva les yeux sur lui sans témoigner ni joie ni surprise. « J'ai entendu parler de vous, lui dit-il alors; on rapporte que vous vous proposez sans cesse les anciens pour modèles, et que leurs maximes sont les vôtres. » Et après lui avoir tenu le discours rapporté plus haut, il ajouta avec indifférence : « Voilà ma doctrine, profitez-en si vous voulez; je n'ai pas autre chose à vous dire. »

Il y a des doctrines qui heurtent tellement les nôtres, que non-seulement nous ne songeons pas à y chercher la vérité, mais que, fussent-elles vraies, nous répugnerions à les embrasser. Et cependant, de ce qu'elles se sont offertes un instant à notre pensée, il naît en nous non pas le doute, mais une obsession importune qui revient sans cesse, et à laquelle nous finissons, pour la tranquillité de notre conscience, par faire une réponse quelconque. Tel était Confucius, depuis qu'il avait vu Lao-tseu, à l'égard du principe de l'inaction philosophique. Il en était vivement préoccupé, et ses disciples le voyaient souvent arrêté à considérer vaguement les objets extérieurs, comme s'il y cherchait un argument. « Maître, lui dit Tseu-koung, un jour qu'il contemplait avec l'air de la méditation le cours d'une rivière, quel avantage trouvez-vous dans cette contemplation des eaux? Leur cours n'est-il pas une chose naturelle? — Très-naturelle, en effet, répondit le philosophe; l'écoulement des eaux dans le lit que la nature ou la main des hommes leur ont creusé est une chose très-simple, et tout le monde peut en connaître la raison; mais ce que tout le monde ne connaît pas, c'est le rapport qu'il y a entre les eaux et la doctrine; c'est de ce rapport que je m'occupais. Les eaux, me disais-je, coulent le jour, elles coulent la nuit, elles coulent sans cesse, jusqu'à ce qu'elles se soient réunies dans le sein de la vaste mer. Depuis Yao et Chun, la saine doctrine a coulé sans interruption jusqu'à nous; faisons-la couler à notre tour, pour la transmettre à ceux qui viendront après nous, et qui, à notre exemple, la transmettront à nos descendants. N'imitons point ces hommes isolés qui ne sont sages que pour eux-mêmes. Voilà quelles étaient mes préoccupations en voyant couler les eaux : ne vous semble-t-il pas qu'elles renferment cet enseignement? »

La parabole, comme on le voit, a existé de tout temps; enveloppe sensible et poétique d'une vérité qu'on veut rendre plus expressive, elle a eu, dans le mystérieux Orient, des destinées magnifiques. En Chine, les préceptes moraux se sont souvent produits sous ce voile; mais le bon sens, comprimant ici la vigueur de l'imagination, a rendu les paraboles peu riantes et peu originales. La pureté du but n'en relève pas même toujours la monotonie, car trop souvent elles ne sont qu'une paraphrase de la banale maxime : « Garde en tout une juste mesure. » Telle est cette fameuse allégorie du puits que nous trouvons dans la vie de Confucius.

Pendant son séjour à la cour souveraine des Tcheou, le philosophe employait son temps à parcourir les établissements publics, à s'y instruire des usages antiques du gouvernement et de la religion. Dans cet objet, il aimait à aller souvent dans le temple des ancêtres et dans les appartements du palais impérial destinés aux cérémonies civiles, s'entretenir avec les mandarins préposés à leur garde. Or, il y avait dans la salle du trône et à côté du trône même, un seau suspendu sur l'ouverture d'un puits. L'étude de l'antiquité en avait appris l'usage à Confucius; mais pensant bien que les mandarins chargés de l'indiquer l'ignoraient eux-mêmes, il s'avisa de les interroger sur l'emploi de ce seau, afin de faire sortir de leur embarras une leçon utile. Comme les mandarins n'avaient pas pu répondre à sa question : « Glissez doucement le seau dans le puits, » dit-il à celui qui était le plus près de lui. On le fit; mais le seau, qui était d'osier, flotta à la surface de l'eau et fut retiré à sec. Confucius ordonna néanmoins qu'on le vidât; et comme on se récriait sur ce qu'il n'y avait point d'eau : « Cela étant, dit-il, il faut le jeter dans le puits d'une autre manière. » Et un autre des mandarins le précipitant avec force du haut de la margelle, le seau, promptement rempli, alla au fond. Ce que soupçonnant Confucius, il s'approcha du puits et chercha le seau des yeux. « C'est bien en vain, dirent de nouveau les assistants; l'eau est profonde, vous ne le découvrirez pas. — Vous dites vrai, répliqua encore le philosophe. Je vais donc prendre le seau moi-même et m'en servir. » Et il le descendit dans le puits ni trop faiblement ni avec trop de force, et l'agitant modérément, il le remplit assez pour qu'il se tînt en équilibre à moitié plongé dans l'eau. « Voilà, dit-il alors en se tournant vers les mandarins qui attendaient le dénoûment de cette scène, voilà l'image d'un bon gouvernement et du vrai milieu qu'il faut tenir en toutes choses. » Il ajouta qu'il était anciennement d'usage, au commencement de chaque règne, de faire une fois, en présence du souverain, l'expérience dont nous venons de parler, et que cette utile leçon se gravait dans son esprit en caractères ineffaçables, parce que le seau placé à côté du trône lui en rappelait constamment le souvenir.

Comme il est fort naturel que des Français ne soient pas touchés des mêmes arguments que les Chinois, nous doutons fort de l'utilité de ce seau pour tempérer l'humeur cruelle ou vicieuse des princes. Symbole pour symbole, nous aimons mieux l'épée de Damoclès. Mais dans l'histoire chinoise, nous devons nous attendre à des idées moins dramatiques que celles qui avaient cours dans la Grèce, vive et enthousiaste. Ici l'imagination, à force de bon sens, nous devons l'avouer, est un peu banale. Le livre du cérémonial et le registre des vertus domestiques y tiennent la place des épopées héroïques; et à nos lecteurs qui ne trouveraient pas dans le personnage de Confucius le souffle de vie que nous aurions voulu lui communiquer, nous dirons qu'à la distance qui nous sépare des côtes orientales du monde asiatique nul reflet de vie locale n'arrive jusqu'à nous. Nous l'avons vainement cherchée dans les historiens chinois ; ce sont de monotones chroniqueurs d'une nation glacée. Les personnages, dans leurs écrits, sont tous marqués du même sceau ; tous y sont revêtus des mêmes costumes, et leurs sentiments, leurs passions, leurs mœurs, sont encore chose réglée par l'habitude, un costume somptuaire de l'âme. Nous ne trouvons chez eux aucun côté par où s'épanche une individualité originale; leur physionomie est vague comme leur oblique regard. Actifs sans initiative, intelligents sans caprice ou saillie, véritables organisations humaines d'où l'âme semble absente, rien ne se manifeste en eux de heurté, d'imprévu, de tumultueux ; rien de ce qui fait la folie, la passion, l'héroïsme. La vie interne, avec ses luttes, avec les victoires et les défaites alternatives du cœur et de la raison, y est murée. On use sa vie comme un rouage ; mais on ne la dépense pas, on ne la jette pas au vent sans souci ni mesure ; le vertige ne saisit jamais ces têtes graves, qui fuient le tourbillon des idées avec le même soin qu'un orage. Au lieu de nous livrer leurs sensations, les Chinois n'ouvrent la bouche que pour prononcer des sentences. Comment relever de la nuit de la tombe de tels personnages? Comment les animer de la vie du récit, eux qui ont à peine vécu de notre existence? Comment dramatiser des scènes où ils n'ont joué que des rôles muets? Comment enfin ne pas se sentir soi-même envahir par cette monotonie qui découle de la lecture des moralistes chinois, et ne pas retomber avec le héros que nos efforts voulaient galvaniser ?

Nous glisserons donc sur les innombrables détails de la vie du grand philosophe qui ne pourraient nous rien apprendre de saillant sur les mœurs de sa nation et de son époque, et nous nous rapprocherons de plus en plus de l'homme, en nous arrêtant aux circonstances où la pulsation de son cœur sera plus pressée et plus forte.

Confucius continuait à se mêler aux grands événements de son temps, ne reparaissant par intervalles dans son école de Lou que pour venir y retremper l'ardeur de ses disciples. Le théâtre de sa prédication, il le voyait en effet ailleurs que dans l'enceinte des murs d'une académie ; il le voyait au milieu des circonstances politiques et sociales, auprès des grands, dans la place publique. Esprit plus pratique que spéculatif, il aurait cru abuser de ses facultés que de les employer à tisser, dans le silence de la retraite, des systèmes de toute pièce, comme l'araignée tire d'elle-même le réseau de ses toiles. Il lui fallait l'application immédiate, le fait provocateur de la pensée ; il lui fallait l'idée se faisant corps dans l'objet. La vue du mal lui servait d'occasion pour conseiller le bien. « Le sage doit le voir une fois, disait-il, pour être en droit d'en parler avec mépris. » La vue du bien lui servait également à peindre le funeste contraste du vice. L'exemple, l'allusion, c'était là la forme de ses arguments. Lorsque, par la position que lui créaient les emplois élevés qu'il remplissait auprès des princes feudataires, il se trouvait dans des relations privées avec eux, et que quelque courtisan croyait de bon goût de se récrier sur la nouveauté de sa conduite relativement aux choses communes de la vie, « Je ne renverse pas l'ordre, disait-il, je le rétablis, » et l'antiquité était invoquée aussitôt pour sanctionner la réforme.

Confucius, à l'âge de quarante-cinq ans, se trouvait arrivé à la plus grande réputation de sagesse que jamais réformateur ait acquise de son vivant. Des écoles nombreuses, soutenues par les rois, propageaient ses doctrines dans toutes les parties de l'empire ; des disciples, placés aux avant-postes du pouvoir, introduisaient dans les administrations confiées à leur soin les instructions du maître ; lui-même était accueilli partout comme le sage par excellence de la Chine. Et cependant tout cela n'était point assez pour les désirs de Confucius. Parfois il était accablé de tristesse et il accusait les hommes de son temps d'indifférence pour la vertu et de penchant pour le vice. Son ardent amour de l'humanité ne lui montrait que ce qu'il y avait à faire à la place de ce qu'il avait fait. Le bien disparaissait à ses yeux dans l'immensité du mal ; et trouvant les rois et les sujets indociles à ses réformes, il en venait à s'accuser lui-même d'impuissance, et à faire retomber sur sa doctrine les plaintes amères de son désespoir.

« La fleur *lan-hoa* est d'une odeur suave, s'écriait-il un jour avec tristesse ; une foule de qualités la rendent précieuse ; mais que sa délicatesse est grande ! Le moindre souffle la ternit, la fait pencher sur sa tige et l'arrache du sol. Que devient-elle alors ? les vents se la disputent, la poussent et la repoussent comme un jouet de leur caprice ; elle voltige de côté et d'autre, jusqu'à ce qu'un angle favorable l'arrête dans son vol et l'abrite. Mais cet abri, c'est la mort ; inutile et immobile, elle s'anéantit bientôt dans le gouffre commun. Telle est la sagesse : comme la fleur, elle donne ses parfums à ceux qui la cultivent ; les vents des passions l'agitent, les vices la repoussent ; mais aucun angle ne lui offre un réduit. Ne se trouvera-t-il personne pour l'accueillir ? Je suis sur le déclin de l'âge, ma carrière va finir ; il faut que j'arrive au terme. »

Quand on entre dans la vie avec de grands projets, avec la noble ambition d'accomplir une grande œuvre, le soleil de la jeunesse dore les horizons ; le mal, dont le spectacle s'offre sans cesse aux yeux, est comme une occasion de triomphe et une excitation ; le champ des abus paraît un champ de conquêtes ; une série d'années à parcourir double les espérances, et fait resplendir dans le lointain les flatteuses images de leur réalisation. Mais lorsque ce temps qu'on se promettait pour accomplir ses projets est écoulé, et qu'en se retournant pour regarder derrière soi ce qu'ont produit tous les efforts de la constance la plus opiniâtre, on voit le chemin des réformes à peine ouvert, et déjà s'approcher la mort qui empêchera de le parcourir, l'âme la plus forte se brise ; le regret devient l'expression du désir dans le cœur du vieillard. Aussi, entendez cette mélancolique élégie que composa Confucius un autre jour où, arrêté par les débordements d'un fleuve, à l'entrée de sa patrie, il la voyait en proie à de funestes bouleversements :

« La doctrine des Tcheou est, hélas ! sur sa fin ! Les cérémonies et la musique, autrefois si florissantes, se perdent dans l'oubli ; on jette le mépris aux lois civiles et militaires du sage Wen-wang et de son fils. Qui pourra désormais en rappeler le souvenir parmi les hommes ? moi-même je l'ai vainement tenté. Pourtant j'ai parcouru tout l'empire des Tcheou. Partout j'ai vu des abus et des vices ; mais quand j'ai voulu les faire connaître, on a refusé mes services ; partout j'ai été rejeté. Le foung-hoang (phénix chinois) et les oiseaux qui lui font cortége sont méprisés ; les hiao et les tché sont ceux qu'on lui préfère ; aussi la tristesse m'accable. Vite, je veux m'éloigner ; qu'on apprête mon char. Lieux autrefois charmants, que vous êtes différents de ce que vous étiez ! Je vous ai revus ; mais c'est sans regret que je vous quitte ; vous n'êtes plus les mêmes.

» Hélas ! les plus petits poissons nagent en liberté dans les eaux du fleuve, quelque profondes qu'elles soient ; quelque rapide que soit leur cours, ils y trouvent leur nourriture ; et lorsque j'ai voulu passer, ces eaux se sont irritées et m'ont fermé le passage. En attendant qu'elles s'apaisent, je me suis arrêté à Tseou pour y verser des larmes et décharger mon cœur de la tristesse qui le déborde. J'ai hâte maintenant d'arriver dans le Weï pour y jouir dans mon ancienne demeure de la liberté de gémir sur tout ce que j'ai vu. »

Au moment où le philosophe pliait ainsi sous le poids de son désespoir, la doctrine de Lao-tseu vint se présenter à lui comme une sanglante ironie sur l'inanité de ses efforts et sur l'ambition de ses réformes. « Nous ne connaissons aucun chemin vers le royaume où vous voulez aller, » répondirent les jours suivants quelques cultivateurs aux disciples de Confucius, qui les avaient interrogés sur le passage d'une autre rivière débordée. « Tout est inondé. Si vous voulez nous croire, vous n'irez pas plus loin ; le désordre le plus affreux règne dans ce pays ; nous en sommes sortis pour nous soustraire aux persécutions des méchants, et nous menons ici une vie tranquille, en labourant la terre de nos propres mains. Notre travail ne nous empêche pas de cultiver la sagesse ; nous nous entretenons encore de ce qui faisait auparavant l'objet de nos études. La journée finie, nous nous rendons au sein de notre famille, où nous donnons quelques instants à la lecture. Du reste, nous laissons aller le monde comme il veut, sans nous mettre en peine de le réformer. Dans les temps malheureux où nous vivons, le parti le plus sûr est de ne pas se mêler des affaires des autres, de rester inconnu et de ne penser qu'à soi. » Ces laboureurs étaient des disciples de Lao-tseu. Quel mélange d'épicuréisme et de force dans les mœurs de cette petite colonie de philosophes ! Ne pas faire du mal aux hommes ne semble-t-il pas jusqu'à un certain point dispenser de leur faire du bien ? Et pourtant, lorsque l'édifice croule, suffit-il donc de se retirer du lieu où vont tomber les ruines ? Confucius ne pouvait se le persuader ; son amour de l'humanité dominait celui de lui-même, et lorsque ses doctrines étaient partout repoussées, qu'il entendait ses disciples mêmes lui dire : « Maître, cela vient sans doute de ce que votre doctrine est trop élevée ; ne sauriez-vous l'adoucir ? » il répondait avec tristesse : « La doctrine que j'enseigne n'est pas autre que celle que suivaient nos ancêtres et qu'ils nous ont transmise. Je n'y ai rien ajouté, je n'en retranche rien ; je ne fais que la transmettre à mon tour dans sa pureté primitive. Elle est immuable : c'est le ciel même qui en est l'auteur. »

Le philosophe, après avoir parcouru une dernière fois les royaumes feudataires où il avait fondé des écoles, rentra enfin dans sa patrie pour n'en plus sortir, à l'âge de soixante-cinq ans; il y en avait quatorze qu'il était absent. Il vécut encore assez pour reconstituer son école dispersée et mettre la dernière main aux livres dont il s'était occupé toute sa vie. Il y avait, aux environs de sa ville natale, plusieurs tertres, sur lesquels la piété des ancêtres avait autrefois offert des sacrifices au Chang-ti, et que leur ancienne célébrité rendait encore un lieu de promenade pour les oisifs. Confucius aimait à se rendre avec ses disciples sur ces éminences et à y converser avec eux sur les matières de la morale; l'éminence qu'il affectionnait le plus était celle des *abricots*, la plus fréquentée encore aujourd'hui. Là, dans un pavillon qu'il fit construire sur le sommet, s'acheva la rédaction des fameux *King*, ces livres regardés comme la Bible sacrée des Chinois. C'était une compilation des lois anciennes et de l'histoire du pays, conservées jusqu'alors par les traditions, ou de livres obscurs et déjà inintelligibles. Confucius rapprocha ces lois traditionnelles des mœurs et des besoins de son temps, et les King, après avoir été pendant deux mille ans la base inébranlable de tout le développement de la civilisation chinoise, forment encore le code moral, religieux, politique et cérémonial de la Chine actuelle. Ces livres sont au nombre de six, calqués, à ce qu'il paraît, sur d'autres plus anciens : le *Livre des Vers* (Chi-king), recueil d'hymnes qui se chantaient de temps immémorial aux cérémonies publiques et des ancêtres; le *Livre des Annales*, ou le livre par excellence (Chou-king); le Li-ki ou *Livre des Rites*; le Y-king, ou le *Livre des Changements*; l'Yo-king, ou le *Livre de la Musique*, qui devait renfermer tant de curieux détails et qui est aujourd'hui perdu; enfin le Tchun-tseou ou le *Livre du Gouvernement*.

Les King contiennent toute la doctrine de Confucius. Quoiqu'on n'y trouve aucune partie qui, par sa forme symbolique, échappe plus que les autres à la commune intelligence et qui paraisse avoir été réservée à la connaissance de quelques adeptes privilégiés, les historiens nous disent que tous les disciples n'étaient pas également initiés aux enseignements de ces livres.

Parmi les trois mille disciples que rattachait autour du maître le lien commun de sa morale, soixante-douze à peine étaient en état d'expliquer les rites, la musique et les arts libéraux. Douze seulement, auditeurs assidus de ses paroles, étudiaient ses doctrines les plus secrètes. Yen-hoei était le plus chéri de tous. Confident intime des enfantements de la pensée du philosophe, des tristesses ou des joies de son cœur, témoin constant de toute sa vie, il n'avait jamais, par son insuffisance, faibli sous les enseignements du maître; jamais, par d'impatientes ardeurs scientifiques, il ne les avait dépassées ou douté de leur excellence. Il était comme le sanctuaire vivant de la doctrine confucéenne; il devait en être le chef, quand le maître aurait disparu de la terre; car Confucius lui avait dit bien des fois devant ses autres disciples : « Mon cher Yen-hoei, j'avance grands pas vers la fin de ma carrière; le temps de ma dissoution est proche : prenez sur vous d'expliquer ma doctrine quand je ne serai plus. »

Ce dernier espoir d'une renaissance dans le disciple qu'il avait le plus aimé fut refusée au grand réformateur : Yen-hoei mourut avant lui, et on entendit Confucius répéter ces plaintes amères : « Le ciel m'a tué, le ciel m'a tué! » Quelques jours plus tard, il perdait un autre de ses douze compagnons. Frappé dans ses affections et dans ses projets, accablé par l'âge, il ne fit plus dès lors que de fréquentes allusions à sa mort prochaine. Il s'était rendu un jour avec trois disciples sur un ancien tertre qu'un général avait fait élever en souvenir d'une victoire éclatante. Tout à coup ses disciples le virent tomber dans une profonde tristesse, et comme ils l'interrogeaient sur la cause de son abattement, il leur parla de la caducité des choses humaines, de la fragilité des projets et des espérances; puis se sentant inspiré d'un souffle subit, il se fit apporter son kin et récita ces vers :

« Lorsque les chaleurs finissent, le froid se met en chemin après elles; après le printemps vient l'automne. A peine le soleil se lève-t-il, que sa rapidité l'emporte vers le couchant. Pourquoi les eaux courent-elles si vite vers l'orient? pour aller se perdre dans la vaste mer. Mais la chaleur et le froid, le printemps et l'automne, reviennent chaque année; de nouvelles ondes poussent et remplacent sans cesse les ondes écoulées; chaque jour le soleil reparaît au point d'où la veille il est parti. Du grand général qui éleva ce tertre, de son cheval de bataille, de tous ceux qui prirent part à ses exploits, que reste-t-il? Hélas! pour tout monument de leur gloire, il leur reste les débris d'un tertre où croissent les plantes sauvages.

» Je contemplais le symbole de la destruction et de la renaissance, disait-il un autre jour qu'il s'était arrêté sur un chapitre du Livre des Changements (Y-king), et j'y voyais que tout ce qui existe n'a qu'un temps pour se montrer, que toutes les choses s'altèrent peu à peu, se modifient ensuite et enfin se détruisent pour reparaître sous de nouvelles formes, lesquelles disparaîtront à leur tour pour être remplacées par d'autres, qui disparaîtront de même. »

Ainsi s'acheminait peu à peu vers la mort le grand sage de la Chine, entre l'affection de ses disciples et les regrets que lui laissait l'impuissance de ses efforts. Près de la tombe, un dernier rayon de soleil vint lui en dorer le chemin; une dernière joie lui en adoucit le spectacle. Il avait mis enfin la dernière main aux livres qui renfermaient sa doctrine, et devant cette œuvre de toute sa vie, un écho sans doute de l'avenir dut faire entendre à son oreille le concert de louanges que sa patrie réservait à son nom. Le jour où il acheva la lecture des King, il voulut les consacrer au ciel dans un sacrifice particulier. D'après ses ordres, ses disciples allèrent élever un autel sur un tertre voisin de la ville; un tapis en recouvrit la surface; des vases de fleurs et des cassolettes où brûlaient des parfums en furent les simples ornements. Quand tout fut prêt, Confucius, appesanti par l'âge, se dirigea vers le tertre avec ses disciples, déposa les King sur l'autel, et se prosternant à terre, le visage tourné vers le nord, offrit au ciel ses travaux et le remercia de la longue vie qu'il lui avait accordée pour les accomplir.

Il avait voulu aussi, quelque temps auparavant, faire un pèlerinage à la montagne d'orient (Taï-chan) le fameux Yo, où l'empereur de la Chine offrait autrefois le sacrifice du printemps. Cependant le dépérissement de ses forces l'inclinait de jour en jour vers le tombeau ; près de mourir, il multipliait ses entretiens avec ses disciples. « C'est ici, leur dit-il un jour qu'il était plus accablé que d'ordinaire, la dernière fois que je prends avec vous la qualité de maître : ce que je vais vous dire sera la dernière instruction que vous recevrez de moi. Retenez-la, et ne manquez pas de la mettre en pratique quand je ne serai plus. » Il leur parla alors du précieux dépôt qu'il leur confiait en leur laissant sa doctrine, et indiqua à chacun d'eux les divers points qu'il aurait à propager, distribua les rôles selon les aptitudes. Les derniers sept jours de sa vie s'écoulèrent dans une profonde léthargie ; le jour où il tomba dans cet essai de la mort, son disciple Tseu-koung l'était venu voir, et le philosophe lui avait dit avec tristesse : « Les forces m'abandonnent ; ma santé chancelante ne se relèvera jamais. » Des sanglots lui avaient un instant coupé la voix ; puis il avait repris, avec l'accent énergique d'un prophète : « La montagne Taï-chan s'écroule, je n'ai plus à lever la tête pour la contempler ; les poutres qui soutiennent le bâtiment sont plus qu'à demi pourries, je n'ai plus où me retirer ; l'herbe sans suc est entièrement desséchée, je n'ai plus où m'asseoir ; la sainte doctrine avait entièrement disparu, elle était entièrement oubliée ; j'ai essayé de lui rendre son empire, je n'ai pu réussir. Se trouvera-t-il quelqu'un après ma mort qui voudra accepter cette tâche difficile ? » Ce furent là les dernières paroles de Confucius ; il mourut la soixante-treizième année de son âge, 479 ans avant Jésus-Christ.

La mort des grands réformateurs n'est pas moins importante à connaître que leur vie ; c'est de la mort que la plupart se sont élancés dans leur gloire. Ensevelis avec pompe ou mystère, c'est devant le cercueil qu'ils ont reçu l'apothéose. Leurs funérailles ne ressemblent pas à celles des autres hommes ; ce n'est d'ordinaire ni un fils ni une épouse qui conduisent le deuil ; comme leur grande charité leur a donné l'humanité pour famille, l'humanité envoie, pour leur faire cortége vers le tombeau, des membres divers de cette famille d'adoption. Tseu-sse, petit-fils de Confucius, et son unique descendant, était du reste trop jeune pour ordonner les funérailles du philosophe de la Chine ; ses disciples se chargèrent de ce soin. Après avoir fermé avec un pieux respect les yeux de leur maître, ils lui mirent, suivant l'usage, trois pincées de riz dans la bouche, et l'habillèrent de onze sortes de vêtements. L'habit extérieur était celui dont le philosophe se revêtait lorsqu'il allait en cérémonie à la cour ; son bonnet était celui que portaient alors les ministres d'état.

Le corps du philosophe fut ensuite placé dans un double cercueil fait de planches, et les ornements dont on l'entoura furent empruntés aux insignes des trois dynasties qui avaient régné sur la Chine. Le catafalque sur lequel était porté le cercueil était construit suivant le rite des Tcheou régnants ; le rite des Chang se montrait dans les petits étendards triangulaires qu'on disposa tout autour ; enfin le rite des Hia avait donné le modèle du grand étendard carré qui dominait tous les autres. On transporta le corps à quelque distance au nord de la ville, et trois monticules en forme de dôme ayant été construits, celui du milieu, plus élevé que les autres, reçut les dépouilles mortelles du philosophe, en présence de la foule immense des disciples accourus de tous les points des états feudataires. Tseu-koung, le plus aimé du maître depuis la mort de Yen-hoei, prit alors le kiaï, ami des tombeaux, et le planta sur l'extrémité du tertre. Cet arbre, conservé par la vénération des Chinois, montre encore aujourd'hui son tronc desséché, mais debout sur le lieu même où il fut planté il y a vingt-deux siècles.

La philosophie de Confucius, nous l'avons vu, est essentiellement agissante ; loin de se retrancher dans le silence et l'éloignement des sphères agitées pour juger théoriquement et à un point de vue absolu les événements du monde et les actes du gouvernement, elle pousse au milieu d'eux les hommes qui les cultivent, leur donnant pour guide une espèce de morale innée, développement naturel de l'organisation de l'homme et inhérente à elle, une raison typique, idéale, qui se montre chez tous les peuples comme un attribut obligé de la pensée humaine ; morale que le philosophe ne cherche pas à définir ni à prouver systématiquement, tant il la juge chose acceptée et nécessaire ! Ce qu'il pense de cette règle morale, c'est ce que pensait Montesquieu des lois : qu'elle était correspondante à l'idée d'humanité, qu'elle existait avant même qu'il y eût des hommes, comme les rayons sont égaux avant que le cercle soit tracé.

Cette doctrine se trouve surtout dans les King ; mais aussi dans les livres que le philosophe laissa inachevés, et dont ses disciples rassemblèrent précieusement les feuilles éparses, dans le *Ta-hio* ou la *Grande étude*, recueilli par Thseng-tseu, le *Tchoung-young* ou l'*Invariabilité dans le milieu*, recueilli par le petit-fils du philosophe, et le *Lun-yu* ou les *Entretiens philosophiques*. Ces trois livres sont appelés classiques et sont révérés presque à l'égal des livres sacrés. Dans la *Grande étude*, le philosophe s'attache particulièrement à développer ce principe de la sagesse socratique : *connais-toi toi-même* ; principe qu'il complète par cet autre : *perfectionne-toi*. Les *Entretiens philosophiques* laissent pénétrer le regard du lecteur, à travers les digressions du discours, jusqu'à Confucius lui-même, et l'initient plus intimement à la connaissance de cette belle âme et de ce grand génie. Disposés avec moins d'art et d'élégance, moins bien coordonnés relativement à l'exposition d'une question théorique que les Dialogues de Platon, ils ont quelquefois le charme de ces derniers et toujours leur élévation.

L'*Invariabilité dans le milieu* contient ce qu'on pourrait appeler la métaphysique de la morale confucéenne, autant que cette morale peut en avoir. Tseu-sse, qui recueillit ce livre, a cherché à ramener les apophthegmes et les maximes pratiques de Confucius à une théorie métaphysique des lois qui régissent l'intelligence humaine. L'idée principale de cette métaphysique, c'est qu'il y a une voie droite, une règle de conduite morale qui oblige tous les hommes, qu'elle est invariable et s'appuie sur le ciel; que l'essence de cette loi existe en nous, et qu'elle ne peut pas plus être séparée de nous que notre pensée.

Pour de la métaphysique pure, on n'en trouve point ici. Ne cherchant point à expliquer le lien logique qui existe dans les êtres et la nature, depuis Dieu jusqu'à l'homme, toute la doctrine morale de Confucius repose sur une entéléchie, sur la supposition de la perfection dans l'homme normal; perfection conforme à l'idée de la sagesse du ciel, qui a réglé toutes choses. Elle se résume donc dans ce cercle vicieux qui consiste à dire que la perfection ou la raison de l'homme est dans la conformité de ses actes avec ses facultés naturelles, et que ces facultés naturelles sont celles qui le conduisent au bien. De là on est bientôt conduit à identifier la raison et la règle morale avec les lois des états et des pays, à les immobiliser dans les formes consacrées par le temps, à préconiser le respect de tous les cultes et de tous les rites, à faire, en un mot, de la législation la source du droit. C'est un peu là l'histoire de la civilisation chinoise.

Et pour ne rien laisser ignorer d'essentiel sur la doctrine de Confucius, voici à quoi se réduit son ontologie. Selon lui, il y a un principe universel qui est la source féconde des êtres : il est représenté sous l'emblème du ciel visible, et sous ceux du soleil et de la terre, parce que c'est sous cette forme qu'il verse ses bienfaits aux hommes. Aussi Confucius approuve-t-il les cérémonies et les honneurs qu'on rendait au ciel aux époques des équinoxes et des solstices. Son silence est complet sur la création du monde. L'homme, examiné non au commencement des âges, mais dans l'état actuel, est le produit, selon lui, d'une portion de la substance du père et de la mère, déposées dans l'organe formé pour les recevoir. Ce premier sujet de l'existence resterait éternellement dans un état d'inertie, sans le concours de deux principes contraires, l'*yang* et l'*yn*, si fameux dans les cosmogonies chinoises. Ces deux agents universels de la nature, agissant sur lui, le façonnent et l'élèvent à la condition d'être vivant, et la vie se continue par l'action constante des deux principes. Comme ces forces ont une période d'expansion, elles en ont une de dépérissement, et la destruction arrive par la cessation même de leur activité; la substance intellectuelle monte alors au ciel, d'où elle était venue; le souffle animal se joint au fluide aérien, et la substance humide se rend dans le sein de la terre, l'éternel réservoir. Résultat de l'organisation, l'homme voit donc tout son développement se consommer sur cette terre; malheur ou bonheur, c'est dans le temps de la vie qu'il doit tout éprouver. L'insensibilité et le néant sont derrière la tombe. La substance intellectuelle, égarée de son foyer, retourne s'y perdre, comme la goutte d'eau dans l'Océan.

Il n'y a là les éléments ni d'une physique ni d'une ontologie, et nous le répétons, Confucius, sans se préoccuper de la nécessité de cette base pour la morale, plaçait la perfection dans la réalisation des lois supposées établies de toute éternité pour le bonheur de l'homme. L'application de ces lois lui paraissait du reste facile, et l'homme trouvait à ses yeux son mobile dans cette bienveillance innée qu'il porte en lui-même pour tous les êtres, et qui est comme la pente douce qui le mène vers tout ce qui est honnête et équitable. Ce qu'il y a en effet de remarquable dans la doctrine de Confucius, comme dans celle de Lao-tseu, c'est ce sentiment de charité universelle, d'*humanité*, comme nous disons maintenant, sentiment dont les anciennes sociétés ne paraissent pas avoir senti l'influence dans les pays d'esclaves, et qu'on croyait avoir pris naissance parmi les hommes depuis l'établissement du christianisme. A chaque instant est recommandée par le sage chinois cette sympathie générale, qui part plutôt du cœur que de l'intelligence, pour montrer à l'homme dans son semblable un autre lui-même, doué des mêmes facultés, vivant de la même vie. La solitude, suivant Confucius, ne doit pas être le milieu de l'homme; car en face de lui-même l'homme devient ambitieux et égoïste, craintif ou faible. Comme le corps est attaché à son ombre, ainsi l'homme est attaché à la société; c'est en vue d'elle qu'il est doué de facultés, et la plus grande des facultés est encore celle de gagner les cœurs. « Talent rare, science sublime que l'on croirait n'être l'apanage que d'un petit nombre d'être privilégiés, dit Confucius, et qui l'est cependant de toute l'espèce humaine, puisque l'humanité n'est autre chose que l'homme lui-même. Avoir plus d'humanité que ses semblables, c'est être plus homme qu'eux, c'est mériter de leur commander. » Ainsi l'humanité devient pour le philosophe le suprême mobile de tout, la première et la plus noble des vertus.

C'est dans ce sentiment d'humanité et dans les vertus qui en découlent, que le philosophe chinois voulait surtout que les rois cherchassent les moyens d'alléger les souffrances du peuple et de pourvoir à sa félicité. N'exaltant la grandeur de leur pouvoir et de leur influence que pour leur mieux faire sentir les devoirs et les sacrifices que leur mission leur imposait, c'était à eux qu'il s'adressait de préférence dans les prescriptions de sa morale, leur disant qu'ils n'étaient rien que par le peuple, qu'en perdant son affection ils perdaient leur puissance, leur présentant ses révoltes comme un arrêt de déchéance lancé par le ciel même ; jetant enfin à leur perversité ou à leur faiblesse ce défi tant de fois renouvelé par la philosophie :

« Si je possédais le mandat de la royauté, il ne me faudrait pas plus d'une génération pour faire régner partout la vertu et l'humanité [1]. »

---

[1] *Entretiens philosophiques.*

CHAPITRE CINQUIÈME.

FORMATION ET DÉVELOPPEMENT PARALLÈLE DES DEUX RELIGIONS DES TAO-SSÉ ET DES LETTRÉS JUSQU'A L'AVÉNEMENT A L'EMPIRE DE THSIN-CHI-HOANG-TI (DE 479 A 249 AV. J.-C.).

Destinée magnifique des deux philosophes Lao-tseu et Confucius. — Confucius arrive plus tôt que Lao-tseu à s'emparer dans l'esprit des Chinois de cette haute autorité qu'il possède aujourd'hui. — Une colonie de disciples s'établit près de son tombeau et y fonde le village appelé Khoung-li, du nom du philosophe. — La secte des lettrés se constitue. — Meng-tseu, le plus célèbre philosophe de l'école confucéenne. — Son livre forme un des quatre livres classiques de la Chine. — Les doctrines quiétistes de Lao-tseu tournent au mysticisme dans les mains de ses sectateurs. — Propagation de ses doctrines au moyen de l'affiliation et des sociétés secrètes. — Les tao-ssé s'emparent des traditions nationales. — Les tao-ssé avant Lao-tseu. — Ermites des montagnes et maîtres du Tao. — Anecdote relative à ces sectaires.

Nous l'avons dit, la tombe fut souvent pour les grands génies le sanctuaire de la gloire; comme les rois d'Égypte au bord du Nil, ceux-ci ne reçurent souvent l'apothéose qu'en passant sur l'autre rive du fleuve de la vie. La mort a ses mystères et ses enchantements; par un de ses coups incompréhensibles, elle fait parfois resplendir une vive lumière sur ceux que la misère et l'obscurité, tristes compagnes, avaient tenus dans l'oubli, et les dédommage des souffrances de la vie par l'immortalité. Lao-tseu avait essayé, par l'anéantissement de toute activité, de tout mouvement, de toute passion, de toute pensée en lui, de mourir tout entier et à tout, dès cette vie même. Confucius s'était éteint en jetant un cri de désespoir et de malédiction sur les désordres de son temps. Appuyé sur un bâton de bambou, les larmes aux yeux, il avait chanté sept jours avant sa mort, de son haleine épuisée : « La grande muraille est brisée, les arbres forts sont déracinés, l'homme sage est une plante desséchée. » Et l'un et l'autre, dépassant bientôt de leurs personnes les destinées qu'ils espéraient pour leurs doctrines, ils se trouvèrent être les fondateurs et presque les dieux de deux religions qui sont puissantes encore.

Confucius arriva plus tôt que Lao-tseu à se dessiner sous ces grandes proportions, sous cette physionomie tranchée, qu'il devait garder à travers les siècles dans l'esprit des Chinois, et qui en a fait chez ce peuple immense ce que fut Moïse chez les petites peuplades de la Judée, Mahomet pour les tribus dispersées de l'islam. Les principaux disciples de ce philosophe répandus dans toutes les parties de la Chine, s'étaient, peu de temps après sa mort, donné rendez-vous sur son tombeau, et chacun d'eux, afin de mêler le souvenir de la terre natale à celui de leur maître, avait apporté quelques mottes de terre et quelques plantes de la patrie, dont il avait couvert le tertre funéraire. Puis, par l'effet d'un ingénieux enthousiasme pour ce philosophe, ils avaient conçu la touchante résolution de faire d'un mort leur société journalière, et appelant vers eux leurs familles, ils avaient de leurs pieuses émigrations fondé autour du tombeau un village, qui avait pris le nom de Khoung-li (le village de Khoung). Toutes ces existences groupées autour d'un cercueil, semblaient prolonger encore parmi elles la durée d'une vie absente. Alors les rois des petits royaumes chinois, cherchant à s'illustrer à peu de frais, avaient eu l'air de vouloir glorifier dans la mort celui qu'ils avaient laissé parler en vain durant sa vie ; ils s'étaient accusés hypocritement d'avoir dédaigné les leçons de ce grand philosophe, et avec une humilité ostentatrice avaient prié le ciel de ne pas s'irriter de leurs fautes. Le roi de Lou s'était hâté de faire construire près du tombeau de Confucius un édifice magnifique pour y honorer les ancêtres, et avait déposé dans l'intérieur le portrait du philosophe avec ses ouvrages, ses habits de cérémonie, ses instruments de musique et le chariot dont il se servait dans ses voyages. Puis, quand tout avait été prêt, le roi de Lou était allé, suivi de sa cour, dans le village nouveau, avait fait dans le temple des cérémonies solennelles, et reconnaissant Confucius pour maître, lui avait rendu des hommages comme à un roi vivant.

Dans l'intervalle qui avait séparé la mort de Confucius de la visite du roi de Lou, le nombre de disciples accourus des lieux les plus lointains avait été immense; chaque jour il en était venu de nouveaux, attirés par le bruit des honneurs qu'on allait rendre à leur maître. Quand toutes les cérémonies eurent été terminées et qu'on eut donné quelques jours encore à l'expression des sentiments de regret et d'admiration, les nécessités de la vie, les besoins et les habitudes des relations sociales faisant une loi à la plupart de rentrer dans leurs foyers, on s'assembla une dernière fois pour prendre congé des disciples qui avaient fixé là leur demeure, et convenir ensemble de la manière dont on honorerait la mémoire de Confucius.

Il fut établi qu'au moins une fois tous les ans ils viendraient en commun ou isolément visiter leurs frères restés près du tombeau, et s'acquitter envers Confucius des cérémonies établies. La doctrine de Confucius fut dès lors le lien par lequel les hommes de lettres de la Chine, non constitués en corps jusque-là, se réunirent dans une association morale, et elle devint plus tard la base de cette puissante aristocratie littéraire qui commença à se former dès le septième siècle de notre ère, et gouverne depuis lors la Chine, en dépit des révolutions et des conquêtes des Mongols et des Mandchoux. Depuis plus de deux mille ans, les mêmes cérémonies se font au même lieu en l'honneur de Confucius, et l'ombre de ce grand philosophe protége encore l'ordre habile institué sur les principes qu'il proclama.

Confucius avait été de prime-abord porté si haut dans l'estime nationale, tellement élevé par ses partisans au-dessus de l'espèce humaine, que les philosophes venus après lui n'osèrent pas prendre de ses mains la bannière de la philosophie, et essayer de la porter plus loin ou sur un autre terrain. Aussi les lettrés constituèrent-ils dès l'origine, à l'égard des doctrines de Confucius, plutôt une secte religieuse qu'une école indépendante de philosophie. Ils n'eurent souci que d'exalter la gloire isolée de leur maître, pour en faire rejaillir quelques reflets sur eux-mêmes, et ils s'abritèrent sous la grande autorité qu'ils lui avaient créée. Il y eut pourtant quelques philosophes illustres dans l'école confucéenne, et qui, même à côté de Confucius et en continuant ses doctrines, surent montrer leur tête au-dessus du niveau de science qui était le lot ordinaire des autres lettrés. Tel fut Meng-tseu, le plus célèbre et le plus révéré après Confucius : il naquit 368 ans avant Jésus-Christ.

Ce philosophe est l'auteur d'un livre qui porte son nom (*le Meng-tseu*), et que le respect public a classé parmi les quatre livres classiques de la Chine. Des sujets de nature très-diverse y sont traités dans des dialogues spirituels, pleins de saillie et d'à-propos, tels que les vertus de la vie individuelle et de la famille, l'ordre des affaires, les devoirs des supérieurs, depuis le souverain jusqu'au magistrat du dernier degré, les travaux des étudiants, des laboureurs, des artisans, des négociants, les lois du monde physique, du ciel, de la terre, des montagnes, des oiseaux. C'est une fine causerie digressive et amusante à travers tout le domaine de la philosophie et de la science, et dans laquelle Confucius apparaît fréquemment comme interlocuteur, pour sanctionner de son autorité les principes émis.

Politique et morale avant tout, la doctrine de Confucius ne pouvait marcher qu'au grand jour, carrément, comme une religion officielle; la petite propagande mystérieuse et d'affiliation, s'étendant par des sociétés secrètes, par les ruses ingénieuses de captation, telles qu'en inspire parfois le prosélytisme, n'était pas de son ressort; elle ne pouvait s'insinuer dans les masses à l'aide des petits moyens employés en pareil cas; elle devait ou rester le privilége de quelques sages ou s'introduire dans l'état tout d'une pièce, comme un système complet de civilisation et de gouvernement. Il n'en était pas de même des doctrines de Lao-tseu. Pour celles-ci, toutes basées sur une métaphysique subtile et obscure, elles ne s'occupaient point des affaires publiques ni des théories d'économie et de gouvernement; laissant de côté le monde ennuyeux des graves intérêts de l'état, elles plongeaient dans les souterrains mille fois plus curieux à connaître de la conscience et du cœur, et soulevant le rideau de dessus les plus inquiétants mystères, montraient à l'âme, dans cette vie, la molle inaction des sens et de la pensée comme le refuge aux maux et aux injustices du présent dans l'avenir, un anéantissement plein de charmes dans les régions de l'espace. Au lieu de parler par sentences et par aphorismes, les prêtres de cette religion contaient des légendes gracieuses et fantastiques qui frappaient l'imagination et gravaient dans l'esprit le précepte par la vue du succès obtenu à le suivre. Ces procédés avaient une puissante influence sur les âmes sensibles qui fuyaient le bruit des affaires et les préoccupations des sociétés, pour s'enfermer en elles-mêmes et se replier dans leurs conceptions rêveuses; ils en avaient aussi sur les malheureux qui ont besoin qu'on leur parle d'une vie qui leur fasse oublier celle-ci; et le repos absolu qu'on leur présentait comme un terme à leurs fatigues continuelles, en devait faire autant de fidèles. Du reste, le peuple est un amant passionné du merveilleux, et les tao-ssé tendaient autour de lui toutes leurs toiles magiques de séduction. Les sciences occultes, les pratiques de l'extase, les exorcismes, la divination, n'avaient pas tardé à être appelés en aide à la métaphysique par trop abstruse du Tao-te-king. Toujours les théories mystiques ont abouti aux visions et à l'illuminisme. Ainsi en arriva-t-il au néoplatonisme d'Alexandrie, qui produisit la théurgie de Jamblique; aux jansénistes, qui enfantèrent les miracles du diacre Paris et les convulsions de Marie Alacoque; ainsi firent aussi les talmudistes de la cabale juive. De plus, la religion du Tao faisait habilement jouer le ressort des croyances populaires, et ouvrait de tous côtés à l'œil curieux de l'imagination et de l'esprit de vastes percées sur le double horizon de la vie de l'avenir et du passé, s'adressant à tous les instincts, à toutes les vieilles superstitions, et en faisant les éléments surajoutés de son dogme. Les rêveries des Chinois sur les *Chen* et les *Kouei*, que nous avons rapportées plus haut, y furent rattachées; un travail d'assimilation vint jeter dans le creuset syncrétiste des tao-ssé les traditions les plus vivaces et les défigurer à leur profit. Confucius avait emprunté à l'antiquité les maximes de sa sagesse, les tao-ssé lui empruntèrent le merveilleux de ses légendes.

On alla tellement loin dans l'assimilation, on renoua si bien la chaîne des traditions historiques à Lao-tseu, que la soudure ne parut pas exister, et il est arrivé que tous ceux qui ont parlé de la doctrine des tao-ssé l'ont fait commencer à l'origine même de la société chinoise; Lao-tseu, à leurs yeux, n'en est plus que le réformateur. Pour mieux voir les effets du génie des tao-ssé, il nous faut suivre ces sectaires dans leur système, adopter leur donnée, et reculer au delà de Lao-tseu.

Wen-wang, le fondateur de la troisième dynastie, nommée la dynastie des Tcheou, est regardé comme un véritable tao-ssé, et cette fantastique promotion dans les emplois aériens, dont nous avons parlé plus haut, n'avait été qu'un acte de cette religion déjà ancienne. Voici ce qu'on racontait déjà des taossé à cette époque. Ils tenaient caché avec soin, disait-on, aux regards du vulgaire le mystère du Tao, et il n'en était que peu parmi les initiés qui le possédassent dans son entier; c'étaient ceux qui, suivant cette croyance, ayant parcouru les différentes manières d'être avant de se saisir de leur existence présente, n'avaient point dégénéré de la ligne de transformation imposée à leur nature, et qui, grâce à cette rigidité de conduite, avaient mérité la singulière faveur d'avoir pour initiateurs dans les choses divines et humaines quelques-uns de ces êtres invisibles qui remplissent l'air, et prennent souvent les formes de l'homme pour se faire les mentors d'un être privilégié. Ces vieux tao-ssé, retirés au sein des solitudes et sur les cimes ardues des montagnes, ombres déjà presque immatérielles, faisaient là leur vie de l'étude et de la contemplation, n'attendant, dans le silence et l'inaction, que l'instant de s'envoler dans l'immensité du vide. Tels avaient été ces solitaires retranchés dans l'enceinte des montagnes, qui apparaissaient quelquefois sur les bords des précipices et des torrents, dessinant dans l'azur du ciel leurs formes fantastiques, et épouvantant de leur existence mystérieuse les habitants des plaines. Dans les villages à l'entour de leurs habitations, ils avaient la réputation de sorciers ou d'esprits.

C'était un de ces hommes qui s'était présenté un jour à Wen-wang, dans une de ses parties de chasse, vers les monts de l'ouest, conformément à la prédiction que lui en avait faite l'intendant des koua. Suivant la prédiction encore, cet homme, qui avait établi sa résidence habituelle sur la montagne de Kouen-lun-chan, fut le véritable père de la dynastie des Tcheou. Son nom était Tsée-ya, immortalisé depuis dans les annales chinoises. Tséc-ya s'est acquis, en effet, une des plus belles places parmi les grands capitaines et les habiles administrateurs de l'empire,. en conquérant d'abord pour Wen-wang, à la tête des armées, le trône des Tchang, puis en donnant à la Chine, comme premier ministre, les règlements les plus sages. D'après la tradition, ce personnage n'était rien moins qu'un Chen d'un ordre élevé, en commerce intime avec les tao-ssé du Kouen-lun-chan, et qui, pour mériter encore un rang supérieur dans l'échelle des esprits, n'avait pas craint de repasser par toutes les épreuves de la vie humaine. Aussi Wen-wang avait-il envoyé chercher sur cette montagne le fameux livre en dépôt chez l'ancien maître Yuen-sée-tien, où étaient renfermées les nouvelles lois et les nouvelles institutions de la Chine. C'est à cette époque, fait observer le père Amiot, que la doctrine des sectaires poussa ces profondes racines qui l'ont maintenue en vigueur jusqu'à ce jour.

Le fondateur de la dynastie des Tcheou, qui avait jugé utile à la consécration et au raffermissement de son autorité d'adopter des idées religieuses qui étaient puissantes sur l'esprit du peuple, n'avait pas tardé, tout en conservant les superstitions, d'en congédier les prêtres. Dans la distribution d'honneurs et de bienfaits qu'il fit le lendemain de l'occupation du trône, il affecta, avec un soin tout caractéristique, d'oublier les tao-ssé et les Chen, les artisans les plus zélés de sa fortune. Parmi les maîtres ou simples initiés de cette doctrine qui l'avaient particulièrement secondé, il s'en trouvait sept des plus illustres; et cependant, soit qu'ils s'attendissent à des récompenses d'un ordre plus éclatant que celles qu'on venait de distribuer à la foule, soit que Wen-wang se fût déjà concerté avec eux sur ce qu'il voulait faire, ils s'étaient tenus tranquilles sans témoigner de mécontentement. Enfin un festin de cérémonie auquel devaient paraître tous les rois, princes et seigneurs constitués par la récente révolution, ayant été décrété, Wen-wang y convia les sept sages. Le jour arrivé, les illustres convives furent accueillis avec les plus grands égards; les places les plus distinguées leur furent assignées, et tant que dura le festin, ils purent croire qu'ils allaient être les modérateurs de la cour nouvelle; mais quand on se leva pour aller dans la salle du trône, où le roi avait annoncé qu'il allait faire une communication de la plus haute importance, quel ne dut pas être leur étonnement en entendant ce discours cruellement railleur, et qu'on dirait dirigé, dans les temps postérieurs, par la haine de quelque historien lettré contre l'influence des illuminés de la Chine!

« Vous aurez été surpris peut-être, dit Wen-wang en élevant la voix, de vous voir oubliés dans la distribution des grâces et des faveurs que j'ai répandues sur tous ceux dont j'ai reçu quelques services; mais j'ai voulu attendre, pour vous en témoigner ma juste reconnaissance, le jour de la dernière audience que je devais donner à mes nouveaux officiers. Avant de les renvoyer dans les lieux assignés à leur gouvernement, j'ai voulu les rendre témoins, afin qu'ils l'imitent chez eux, de ma conduite à votre égard. Vous êtes, je n'en puis douter, des Chen revêtus d'un corps humain. Les belles actions que vous avez faites sous mes yeux, durant le cours de cette dernière guerre, et dont l'heureux succès m'a conduit, malgré mon peu de mérite, sur le trône des trois Hoang, m'en sont les garants certains. Vous avez voulu, sans doute, en vous montrant de nouveau sur la terre dans notre condition humaine, faire provision de mérites qui, joints à ceux de vos existences antérieures, pourront vous conduire à l'immortalité. Je veux moi-même vous en faciliter l'acquisition, et vous mettre à l'abri du contact de la corruption et de l'exemple. Le séjour des villes et la société des hommes préoccupés des affaires du siècle est un mauvais milieu pour cultiver la vertu et l'innocence; l'intérêt et l'exemple sont de mauvais conseillers. Allez donc vivre dans l'enceinte des montagnes; allez-y faire commerce de spiritualité avec les Chen, et emmenez avec vous tous ceux qui n'ont d'autre but parmi nous que de devenir immortels. Je vous donne sur eux plein pouvoir. Regardez toutes les montagnes de l'empire comme un domaine à partager entre vous sept; agissez à cet égard en pleine liberté : mais partez le plus tôt possible, rien ne vous manquera sur votre route. Les mandarins, par mes ordres, s'empresseront au-devant de vous pour vous mettre en possession de vos retraites. Là, n'oubliez pas surtout, vous et vos compagnons, que votre principal objet, en vous consacrant à l'étude du Tao, a été de travailler à vous rendre immortels, et de pénétrer les secrets de la nature voilés aux regards du vulgaire. Puissiez-vous faire bientôt une provision assez grande de mérites pour entrer en possession de ce bien qui fait l'unique objet de vos désirs. Je ne vous retiens plus; partez. »

A ces paroles railleusement courtoises, mais explicites, telles qu'elles sortent toujours de la bouche d'un roi qui congédie l'auteur de sa fortune, les sept sages se regardèrent entre eux pour chercher le motif de cette mystification sanglante; mais toute délibération était inutile; l'ordre, quoique caché sous les éloges, était formel; ils durent reprendre la route des montagnes. Ils y furent suivis de tous ceux qu'on avait surpris à faire ouvertement profession du Tao, et le nombre des adeptes et des initiés diminua chaque jour dans les villes centrales. La manie du Tao alla donc s'affaiblissant; car une fois relégués dans les montagnes, la police de l'empire mit entre les tao-ssé et le public un mur de séparation, traça autour de leurs demeures un rayon qu'ils ne purent dépasser. Les vexations et les ennuis qu'elle faisait subir à ceux des villages, villes ou hameaux voisins, qui allaient les visiter, joints aux difficultés des chemins, découragèrent le zèle fanatique, et les grands feudataires, obligés de suivre les ordres du pouvoir qui les avait institués, n'osèrent pas ostensiblement se livrer à des actes de protection qui auraient pu compromettre leur position. Mais les désordres de la féodalité, qui rendirent si malheureux les derniers temps de la dynastie des Tcheou, facilitèrent le retour des croyances proscrites. On ne se contenta pas d'attendre chez soi ces étranges solitaires des montagnes, les montagnes devinrent partout des lieux vénérés où l'on fit de nombreux pèlerinages auprès de leurs habitants. On alla les consulter sur le sort de cette dynastie branlante, chaque jour mise comme enjeu dans des batailles continuelles, sur les destinées des familles et des individus. Comme on le pense bien, et comme ce fut toujours le propre des prêtres oisifs, les tao-ssé eux-mêmes furent souvent pour beaucoup dans ces dissensions, qui faisaient leurs affaires et servaient de matière féconde à leurs prophéties. A la suite des heureux vainqueurs dont ils avaient annoncé le sort et conseillé l'usurpation, ils venaient bientôt s'installer dans les cours, et montrer au peuple la séduction de leur triomphe après celle de la proscription. Lao-tseu parut au milieu de ces circonstances.

Tels seraient, arrangés par l'imagination des tao-ssé, les antécédents de leur secte. Cette doctrine, plus ancienne que son fondateur reconnu, aurait subsisté dans le fond de la société chinoise comme une espèce de cabale incomplète et cachée, contemporaine de l'établissement même de la société, et qui, conservée et transformée peu à peu dans le silence et le mystère, sans attirer davantage les regards qu'un usage ou un travers d'esprit populaire, aurait régné sur les esprits conjointement avec le culte officiel du Chang-ti.

Cependant, mises en regard de l'exposé philosophique que nous avons donné du Tao-te-king de Lao-tseu, les pratiques et les croyances des sectaires de la dynastie des Tcheou ne paraissent nullement révéler une origine commune. La doctrine du vieillard-enfant ne porte aucune empreinte des temps et des lieux; c'est une pure abstraction métaphysique qui pivote sur la pensée, ne se résout en aucune observance, en aucune pratique, et, par suite, n'appartient à aucune ébauche de culte. D'un autre côté, les livres de Confucius, s'ils contiennent quelques allusions aux superstitions des Kouei et des Chen, évidemment fort anciennes en Chine, ne les rattachent jamais à une secte constituée. Le mot *tao*, dans la doctrine de Lao-tseu, paraît seul un peu cabalistique, et rappelle l'ancienne tradition. Il se pourrait cependant que la religion des tao-ssé fût plus ancienne que l'auteur du Tao-te-king, et que les sectaires qui portent encore aujourd'hui ce nom allassent donner la main, pour les pratiques du culte et les superstitions, aux sectaires de la troisième dynastie. Lao-tseu n'aurait alors été que le premier théoricien de la secte. Le flot de rêveries superstitieuses ouvert avant lui aurait continué à couler après, et le lit aurait été creusé plus vaste encore par les formules de l'inaction philosophique et du retour vers le vide.

CHAPITRE SIXIÈME.

RÈGNE DE CHI-HOANG-TI (DE 249 A 202 AV. J.-C.).

Thsin-chi-hoang-ti, fils d'un écuyer, devient roi de Thsin. — Accroissement de sa puissance, ses relations avec l'Occident. — Origine obscure du ministre Li-ssé. Il travaille avec son maître à anéantir le régime féodal et à ramener l'empire à l'unité de gouvernement. — Destruction de tous les petits rois de la Chine. — Victoires de Chi-hoang-ti. — Grands travaux. — Monuments. — Routes magnifiques. — Fondation de la fameuse muraille. — Les innovations de l'empereur excitent les murmures de la secte naissante des lettrés. — Leurs remontrances provoquent la colère de Chi-hoang-ti. — Première lutte, au moment où l'empereur va sacrifier sur les montagnes. — Elle a pour résultat d'écarter des cérémonies religieuses les lettrés, qui remplissaient une espèce de sacerdoce. — Les lettrés s'opiniâtrent. — Quelques-uns, invités à un festin, osent s'élever contre les actes de Chi-hoang-ti dans un parallèle injurieux entre lui et le premier empereur de la Chine. — Ils sont interrompus, et le ministre Li-ssé, prenant aussitôt la parole, persifle leur attachement aveugle pour des usages surannés ; il dresse habilement un acte d'accusation contre eux, et conclut en demandant à Chi-hoang-ti l'incendie des livres de Confucius et de son école. — Incendie des King et supplice des lettrés.

Vers la fin du troisième siècle avant notre ère, la dynastie des Tcheou s'abîme enfin au milieu des convulsions de l'empire, et le fait moral le plus saillant qui éclate dans ce désordre, c'est la puissance de la religion du Tao. Tandis que les disciples de Confucius, éternels préconisateurs des races éteintes, se rejettent dans le passé, vantant sans cesse les vertus des rois des premières dynasties ; plus habiles et plus souples parce qu'ils avaient moins de tenue, les tao-ssé se glissaient auprès des parvenus d'hier, et s'approchaient du trône pour consacrer la dynastie naissante des Thsin. Comme la vie du fondateur de cette dynastie, Thsin-chi-hoang-ti, est un des épisodes les plus brillants des annales chinoises, et qu'elle eut une grande importance dans le développement et la lutte des idées religieuses, ce sera faire encore l'histoire des doctrines de Lao-tseu et de Confucius que de la raconter. Et d'abord, quant à ce nom de Thsin, on sait qu'il est devenu par corruption celui de Chine, usité en Europe pour désigner le pays que ses propres habitants appellent des noms d'*empire*, de *monde*, de *royaume du milieu*.

Thsin-chi-hoang-ti était fils d'un écuyer qui, étant employé à la cour d'un des derniers rois de Tcheou, avait su par son habileté à dresser un cheval s'attirer les bonnes grâces de son maître, et avait obtenu de sa libéralité la souveraineté d'une province. Comme Philippe de Macédoine, le nouveau prince avait préparé par quelques conquêtes le règne de son fils, qui allait égaler les exploits d'Alexandre. Quand celui-ci succéda à son père, la Chine était en pleine dissolution ; la féodalité produisait les derniers fruits de sa constitution anarchique, et les rivalités, les querelles, les désordres de tout genre, semblaient livrer le sceptre universel de la Chine à qui aurait assez d'audace pour s'en emparer. Chi-hoang-ti fut cet homme : étonnant et grandiose dans ses vices comme dans ses qualités, il rassembla les débris épars de la société chinoise, vacillante et en poudre, et la rassit sur une base plus large. Son père, le palefrenier des Tcheou, avait commencé l'œuvre, le fils l'acheva. D'une main, il brisa toutes ces principautés innombrables, qui entretenaient dans l'empire un régime de tiraillements et de secousses ; de l'autre, il ramena à un centre commun de gouvernement tous ces foyers distincts d'administration qui éparpillaient les forces de la Chine rendues vaines par la diffusion. Plus absolu que ne le fut chez nous Louis XIV, il ne se contenta pas de faire plier et d'amener à sa cour et sur les degrés de son trône les différents chefs des provinces, il les brisa, passa le niveau sur les limites des royaumes, et plaça son trône sur les débris de cent principautés anéanties.

Ce grand roi avait trouvé, du reste, un ministre presque aussi grand politique qu'il était, lui, guerrier illustre, dans la personne de Li-ssé. L'origine du ministre avait été, comme celle du monarque, des plus modestes. Doué de quelques talents et d'une instruction distinguée, mais ne possédant aucun bien, Li-ssé, suivant l'usage des jeunes gens sans fortune qui avaient reçu de l'éducation, était allé, poursuivi par le besoin, colporter à travers les nombreux royaumes de la Chine son petit bagage de science, et il avait été, en dernier lieu, accueilli à la cour de Thsin, ainsi que quelques autres lettrés venus avec lui. Grâce à cet intérêt qui s'attache au sort des étrangers instruits, Li-ssé et les lettrés avaient fait des progrès si rapides dans l'esprit du souverain, que leur parti s'était bientôt cru assez fort pour pouvoir adresser des remontrances contre le système arbitraire du prince. Un édit d'exil avait été la réponse faite à leurs observations. Malgré le caractère impérieux de cet édit, qui annonçait dans son auteur un violent ennemi de toute opposition, Li-ssé osa présenter une requête, et dans sa justification il sut glisser habilement un plan de gouvernement si bien médité et si conforme à l'esprit dominateur du jeune roi, que non-seulement l'édit de proscription fut révoqué le lendemain, mais que Li-ssé, appelé au poste de premier ministre, fut chargé de la réalisation des grands projets qu'il avait conçus.

Le plan de Li-ssé n'était autre que celui qu'avaient déjà suggéré à Hoang-ti ses instincts de gloire et de domination, celui de réunir sous une administration unique et uniforme toutes les contrées de la Chine. L'exécution de cette idée, malgré l'étendue de l'empire chinois, s'accomplit avec une rapidité prodigieuse. Huit grands royaumes feudataires restaient encore debout, survivant aux sanglantes querelles qui les avaient fait se heurter l'un contre l'autre dans les bacchanales de la féodalité. Hoang-ti et son ministre semèrent habilement les divisions entre ces royaumes, et les poussèrent les uns contre les autres, en suscitant la haine entre les chefs. En même temps, une armée de six cent mille hommes s'organisait et se tenait en réserve, prête à fondre sur les belligérants épuisés.

A vrai dire, elle n'eut presque rien à faire; elle passa comme un orage sur les barrières qui séparaient les peuples de Han, de Tchou, de Wei, de Yen, de Tchao, de Taï et de Tsi, les renversa toutes, et égalisa les populations de l'empire devant l'autocratie d'un seul. Sans doute il avait raison, le philosophe chinois qui disait que la plus belle victoire ressemble à la lueur d'un incendie; mais quelquefois aussi, et cela arriva sous Hoang-ti, la guerre, labourant fortement le sol et les peuples, y fait germer la civilisation, et fait couler dans les sillons qu'elle trace les produits des sciences, de l'industrie et des idées. Quelquefois le scintillement que jette la lame d'une épée est une éclatante lumière qui conduit un peuple conquis vers des destinées meilleures.

Dès l'année 224 avant Jésus-Christ, la Chine avait reconquis son unité; la guerre, reportée du centre aux frontières, poursuivait contre les peuples tartares, connus sous le nom de Hioung-nou, l'agrandissement de l'empire de Thsin, tandis qu'une puissante armée navale paraissait dans les ports du Bengale. Arrivé au sommet du pouvoir, Hoang-ti voulut se donner un titre digne de sa haute fortune; un édit public lui conféra celui sous lequel l'histoire le désigne (Thsin-chi-hoang-ti) *premier souverain absolu de la dynastie des Thsin.* Ensuite, suivant l'usage usité en Chine de prendre pour emblème de la dynastie un des cinq éléments supposés les racines de toutes choses, Chi-hoang-ti prit l'eau pour emblème de la sienne. « Les Tcheou, disait-il dans l'édit qui proclamait cette mesure, avaient adopté le feu, et pour justifier leur choix, ils consumèrent tout l'empire. L'eau éteint le feu et dissout les corps résistants; je la prends donc pour emblème, moi, qui ai détruit les Tcheou, qui ai brisé tous les royaumes fondés par les rejetons de cette dynastie. » Mettant en même temps de côté l'hypocrite modestie des appellations de cour, dont s'étaient servis ses prédécesseurs en parlant de leurs personnes, il substituait au *yu* traditionnel, qui signifiait *moi, esprit borné, homme peu éclairé*, le pronom *tchin*, *personne distinguée*. Hoang-ti, que l'histoire a accusé d'orgueil, n'était-il pas bien loin encore de ces titres hyperboliques créés dans le temps de la décadence de l'empire romain, et continués jusqu'à nous à travers les monarchies barbares du moyen âge, de ces fastueuses et ridicules appellations de *majesté*, d'*excellence*, d'*altesses sérénissimes* et de *sainteté?*

Si Hoang-ti voulait la grandeur pour sa personne et sa race, il la voulait aussi pour l'empire; les idées de gloire et de conquête s'allient presque toujours dans la tête des grands usurpateurs à celles d'embellissement et d'amélioration de leurs états. Incarnant en eux la patrie, ils veulent la faire grande comme eux-mêmes. Ils protègent les arts, les sollicitent par leurs faveurs de produire des chefs-d'œuvre pour l'ornement de leur règne, impriment à tout l'ardeur qui les anime; avec une préoccupation plus instinctive qu'étudiée, ils multiplient les monuments comme pour se ménager une place au frontispice, afin d'y écrire leurs noms en vue de la postérité. Tel semblait être le souci de Chi-hoang-ti dans la construction des immenses travaux qu'il élevait sur la surface de l'empire. Des thermes magnifiques, des jardins dignes de Sémiramis, des palais d'une somptuosité merveilleuse, couvrirent bientôt les collines et les plaines. Ces monuments n'étaient pas élevés sans plan et suivant le caprice changeant du prince; un certain ordre gigantesque y présidait, qui prétendait reproduire l'architecture et les dispositions des demeures célestes. Au rapport des historiens, les magnifiques édifices de Chi-hoang-ti, par leur distribution et leurs perspectives, devaient représenter comme une image de la voie lactée ou du fleuve céleste, avec les groupes des constellations. Les palais, s'élevant de distance en distance et tranchant par leur éclat et leur magnificence sur les longues campagnes épaisses de moissons et de verdure, figuraient les étoiles et les constellations scintillant dans les petits espaces sombres qui mesurent la distance de l'une à l'autre.

Ce fut aussi Chi-hoang-ti qui, après avoir conquis l'empire chinois et l'avoir ramené à l'unité, le ceignit de la fameuse muraille. S'étendant sur un espace de cinq à six cents lieues, depuis la mer Jaune jusqu'à l'extrémité occidentale du Chen-si, elle devait servir à protéger la frontière contre les turbulents Hioung-nou, et à tracer des limites à leurs invasions. Cette muraille, qui subsiste encore, était d'une épaisseur telle, que six cavaliers pouvaient à son sommet la parcourir de front; c'était une route autant qu'un rempart. Hoang-ti ne fut pas, du reste, l'unique fondateur de cette muraille; elle existait avant lui par parties, bâties à différentes époques par les rois feudataires des Tcheou, qui, chacun pour sa part, avaient cherché sur la frontière de leurs petits états à se mettre à l'abri du nord. Chi-hoang-ti relia entre elles ces diverses murailles en comblant les lacunes, et le produit de ce travail fut une muraille irrégulière en zigzag, entrant tantôt dans l'intérieur des terres, tantôt faisant de longues saillies, courant par monts et par vaux, et ressemblant assez à un immense ruban, ondoyant au caprice des circonstances sur la frontière du nord de la Chine. Plusieurs milliers d'hommes et quatre cents millions furent consumés à cette œuvre; et ce trop fastueux monument de la confiance chinoise dans un bouclier de pierre, malgré sa solidité qui a bravé le travail des siècles, malgré les millions de soldats qui en gardent le circuit, n'a jamais arrêté les courses des hordes barbares; vingt fois cette muraille a été franchie par les conquérants. Ce ne sont point de gigantesques fortifications qui sauvent les empires, quand la faiblesse et le désespoir se cachent derrière elles; elles n'ont jamais suppléé au courage; le rempart fait de bras dévoués à la patrie, voilà celui que les ennemis ne renversent pas. Mais nous oublions que nous sommes en Chine.

Telles avaient été les guerres, tels les travaux accomplis en peu d'années par le fondateur de la dynastie des Thsin. Ce n'avait pas été sans marcher à travers les proscriptions et les crimes qu'il était parvenu à tout courber sous sa loi ; comme la plupart des conquérants, il avait scellé son trône et sa dynastie dans le sang. Si la vérité sur ce point pouvait se trouver dans le récit des victimes, jamais tyran n'aurait fait payer plus cruellement à ses peuples les soins employés à les conquérir.

« Qu'ont fait Chi-hoang-ti et toute la race des Thsin, s'écrie un glossateur chinois, à l'occasion du titre magnifique de *souverain absolu* que s'était donné ce prince, qu'ont-ils fait qu'on puisse comparer aux actions de ces grands hommes de l'antiquité, qu'ils prétendent avoir surpassés ? Est-ce en ravageant les provinces, en détruisant les royaumes, en renversant les villes, en éteignant les familles, en profanant les tombeaux, qu'ils ont donné des preuves de leur humanité? A compter de la bataille de Chi-men jusqu'à l'extinction des Tcheou, le nombre de têtes qu'ils ont fait abattre de sang-froid est au-dessus d'un million quatre cent mille, sans compter les hommes qui ont péri en attaquant et en se défendant dans des combats réglés.

» Quant aux années qui se sont écoulées jusqu'au temps où Chi-hoang-ti réunit tout l'empire sous sa puissance, quelque soin que je me sois donné, quelque diligence que j'aie pu faire pour savoir combien d'hommes ont péri par les mains seules des barbares ministres des cruautés de Thsin, il ne m'a pas été possible de le savoir.

» Mais est-il bien difficile de se figurer combien dut être horrible la plaie qu'ils firent au genre humain, par tant de guerres injustement suscitées, par le renversement de tant de villes dont les habitants qui échappaient au fer et au feu périssaient, pour la plupart, de faim, de misère, de désespoir, par tant de dévastations enfin dans les campagnes et les villages, qu'ils convertirent en autant de déserts. Qu'après cela Chi-hoang-ti ait osé se comparer aux trois Hoang, c'est un excès d'orgueil qui mérite toute notre indignation; qu'il ait prétendu les surpasser tous, ce n'est plus qu'une folie digne d'un souverain mépris. » — Nous voyons là le revers de cette médaille glorieuse que la flatterie frappe toujours de leur vivant en l'honneur des princes. Évidemment l'exagération de la haine n'a pas ici mieux servi la vérité que l'excès de l'admiration.

Mais d'où vient cette haine, qui n'est point particulière au glossateur cité, mais qui depuis la mort de Hoang-ti s'est attachée à sa mémoire, pour faire de ce prince comme le Tibère ou le Néron de la Chine ?

Le patriotisme réel n'aurait pu aveugler à tel point les historiens sur les qualités incontestables du fondateur de la dynastie des Thsin ; il n'y a que les partis pour arriver à cette exagération, et dans cette éloquence haineuse on reconnaît facilement la main d'un lettré. Les lettrés n'eurent pas en effet à s'applaudir des mesures de Chi-hoang-ti, et c'est grâce à eux que le souvenir de son règne est resté dans les esprits comme le règne du plus grand monstre qui ait commandé aux hommes.

Bien des fois dans les premières années du règne de Chi-hoang-ti, les lettrés, prompts à user de tous les prétextes pour lui adresser des remontrances sur les changements apportés dans l'empire, avaient essayé de critiquer l'abolition des souverainetés suzeraines fondées par les Tcheou. Bien des fois se prononçant ouvertement contre la centralisation des provinces, ils avaient demandé le rétablissement des rois au nom de l'antiquité, dont ils rappelaient sans cesse les exemples, et l'empereur les avait toujours retrouvés opposants sur le chemin de ses réformes. Cependant, sourd à leurs harangues sur les bienfaits de l'administration des trois Hoang, sur les vertus de Yao, de Chun et de Wen-wang, il avait partagé tout l'empire en trente-six provinces, dont il avait donné le gouvernement à de simples mandarins, afin de prévenir le retour des rois indépendants. Pour compléter le travail de nivellement universel, il avait, sillonnant le sol en sens divers, fait communiquer toutes les parties du territoire au moyen de grandes routes. Ici encore, les lettrés essayèrent de résister. Comme ces routes s'élevaient des vallées dans les montagnes, et reliaient à la viabilité générale jusqu'aux cinq montagnes des sacrifices, l'ombrageuse susceptibilité de ces derniers s'était irritée contre cette atteinte portée à la sauvage sainteté de ces lieux, et à leur inutilité respectée. Un jour donc que Hoang-ti allait commodément, traîné dans son char, par une route large et égale, visiter une de ces montagnes, une députation de lettrés se présenta à lui, et lui dit, avec un air doctoral qui doublait la crudité des paroles : « Seigneur; lorsque les sages empereurs de la vertueuse antiquité allaient offrir des sacrifices sur quelqu'une des montagnes célèbres de leurs provinces, ils s'y préparaient longtemps à l'avance, et avec tout le soin dont ils étaient capables. Pénétrés du plus profond respect pour les lieux qui devaient être les témoins de leur culte, ils eussent regardé comme un crime de ne pas donner à l'extérieur des marques de leur vénération. Modestes, attentifs, recueillis en eux-mêmes, tout ce qui les environnait semblait être animé des mêmes sentiments.

» Le char qu'ils montaient était sans ornements; on enveloppait les roues avec des joncs et d'autres herbes aquatiques, afin de ne fouler qu'avec décence une terre, des pierres et des plantes qui étaient des objets sacrés à leurs yeux. Arrivés à l'endroit désigné, ils en balayaient la poussière, et sans qu'il fût besoin de rien couper, de rien arracher, ils disposaient tout le reste de la manière la plus convenable à ce qu'ils se proposaient. Ils dressaient ensuite un autel avec quelques pierres ou simplement avec de la terre dont ils faisaient une espèce de tertre; et placés eux-mêmes sur un coussin, couverts de plantes et de feuilles d'arbres, ils offraient respectueusement leur sacrifice. » — Pendant tout ce morceau d'éloquence érudite, dont les allusions étaient manifestes, Hoang-ti avait écouté avec assez de patience; mais comme, reprenant leur harangue, les lettrés ajoutaient : « Nous ne voyons pas, seigneur, que vous vous disposiez à rien faire de pareil, » l'empereur les arrêta court, et les renvoyant à leurs livres et à leur antiquité, leur répondit avec brièveté, qu'ils n'étaient pas de leur temps et ne pouvaient rien comprendre à ses projets. « L'antiquité, ajouta-t-il, aveugle vos regards bornés, car assurément j'agis plus simplement encore que ces anciens empereurs dont vous vantez tant la simplicité. Je dois aller à la montagne Tseou-y-chan ; j'ai donc donné ordre de faire un chemin d'ici au sommet, de le faire aussi commode que le comportent les lieux, afin que je puisse le parcourir aisément avec tous les hommes de ma suite. Pour le rendre tel, on coupera les arbres, on brûlera les broussailles, on arrachera les plantes, on abattra, s'il le faut, des quartiers de roche. L'autel, les offrandes, les victimes, tout sera prêt ; et quand j'arriverai, je n'aurai qu'à faire moi-même ce qui sera l'objet de mon voyage. Cette manière de procéder n'est-elle pas plus naturelle et plus simple que tout ce que vous m'avez dit de celle des anciens? Du reste, comme vous n'avez plus rien à faire auprès de moi, vous pouvez vous retirer pour vaquer à l'étude et à vos emplois, si vous en avez. Quand j'aurai besoin de vous, je vous ferai savoir mes ordres. » Évinçant alors les lettrés des cérémonies du culte, que jusqu'alors ils avaient prétendu seuls régler, Chi-hoang-ti se rendit successivement sur chacune des montagnes de la Chine, et sans autre secours que celui des fonctionnaires de sa cour, il y offrit des sacrifices et y éleva de pieux monuments.

Ce n'était là qu'un premier épisode de la lutte qui allait tous les jours grandissant entre l'empereur et les lettrés, et dont le dénoûment devait se précipiter avec la rapidité qu'apportait Chi-hoang-ti dans toutes ses entreprises. Les lettrés eux-mêmes le hâtèrent par leurs provocations importunes. On connaît toute l'opiniâtreté des ordres anciens à conserver des institutions surannées, leur mépris pour toutes les nouveautés qui s'élèvent, et leurs efforts surtout pour retenir un pouvoir anciennement incontesté et qui leur échappe. Il n'est pas d'actes violents qu'ils ne fassent, comme pour trahir leur faiblesse croissante. Un jour que le puissant empereur, sous qui tout pliait, donnait dans son palais un festin où il avait réuni toutes les illustrations de la veille, instruments de sa gloire et de sa fortune, il voulut, le festin et les cérémonies terminés, monter sur son trône, et, changeant la salle du banquet en conclave politique, inviter les assistants à lui exprimer leur avis sur le caractère de son règne. Comme bien on le pense, les flatteurs ne manquèrent pas qui, faisant assaut d'enthousiasme et d'hyperboles, exaltèrent le gouvernement du prince jusqu'au ciel. Mais il y avait quelques lettrés présents, et ils s'empressèrent de leur donner la réplique. Comme l'un des précédents terminait son panégyrique par ces mots : « Prince, vous surpassez tout ce qu'il y a eu de plus grand depuis l'antiquité la plus reculée jusqu'à nos jours, » un mandarin des lettres se leva, à cette insulte contre l'antiquité, et s'écria avec l'accent de la colère ;

« Cet homme, qui vient de vous louer avec tant d'impudence, ne mérite pas, seigneur, ce nom de grand de l'empire dont il est décoré ; ce n'est qu'un lâche courtisan, un vil flatteur qui, bassement attaché à une fortune dont son caractère le rend indigne, n'a d'autres vues que celle de vous plaire, aux dépens du bien public et de votre propre gloire. Je ne l'imiterai point, et en profitant de votre permission, je vous dirai ce que je pense. » Ce que pensait ce mandarin sur l'administration de Chi-hoang-ti, ce début emporté le fait assez deviner. Comme tous ses pareils, exclusivement renfermé dans les exemples de l'antiquité, il ne voyait la vertu, la sagesse que dans les princes des premières dynasties, de salut pour l'empire que dans leurs règlements. Rentrant donc au plus vite dans leurs déclamations ordinaires contre la centralisation créée par le prince de Thsin, il poursuivit : « Un de leurs premiers soins fut de se faire des appuis pour étayer un trône qu'ils eussent regardé sans cela comme chancelant, et ces appuis, ils les trouvèrent dans les personnes qui étaient de leur sang. Ils leur donnèrent des apanages ; ils érigèrent en leur faveur des principautés et des royaumes ; ils les élevèrent au rang de souverains, en conservant toutefois sur eux le droit de suprématie. Ils les convoquaient quand les besoins de l'empire l'exigeaient, leur imposaient le genre de secours et de services qu'ils en attendaient ; c'étaient les premiers de leurs sujets, quoique revêtus de grands honneurs. Voilà, seigneur, ce qu'il me paraît que vous devriez imiter pour assurer l'empire à vos descendants, pour. . . . . »

Ici encore l'empereur arrêta l'orateur. « Ce point a déjà été traité, dit-il ; on n'aurait pas dû y revenir. Cependant, comme il est d'une grande importance, je veux bien qu'on le traite de nouveau. Éclairez-nous donc, vous, Li-ssé. » En interpellant ainsi son ministre, Chi-hoang-ti était bien rassuré sur la nature des conseils qu'il allait entendre. Les lettrés n'avaient pas d'adversaire plus constant. Non-seulement Li-ssé était l'âme de toutes les mesures exécutées par son maître, mais il avait en particulier voué aux intrigues rétrogrades de leur corps une haine irritable et active. Saisissant donc cette occasion de les accabler sous les traits acérés du ridicule, il leur jeta à plusieurs reprises ce dédaigneux titre de métaphysiciens et d'utopistes, qui, dans des temps rapprochés de nous, fut assez puissant, dans la bouche d'un grand conquérant aussi, pour déconsidérer tout un parti sérieux. « Il faut avouer, dit-il, que les gens de lettres sont, en général, bien peu au fait de ce qui concerne le gouvernement ; non ce gouvernement de pure spéculation qui n'est proprement qu'un fantôme, et qu'on voit disparaître lorsqu'on l'approche, mais ce gouvernement de pratique, qui consiste à retenir les hommes dans les bornes de leurs devoirs réciproques. Avec toute leur prétendue science, ils ne sont en ce genre que des ignorants ; ils savent par cœur tout ce qui s'est passé dans les temps les plus reculés, et ils ignorent, ou ils font semblant d'ignorer, ce qui se pratique de leurs jours, ce qui se passe même sous leurs yeux. Prévenus en faveur de l'antiquité, ils en admirent jusqu'aux sottises, et sont pleins de mépris pour tout ce qui n'est pas exactement calqué sur les modèles que le temps a presque entièrement effacés de la mémoire des hommes.

» Mais dans leurs livres, dans ces livres même qu'ils nous citent à tout propos, ont-ils du moins trouvé que les trois Hoang se soient modelés tellement l'un sur l'autre, que le second n'ait ajouté rien, n'ait changé rien à ce qu'avait fait le premier? que le troisième se soit attaché servilement à suivre tous les usages établis par ses prédécesseurs? Non certes. En législateurs éclairés, les Hoang se sont réglés sur les besoins du temps. C'est en cela surtout que ces grands hommes sont imitables, c'est en cela, prince, que vous les avez imités; comme eux, vous avez laissé subsister les lois et les usages qui pouvaient s'accommoder aux mœurs présentes, vous avez abrogé ce qui vous a paru ne plus leur convenir, et vous avez établi tout ce que vous avez cru nécessaire pour le grand objet que vous vous proposez, l'établissement solide d'une domination qui doit faire éternellement le bonheur des peuples. »

Le sarcasme était amer, le trait incisif, la justesse de la portée en doublait la vigueur et l'effet. Li-ssé ne s'arrêta point encore; il cherchait autre chose qu'un triomphe oratoire. Après avoir montré les lettrés inutiles et vains, il les peignit dangereux pour l'état. N'est-ce pas là la logique ordinaire des partis vainqueurs et leur justice à l'égard des adversaires? Il poursuivit donc : « Que prétendent-ils, ces insolents lettrés, en déchirant à tout propos un gouvernement qu'ils devraient admirer? pourquoi affectent-ils tant de louer les anciens et de blâmer tout ce que vous faites? n'est-ce pas pour indisposer peu à peu les esprits et pour porter ensuite les peuples à une révolte ouverte? »

Le mot cabalistique était prononcé; quel argument que ce

mot de révolte pour l'esprit des rois ! Aussi le ministre, après l'avoir prononcé, put-il reprendre, avec ce ton de calme et de confiance que prend l'accusateur public sur le point de conclure à la peine capitale :

« Oserai-je, seigneur, vous proposer ici sans détours ce qui me paraît ce que vous devriez faire ? Les voies de douceur et de condescendance n'ont rien pu produire jusqu'ici sur l'esprit de ces hommes impatients du joug : tous les égards que l'on a eus pour eux leur ayant, sans doute, persuadé qu'ils étaient redoutables, ils n'en sont devenus que plus insolents. Essayons d'autres moyens, ou plutôt prenons de tous les moyens celui qui est le plus efficace pour couper jusque dans sa racine un mal qui serait bientôt incurable si on ne se hâtait d'y remédier. Ce sont les livres qui inspirent à nos orgueilleux lettrés les sentiments dont ils font sans cesse étalage ; ôtons-leur les livres : c'est en les privant pour toujours de l'aliment qui nourrit leur orgueil, que nous pouvons espérer de tarir la source féconde de leur indocilité. A l'exception des livres qui traitent de médecine et d'agriculture, de ceux qui expliquent la divination par les koua, des mémoires historiques de votre glorieuse monarchie depuis le jour où elle a commencé à régner dans les états de Thsin, ordonnez, seigneur, qu'on brûle généralement tout ce fatras d'écrits pernicieux ou inutiles dont nous sommes inondés ; ceux surtout où les mœurs, les actions et les coutumes des anciens sont exposées en détail. N'ayant plus sous les yeux tous ces ouvrages de morale et d'histoire qui leur représentent avec emphase les hommes du passé, ils ne seront plus tentés d'être leurs serviles imitateurs ; ils ne vous feront plus un crime de ne pas suivre leur exemple en tout ; ils ne feront plus de comparaisons, toujours odieuses pour vous dans leur bouche, entre votre gouvernement et celui des premiers empereurs de la monarchie. Commencez par ceux de vos mandarins qui président à l'histoire ; ordonnez-leur de réduire en cendres tous ces monuments d'une science pompeusement inutile dont ils conservent le dépôt. Donnez un ordre pareil aux magistrats dépositaires des lois. Le *Chou-king* et les autres livres, dans lesquels on cherchait auparavant des règles de conduite, devenus désormais inutiles, doivent être oubliés pour toujours ; qu'ils soient également livrés aux flammes.

» Défendez à tous vos sujets de conserver, sous quelque prétexte que ce soit, aucun des livres proscrits ; portez une loi rigoureuse qui les oblige à remettre aux mandarins dont ils dépendent immédiatement tous ceux qu'ils possédaient avant la défense. On peut assigner l'espace de trente jours pour la publication de vos ordres dans tout l'empire. Si, après les trente jours révolus, on découvre quelqu'un qui soit réfractaire ou négligent, on le punira avec rigueur : dans le cas de recel de ces livres, en lui ôtant la vie par le supplice infligé aux personnes coupables envers vous-même ; dans le cas d'inexactitude de la part des mandarins à les rechercher, en les marquant avec un fer rouge, tant pour leur faire expier une négligence criminelle que pour l'instruction des autres. » Lorsque Li-ssé eut terminé son discours, l'empereur n'ajouta que ces seuls mots : « Il n'y a rien dans tout ce que vous venez de dire que je n'aie pensé moi-même. Je me décharge sur vous du soin de l'exécution. » La séance fut alors dissoute.

C'est ainsi que fut décrétée cette proscription des livres, restée aussi fameuse dans les annales de la Chine que la destruction de la bibliothèque d'Alexandrie peut l'être chez les peuples de civilisation grecque ou latine. L'acte d'Érostrate et celui du farouche Omar n'ont jamais inspiré chez les rhéteurs de la Grèce et de l'Europe autant d'injurieuses et de véhémentes apostrophes qu'en a essuyé Hoang-ti parmi les générations de lettrés.

Ce n'était point encore là l'arrêt de mort des lettrés ; mais la lutte, dans ses développements de plus en plus passionnés, devait bientôt arriver à cette sanglante péripétie. Les partis ne transigent jamais sur la pente de leur ruine ; les défaites incessantes provoquent d'incessantes résistances, jusqu'à ce qu'enfin le vainqueur, irrité de ces incessantes provocations qui allument son impatience, cherche sa tranquillité dans l'anéantissement complet de l'obstacle renaissant. Les lettrés se chargèrent encore de hâter l'arrivée de ce jour.

Un d'eux, non content de se répandre partout en accusations véhémentes et injurieuses contre l'empereur et son ministre, composa, par une inconcevable bravade, un pamphlet dans lequel il les peignit sous les traits les plus horribles. La cour s'en émut; des rumeurs sourdes s'élevèrent, menaçantes pour la tête de son auteur, et celui-ci, moins courageux devant la perspective du châtiment, se décida à prendre la fuite : mais en sauvant sa tête, il livrait celle de tous les lettrés de la capitale. Le despotisme prend toujours ses dédommagements; en fait de crimes, il croit facilement à une solidarité qui lui permet de faire retomber sur tous ceux qu'il suspecte une punition générale. Chi-hoang-ti feignit donc d'attribuer le pamphlet à tous ceux dont il servait les désirs, et le déclarant écrit de concert par tous les lettrés, il créa une bande d'espions de police, qui, s'insinuant auprès de ces derniers, provoquèrent habilement les indiscrétions. Tous ceux que, sur leurs indications, on put convaincre d'avoir laissé échapper quelques paroles favorables à cet écrit, furent livrés aux magistrats. Quatre cent soixante acceptèrent l'accusation, et la mort scella leur courage. Rien n'est populaire encore aujourd'hui en Chine comme les gravures qui représentent Chi-hoang-ti assis sur le trône, faisant précipiter les lettrés rebelles et leurs livres dans une fosse creusée pour cet usage.

CHAPITRE SEPTIÈME.

SUITE DU RÈGNE DE CHI-HOANG-TI (202 AVANT J.-C.).

Chi-hoang-ti agissait d'après les instigations des sectateurs du Tao, disciples de Lao-tseu. — Triomphe de ces derniers. — Ils payent à cet empereur parvenu leur influence en lui créant une généalogie illustre qui rattache la race de Hoang-ti au premier fondateur de la nation chinoise et à Lao-tseu. — Leurs inventions dans le champ mythologique. — La légende de Lao-tseu. — Croyances superstitieuses des tao-ssé qu'ils attribuent à leur maître. — Breuvage d'immortalité fabriqué par leurs bonzes. — La pêche d'immortalité. — Jardin paradisiaque. — Exercices spirituels pour entrer en extase. — Les diverses postures du *kong-fou* pour dégager l'âme du corps et l'exhaler au sein de l'être universel. — Amulettes des tao-ssé. — Leur livre des Peines et des Récompenses aussi vénéré que le Tao-te-king. — Quelques-uns des récits légendaires qu'il contient. — Mort de Chi-hoang-ti. — Tombeau grandiose que Chi-hoang-ti s'était fait construire de son vivant sur le mont Li. — Après sa mort, sa dynastie est renversée et son tombeau brûlé.

Les livres de Confucius ont été incendiés, ses partisans décimés, sa doctrine arrêtée au berceau et menacée de s'éteindre, car cette doctrine n'est pas de celles qui vivent de prosélytisme, que le sang de ses adeptes féconde. Composée tout entière de préceptes moraux et politiques, ne donnant rien à l'exagération sentimentale, au vague instinct du merveilleux, le silence semble devoir la tuer. Comment donc se relèvera plus tard de la proscription de Hoang-ti, cette doctrine qui, aujourd'hui toute-puissante, résume la civilisation de la Chine? comment sortira du tombeau cette imposante figure du philosophe de Tseou, qui plane sur tout l'édifice de la société chinoise? Notre sujet nous amènera à le dire dans le chapitre suivant. Dans celui-ci, nous ferons l'histoire des progrès de la secte rivale, celle des tao-ssé.

Si on regarde bien au fond de cette lutte prolongée et terrible entre le fondateur de la dynastie de Thsin et les lettrés, il est facile d'apercevoir la main des sectaires qui l'envenimèrent, en se cachant derrière leurs agents, comme ces génies mystérieux qui, dans les tragédies antiques, poussent à l'action les personnages. Ce n'était pas uniquement, sans doute, parce que le Chou-king retraçait un état de choses qui n'était pas celui fondé par Chi-hoang-ti, ce n'était pas parce qu'il rapportait que la division territoriale de la Chine sous les Tcheou constituait une foule de royaumes feudataires, que ce prince avait ordonné d'en détruire jusqu'au souvenir. Non, cette préoccupation politique, quoiqu'elle se soit fréquemment présentée à la pensée des conquérants, qui ont toujours cherché plus ou moins à bouleverser l'histoire pour s'y faire une place, ne fut pas la seule qui décida Chi-hoang-ti. Le Chou-king, il est vrai, préconisait le règne antique des Yao, des Chun et des Wen-wang; mais Confucius avait déploré lui-même en plaintes éloquentes le système de fractionnement, qui propageait partout, de son temps, l'anarchie et le trouble. Le Chou-king de Confucius, bien que les lettrés en exagérassent la portée et en fissent le thème perpétuel de leurs accusations contre les réformes de Chi-hoang-ti, ne préjugeait rien contre elles. Il est donc naturel de penser que des ennemis directs, que les tao-ssé étaient venus hâter les résultats de la lutte. Ce furent du moins eux qui s'emparèrent de la place restée libre après la proscription des partisans de Confucius.

Chi-hoang-ti était affilié à cette secte; il fréquentait souvent les bonzes établis en communautés sur les montagnes, et des peintures chinoises représentent ce monarque se dirigeant vers un de leurs couvents pour y chercher le breuvage de l'immortalité. Les tao-ssé avaient largement payé, du reste, à leur puissant protecteur les faveurs qu'ils avaient reçues de lui. Mettant toute leur science à son service, ils étaient venus au secours de l'indignité nobiliaire du fils du palefrenier de Thsin; et au moyen d'une habile généalogie, ils avaient enté sa race sur la souche royale la plus antique. La flatterie ou la fiction ont fait descendre César d'Énée, Alexandre de Jupiter Ammon; les d'Hozier de la Chine firent descendre Chi-hoang-ti des premiers Hoang ou trois Augustes qui avaient précédé de plusieurs milliers de siècles la chronologie admise par les lettrés. Les tao-ssé, s'inspirant avec soin de toutes les traditions populaires en faveur, s'étaient jetés dans ces temps anté-historiques ouverts à toutes les interprétations, et y avaient bâti à leur gré des systèmes qui favorisaient leurs vues, en rattachant les temps présents à une antiquité imaginaire. Ils franchissaient ainsi les époques dont la proximité gênait un peu leur imagination. Leur état constant d'exaltation, qu'entretenait, dans les longues somnolences de l'inaction, la vie d'anachorète, avait dû prêter à leur esprit les ailes de la fiction et de l'hypothèse, et ce furent eux, en grande partie, qui systématisèrent toute cette mythologie bizarre que nous avons exposée au début, toute l'histoire curieuse de ces rois qui, doués par anticipation de toutes les vertus inactives que devait plus tard célébrer Lao-tseu, « gouvernaient l'univers sans le gouverner, ne faisaient aucun usage des sens extérieurs, ne mettaient point à honneur de posséder des connaissances; qui, l'âme parfaitement tranquille et ne troublant point sa quiétude par l'étude, renonçaient, au contraire, à tout objet de connaissance et à la connaissance elle-même. »

Déjà, dans les derniers temps de la dynastie des Tcheou, des disciples célèbres de Lao-tseu, Tchoang-tseu, Lie-tseu, Yotseu, Hoa-tseu, Yen-tseu et bien d'autres, avaient porté haut la bannière de la métaphysique de leur maître, et lutté de science et de mérite avec les lettrés de l'école confucéenne; leur tendance s'était déjà signalée en combattant les données historiques posées par cette école; et peu respectueux pour Yao et Chun, derrière lesquels se tenaient retranchés leurs adversaires, ils avaient commencé la légende historique des trois Hoang et de Fou-hi, que ceux-ci avaient fini eux-mêmes par adopter. Les tao-ssé du temps de Thsin se chargèrent de poursuivre la tâche de leurs devanciers sur cette table rase que la proscription venait de faire des livres authentiques. Ils relevèrent de nouveau les héros de leur imagination, à commencer avec Pan-hou, le premier homme et le premier empereur. Ne s'oubliant pas, du reste, eux-mêmes dans cette restauration historique, ils rattachèrent Lao-tseu à Hoang-ti, supposé avoir régné deux mille six cent quatre-vingt-dix-huit ans avant notre ère, par le même lien avec lequel ils rattachaient à lui le fondateur de la dynastie des Thsin ; car, dans cette cosmogonie, Lao-tseu s'asseyant sur le trône, n'était autre que Hoang-ti. Alors vint l'exaltation de ce philosophe dans les livres de sa secte. Sa biographie, si restreinte, si obscure chez les auteurs authentiques, prit des dimensions gigantesques. La légende vint corriger l'aridité de l'histoire, déchirer le voile jeté par le temps sur sa vie : ses disciples, après l'avoir successivement enrichie des merveilles révélées à la vision ou à la piété des fidèles, la rédigèrent avec suite dans leurs livres canoniques.

Lao-tseu, dans la légende, perdit un à un tous les caractères de l'humanité, pour revêtir les attributs d'une nature plus relevée, et s'il ne fut pas entièrement divinisé, il fut exhaussé dans ces espaces intermédiaires, entre le ciel et la terre, où flottant entre l'homme et le dieu, il emprunta, suivant les circonstances, les reflets de l'un et de l'autre. On raconta que la mère de Lao-tseu était devenue enceinte par suite de la sensation qu'elle avait éprouvée en voyant une grande étoile filante ; qu'elle l'avait porté dans son sein soixante-douze ans, et qu'elle l'avait enfanté par le côté gauche. Aussi Lao-tseu, qui avait vécu si longtemps dans ces limbes de l'existence, avait-il les cheveux blancs à sa naissance, et sa vieillesse prématurée lui avait-elle fait donner le nom de Lao-tseu, *enfant vieillard* ou *vieux docteur* (*tseu* signifiant également enfant ou docteur). Comme sa mère se trouvait sous un poirier lorsqu'elle fut prise des douleurs de l'enfantement, et que ce fut là qu'elle le mit au monde, Lao-tseu prit le nom de Li (poirier). « Li sera mon nom, » avait-il dit au sortir du sein de sa mère, en montrant l'arbre du doigt.

Lao-tseu, dans la légende, a le teint d'un blanc tirant sur le jaune, de beaux sourcils, de longues oreilles, de grands yeux, des dents écartées, une bouche carrée et des lèvres épaisses. Son front était traversé par de grandes raies; le sommet de sa tête offrait une saillie prononcée; son nez était soutenu par une double arcade osseuse; ses oreilles avaient chacune trois ouvertures, ses pieds chacun dix doigts, ses mains chacune dix lignes : les gravures le représentent assis sur un bœuf. La légende n'est pas la même chez tous les auteurs, elle s'est allongée de bouche en bouche et sous les plumes diverses. Ainsi, à ces prodiges de la naissance et de la constitution de Lao-tseu, se sont joints, chez quelques-uns, des prodiges de longévité. Ceux-ci, le repoussant de plus en plus dans l'intérieur des siècles, l'ont fait naître sous les trois Hoang; d'autres même avant le ciel et la terre, sauf à le faire reparaître ensuite à toutes les époques marquantes de l'histoire. Lo-pi, le plus célèbre des historiens tao-ssé, assure que la doctrine du Tao date de l'époque où les hommes changeaient sept fois de figure en un jour. Les temps des incarnations de Lao-tseu sont jalonnés dans les annales de la Chine; les noms qu'il prit dans chacun de ses avénements et ceux des rois sous lesquels il parut, sont très-exactement rapportés par les auteurs.

L'idée de ces incarnations ou avatars de Lao-tseu est entièrement indienne, et pourrait bien n'avoir été ajoutée comme trait de ressemblance avec Bouddha qu'après l'époque où le bouddhisme fut introduit en Chine; mais pour en cacher l'origine, les tao-ssé eurent bien soin de reculer dans les profondeurs du passé les premières incarnations de Lao-tseu; ils les firent commencer avec le monde même. Du reste, ces incarnations sont inépuisables et éternellement reproductibles, quoique aucun calcul ne puisse en marquer le retour. Un autre trait de ressemblance avec Bouddha, c'est qu'il sortit comme lui par le flanc gauche de sa mère, et Matouan-lin rapporte que Lao-tseu étant venu à l'ouest de Khotan, non loin de Balk, il rassembla et convertit les barbares de ces contrées, et qu'étant près de remonter au ciel, il leur fit ainsi ses adieux : « Je vais m'élever dans les cieux et chercher là un lieu convenable pour une nouvelle naissance. » Par la suite, ajoute l'historien, Lao-tseu reparut dans l'Hindoustan dans la personne du fils d'un roi de barbares, et eut le nom de Bouddha ; c'est en mémoire de cet événement que fut élevé le temple de Pi-ma. Ainsi le dernier emprunt fait par la légende au bouddhisme, c'est d'en confondre le fondateur avec Lao-tseu lui-même.

Sous la dynastie des Tcheou, époque où l'histoire réelle fait naître Lao-tseu, ce philosophe fut garde des archives impériales ; mais sa vie alors dépasse encore de beaucoup la durée de celle des autres hommes : il vécut trois cents ans. Dans la légende, du reste, comme dans l'histoire, il est dit avoir eu une entrevue avec Confucius sur les rites ; car les tao-ssé se sont bien gardés de manquer cette occasion de faire morigéner Confucius par Lao-tseu, et de le rabaisser au-dessous de lui, de toute la distance qui sépare le disciple du maître. Mais les discours ici s'allongent dans la proportion des autres détails ; et les conseils du philosophe du Tao à Confucius ne sont qu'un écho du réquisitoire du ministre de Chi-hoang-ti contre les lettrés. Lao-tseu commence par demander à son interlocuteur quel livre il étudie ; et comme celui-ci répond qu'il étudie l'Yking, à l'imitation des saints hommes de l'antiquité : « Les saints pouvaient le lire, répond Lao-tseu ; mais vous qu'y cherchez-vous ? quel est le fond de ce livre à vos yeux ? — L'humanité et la justice, dit Confucius. — L'humanité et la justice, vains noms que tout cela aujourd'hui ; elles ne sont plus que le masque de la cruauté ; elles troublent le cœur de l'homme ; jamais le désordre ne fut plus grand. Cependant la colombe ne se baigne pas tous les jours pour être blanche ; le corbeau ne se teint pas pour être noir : le ciel est naturellement élevé, la terre naturellement épaisse ; le soleil et la lune brillent naturellement ; les plantes et les astres sont naturellement classés d'après les espèces. Ainsi donc, docteur, si vous cultivez le Tao, si vous vous élancez vers lui de toute votre âme, vous y arriverez de vous-même. A quoi bon l'humanité et la justice? Vous ressemblez à un homme qui battrait le tambour pour chercher une brebis égarée ; vous troublez l'ordre de la nature. »

Puis, répondant aux prétentions de Confucius, qui s'applaudissait devant lui d'avoir mis en ordre le Livre des Vers, les Annales impériales, le Rituel, le Traité de la musique, le Livre des Transformations, il ajoute : « Les six arts libéraux sont un vieux legs des premiers rois. Ce dont vous vous occupez ne repose donc que sur des exemples surannés, et vous ne faites autre chose que vous traîner dans les ornières du passé, sans rien imaginer de nouveau. » Ce sont là les considérants mêmes qui avaient amené le décret de proscription contre le Chou-king. Il est toujours bien difficile à ceux qui font les légendes de ne pas porter leurs yeux sur la société du temps où ils écrivent, et de ne pas mettre leurs propres pensées dans la bouche de leurs personnages.

Lao-tseu, dans le dernier période de son exaltation, finit par revêtir les attributs de la divinité ; son intelligence, sa pénétration, son caractère, furent tout divins ; sa science dépassa celle des immortels et des Chen. On lui attribua une foule de livres sacrés, renfermant, disaient ses sectateurs, tous les préceptes de la vie terrestre. Il y en avait qui traitaient des neuf ambroisies, des huit pierres merveilleuses, du vin d'or, du suc de jade ; il y en avait qui enseignaient les moyens de garder la pureté primitive, de conserver l'unité, de méditer sur la spiritualité, de ménager sa force vitale, d'épurer son corps, de dissiper les calamités, d'expulser tous les maux, de dompter les démons, de nourrir sa nature, de s'abstenir de nourriture, de se transformer, de vaincre par la vertu de la magie, et de soumettre à sa volonté les esprits malfaisants. Lao-tseu aurait encore composé, suivant les légendes, soixante-dix livres sur les talismans. Les tao-ssé prêtent ici toutes leurs folies au chef de la doctrine du Tao ; les sujets de ces livres apocryphes sont, en effet, tout le programme de leurs pratiques superstitieuses.

L'habileté des tao-ssé ne s'est pas bornée là ; ils ont eu soin de faire intervenir leur fameux talisman de longue vie dans la légende même de Lao-tseu. Sur la fin de ses jours, disent-ils, Lao-tseu, après un long séjour dans la capitale des Tcheou, était monté sur char traîné par un buffle noir, et s'était dirigé vers le passage de l'ouest pour gravir le Kouen-lun. Redoutant tout mouvement et tout bruit autour de lui, ce sage, ami de l'obscurité, avait espéré passer inaperçu à travers le pays qu'il devait parcourir, comme il avait fait dans sa vie à travers les affections et les soucis ; mais le gardien d'un passage de la province de Han-kou, qui était savant dans l'art de tirer des présages de la direction du vent, avait prévu qu'un homme doué d'une nature divine allait arriver, et il avait nettoyé au-devant de lui la route sur une étendue de cinquante li. Mais tandis que le philosophe faisait ainsi au loin pressentir sa grandeur, tout auprès de lui, comme pour l'éternelle justification de cet adage, qu'il n'est pas de grand homme pour qui le voit de trop près, le cocher de Lao-tseu ayant su que le voyage entrepris par son maître était lointain, et ne prévoyant pas l'époque du retour, s'était hâté de se précautionner contre les suites, et avait exigé ses gages. Ces gages remontaient, à ce qu'il paraît, à bon nombre d'années ; car tout compte fait et calculé à raison de cent *mas* par jour (un mas valait un dixième d'once), Lao-tseu se trouvait lui devoir soixante-douze mille onces d'argent, c'est-à-dire deux cents ans de salaire. Lao-tseu ne pouvant sur-le-champ le satisfaire, Siu-hia (c'était le nom du serviteur) s'était emporté en reproches, et Lao-tseu l'avait vivement réprimandé.

« Je vous ai loué jadis, lui avait-il dit, pour remplir auprès de moi les fonctions les plus humbles; votre famille était pauvre; nul ne daignait vous donner de l'emploi, quand je vous accordai le talisman de vie pure. C'est à cela que vous avez dû d'exister jusqu'à ce jour. Comment avez-vous pu l'oublier et m'adresser des reproches? Je vais aller maintenant vers la mer d'Occident; je visiterai les royaumes de Ta-thsin (nom donné depuis à l'empire romain), de Ki-pin (Caboul), de Tchien-tchou (Inde) et de Asi (Parthie); je vous ordonne de conduire mon char; à mon retour, je vous rembourserai la somme que je vous dois. » Siu-hia avait, en conséquence, consenti à aller jusqu'au passage de Han-kou; mais arrivé là, il se refusa, en dépit de toutes les admonestations, à pousser plus loin. Ce que voyant, Lao-tseu indigné lui ordonna d'ouvrir la bouche et de s'incliner vers la terre; et Siu-hia, dans ce mouvement, laissa échapper le talisman, dont les caractères mystérieux parurent aussi rouges qu'au moment où il l'avait avalé. La vie, au même instant, se retira du corps du serviteur, et le lien de l'organisation se dissolvant, il ne resta plus de lui qu'un amas d'os desséchés. Mais In-hi, le gardien du passage, venu à la rencontre de Lao-tseu, ayant reconnu en lui la puissance divine, se prosterna à ses pieds, et le supplia de rendre la vie à Siu-hia, s'engageant à payer lui-même la somme due. Lao-tseu se rendit à ces instances (peut-être au dernier argument), et jeta le talisman à Siu-hia, qui ressuscita à l'instant. Celui-ci se hâta, le salaire soldé, de s'en retourner dans sa patrie, laissant son maître chez In-hi. Ce fut là que Lao-tseu composa, comme on sait, le Tao-te-king. Quelque temps après, il prit congé de son hôte, et se dirigea vers l'Occident, d'où la légende pas plus que l'histoire ne le fait revenir.

Quoique bien des traits de cette légende n'aient été tracés que postérieurement à l'époque où nous sommes parvenus, on peut cependant se persuader que telle est la forme sous laquelle elle avait commencé à se formuler dans les traditions populaires, dès le temps des Thsin. Les autres parties du culte des tao-ssé et les pratiques superstitieuses qui en ont toujours été regardées comme les éléments principaux, se coordonnèrent vers ce temps. Or, parmi les objets les plus vénérés des tao-ssé, ceux auxquels ils attachaient une vertu supérieure étaient le breuvage et les pêches d'immortalité. Ce breuvage fameux, que les bonzes préparaient dans leurs couvents des montagnes, se composait, comme il est facile de le présumer d'après les titres des ouvrages apocryphes de Lao-tseu, de philtres appelés les neuf ambroisies, de la poussière de la pierre de jade, pierre merveilleuse, et du vin d'or. Ils y mêlaient aussi une infusion d'une plante célèbre dans l'horticulture chinoise, soit qu'elle eût tiré sa célébrité de la mythologie des tao-ssé, soit que les tao-ssé, dans leur ingénieuse préoccupation à s'emparer de toutes les gracieuses idées de la tradition et de l'usage, eussent choisi cette fleur, qui avait un parfum de nationalité, pour relever la saveur de leur breuvage. Cette plante se nomme kui-hoa, la matricaire ; et assurément, par la légèreté de ses branches, la belle et fine découpure de ses feuilles, la grosseur, l'éclat et la durée de ses fleurs, les nuances diverses de ses couleurs, elle méritait bien cet honneur. Sous la dynastie des Tcheou, cette fleur avait été fort à la mode, s'épanouissant à l'envi en branchages entrelacés sur les habits des impératrices, des princesses et des grandes dames de la cour ; on la retrouvait aussi comme enlacements sur les sculptures des anciens monuments et sur les contours des vases. Les poëtes chinois adressent aujourd'hui leur invocation à cette plante, gage d'immortalité, comme ceux de Rome et les nôtres invoquent les filles de Mnémosyne.

Les pêches d'immortalité étaient encore un fruit fabuleux de la mythologie des tao-ssé. Ces pêches croissaient, suivant eux, dans un jardin de délices et de félicités, habité par des sages qui, ayant évité la mort, erraient par groupes, sous des ombrages sacrés, cultivant leur âme par la méditation, dans le dégagement des sens et l'oubli des choses et des sentiments. Tout était riant et frais dans cet élysée du Tao; on le disait placé sur le sommet du Kouen-lun. Le doux souffle d'un vent tempéré agitait sans cesse les feuilles des plus beaux arbres, qui formaient sur les têtes de leurs silencieux promeneurs des dômes touffus de verdure; de nombreuses fontaines faisaient jaillir au matin sur les herbes et les plantes une tiède rosée, et entretenaient par leur fraîcheur une pelouse d'émeraude, diaprée çà et là par l'émail de petites fleurs qui paraissaient comme honteuses de leur isolement sur le vaste et ondoyant tapis de la prairie. La fontaine d'immortalité, appelée aussi la fontaine Jaune, coulait au milieu. Accoutumés à se rafraîchir dans cette autre fontaine de Jouvence, les habitants de ces lieux y puisaient sans cesse la source d'une nouvelle vie. Elle donnait naissance à quatre fleuves qui, rayonnant vers les quatre extrémités du monde, se répandaient sur toutes choses, et servaient de remède à tous les maux comme de principe à tous les biens. De là s'écoula la vie dans l'univers à l'origine des temps; près de là vient aboutir la porte fermée du ciel par laquelle les Hien s'envolent dans le sein du Tao. Un arbre divin, un arbre entre tous remarquable, s'élève dans ce lieu, l'arbre de la vie interminable. Les limites de ce jardin avaient été le séjour de toute l'humanité primitive, dans cet âge heureux de la vertu parfaite, alors que les pieds des voyageurs n'avaient point encore tracé de chemins sur les penchants des montagnes, asservi les fleuves entre deux rives, et qu'aucune barque glissée à la mer n'avait offert son appui chancelant à l'homme accoutumé à poser son pied sur la terre. Tout alors croissait de soi-même; les hommes, sans demeure propre, étaient partout chez eux; les animaux assemblés en troupeaux erraient çà et là sur les flancs verdoyants des monts; la terre produisait des fruits sans qu'il fallût jeter dans son sein la semence féconde. L'homme habitait au milieu des bêtes dans cet univers, qui ne formait qu'une famille.

Si les missionnaires chrétiens de la Chine, qui nous ont décrit ainsi ce paradis des tao-ssé, ne l'ont pas éclairé d'un reflet de l'Éden de la Genèse, dans leur dessein bien manifeste de retrouver partout de vagues indices des traditions hébraïques, nous voyons dans cette peinture l'exemple d'une tendance, la même chez tous les peuples, tendance qui leur faisant concevoir généralement la science manifestée comme une fatigue et un travail, leur montre le bonheur dans cette végétation paisible et spontanée de l'homme et de la nature, se produisant par une activité naturelle, indépendante de toutes vertus morales et intellectuelles, telles que la réflexion, la bonté et la justice, produits, dans cette conception, de la seconde phase de l'existence.

Matérialisant ainsi l'idée philosophique de Lao-tseu sous ces poétiques images, donnant des consécrations sensibles aux doctrines de l'inaction et du renoncement, les tao-ssé trouvaient ainsi un point d'appui pour opérer sur les esprits et les imaginations du peuple, que la forme pittoresque et grandiose séduit autant que l'ardue métaphysique les fatigue. Il faut admirer aussi l'habileté de ces sectaires à rattacher à leur culte tout ce qui avait quelques racines dans les croyances populaires. Comme ils avaient établi leur fantastique paradis sur le fantastique Kouen-lun, ils avaient élevé des monastères sur le Taï-chan, la montagne d'orient, où les anciens souverains allaient, au printemps, adorer le Chang-ti, et que Confucius, âgé de soixante-dix ans, avait voulu gravir une fois encore avant de mourir.

Aux moyens jusqu'à un certain point dogmatiques, employés pour produire l'inaction de l'âme et sa quiétude, les tao-ssé en joignaient de tout artificiels, de tout pratiques. Ces moyens ils les avaient soumis à de certaines règles, comme on ferait d'un art ou d'un métier; c'était une discipline, une mécanique de l'extase, une méthode froide, logiquement calculée, de dégager l'âme du corps, grâce à certains gestes, à certaines poses, à certaines évolutions, et de la pousser ainsi hors de son habitation ordinaire vers le vaste sein de la nature, dans le vide et l'anéantissement.

Ces pratiques sont celles du *kong-fou*, que mettent en usage tous les tao-ssé en général, mais plus particulièrement les bonzes de cette secte. Comme nous venons de le dire, elles ont pour but d'affranchir l'âme de la servitude des sens, de la faire entrer en communication avec l'être universel qui forme par émanation le support de tous les êtres divers. On pourrait faire des volumes avec le récit des merveilles attribuées à l'efficacité de ces cérémonies. Les lettrés qui jouent en Chine le rôle d'esprits forts, ont beau rire et poursuivre de leurs plaisanteries les folies de leurs adversaires, leurs traits ne blessent personne, et tao-ssé et lettrés, après avoir ri et répliqué, n'en recourent pas moins tous au kong-fou, les uns avec le fanatisme d'un esprit convaincu, les autres avec une aveugle confiance pour une pratique qui peut leur donner la santé; car le kong-fou n'est pas seulement une cérémonie religieuse, c'est aussi, dans les théories médicales de la Chine, une panacée universelle qui s'applique à tous les maux. Rien n'est curieux, suivant les missionnaires de Pékin, témoins oculaires de ce spectacle, comme de voir avec quelle énergie de contorsions, quelle recherche de poses, les Chinois cherchent à produire le balancement des esprits aqueux de leur corps ou à faire exhaler leur âme par l'extase.

Les mots du rituel sont très-précis; les postures sont aussi caractérisées par la description qu'elles sont diverses. Tout geste de bras et de corps, tout mouvement de jambes, de bouche, d'œil, de nez, tout accident d'aspiration et de respiration pour cet exercice, sont prévus et spécifiés avec le soin le plus minutieux. Parlons d'abord des positions du corps qui composent la partie importante du kong-fou. Il y en a trois principales : debout, assis et couché; mais il faudrait avoir toute la science gymnastique des bonzes pour faire saisir par une technicité scrupuleuse toutes les nuances de détail qui les diversifient à l'infini. Voici quelques variétés de chacun des trois genres.

Debout : droit, les pieds collés l'un contre l'autre; les bras tendus ou pendants; debout, un pied en l'air; debout, le corps penché tour à tour sur le côté, en avant, en arrière, etc.; debout, les bras en croix, un levé, l'autre abaissé; les bras tendus horizontalement, les jambes écartées.

Assis : les jambes pendantes; les jambes étendues; le corps droit; les jambes croisées; assis sur les talons; le corps penché sur le côté.

Couché : sur l'échine, sur le ventre, sur le côté, sur les pieds, le corps courbé d'un côté, la tête penchée de l'autre; replié en boule; couché sur les genoux et sur la main.

Ce ne sont là que les éléments; si on réunissait dans un tableau toutes les postures, contorsions, mouvements de tête, de hanches, de jambes, de bras, tous les procédés de dislocation de nos danseurs, acrobates, écuyers, comédiens les plus fameux, toutes les figures académiques de la chorégraphie et de la voltige, on aurait à peine l'ensemble des exercices pieux des prêtres tao-ssé. Mais ce n'est rien que le talent de se roidir, de se plier, de s'abaisser, de se grandir, de se pelotonner, de se briser bras et jambes; la tête, les yeux, la langue et les lèvres ont leurs mouvements bien autrement compliqués. La langue, qui s'appelle le dragon rouge dans le rituel du kong-fou, est chargée de faire dans la bouche des balancements, des pulsations, des élancements, d'exciter la salivation; les yeux doivent également se fermer, s'ouvrir, se tourner, clignotter théoriquement et avec mesure. Un résultat bien important de cet exercice des yeux, c'est lorsque les deux yeux se sont tournés longtemps l'un vers l'autre en regardant la racine du nez, de suspendre par cette fixité le flot des pensées, de mettre l'âme dans un calme profond, et de la préparer à une somnolence rêveuse qui est comme le passage à l'extase. Viennent ensuite les manières de respirer : il y en a trois principales. La première consiste à respirer naturellement par la bouche, la seconde par le nez ; dans la troisième, le nez et la bouche sont en jeu ; l'une aspire l'air, l'autre le rejette. Ces trois manières, assez simples, se compliquent comme à l'ordinaire par d'habiles difficultés ; tantôt l'inspiration est précipitée, filée, pleine ou éteinte ; tantôt c'est la respiration qui parcourt cette progression. On distingue ensuite l'inspiration et l'aspiration : 1° par le sifflement qui se fait de telle sorte qu'une très-petite ouverture étant laissée à la bouche, l'air en sort avec une rapidité qui le refroidit et produit un léger bruit ; 2° par haleinée ou par grandes aspirations et bâillements ; 3° par sauts et renvois qui, donnant des secousses aux poumons, produisent des espèces de gargarismes ; 4° par répétition, par attraction, par déglutition, etc., etc. On deviendrait inintelligible si on voulait pousser plus loin le détail des raffinements de la piété chinoise, et à moins d'avoir vu exécuter toutes ces passes par quelque habile de la secte, on ne peut guère comprendre l'exposition des règles qu'on en donne.

Comme pratique de médecine, le kong-fou reposait sur ce principe, que le mécanisme du corps est tout hydraulique, c'est-à-dire que de la circulation du sang, des humeurs et des esprits, ainsi que de leur équilibre, dépendent l'état régulier du corps et la santé ; que l'air, qui entre sans cesse dans le sang et dans les humeurs, est comme le balancier qui tempère et entretient leur fluidité. Ces diverses manières déterminées d'aspirer et de respirer l'air, produisent, dans cette théorie, certains effets salutaires de sanguification.

Les formes du culte des tao-ssé se complétèrent sous l'empereur Chi-hoang-ti. Avec l'aide de ce monarque, ces sectaires élevèrent des temples sur plusieurs points de l'empire, et les consacrèrent aux esprits ; des collèges de prêtres furent autorisés à y entretenir un culte public, et leur génie inventif, mis en jeu, ne tarda pas à enrichir de plus en plus le répertoire des cérémonies. Oubliant la métaphysique élevée du Tao-te-king, les tao-ssé n'adressent aucun culte à l'être primordial, ciel ou raison, et tous leurs hommages, comme toutes les représentations qui se voient dans leurs miao, sont consacrés aux esprits. On sacrifie généralement à ces divinités secondaires des cochons, des poissons et des volailles, c'est-à-dire qu'ici comme ailleurs, les prêtres font des festins avec ces animaux offerts à leurs dieux. En retour de ces offrandes, ces derniers donnent aux dévots des hochets consacrés, tels que des amulettes et de petites images représentant cette population fantastique de Hien et d'esprits immortels qu'ils font profession d'honorer. Les cérémonies se compliquent, en outre, au gré du caprice ou de l'habileté des bonzes ; tantôt on les voit dans leurs temples enfoncer avec force un pieu en terre, en prononçant des paroles mystérieuses ; tantôt tracer sur le papier des caractères bizarres, en accompagnant chaque trait de leur pinceau de grimaces et de cris horribles, tandis que d'autres font un tintamarre affreux avec des chaudrons et des tambours. Les tao-ssé sont les devins et les sorciers de la Chine. Ils s'organisèrent vers cette époque sous un chef suprême qui prit le nom de *Tien-ssé* ou maître du ciel ; le gouvernement de la Chine donne aujourd'hui à ce chef le titre de grand mandarin. Il habite un riche palais sur un monticule de la province de Kian-si ; et la confiance superstitieuse qu'il inspire aux sectaires est si grande, qu'elle y attire un grand concours de toutes les provinces. Les uns, affectés de maladies, viennent y chercher des remèdes à leurs souffrances ; d'autres, pressés par les nécessités de la vie ou aiguillonnés par les excitations de l'ambition et de la curiosité, viennent consulter les sorts et se repaître des présages offerts à leurs infortunes ou à leurs passions.

Lorsque Chi-hoang-ti fit asseoir avec lui la religion du Tao sur le trône, elle n'avait pas, à la vérité, pris encore tous ces développements ; mais, sous peine de nous arrêter à chaque instant dans l'examen de tous les apports successifs qu'elle reçut du temps et des circonstances, nous devions anticiper pour en présenter le tableau en une seule pièce. Nous le compléterons ici par l'analyse d'un livre presque aussi vénéré parmi les tao-ssé que le Tao-te-king lui-même, et de beaucoup plus populaire. Si le premier inspire un respect mystérieux, dû en grande partie à l'obscurité et à la profondeur de ses théories, le second est le livre pratique par excellence, le livre d'heures de tout fidèle tao-ssé, son code social, sa morale en action. Ce dernier ouvrage est le *Livre des Peines et des Récompenses*, petit recueil de sentences et de pratiques dont le texte chinois ne forme pas plus de six pages : il jouit d'une autorité extraordinaire et se réimprime très-souvent. Il y a même quelque chose de naïvement pieux et de touchant dans les moyens employés pour en multiplier les éditions ; car la spéculation, qui sait chez nous tirer un riche revenu de la dévotion des lecteurs, ne trempe point, en Chine, ses mains cupides dans ces entreprises toutes charitables. Dès que le besoin d'une nouvelle édition se fait sentir, tous les tao-ssé se hâtent d'y contribuer au moyen de cotisations. Les uns donnent du papier ; d'autres se chargent de l'impression sur les planches, qu'on conserve soigneusement stéréotypées ; d'autres enfin souscrivent pour tant d'argent. Si les planches sont usées, des artistes s'offrent aussitôt pour les graver sans frais. Puis, les exemplaires tirés sont distribués aux indigents, à tous ceux qui se présentent pour en réclamer ; et ordinairement, à la fin du volume, on place la liste des personnes pieuses qui ont concouru à l'édition, avec l'indication de la nature de leurs services et des motifs qui les ont dirigées. Sur l'édition de 1821, on lit que Sié-pong-fei ayant terminé heureusement les funérailles de sa mère, distribua par reconnaissance cent vingt exemplaires. Tsing-fong et Tsou-ssé sont portés chacun pour vingt, qu'ils donnèrent afin d'obtenir la guérison de leur père. Wou-ing en distribua dix pour obtenir un fils.

Les sectaires tao-ssé, dans leur profond respect pour ce livre, l'ont attribué à Taï-chang, expression honorifique par laquelle ils désignent Lao-tseu, et qui signifie *Prince très-sublime*; mais bien des parties relativement modernes empêchent de souscrire à cette prétention. C'est un de ces ouvrages sans date, sans auteur particulier, agrégations successives et complexes de maximes tirées de tous livres, et qui sont formées peu à peu par la main des éditeurs. Du reste, comme la morale est partout la même, on y retrouve les principales sentences qui composent en tous lieux le code de la sagesse des nations. Ce qui rend ce livre précieux et lui donne un véritable intérêt pour tout lecteur, c'est le commentaire, ce sont les historiettes qui accompagnent les sentences et sont apportées en preuve de l'efficacité de chacune d'elles, historiettes qui ont toutes, en dehors du petit drame qu'elles renferment, une certaine saveur de terroir, et donnent des détails curieux sur les mœurs et l'intérieur de la vie chinoise. Ces légendes, dont le but est de faire ressortir et de mettre en lumière une opinion religieuse, une superstition ou un usage, font pénétrer dans le sanctuaire de la maison, et montrent le tao-ssé dans la liberté de ses mouvements et de ses actions. Elles ont chez les sectaires une valeur aussi grande que nos légendes de la tentation de saint Antoine ou des malheurs de sainte Geneviève de Brabant. On pourrait les comparer aussi à ces livres ascétiques publiés dans tous les temps par les diverses sociétés du christianisme, toujours empressées de lutter entre elles d'exagération et d'inventions miraculeuses.

Les récompenses, qui, dans la doctrine des tao-ssé, ne dépassent pas en général ce monde, sont : un prolongement démesuré de la vie, la résurrection, la guérison de quelque grande maladie ou un retour de fortune. Le premier commentaire, après avoir rapporté plusieurs de ces anecdotes où des personnages doivent à la pieuse lecture du *Livre des Peines et des Récompenses*, l'un d'obtenir deux cents ans de vie, un autre de revenir sur la terre, un troisième d'échapper aux griffes de deux démons qui l'entraînaient dans les airs, un quatrième enfin de conquérir aux examens un degré avantageux, se termine ainsi : « On voit par ces exemples que tous ceux qui respectent ce livre et en pratiquent les maximes, arrivent à un âge avancé, obtiennent des fils et de riches traitements, et quelquefois même sont élevés au rang d'immortels. » Le bienfait de la longévité est regardé ici, de même que chez le peuple juif, où les idées de vie future et d'immortalité n'existaient point, comme la plus signalée et la plus ordinaire des récompenses. Toutes les actions des hommes sont, du reste, si bien pesées, que peine ou châtiment ne manquent jamais; si l'on n'a pas encore reçu l'un ou l'autre, c'est que le temps de la rétribution n'est pas venu. « Quand la récompense et la punition, dit le texte, sont éloignées, elles échoient aux fils et aux petits-fils. »

Nous n'avons jusqu'ici fait connaître que le genre de récompenses ; comme on sera sans doute plus curieux de connaître quelles sont les peines, nous citerons quelques pages du livre. « Il y a au ciel et sur la terre, y lisons-nous, des esprits qui surveillent les péchés et se règlent sur la légèreté et la gravité des fautes des hommes pour leur retrancher des périodes de cent jours; quand le nombre de périodes de cent jours est diminué, la pauvreté les consume; mille infortunes se pressent sur leurs pas, tous les autres hommes les haïssent; les calamités et les supplices les poursuivent; le bonheur et les heureuses influences les fuient; les étoiles malignes leur versent des torrents de maux, et quand toutes les périodes de ces jours sont épuisées, ils meurent. » Le commentaire ajoute à ces peines un châtiment qui atteint le coupable par-delà la tombe. « Quand le souffle vital s'est éteint, porte-t-il, l'homme descend dans l'autre monde, et il y est exposé à parcourir l'une des trois carrières malheureuses que l'on appelle *san-tou*. Tantôt il est condamné à être une bête de somme, tantôt à être un démon affamé, tantôt enfin à subir le supplice de l'enfer. Ce n'est pas tout, et sa mort seule ne suffit pas pour régler ses comptes vis-à-vis la justice ; souvent son châtiment s'étend sur ses descendants. » Nous ne savons ce que c'est que cet enfer des tao-ssé, dont il n'est point ailleurs fait mention ; mais nous retrouvons ici cette tendance des religions à prêter à Dieu la colère et les haines passionnées de l'homme, à peindre le souverain juge avec un front impitoyable, et poursuivant sur des générations innocentes les fautes de l'aïeul.

Des teintes moins sombres et moins austères égayent les scènes qui suivent. Parmi les maximes qui ont valu à la morale chrétienne sa grande réputation de pureté dans la recherche des passions secrètes de l'homme, il n'en est peut-être pas de plus élevée que celle qui condamne l'adultère de pensée, assimilant à l'action le regard de convoitise qui s'égare sur une femme. Cette maxime se trouve aussi très-fortement exprimée dans le recueil de la morale des tao-ssé, et les exemples des châtiments éprouvés pour y avoir manqué forment une suite de légendes qui, si elles contrastent par la légèreté des détails avec la sainteté du précepte, n'auraient besoin peut-être que d'un peu de style et de quelques arrangements pour composer de petits romans assez dramatiques. Nous citons, d'après les traductions de MM. Abel Rémusat et Stanislas Julien.

« Les anciens disaient : Une jolie figure inspire de l'amour à tout le monde, mais on ne peut tromper le ciel. Combien d'hommes célèbres, combien de lettrés distingués qui se sont laissé séduire par la beauté, ont détruit les heureux effets de la protection du ciel, ont perdu le bonheur qui leur était réservé et diminué la durée de leur vie... En général les désirs déréglés ont les plus fâcheuses conséquences ; il n'y a rien au monde qui soit plus capable de troubler et de corrompre l'esprit de l'homme. S'il se laisse ainsi égarer par la volupté, c'est toujours parce qu'il ne conserve pas son cœur dans sa droiture primitive. Si l'homme n'a pas un cœur droit, il pense à la beauté avant de l'avoir vue; quand une fois il l'a vue, il désire nécessairement de la revoir, les désirs déréglés naissent en foule dans son âme, et il ne cesse ses poursuites qu'après avoir perdu son cœur et détruit tous les sentiments de vertu. C'est pourquoi Lao-tseu ne dit pas : « Posséder en secret une personne belle; mais bien : voir une personne belle et former le désir de la posséder en secret (est une action criminelle). » Nous devenons coupables dès le moment que nous avons formé ce désir. Si l'homme peut rectifier son cœur lorsqu'il est seul et désœuvré, il pourra le conserver pur et intact au moment du danger. Le meilleur moyen de conserver son cœur, c'est de ne pas regarder les objets qui peuvent l'égarer. Si donc vous rencontrez une femme ou une fille qui viennent du côté de l'orient, regardez aussitôt du côté de l'occident; et si c'est au contraire du côté de l'occident qu'elles viennent, regardez vers l'orient. Lorsqu'un de vos amis fait en badinant le portrait d'une belle femme, le plus sage est de ne pas l'écouter. Si une femme débauchée vient vous obséder par ses sollicitations, pensez à la raison, aux convenances. Ceux qui ayant vu une belle personne conçoivent le désir de la posséder en secret, ne manquent jamais de former des stratagèmes coupables pour faire périr ceux qui s'opposent à sa satisfaction. » Après cette casuistique aussi prudente que subtile viennent les histoires.

Li-teng avait obtenu à dix-huit ans le titre de kiai-youen, c'est-à-dire le premier rang sur la liste des licenciés, et il prétendait qu'il n'aurait pas de peine à obtenir le titre de docteur. Dix ans après pourtant il se trouvait au même point. Il alla consulter un religieux sur cette affaire, qui intéressait sa vie tout entière. Celui-ci se mit aussitôt à réciter quelques prières, et la nuit suivante, il fut transporté en songe aux portes du ciel, qui n'étaient pas encore ouvertes. Les juges incorruptibles se tenaient en dehors, et le religieux s'étant arrêté devant eux, les interrogea sur l'événement qui l'amenait. L'un des juges prit alors la parole : « Quand Li-teng vint au monde, dit-il, le maître du ciel lui accorda un cachet de jade, et décida qu'à dix-huit ans il obtiendrait le titre de kiai-youen, à dix-neuf celui de docteur, et à cinquante-trois la dignité de *ministre de la droite*. Mais, par malheur, dans le temps qu'il était kiai-youen, il laissa furtivement égarer son regard sur une jeune fille du voisinage, et il lui prit un violent désir de la posséder en secret. Trouvant un obstacle dans le père, il le fit jeter en prison, et en punition de cette conduite, il est tombé à la vingt-neuvième place de la deuxième liste. Quelque temps après, il s'est emparé d'une maison qui appartenait à son frère aîné, et ce crime l'a fait encore descendre à la trente-huitième place de la troisième liste. Ce n'est pas tout. Se trouvant dans une auberge de Tchang-an, il vit une belle femme et la déshonora ; puis craignant que le mari n'en fût instruit, il sut le faire succomber sous une fausse accusation. En conséquence il a été rayé du tableau d'avancement. Récemment encore, il vient d'enlever une jeune fille. Accumulant ainsi crime sur crime sans éprouver de repentir, il consume dans le mal les jours qui lui étaient assignés. Comment pourrait-il espérer d'obtenir le titre de docteur ? » A son réveil le religieux raconta à Li-teng tout ce qu'il avait entendu ; et celui-ci, fondant en larmes, mourut de honte et de remords.

C'est en général aux jeunes gens, plus faciles à se laisser enflammer par les séductions de la beauté, qu'on veut faire craindre les dangers des regards indiscrets. L'exemple suivant est encore pris d'un étudiant. Un étudiant donc était venu dans la ville de Nan-king pour y subir ses examens. Sa figure était ornée de tous les agréments de la jeunesse. Dans la maison qui faisait face à la sienne demeurait avec sa fille un magistrat en tournée. Les deux jeunes gens se virent et s'aimèrent, et un jour qu'il revenait du concours, l'étudiant reçut par une servante une invitation de la jeune dame à venir la visiter. Mais le jeune homme, plus craintif encore qu'amoureux, n'osa se hasarder à aller au rendez-vous; ce qu'ayant su un autre étudiant, il se hâta de saisir la balle au bond et courut remplir les engagements de cœur de son camarade. Comme il faisait nuit et qu'il était difficile de distinguer les traits de l'officieux remplaçant, la confiante servante le conduisit au lit où sa maîtresse l'attendait. A peine reposaient-ils ensemble, que le malheur voulut que le père, qu'on n'attendait pas de si tôt, vînt à rentrer au milieu de la nuit. Le bon magistrat, qui n'avait rien eu de plus pressé que de courir embrasser sa fille, conçut une si violente colère de la trouver dans les bras d'un galant, qu'il les tua tous les deux. Le lendemain, quand on publia le nom des candidats admis, le jeune étudiant, n'y voyant point figurer le nom de son condisciple, tandis que le sien était porté des premiers, dit à ce sujet à ses amis : « Si j'étais allé hier à ce fatal rendez-vous, je serais inscrit aujourd'hui sur le registre des morts. »

Ce qui frappera le plus dans ces histoires, ce ne sera pas peut-être le soin de l'auteur à montrer le châtiment tombant avec une soudaineté implacable sur toutes les infractions faites au devoir de chasteté, ni même la justice expéditive et cruelle du père de la jeune fille; mais bien plutôt ce caractère trop naïf ou trop libre donné au récit d'aventures amoureuses. Ces aventures nous feraient ainsi supposer que les Chinois, malgré leurs mœurs compassées et leur incessant cérémonial, savent souvent, dans les affaires et les passions de la vie intime, déposer toute fatigante étiquette; et que, malgré les perpétuelles déclamations de leurs moralistes et de leurs prêtres, la débauche est tout aussi grande et marche la tête aussi relevée qu'à Rome ou en Grèce, chose que nous connaissions déjà par certains contes qui ne le cèdent point pour le cynisme aux écrits de Pétrone et de Martial. Mais il s'agit ici de livres de religion, et il faut bien pour cela avoir un peu d'indulgence. On sait dans quels profonds détails ont été obligés d'entrer les vénérables jésuites Sanchez, Diana, Vasquez, tous noms immortalisés par les *Provinciales*, dans la discussion des cas de conscience en fait d'adultère et de séduction. Toutefois le lien conjugal n'est que rarement, en Chine, le but des traits du sarcasme et de la dérision ; et l'histoire suivante, qui vient dans le livre à l'appui de l'adage que la colère est un mauvais conseiller, témoigne, sur ce point, d'une susceptibilité maritale farouche et toute empreinte de ces idées de despotisme jaloux qui allaient fort bien aux chevaliers du moyen âge.

Un homme, nommé Tou-i, avait épousé une femme d'une beauté accomplie. Un jour que cette jeune dame avait reçu une lettre de son père et qu'elle était occupée à la lire, penchée sur sa fenêtre, elle voit venir Tou-i du dehors. Comme elle était nouvellement entrée dans cette maison, la présence inattendue de son mari causa sur elle l'effet instinctif d'un remords, et la troubla à tel point, qu'elle avala la lettre pour la soustraire à ses yeux. Tou-i, soupçonnant tout naturellement que cette lettre était une lettre d'amour, fit ouvrir le ventre de sa femme pour l'en extraire. La lettre fut retrouvée entière, et le mari l'ayant lue avant que la victime de la méprise eût expiré, il s'écria en pleurant : « Pourquoi me suis-je laissé aller à cette coupable précipitation ? J'ai brisé d'une manière cruelle les liens qui maintiennent l'harmonie de la société ; je ne lui survivrai pas longtemps. » Sa femme, en effet, obtint la vengeance que réclamait sa mort : il périt avant le dixième jour. — Voilà comment le ciel punit ceux qui satisfont leurs caprices avec une méchanceté opiniâtre. — Telle est la conclusion inévitable qui revient toujours à la fin de chaque histoire.

Le *Livre des Peines et des Récompenses* renferme plusieurs exemples de cette habileté avec laquelle les tao-ssé s'efforçaient de rattacher à leur secte les opinions religieuses dominantes, qu'elles appartinssent à la secte des lettrés ou à celle de Fo. Ce sont eux principalement qui ont propagé cet axiome, devenu presque une vérité proverbiale, que les trois religions n'en font qu'une. Il leur arrive souvent de citer tant le Ta-hio et le Tchoung-young de Confucius, que les livres de Fo ; mais ce sont particulièrement les emprunts faits à la religion bouddhique que nous voulons constater ici, parce qu'ils ont un cachet tout à fait original. Il y a dans le *Livre des Peines* toute une série de sentences qui ont en vue le sentiment d'affection générale pour tous les êtres de la nature, de respect pour le principe de vie animant tous les êtres qui volent, rampent, marchent, végètent ou se meuvent, sentiment qui est au fond de toutes les doctrines panthéistiques de l'Inde. « On suit la raison, dit le texte, quand on a le cœur compatissant pour tous les êtres vivants, quand on évite de faire du mal aux insectes, aux arbres et aux plantes. » Et les histoires, ici comme ailleurs, viennent en foule pour appuyer le précepte.

La femme d'un militaire nommé Fan était attaquée de consomption et se trouvait à l'article de la mort. Un tao-ssé lui donna une recette qui consistait à nourrir cent passereaux avec du riz mêlé de certains médicaments, pendant un espace de trois à sept jours; puis au bout de ce temps on devait prendre leur cervelle et la faire avaler à la personne malade. Fan acheta aussitôt cent passereaux et les nourrit pendant plusieurs jours de la manière prescrite. Un jour qu'un des chefs l'avait envoyé faire une commission, sa femme dit en soupirant à la vue des passereaux : « Faut-il que pour obtenir ma guérison on tue cent êtres vivants! J'aime mieux mourir que de souffrir qu'on leur fasse du mal. » A ces mots, elle ouvrit la cage et mit tous les passereaux en liberté.

A son retour Fan entra en colère et adressa de vifs reproches à sa femme, qui n'eut point à se repentir de ce qu'elle avait fait : quelque temps après, sa maladie se guérit d'elle-même. Ce n'est pas tout : le premier fils qu'elle mit au monde portait sur les deux mains des marques noires qui avaient la forme et la couleur des passereaux.

Après trois ou quatre anecdotes de ce genre, le commentateur interpose ses notes et sa conclusion : « On peut voir par là, dit-il, que ceux qui montrent de l'humanité pour les êtres vivants reçoivent toujours une récompense. Sou-tseu disait : « Laissez toujours quelques aliments pour la nourriture des rats; n'allumez pas la lampe par pitié pour les papillons qui viennent lécher la lumière. » On lit dans le livre de Fo que celui qui ne tue pas les êtres vivants obtient en récompense une longue vie. On y lit encore : « L'homme qui a chez lui des enfants qui prennent des mouches, des papillons et des oiseaux pour s'amuser, doit leur défendre ces divertissements, qui non-seulement blessent les êtres vivants, mais allument dans le cœur le goût du meurtre et font que ces enfants, devenus grands, méconnaissent les devoirs de l'humanité et de la justice. » Ceci nous engage à suspendre le commentaire et à sauter quelques pages plus loin pour y transcrire un exemple de la ridicule punition infligée à un crime de cette sorte. Un homme avait eu toute sa vie l'aversion la plus insurmontable pour les mouches; chaque fois qu'il en voyait une sortir d'un trou, vite il courait le boucher, et si le trou était élevé il y appliquait une échelle. Par la suite, il lui naquit deux fils, mais tous les deux manquaient de cette ouverture naturelle que les Chinois appellent la voie du riz (podex). On voulut y remédier au moyen d'un stylet rougi au feu, mais les enfants moururent. « Voilà, ajoute très-naïvement le légendaire, comment cet homme fut puni d'avoir bouché le trou des mouches. »

Nous n'avons rien à suppléer pour la démonstration complète des emprunts faits par les tao-ssé à la religion bouddhique, nous n'avons qu'à citer et nous le faisons encore. «Soit qu'on marche, soit qu'on s'arrête, que l'on soit assis ou couché, si l'on voit des animaux qui vont périr, il faut faire attention aux animaux de toute espèce qui se trouvent à terre, afin d'éviter de leur faire du mal et de tâcher de leur conserver la vie.—Dans la flamme de la lampe ou de la chandelle, il y a de petits animaux qui se nourrissent de la lumière. Si vous la soufflez avec la bouche, ils suivent votre souffle et meurent à l'instant. C'est pourquoi les livres de Fo défendent d'éteindre la lampe ou la chandelle avec le souffle de la bouche. Il y a dans l'eau de petits animaux que l'homme ne peut apercevoir; avant de boire il faut avoir soin de la passer dans un filtre. » Le sentiment religieux devançait ici les prévisions de la science et devinait l'existence des infusoires microscopiques, par cet amour général pour le principe de la vie qui peuplait tous les corps et tous les éléments de myriades d'êtres invisibles.

Le reste du *Livre des Peines et des Récompenses* ne contient rien autre chose de bien digne de remarque. Les histoires sont toujours assez piquantes par le tour et la couleur; pour la partie morale, elles ne sont guère qu'une paraphrase de ces maximes générales qu'on retrouve dans tous les *selectæ* ou recueils composés de passages d'auteurs sacrés et profanes. Ce sont moins les maximes que retiennent les tao-ssé, que ces petites anecdotes qui, tarifant jusqu'à un certain point le plus ou moins d'exactitude apportée à la suivre, leur montrent dans ces exemples comme autant de billets de loterie céleste qu'ils peuvent amener par leurs actions. C'est par ces moyens de tenter le sort, par ces artifices pour percer dans l'obscurité de l'avenir, par cette habileté à réveiller la curiosité impatiente et passionnée du lendemain, que les tao-ssé ont pu conquérir des esprits oisifs et ambitieux; leurs breuvages de longue vie, leurs amulettes, leurs prédictions, tout chez eux répondait à la passion de l'inconnu et du mystère. Il y avait loin sans doute de cette activité incessante et fiévreuse de l'intelligence et du sentiment, au calme passif, à la béate quiétude de l'âme, à l'énervante inoccupation tant recommandés par Lao-tseu. Mais outre que toute cette sollicitude n'avait pour résultat final que de procurer précisément cette vie de repos et d'indifférence, les tao-ssé faisaient une distinction commode entre la théorie et la pratique; et les casuistes avaient sans doute à leur service bien des raisons du genre de celle-ci, que des bonzes faisaient à quelques adversaires qui leur objectaient que l'état de mariage était contraire à leur principe de l'anéantissement. « Tout bien examiné, leur disaient-ils, nous sommes bien intimement persuadés qu'en théorie c'est un grand embarras qu'une femme ; mais cependant dans la pratique ce n'est pas une chose contraire au bonheur. » Dans toutes les religions,

Il est avec le ciel des accommodements.

La religion du Tao, pour qui le règne de Chi-hoang-ti avait été une époque de triomphe, vit son astre pâlir avec celui de la dynastie que Chi-hoang-ti avait fondée. La dynastie passagère de Thsin se résuma toute en cet homme ; elle descendit tout entière, comme il arrive souvent à celles des grands conquérants, dans le vaste tombeau de son chef. Chi-hoang-ti mourut à l'âge de cinquante ans, après avoir, par son administration habile, réduit au silence et à l'admiration les ennemis intérieurs de l'empire, vaincu sur les limites de ses vastes états des hordes innombrables de barbares qui s'efforçaient sans cesse de les franchir, parcouru en tout sens son royaume, en gravissant les montagnes, descendant le cours des fleuves, côtoyant les mers, sillonnant les plaines et les vallées de routes magnifiques, laissant partout, sur des monuments élevés à grands frais, les traces de son passage, accomplissant peut-être plus de guerres et de travaux, en trente-cinq années de règne, que n'en avaient accompli les dynasties qui l'avaient précédé dans tout le temps de leur durée. Les funérailles de ce prince tranchèrent comme sa vie sur le fond ordinairement paisible et monotone des mœurs chinoises. Venu de l'état de Thsin, le plus occidental de la Chine, et par suite le plus exposé au contact des Tartares Hioung-nou, qui s'étaient à plusieurs reprises infiltrés dans sa population primitive et mélangés avec elle, Chi-hoang-ti et sa cour avaient adopté une foule de coutumes entrées dans ce pays avec les barbares. Tel était cet usage qu'on trouvait établi dans ce même temps sur les bords de la Caspienne et de l'Oxus, parmi ces autres branches de Tartares, les Gètes et les Scythes, et qui consistait à jeter dans le bûcher d'un mort, ses femmes, ses amis, les animaux et les objets précieux qu'il avait affectionnés pendant la vie, usage barbare et pourtant poétique qui reposait sur une vague idée de vie future et sur la touchante préoccupation de faire accompagner dans la mort les êtres que la vie avait unis. Les annales de la Chine et le Chou-king avaient déjà signalé dans l'état de Thsin des exemples de semblables cérémonies. Ils rapportent qu'en 614 avant notre ère, on ensevelit aux funérailles de Mou-koung cent soixante-dix-sept personnes qui avaient suivi le convoi. Ce fut ce spectacle qu'on vit se reproduire à la mort de Chi-hoang-ti. La maternité seule put sauver des flammes du bûcher quelques femmes du prince ; toutes celles qui n'avaient pas d'enfants, toutes ses concubines eurent ordre de se donner la mort. Les robustes archers qui avaient eu la garde de sa personne furent également enterrés vifs près du tombeau royal, pour faire cortége à son hôte dans les sombres demeures. Pierres précieuses, objets de luxe, armures brillantes, cheval de bataille, on jeta tout dans une même fosse. Le couvercle silencieux et impitoyable de la tombe se referma ensuite sur ces existences interrompues, offertes en holocauste à un cadavre et dont les derniers gémissements se mêlèrent à ces bruits sourds et mystérieux qui se produisent au sein de la terre.

Quel mépris pour la vie en regard de ce culte pour la mort ! L'imagination sombre et féroce des hommes du Nord a marqué de son sceau ces sanglantes coutumes. Est-il étonnant qu'elles aient effarouché la simplicité polie et maniérée des Chinois, et que l'empereur qui vint faire rayonner l'éphémère éclat de sa puissance sur cette douce clarté des mœurs du royaume du milieu ait été maudit comme un météore funeste et poursuivi des déclamations des lettrés, qui n'ont jamais pardonné à l'incendiaire des livres de Confucius ? Qu'avaient de commun ces cris des veuves de Thsin devant la fosse béante qui les appelait, avec le chant mélancolique du vieux *Chi-king*, que récitait sur la tombe de l'époux, l'épouse retombée par sa mort dans la solitude du cœur et du foyer domestique?

« La barque lancée à l'eau, chantait celle-ci, ne remonte plus sur le rivage. Mes cheveux, autrefois flottants sur mon front, furent un jour coupés et relevés sur ma tête; depuis lors j'appartiens à l'époux qui reçut ma foi; je veux jusqu'au tombeau la lui garder. O ma mère! ô ma mère! pourquoi donc me rappeler vos droits? Mon cœur les révère; il compare vos bienfaits à ceux du Tien; mais ce cœur est incapable d'une lâche infidélité.

» La barque lancée à l'eau ne remonte plus sur le rivage; mes cheveux, autrefois flottants sur mon front, furent un jour coupés et relevés sur ma tête; depuis lors mes serments m'ont donnée à mon époux, et jusqu'à la mort je lui serai fidèle. Ma mère! ma mère! pourquoi vous prévaloir de vos droits? Mon cœur dans sa reconnaissance compare vos bienfaits à ceux du Tien; mais ce cœur ne se souillera jamais d'un parjure. »

Il y a du renoncement aussi dans ce chant de l'épouse chinoise; mais ce n'est que le renoncement à de nouvelles joies que l'époux ne pourrait plus partager. Au lieu de descendre au tombeau avec le mort, elle fait de son cœur un sanctuaire à son souvenir. Et comme si, dans cette abnégation, dans cet oubli même des instincts et des besoins de la vie, la nature humaine craignait de perdre ses droits, un rayon de soleil brille dans les ténèbres de l'âme. On entend, dans le lointain, l'appel de la mère qui invite la veuve désolée à reporter un regard d'espérance vers l'avenir.

Par contraste à cette douce élégie, l'épouse, en jetant les yeux sur son passé, devait retrouver dans sa mémoire ces autres vers, tout parfumés de la fraîcheur matinale d'un cœur qui s'ouvre au désir, à la crainte, à l'amour, et qu'elle avait chantés, jeune fille, alors que se préparait l'hymen aujourd'hui rompu. Voici quel était ce chant également renfermé dans le *Chi-king* :

« O Chong-tsée! je t'en supplie, ne viens pas dans notre hameau, ne romps pas les branches de nos saules. Je n'oserais t'aimer, la crainte de mon père et de ma mère me retiennent. Mon cœur pourrait se tourner vers toi; mais puis-je oublier ce que m'ont dit mon père et ma mère?

» O Chong-tsée! je t'en supplie, ne monte plus sur notre muraille, ne romps plus les branches de nos mûriers. Je n'oserais t'aimer; la crainte de mes frères me retient. Mon cœur pourrait se tourner vers toi; mais puis-je oublier ce que m'ont dit mes frères?

» O Chong-tsée! je t'en supplie, n'entre pas dans notre jardin, ne romps plus les branches de nos arbres de sandal. Je n'oserais t'aimer, la crainte de mes parents me retient. Mon cœur pourrait se tourner vers toi; mais puis-je oublier ce que m'ont dit mes parents? »

La nature se jouait parfois de ces serments et de ces craintes; la veuve inconsolable laissait retomber ses flottants cheveux; l'amant ne respectait pas toujours les défenses de sa fiancée; et par-delà les éclaircies des arbres funéraires et ceux du jardin paternel le bonheur entrevu était bientôt goûté.

Mais c'est à d'autres sentiments que nous rappelle la fin de Chi-hoang-ti; c'était à d'autres honneurs que les pleurs éphémères de ses femmes qu'aspirait ce prince. Comme il avait entouré sa vie de magnificence et de grandeur, il avait pensé aussi à draper noblement son cadavre; avec cet orgueil grandiose qui conduisit Napoléon à se placer sur la colonne Vendôme, comme s'il eût voulu de là inspecter le monde, l'empereur chinois avait lui-même tracé le plan de son tombeau. Le mont *Li* avait été choisi pour en être le lieu. Il l'avait fait creuser, dit un historien, jusqu'aux *trois sources*, c'est-à-dire jusqu'au centre de la terre; et sur d'immenses fondements avait fait élever un mausolée qui pouvait passer pour une seconde montagne. Le mausolée avait une demi-lieue de circuit; son élévation était de cinq cents pieds, et tout au sommet régnaient de vastes galeries, d'où la vue s'égarait sur des plaines sans limite. Des monticules boisés d'arbres odorants s'étageaient sur le derrière, et par le frémissement de leurs épais branchages entretenaient un murmure religieux et triste autour de cette demeure de la mort. Quant au tombeau, il présentait la capacité d'une salle immense, où l'on pouvait se promener : au centre, se dressait le cercueil, sur lequel jetaient leurs mille clartés des flambeaux et des lampes entretenues avec de la graisse humaine. Un étang de vif argent était d'un côté du cercueil, et dans ses eaux miroitantes au reflet des lumières, paraissaient se jouer des oiseaux d'or et d'argent; d'un autre côté, était un arsenal complet de riches armures, mêlées à des meubles bizarres, à des mosaïques de bijoux précieux. Sommes immenses, vie de millions d'hommes, rien n'avait coûté à la main prodigue du fondateur des Thsin pour élever ce monument de sa gloire. Des générations avaient péri à l'œuvre, et étaient allées annoncer chez les morts la venue de cet empereur, que le monde ne pouvait contenir. Le monument achevé, les cadavres y avaient été entassés par masses; on comptait par dix mille les ouvriers qui y avaient été enterrés. Là, encore, Chi-hoang-ti semblait vouloir prolonger son empire sur des populations entières jusque par-delà la vie.

Mais cette œuvre colossale du délire impérial ne devait pas plus durer que les autres entreprises de son règne. La centralisation seule lui survécut, et ce fut là le plus heureux résultat pour la Chine. Chi-hoang-ti n'eut pas de successeur, pas plus qu'Alexandre et Napoléon; ses faibles descendants, pâles ombres dont le sang avare avait été épuisé par le chef, furent en peu de temps effacés par leurs généraux ou leurs eunuques. Ils succombèrent sous les coups de deux prétendants à l'empire, que fit surgir l'ébranlement du monde chinois à la mort de Chi-hoang-ti. De la même main qu'ils renversaient le trône éphémère de sa dynastie, ceux-ci incendièrent le fameux tombeau. L'un d'eux, Hiang-yu, homme cruel et rude, se faisant le champion du royaume de Tcheou reconstitué, s'était jeté à marches forcées dans la capitale des Thsin, avait enlevé les trésors de l'empire et livré la ville au caprice des soldats, qui comprirent dans le massacre général Tseu-yng, le dernier empereur de la race de Chi-hoang-ti, toute la famille royale et leurs adhérents, devenus rares par la crainte. Puis l'incendie passa sur cette ville, déjà dévastée par le pillage, et pendant trois mois les flammes accumulèrent ruines sur ruines à la place où s'élevaient ces grands édifices publics, naguère construits à si grands frais.

Pour effacer jusqu'au dernier souvenir de cette époque, Hiang-yu fit raser les vastes enceintes du mont Li, pénétra dans le tombeau de Chi-hoang-ti, en enleva toutes les richesses, et n'y laissa en sortant que la flamme, pour poursuivre son œuvre de destruction. Le cercueil pourtant avait échappé à ces ravages; mais peu de temps après, un berger, cherchant, dans les décombres qui l'environnaient de toutes parts, une de ses brebis égarées, laissa tomber des étincelles de feu, et une nuit on aperçut quelques lueurs sur le sommet du mont Li; c'était le cercueil qui brûlait. Le vent balaya ensuite les cendres de Chi-hoang-ti, et chassa de dessus le sol de la Chine les dernières traces de toute alluvion d'origine barbare.

CHAPITRE HUITIÈME.

AVÈNEMENT DE LA DYNASTIE DES HAN (202 AV. J.-C.—65 APRÈS J.-C).

La nouvelle dynastie révoque les édits de proscription portés par Chi-hoang-ti contre les lettrés. — Visite du fondateur de cette dynastie au tombeau de Confucius. — On commence la recherche des livres échappés à l'incendie. — On n'en trouve pas de traces, et on est obligé d'avoir recours à la mémoire d'un vieillard nommé Fou-cheng, qui, éloigné du centre de la persécution, avait continué à enseigner à des disciples dévoués les préceptes de Confucius. — Les dictées du vieillard. — On trouve un exemplaire vermoulu de ce livre dans les ruines de l'ancienne maison de Confucius. — Les tao-ssé se glissent de nouveau à la cour. — Ils sont bien-venus auprès des impératrices et des femmes des empereurs. — Le ministre Toung-fang-chouo était tao-ssé. — Il est accusé par un nain de cette secte d'avoir volé les pêches d'immortalité.

Comme cela arrivait à chaque avènement de dynastie, tout fut renouvelé à la fin de celle des Thsin. Un des généraux, nommé Lieou-pang, qui avait grandi dans les luttes civiles, commença la dynastie des Han et fixa le siége de son empire à Tchang-ngan, dans le Chen-si. Tchang-ngan fut depuis lors la capitale de la Chine, jusqu'au moment où Peking vint la déposséder de cet honneur; on l'appelle aujourd'hui Si-ngan-fou, ville de la paix occidentale. Un des premiers actes du nouvel empereur, qui échangea son nom originel contre celui de Kao-tsou, fut d'abolir les décrets de ses prédécesseurs et de lever l'interdit qui pesait sur les lettrés. Depuis le fameux édit de Chi-hoang-ti, qui les avait décimés, ces partisans de Confucius s'étaient retirés dans l'isolement et le silence, instruisant dans quelque coin inaperçu de rares élèves; le plus grand nombre étaient allés rejoindre autour du tombeau de leur maître le noyau des premières familles de ses disciples. Le village de Khoung-li s'était donc peuplé peu à peu, loin des yeux du pouvoir, de diverses générations vivant dans le respect du grand philosophe de la Chine.

Tout à coup, dans l'année 203, ce village, dont rien jusque-là n'avait troublé le calme et les silencieuses habitudes, retentit des clameurs d'une foule inaccoutumée. Une magnificence et un éclat remarquables frappèrent les regards de ses habitants studieux. Des généraux, des hommes d'état, des chars, des chevaux, des troupes impériales, l'empereur lui-même, défilèrent dans ces rues qui ne voyaient passer ordinairement que la modeste robe du philosophe. Kao-tsou s'était rendu à Khoung-li avec sa cour. Cédant aux avis de ses conseillers, il inaugurait son règne en rendant sa gloire solidaire de celle du sage de la Chine. Il venait donc dans ce petit coin de ses états, où se conservaient, avec les traditions de la doctrine confucéenne, tous les souvenirs de grandeur de l'antiquité chinoise, renouer à la chaîne interrompue des Yao, des Chun et des Wen-wang, l'anneau de sa dynastie, et consacrer par une adoption posthume en sa personne, sa parenté avec ces grands noms de l'histoire chinoise dont Confucius s'était fait le représentant.

Kao-tsou avait fait précéder sa venue à Khoung-li par des ordres qui devaient donner à ce village un aspect de fête et de solennité. Conformément à ces ordres, le tombeau du philosophe avait été réparé et les lieux environnants disposés pour honorer le passage du chef de l'empire. A la place du miao modeste, élevé peu de jours après la mort de Confucius par les membres de sa famille, s'éleva un palais magnifique, vaste, régulier, où furent transportés de l'ancien, le portrait du philosophe et tous les objets qui avaient servi à son usage ; on l'orna de cassolettes, de chandeliers, de vases, et de tous les objets nécessaires au culte qu'on allait y rendre. Au jour fixé, Kao-tsou arriva avec un nombreux cortége, monté sur le Ta-lou, grand char royal tiré par quatre chevaux attelés de front ; il s'avança au pas à travers les flots de la foule accourue des lieux voisins. Un officier d'un grade élevé, tenant un fouet à la main, marchait en avant de l'attelage et le dirigeait, tandis que, debout sur le devant du char, le cocher agitait dans ses mains les rênes brillantes des chevaux. Ce personnage, vêtu des plus beaux ornements, attirait les regards à côté du prince, car c'était un haut poste d'honneur que celui de cocher, dans ce pays où les grands emplois de l'état étaient représentés par les services rendus à la personne même de l'empereur. Celui-ci semblait avoir acquis une plus grande importance depuis qu'on avait vu un écuyer des Tcheou fonder la dynastie des Thsin. Derrière le char flottait déployé l'étendard royal, sur une bande duquel étaient représentées les figures du soleil et de la lune, symboles de la vertu du prince, éclatante comme ces deux astres; on y voyait aussi un arc et une flèche indiquant la puissance. L'autre partie de l'étendard était divisée en douze bandes horizontales, encadrant chacune l'image d'un dragon, l'animal royal de la Chine. Un grand parasol, qui accompagnait alors partout la personne du souverain, était ouvert sur la tête de Kao-tsou, et servait de dais au char. Le parasol joue un grand rôle dans les habitudes chinoises; il sert de marque distinctive aux fonctionnaires et à leurs femmes; et, dans cette grande procession de la cour de Kao-tsou à travers le village de Confucius, c'était un spectacle assez pittoresque que ce mélange de couleurs brillantes qui différenciaient les divers parasols des fonctionnaires et de la foule. Venait d'abord celui de l'empereur, jaune aurore, surmonté par un dragon d'or; puis celui de l'impératrice, de même couleur, terminé par des oiseaux fabuleux; les autres femmes du prince portaient la couleur violette et leurs parasols étaient surmontés d'un pain d'or. Les couleurs, comme les formes des parasols, se mélangeaient, se heurtaient de plus en plus en descendant vers les degrés inférieurs du cortége; c'était le parasol bleu du ministre et des officiers du premier ordre, terminé par une tour d'argent;

le rouge à tour d'argent des officiers du second ordre; le noir des officiers subalternes, etc. Tous ces parasols à étoffe de soie, ouvrant au soleil leurs ailes miroitantes, ruisselaient de lumière et de feu, et à leur éclat se mêlaient la variété et la richesse des amples costumes des femmes et des grands dignitaires, qui ajoutaient encore au caractère solennel du cortége. Les cendres de Confucius durent tressaillir d'aise à ces honneurs rendus à sa mémoire.

Kao-tsou, arrivé dans le miao, se prosterna devant la pierre tumulaire du philosophe. Il y fit les cérémonies d'usage avec l'appareil de la majesté suprême, et reconnut solennellement Confucius pour maître. Il le nomma *Koung* ou duc, et étendit ce titre aux membres de sa famille, qui l'ont transmis de génération en génération aux descendants aujourd'hui vivants du philosophe. Cette famille a eu des destinées extraordinaires. Remontant, selon tous les historiens, jusqu'au temps de Hoang-ti, premier empereur des Chinois, ayant fourni des ministres, des princes, des empereurs, et particulièrement le fondateur de la seconde dynastie inaugurée en 1766 avant J.-C, la maison de Khoung, toujours reconnue, depuis Kao-tsou, comme la seule héréditairement noble, comptait, en 1784, soixante et onze générations à partir de Confucius; généalogie unique dans le monde, embrassant plus de quarante siècles de durée.

Cette visite de l'empereur au tombeau de Confucius n'était que le premier des actes qui allaient ramener le gouvernement et les esprits aux doctrines de ce philosophe, et commencer la haute fortune des lettrés. Soldat pourtant autant qu'homme politique, nourri dans les camps de théories stratégiques, beaucoup plus que de principes de philosophie, il ne voulut point s'embarrasser de réformes religieuses; et, se bornant à permettre plutôt qu'à ordonner, il crut avoir assez fait en faveur des doctrines proscrites, en rendant publiquement hommage à leur auteur. Ses successeurs continuèrent la réaction. Le sage Wen-ti, cédant enfin aux importunités des lettrés, qui se hâtaient de sortir de tous côtés de leurs retraites pour venir assiéger le trône des Han, autorisa la recherche des King, incendiés vingt ans auparavant. Mais le zèle et l'habileté des suppôts de Hoang-ti avaient été si prompts à détruire jusqu'aux dernières traces de ces livres, que pas un exemplaire du Chou-king ne put être trouvé, même dans la famille de Confucius. Un vieillard pourtant se présenta à la fin, qui fit cesser les découragements. Il se nommait Fou-cheng, était âgé de quatre-vingt-dix ans, et habitait la ville de Tsi-nan-fou. Il avait appris par cœur le Chou-king dans sa jeunesse, et, retiré des emplois depuis l'édit de proscription, il avait changé de résidence et était allé enseigner, sous des titres étrangers, les parties principales des livres de Confucius. Quand on voulut écrire sous la dictée du vieillard, son accent étranger s'opposa souvent à ce qu'on pût le comprendre; il fallut des interprètes pour traduire les mots inintelligibles ou défigurés dans sa bouche. Ce fut ainsi qu'on parvint à restituer le texte du Chou-king. On appela cette transcription le *Chou-king* de *Fou-cheng*.

Pendant ce temps, le travail de recherche se poursuivant, avait apporté quelques fruits. En perçant les vieilles boiseries, en sondant les murs et les caves, on était parvenu à retrouver quelques restes échappés par accident ou par une ruse pieuse aux flammes de l'incendie, et, comme on gravait alors les livres avec le poinçon sur des tablettes de bambou ou des bois lisses, ces livres avaient pu résister aux atteintes de l'humidité et aux autres causes de destruction. Par un bonheur inouï, il arriva qu'un exemplaire entier du Chou-king se trouva parmi d'autres livres écrits en caractères antiques, dans les ruines de l'ancienne maison de Confucius. Le célèbre Kong-gan-koue, de la famille du philosophe, un des hommes les plus savants de l'empire, collationna cet exemplaire avec le manuscrit fait sur la relation de Fou-cheng; et, avec l'aide de quelques paléographes habiles, il parvint à déchiffrer le livre de bambou, déjà entamé par le temps et les vers. La nouvelle transcription était plus étendue que celle de Fou-cheng. Elle contenait cinquante-huit chapitres, et Kong-gan-koue, dans la préface qu'il y joignit, rapporta que le Chou-king de Confucius renfermait encore quarante-deux autres chapitres, ce qui en portait le nombre total à cent. Le mauvais état des tablettes de bambou n'avait pas permis de déchiffrer les derniers. En 497 avant J.-C., époque où une nouvelle discussion des deux textes fut faite, les cinquante-huit chapitres de Kong-gan-koue furent officiellement reconnus pour être une copie exacte, et ce sont ceux qu'on enseigne aujourd'hui dans les colléges de l'empire. Les premiers princes de la dynastie des Han continuèrent à marcher quelque temps sur la pente des sages réformes et de la modération, et leur époque put, à bon titre, s'appeler une époque de renaissance littéraire. Wen-ti justifia pleinement son surnom d'*Empereur lettré* ou d'*ami des lettres*. Ses ordonnances sont empreintes d'un grand esprit de conciliation et de justice; il en est une qui nous montre comment, plus de cent soixante-dix ans avant notre ère, dans cette partie reculée du monde qu'on nomme la Chine, le monarque absolu comprenait la liberté de la presse et le droit de remontrance.

« Du temps de nos anciens empereurs, porte cette ordonnance, on exposait à la cour, d'un côté une bannière où chacun pouvait écrire et proposer librement le bien qu'il jugeait qu'on devait faire, de l'autre côté une planche où chacun pouvait marquer les défauts du gouvernement et ce qu'il y trouvait à redire… Aujourd'hui, parmi nos lois, j'en trouve une qui fait un crime de parler mal du gouvernement. C'est le moyen non-seulement de nous priver des lumières que nous pouvons recevoir des sages qui sont loin de nous, mais encore de fermer la bouche aux officiers de notre cour. Cette loi est sujette à un autre inconvénient : sous prétexte que les peuples ont fait des protestations publiques et solennelles de fidélité, de soumission et de respect à l'égard du prince, si quelqu'un paraît se démentir en la moindre chose, on l'accuse de rébellion. Les discours les plus indifférents passent chez les magistrats, quand il leur plaît, pour des murmures séditieux contre le gouvernement. Ainsi, le peuple simple et ignorant se trouve accusé d'un crime capital. Non, je ne le puis souffrir; que cette loi soit abrogée[1]. » — Rien de nouveau sous le soleil; on voit que déjà à cette époque les procureurs du roi du Céleste Empire avaient inventé les *procès de tendance* et les *complots contre la sûreté de l'état*.

Une foule d'autres ordonnances aussi équitables signalèrent le règne de Wen-ti et de ses premiers successeurs; on sentait dans leur administration l'heureuse influence des conseils des lettrés. Confucius, par cette ascension de ses partisans vers le pouvoir, était de plus en plus honoré. Les tao-ssé cependant disputaient pied à pied le terrain conquis sous Chi-hoang-ti. Par leurs habiles manœuvres, ils tournaient parfois leurs adversaires et venaient se camper tout à coup au cœur même du pouvoir. Le peuple, d'un autre côté, avait embrassé avec trop d'entraînement les rêveries de ces sectaires, pour qu'il y laissât volontiers porter atteinte et pour que les empereurs osassent entreprendre de le faire. La poésie de cette religion, toute empreinte de mélancolie et de raffinements métaphysiques, avait un attrait puissant sur les imaginations, auxquelles elle ouvrait des échappées vers l'avenir et l'inconnu, vers ce royaume de la nuit et des existences futures dont la raison et la science ne parlent pas. Et puis, les sorts, la divination, les pressentiments, ouvrant le champ à des rêves sans fin, faisaient pour eux déserter la froide réalité. Ils avaient surtout une influence irrésistible sur l'esprit crédule et mobile des femmes; et les maîtresses de l'empereur et

---

[1] *Recueil des édits et déclarations des empereurs chinois*, traduit par le P. Hervieu.

les impératrices, isolées dans le désert silencieux de leurs appartements, fatiguées des tristes loisirs de leur grandeur, n'aimaient rien tant que d'appeler pour les charmer, sous des prétextes religieux, les prêtres insinuants du Tao. La littérature, fécondée à ces sources, brodait à plaisir des marivaudages subtils et quintessenciés sur les doctrines de l'inaction, de l'indifférence, de la volupté, et sur les idées panthéistiques de l'union universelle des êtres, qui faisait épancher dans le sein les unes des autres les âmes emprisonnées dans les accidents passagers de la substance matérielle.

L'érudition parlait en mots raffinés, en pointes et en chansons, pour plaire aux femmes et aux masses; et le roman, enfant capricieux de l'ennui et de la fantaisie, était le véhicule attrayant qui emportait les esprits dans le monde idéal des tao-ssé. Le breuvage d'immortalité semblait de temps à autre communiquer une ivresse superstitieuse à tout l'empire. L'empereur Wou-ti lui-même (l'empereur belliqueux), qui fut l'un des plus grands empereurs de la Chine, se laissa envahir, au milieu de ses études sur Confucius, par la contagieuse puissance des principes des sectateurs du Tao; il se jeta bientôt à corps perdu dans la lecture de leurs livres et favorisa tous leurs sortiléges. Un jour qu'on lui apportait le breuvage mystérieux, un grand de l'état, qui se trouvait avec lui, se saisit vivement de la coupe et but ce qu'elle contenait. Qu'on juge de la colère du prince; sans désemparer, il appelle ses officiers et leur ordonne de mettre à mort l'audacieux qui a osé porter sa main sur le breuvage.

Mais celui-ci, charmé de l'effet produit, dit à l'empereur : « Cet ordre est inutile, il n'est pas en votre pouvoir de me faire mourir, puisque je viens de me rendre immortel; ou bien ma mort, si la mort a sur moi prise, vous doit éclairer sur la vertu de ce breuvage que des imposteurs vous vendent. » C'est ainsi que la présence d'esprit a maintes fois éludé les serres de la tyrannie, et cette réponse rappelle ce trait de l'astrologue qui disait à Louis XI : « Sire, les secrets de mon art m'apprennent que vous mourrez deux jours après moi. » La réponse du ministre chinois lui sauva la vie, mais ne corrigea pas le monarque. La cour fut circonvenue de tao-ssé, et l'on soupçonnait même le ministre Toung-fang-chouo d'être très-avant initié dans les doctrines mystérieuses du Tao, car il courait sur lui une anecdote qui faisait grand bruit. Un jour des mandarins, toujours à l'affût des curiosités et des choses singulières qui par leur rareté pouvaient attirer les yeux du monarque, avaient trouvé un nain dont la taille n'excédait pas la hauteur d'un pied. Ce nain, très-bien proportionné du reste quant au corps, était aussi une petite merveille intellectuelle ; il parlait avec élégance et sagesse, et connaissait à fond les mystères de la doctrine du Tao. Aussitôt qu'il l'eut vu, l'empereur fit appeler son ministre, qui se prit à interroger avec bonté l'homuncule : « Mon petit ami, lui dit-il, la mère de Ka-ling est-elle de retour, ou faut-il l'attendre encore ? » Nous ne savons ce que c'était que cette mère de Ka-ling ; mais, soit que cette question parût une offense au nain, soit que cet air de protection familière lui eût déplu, il dédaigna de répondre ; et se tournant vers l'empereur, il lui montra du doigt Toung-fang-chouo, en disant : « Cet homme a déjà tenté trois fois de voler les pêches de cet arbre merveilleux planté par Wang-mou, qui a été trois mille ans avant de donner des fleurs, et trois autres mille avant que ses fruits fussent en état de maturité. » Ces paroles du nain furent regardées comme une énigme par quelques-uns, comme une boutade par d'autres ; on en rit généralement, mais Toung-fang-chouo en parut tout déconcerté et ne répliqua rien. Cette petite scène valut cependant à ce ministre une bonne partie de la célébrité dont il jouit dans la suite. On ne parle jamais de Toung-fang-chouo en Chine sans le désigner par ces mots : « Le voleur des pêches (d'immortalité). » Ces pêches rappellent les fameuses pommes des Hespérides. On n'a pas oublié le rôle qu'elles jouent dans la doctrine du Tao.

La mort de Wou-ti ne ralentit pas les progrès de la secte des tao-ssé ; cette secte arriva même à dominer quelques instants celle des lettrés, qui, ne s'adressant qu'à la raison et aux sentiments de justice et d'ordre, devait avoir le dessous devant des adversaires qui tendaient toutes les séductions de l'imagination et de la curiosité autour des esprits. Mais dans cet art de propagande, le moment arriva où les Tao-ssé trouvèrent des maîtres.

Vers l'an 65 de notre ère, sous le règne de Ming-ti, une révolution, dont nous allons raconter les progrès, se fit dans les croyances. La religion bouddhique, chassée du pays où elle avait pris naissance, était venue planter ses symboles au milieu de la Chine, et l'absurdité des superstitions du Tao fut vaincue par des superstitions plus absurdes encore. Les bouddhistes eurent pour nouvelles séductions des cérémonies imposantes, des formules inintelligibles, des personnifications monstrueuses de la Divinité. Dès lors, le Tao, cette religion de métaphysiciens, habiles, il est vrai, à s'assimiler, à faire entrer avec un sceptique charlatanisme dans leurs théories élastiques tout ce que le voisinage des idées étrangères paraissait leur présenter d'utile et de piquant, se trouva placée, sans foi et sans esprit de suite, entre cette grave conscience des partisans de Confucius, qui résumaient dans des maximes et des apophthegmes inébranlables toute la morale pratique, et ce prosélytisme convaincu et fanatique des bouddhistes, qui adoraient en Bouddha un dieu véritable révélé aux hommes.

CHAPITRE NEUVIÈME.

BOUDDHISME OU RELIGION DE FO

L'empereur Ming-ti, averti par un songe, envoie des ambassadeurs dans l'Inde pour y chercher les images de Bouddha et les livres de sa doctrine. — Comment la première connaissance du bouddhisme était parvenue en Chine. — Exposition de la doctrine. — Elle s'appuie sur deux idées sociales : 1° Rejet des castes par suite de la création d'un nouveau culte. Prédication de Bouddha, légende d'Ananda, de la caste des kchatriyas, et de la paria Prakriti. 2° Rejet de la nationalité en fait de religion. — Identité de toutes les races devant la croyance.

Ming-ti, empereur chinois de la dynastie des Han, eut un jour un songe extraordinaire. Un homme de couleur d'or, d'une taille élevée, la tête coiffée d'une auréole lumineuse, lui apparut, volant en l'air, au-dessus de son palais. Au jour naissant, Ming-ti, l'esprit troublé, se hâta de consulter des courtisans et des sages, et il lui fut répondu que l'homme qu'il avait vu en songe ne pouvait être qu'un esprit des contrées occidentales, nommé Fo, et créateur d'une religion célèbre. Ming-ti, pour avoir le repos du côté de sa conscience, chargea un officier de son palais et quelques lettrés d'aller vers l'Inde, où on lui dit qu'était né cet esprit, d'y prendre des renseignements sur ses doctrines, et d'y dessiner les temples et les idoles élevées en son honneur. Quelque temps après l'ambassade revint avec deux prêtres de Fo, des images peintes sur une toile fine des Indes, qui depuis servirent de modèle pour toutes les idoles de la Chine, et un livre canonique de préceptes, appelé le Livre des quarante-deux articles. Le long de la route, le livre et les images avaient été portés sur un cheval blanc. On donna le nom de *temple du cheval blanc* à un édifice en pierre qui fut construit pour servir de dépôt à ce livre et de lieu d'adoration à ces images.

L'histoire enregistre ces faits sous la date de l'année 65, époque de l'introduction officielle du bouddhisme en Chine. Mais tout fait penser que ce n'était pas pour la première fois que le nom de Fo était prononcé dans le Céleste Empire. L'Inde était connue depuis quelque temps aux Chinois, et connaître l'Inde c'était connaître les puissantes doctrines de ces contrées religieuses. Depuis surtout que le règne brillant et terrible de Chi-hoang-ti eut fait retentir le nom de Thsin dans les vallées du Thibet et de l'Himalaya, les barbares Hioung-nou et les Gètes, qui dirigeaient de temps immémorial leurs invasions sur les flancs du vaste empire de la Chine, et qui maintes fois avaient appris à redouter sa puissance, portèrent au loin dans leurs expéditions nomades le nom et la connaissance de cet empire. Dès ce temps aussi les empereurs chinois envoyèrent de fréquentes ambassades dans les pays de ces barbares, et fort souvent retenus prisonniers par eux, les voyageurs firent pénétrer dans l'Occident le récit des splendeurs de leur patrie. Parvenus ensuite à se soustraire à la surveillance de leurs gardiens, ceux-ci, en rentrant en Chine, les uns après dix ans (comme Tchang-khian, en 112), d'autres après un temps plus ou moins long, y apportaient une connaissance des lieux qui servait aussitôt de prétexte à des expéditions vers l'ouest, expéditions de plus en plus lointaines en proportion de l'étendue de cette connaissance. Ainsi s'étaient opérés un échange de rapports d'un pays à l'autre et leur rapprochement. Or, le bouddhisme, trop à l'étroit dans l'Inde, s'était répandu chez les peuples gétiques, et Tchang-khian, le voyageur dont nous venons de parler, rendant compte de ce qu'il avait appris au sujet des nations voisines, parlait du Chintou ou de l'Inde, et du culte de Feoou-thou (idoles de Fo). On racontait même que la vingt-neuvième année du règne de Chi-hoang-ti (217 ans av. J.-C.), un prêtre de l'Occident, nommé Che-li-fang, était venu dans une bourgade de Chen-si avec dix-huit autres religieux, apportant des livres sacrés en sanscrit.

L'empereur, à qui ils s'étaient adressés, choqué de leurs habitudes extraordinaires, les avait fait mettre en prison; mais ceux-ci s'étant mis à réciter une certaine prière, une vive lumière s'était répandue tout à coup dans le lieu où ils étaient, et un homme de couleur d'or, de la taille de seize pieds, s'était présenté à la porte avec une massue et l'avait brisée. Témoin de ces prodiges, l'empereur s'était repenti de sa sévérité, et s'était hâté de renvoyer les étrangers à la frontière, en les comblant de présents.

En 121, l'empereur Wou-ti mettant à profit tous les renseignements acquis sur les Hioung-nou, avait dirigé contre eux une expédition formidable. Les généraux vainqueurs avaient dévasté tous les pays qui leur appartenaient, et, brisant le lien de domination qu'ils étendaient sur les petits chefs des peuplades occidentales de l'empire, avaient reçu ces derniers sous leur protection; dans les lieux dévastés ils créèrent des colonies, bâtirent des villes et y établirent des gouverneurs militaires.

Or encore, dans ces expéditions, on avait vu quelques-uns des petits rois du pays offrir des parfums et des sacrifices à de grandes statues qui représentaient, disait-on, le prince des génies célestes, et qui n'étaient autre chose que des statues de Fo; quelques-unes de ces statues, ainsi que les livres des prêtres qui les servaient, avaient été emportés comme trophées de victoire.

Quand les soldats chinois qui avaient fait ces expéditions rentrèrent en Chine, ils y rapportèrent la vague annonce d'une religion pleine de pompes et de représentations théâtrales. Tout créait donc déjà au bouddhisme, le mystère comme l'éloignement, une célébrité favorable à sa propagation.

Sous Aï-ti enfin, l'an 2 avant J.-C., un savant de la capitale reçut d'un envoyé des Yuë-ti, peuplades tributaires de l'Occident, des livres de la religion de l'Inde.

Dès lors, les historiens furent bien forcés de s'occuper des sectateurs de Fo : « Ils étaient répandus partout sur nos frontières, disent-ils; leurs doctrines étaient connues dans l'empire, mais on n'y croyait pas. » Soixante ans plus tard, Ming-ti avait son fameux songe. Qu'était-ce donc que cette religion qui allait subjuguer l'Asie? Qu'était cet homme qu'on appelait Bouddha dans l'Inde, et que la Chine devait populariser sous le nom de Fo? M. Maury, dans le tableau des religions de l'Inde, a fait connaître le personnage[1]; nous allons ici exposer la doctrine.

Le bouddhisme naquit dans l'Inde et sortit de la croyance des brahmanes, comme le christianisme s'est formé plus tard au sein des traditions mosaïques. Contemporaine de l'établissement même des Indiens dans la presqu'île du Gange, la doctrine des brahmanes y passait pour aussi ancienne que le monde, ayant été révélée, disait-on, à ce peuple par une faveur toute spéciale des dieux. Conséquemment, elle était basée sur la prééminence native des races qui la pratiquaient vis-à-vis des autres peuples. Exclusive et jalouse, faisant une espèce de noblesse de l'admission dans son sein, elle avait mis autour d'elle une infranchissable barrière, tenant à distance avec orgueil les nations étrangères. Les limites de la puissance temporelle et de la puissance religieuse se confondaient; la religion était une patrie. Tous ceux qui restaient en dehors d'elle étaient considérés comme d'ignorants mletchchas ou des barbares. Les Grecs, du moins, n'avaient exclu leurs voisins et leurs vaincus que de la société politique; les Hindous fermaient la pagode, comme les Juifs la synagogue, sur les seuls descendants de la nation privilégiée, sur la race des purs Aryas.

L'orgueil national avait élevé une barrière entre l'Hindou et les autres membres de la grande famille humaine; l'orgueil sacerdotal créa des degrés dans la participation aux priviléges de la nationalité, et parqua le peuple élu en corporations, dont la glèbe, l'atelier ou le comptoir furent l'immuable horizon.

[1] *Religions de l'Inde*, t. I, chap. XVII.

De temps immémorial, les brahmanes, les kchatriyas ou radja-poutras, fils des rois, les vaisyas et les soudras, embrassant les quatre conditions principales de la vie, s'étaient symétriquement reproduits dans leur uniformité et leur isolement, comme l'éléphant, le bœuf ou le cheval qui vivaient sur le même sol, êtres improgressifs et fixés à leur espèce par les lois mêmes de la nature, comme le soleil et les étoiles, dont les révolutions renaissantes suivent une route invariable dans les plaines de l'espace.

Héréditaires et rigoureusement subordonnées entre elles, ces castes, dont l'origine remontait au grand ordonnateur de toutes choses, qui les avait tirées de diverses parties de son corps, ne devaient point se mélanger. Les lois de Manou étaient précises; le brahmane et le radja assez oublieux de leur dignité pour descendre au rang de vaisya ou de soudra, comme le soudra assez téméraire pour s'élever aux castes supérieures, eussent paru commettre une infraction à l'économie de la nature, produire une monstruosité égale à celle d'un quadrupède enfantant un poisson. Ni l'amour, ce grand niveleur, qui a ses séductions pour combler l'abîme creusé par les priviléges sociaux ; ni l'ambition, qui jette un pont sur les distances, n'avaient pu intervertir l'ordre établi. Le glaive de la loi était toujours levé pour trancher les têtes qui essayaient de dépasser le niveau. Chacune des castes ne se recrutait que d'enfants nés dans son sein d'un père et d'une mère qui en faisaient également partie.

On a remarqué que l'esclave trouve ses chaînes moins lourdes lorsqu'il peut les faire peser sur d'autres êtres plus avilis que lui-même. Les soudras, ces derniers enfants de la race hindoue, véritables serfs, destitués de toute liberté, de toute propriété personnelle, mais issus pourtant des pieds de Brahma, n'en étaient que plus fiers de cette parenté, vis-à-vis des races impures des vaidehas et des tchandalas, *les plus méprisables des mortels*, et dont le titre commun de parias est devenu le signe du dernier degré de l'abaissement social. Louis Courrier, dans son humeur frondeuse, a dit que s'il n'y avait que trois hommes sur terre, deux des trois s'arrangeraient pour dominer le troisième. Les parias auraient en vain frappé à la porte de la société hindoue; pour ces races infimes, restes des anciens indigènes vaincus, ou agglomération d'étrangers ne tenant à rien, pas plus que ces terres vagues à la limite des états, que le caprice usurpe ou délaisse, il n'y avait ni religion ni patrie.

Et pourtant, dans cette Inde luxuriante et molle, où le repos et l'immutabilité semblaient être les lois des êtres et de la nature, sous ce climat où les saisons ne laissaient que des fruits sans aucune des variables rigueurs de la température, les idées d'égalité pour les individus et d'identité pour l'espèce humaine devaient naître un jour. Un jour une main hardie, sans être profane, devait pousser les différentes castes d'adorateurs de Brahma vers le même giron politique, comme le pasteur réunit le soir ses troupeaux dispersés dans le même bercail; elle devait déchirer le voile du temple pour laisser pénétrer les adorations des fidèles jusqu'au saint des saints, sans l'intermédiaire des brahmanes; élargir les murs de l'étroite pagode, pour y loger les nations. Bouddha fut cet émancipateur de l'homme et des races. Le fils d'un radja de l'Inde, nourri au milieu des priviléges de sa caste, trouva dans une sublime inspiration la force d'y renoncer; il brisa l'antique lien qui coordonnait l'humanité d'après d'égoïstes catégories d'indignité et de suprématie, et rendant les hommes à leur individualité et à leur nature, leur ouvrit le sein d'une religion qui tenait compte de leurs droits et en sanctionnait la légitimité. Au grand scandale des brahmanes et des kchatriyas, on entendit un membre de la famille des Shakyas proclamer la maxime : Homme pour homme, la loi est égale pour tous.

Constatons le procédé des religions réformatrices. Shakya-mouni, ou Shakya le solitaire, ne heurta point de front l'ancienne doctrine; il s'y conforma extérieurement au contraire. Devant puiser en elle sa base, il se garda bien de l'ébranler jusque dans ses racines. Il ne discuta pas non plus les dogmes du brahmanisme; ce n'était point un travail de critique externe qu'il voulait opérer sur eux. Il voulut plutôt changer le fond que les formes, et tout grand réformateur qui sait ménager celles-ci parvient facilement à faire glisser des principes nouveaux sous leur surface. Shakya ne s'écrie pas dès l'abord, dans l'ardeur d'un zèle impatient : L'existence des quatre castes est une monstruosité sociale, une opposition à la loi d'égalité des êtres. Il est novateur, mais non révolutionnaire. Comme personne, pas même un révélateur, ne crée rien de rien : Shakya va prendre dans la religion existante un usage presque inaperçu, et pose son levier sur ce point d'appui; le détournant un peu de son sens primitif, il fait ainsi de quelque chose d'accessoire, livré aux vissisitudes du caprice, une institution puissante et régulière. Pour ceux qui aiment à voir les idées se matérialiser dans les faits, on pourrait prétendre que toute la réforme morale de Bouddha est renfermée dans la création d'un nouveau sacerdoce. Ceci demande quelques explications.

Les brahmanes, dont le plus grand privilége était la naissance, formaient une race distincte au sein de la race hindoue plus encore qu'un ordre de prêtres, une famille noble plutôt qu'une association d'hommes consacrés au service du culte. Jouissant à ce titre de priviléges accordés par les lois, en vertu d'un classement de populations, et renfermés dans leur sphère, comme les militaires et les laboureurs, ils ne puisaient pas dans la nature même de leurs fonctions cet empire aveugle qui semble appartenir aux organes officiels de la Divinité, et dont, en plusieurs lieux, d'autres prêtres ont fait une monarchie spirituelle, rivale, sinon dominatrice, de la monarchie temporelle. L'état était bien une théocratie; mais les prêtres n'apparaissaient pas avec le seul caractère de prêtres faisant le service religieux.

Or, à côté de ces prêtres de naissance, les doctrines mystiques de l'Inde avaient produit une foule d'ascètes et d'anachorètes qui, fuyant le séjour du luxe, renonçant à toutes les affections comme à toutes les charges de la société domestique, se réfugiaient, pour y prier ou y faire pénitence, dans les retraites les plus affreuses, dans les bois et les montagnes, vivant de racines, passant les longues heures du jour et de la nuit dans une méditation contemplative. Ces ermites, réunis quelquefois par le besoin de s'entr'aider et de converser ensemble, dressaient leurs cabanes ou leurs grabats dans le voisinage l'un de l'autre; et des associations accidentelles et éphémères, comme celles des moines de la Thébaïde ou de Nitrie, se formaient dans les solitudes de l'Inde. Tels étaient les vanaprasthas, habitants des forêts, les sannyasis, qui renonçaient à tout, parfois même aux vêtements, les richis, les mounis, dont les noms signifient pénitents. Poussé dans cette vie de mortification et de prières par le désir de se sanctifier ou d'y expier quelque crime, nul ne trouvait un obstacle dans sa naissance ou sa profession. La sainteté et le sacerdoce n'étaient point la même chose. Exclus du dernier, les vaisyas et les soudras pouvaient aspirer à l'autre. L'égalité se faisait ainsi pour les créatures humaines en dehors de l'humanité. Devant ces religieux, à quelque caste qu'ils appartinssent, les rois eux-mêmes étaient pleins de respect; ils les honoraient de leur amitié, se félicitaient de leurs visites, et leur bénédiction était l'objet des vœux et des sollicitations de tous.

L'exaltation que causaient à ces ascètes contemplatifs le silence de leurs profondes retraites et la macération de leur vie, en faisait aux yeux de tous des êtres surhumains capables d'opérer des miracles, et les poëmes sacrés du Ramayana et du Mahabharata sont remplis des récits de leur mystérieux pouvoir. Au milieu des dures épreuves de cette pénitence terrestre, le solitaire trouvait, du reste, des charmes. La douce et molle influence que produisait sur lui la contemplation d'une nature toujours souriante, l'attachait vivement à son asrama ou ermitage. Rama, exilé pendant quatorze ans dans ces retraites, parle avec ravissement de son exil, et un anachorète fait ainsi ses adieux à la solitude qu'il abandonne : « O montagne! asile perpétuel des pieux mounis livrés à la méditation de la vertu et à la pratique des œuvres pures! Sous ta protection, des brahmanes, des kchatriyas, des vaisyas, atteignent le ciel et vont vivre, délivrés de souffrances, dans l'assemblée des dieux. O roi des montagnes! grande montagne, asile des mounis, riche en sources purifiantes, adieu! J'ai passé sur tes hauteurs des jours heureux; j'ai vu tes bois abondants, tes bosquets, tes torrents, tes sources; je me suis nourri des fruits délicieux que tu produis; je me suis désaltéré dans les eaux aimables qui découlent de ton sommet et qui ont le goût de l'ambroisie. O montagne pure de péchés! semblable à un enfant vivant heureux sur le sein de son père, j'ai joui du bonheur sur ton sein, peuplé de groupes de vierges, retentissant des louanges de Dieu; j'ai été heureux tout le temps que j'ai passé sur tes hauteurs. »

Shakya n'était, à l'origine, qu'un de ces mounis du brahmanisme. A leur imitation, il forma autour de lui une réunion d'anachorètes, et leur prêcha ses premières instructions, qui roulaient sur des matières familières aux sectateurs de Brahma. Ce qui le distingua d'abord de tous les pénitents de l'Inde, ce fut l'organisation permanente et ferme qu'il donna, dès le principe, à l'école qui se formait autour de lui. La voyant se grossir chaque jour de disciples qu'entraînaient l'éloquence de ses discours et la pureté de ses œuvres, il en fit une société compacte, en dehors des lois de la société hindoue, et dans son sein, ouvert comme un refuge aux souffrances de la vie, présenté comme une garantie de bonheur futur, affluèrent ceux qu'une grande misère oppressait, ceux dont la charité attendrissait le cœur, les âmes pieuses et contemplatives, les malheureux soudras, les tchandalas plus malheureux encore, ces exilés de la terre mis au ban de l'humanité par l'orgueil brahmanique. Ainsi se forma la famille nouvelle; au lieu de classifications, il n'y eut qu'un maître spirituel ou un saint, sous lequel tous les membres furent égaux; à la place d'une caste sacerdotale, on eut une église avec une hiérarchie gouvernée par des règles particulières, par une discipline. Ce fut ici l'inspiration et la vertu qui donnèrent le rang et l'influence; la vocation intérieure et le mérite personnel firent le religieux, quand c'était la naissance qui faisait le brahmane. Guerriers, marchands, laboureurs ou parias, Shakya ne rejetait personne, et composait son église de membres rassemblés indifféremment de toutes les castes. « Ma loi est une loi de grâce pour tous, » disait-il aux brahmanes, irrités de voir envahis par des misérables ces postes de mounis, que la foule entourait de considération et d'hommages. On connaît toute la haine des Juifs contre les apôtres, qui admettaient les gentils aux pratiques de la religion mosaïque; elle avait ici la même origine et se manifestait dans les mêmes circonstances.

L'égalité exista donc de fait dès le premier jour dans le pieux troupeau des mounis; il restait à fonder cette égalité sur un principe philosophique. Aux moyens donc tout naturels que lui avait offerts jusque-là le vieux brahmanisme, Shakya en joignit de surnaturels, mais légitimés encore par les croyances populaires de son pays. La doctrine de la transmigration était au fond des dogmes hindous, et elle y était si parfaitement encadrée dans tous les détails du culte, que les degrés dans la hiérarchie de perfection étaient fixés, comme auraient pu l'être ceux d'une administration politique. L'idée de métempsychose reposait sur l'incessante mobilité de toutes les choses de l'univers, sur le travail perpétuel de la mort et de la vie. Hommes, plantes, animaux, forcément entraînés par les germes de la nature, que chaque accident moral ou physique de la vie modifie, étaient, suivant cette idée, sans cesse renouvelés par une transformation universelle. Les bruits sourds qu'on entend parfois lorsque la nature est calme et fait silence, étaient causés par les légions d'âmes qui, montant et descendant dans les espaces, traversaient les airs pour se rendre à leur destination. Deux routes se présentaient donc toujours à l'homme : l'une, par laquelle il allait à Dieu; l'autre, par laquelle il s'en éloignait. Le perfectionnement de soi et la charité étaient les puissants véhicules qui conduisaient les âmes vers les hauteurs célestes; les vices et l'ignorance étaient les poids qui les entraînaient vers les régions les plus basses de l'animalité. La vie actuelle n'était qu'une conséquence de la vie antérieure, la société l'expression absolue de la justice. Loin d'être une conséquence de la naissance et d'une certaine noblesse de sang, le courage, la vertu, le génie, ces qualités qui semblaient servir de base aux castes de l'Inde, avaient au contraire une grande influence sur la formation même des corps. Les revêtements terrestres étaient à la mesure des âmes, et au sortir des enfers ou du paradis, étapes temporaires placées sur le chemin de l'éternité, comme une punition ou une récompense, l'homme se trouvait replacé à son insu sur la terre au point de perfection où la mort l'avait surpris.

Dans cette doctrine, admise par les brahmanes eux-mêmes, que devenaient leurs prétentions à la suprématie? Nés d'un père brahmane dans la vie présente, étaient-ils sûrs de n'avoir pas été soudras la veille, de ne pas le devenir le lendemain de cette vie? Qu'importait donc le fait de la naissance devant l'égale possibilité pour tous de s'élever dans les degrés supérieurs de l'existence, d'arriver jusqu'à la Divinité; devant cette affirmation surtout que c'était la sainteté qui faisait la prééminence! Shakya-mouni s'empara avec habileté de la transmigration. Dans cette croyance, le suprême effort de l'homme vers la vertu et la science avait pour récompense de le soustraire enfin aux formes changeantes de la matière, et de le pousser au sein de Dieu, où il s'unissait avec lui. Shakya se déclara parvenu, dès cette vie même, à ce dernier degré de perfection, et prit à ce titre le nom de Bouddha. Quelle heureuse position pour un réformateur! Quoique retenu encore dans le monde terrestre par les lois de la vie, son esprit, plongé dans l'immatérialité de l'Être suprême, apercevait déjà les hauteurs éclairées par cette lumière qui rayonne par-delà les nuages de la matière. Intermédiaire placé entre Dieu et l'homme, appuyé sur l'expérience de ses existences antérieures et sur la science infinie qui descendait sur lui, il pouvait parler du passé, des événements dont il avait été acteur et témoin, avec cette certitude qui voyait en Dieu l'explication des énigmes qu'ils présentent à l'homme terrestre. Par là Shakya-mouni pouvait imposer sa doctrine avec l'autorité d'une puissance surnaturelle, et donner à ses théories le caractère de faits accomplis pendant la longue vie qui finissait pour lui. Proportionnant, comme il le dit, son langage au sujet et aux forces de chacun, il racontait donc, dans de longs discours, remplis de paraboles, de comparaisons, de tous les incidents de langage qui faisaient le propre de son éloquence diffuse et populaire, l'histoire antérieure des personnes contemporaines sur lesquelles une grande vertu ou un grand pouvoir attiraient plus vivement les regards.

L'anecdote suivante donnera une idée de ces prédications saisissantes qui enveloppant sans cesse l'idée dans le fait, la faisaient entrer, par de perpétuelles répétitions et des formes communes, dans les esprits les moins attentifs, dans les intelligences les moins élevées; elle se rapporte à Anan ou Ananda, l'un des disciples les plus aimés de Bouddha, le plus versé dans ses doctrines et celui que les légendes citent le plus souvent. Ananda était fils du roi de Hou-fan, et son père ayant envoyé dire à son frère aîné qu'il venait de lui naître un fils, celui-ci, ravi de cette nouvelle, avait répondu aux ambassadeurs : Puisque c'est un fils, il faut lui donner le nom de joie (Ananda). Ananda était prince, et son oncle était le père même de Shakya. Quand Shakya-mouni embrassa la vie religieuse et se livra à la prédication, son cousin fut un des premiers à le suivre, et après sa mort il recueillit ses discours. Voici maintenant ce que le Bouddha racontait à son auditoire[1] :

Un jour Ananda, après avoir longtemps parcouru la campagne, rencontre une jeune fille de la caste paria qui puisait de l'eau, et il lui demande à boire. La jeune fille, craignant de le souiller de son contact, l'avertit qu'elle est née dans une caste vile et qu'il ne lui est pas permis d'approcher un religieux. Ananda lui répond alors : « Je ne te demande, ma sœur, ni ta caste ni ta famille ; je te demande seulement de l'eau, si tu peux m'en donner. » Prakriti (c'est le nom de la jeune fille) se sent aussitôt éprise d'amour pour Ananda, et elle déclare à ses parents le désir qu'elle a de devenir sa femme. Sa mère, qui prévoit l'obstacle que doit apporter à cette union la différence des castes, a recours à la magie pour attirer le religieux dans sa maison, où l'attend Prakriti, parée de ses plus beaux habits. Ananda, entraîné par la force des charmes que la paria met en usage, se rend en effet dans cette maison ; mais reconnaissant le danger qui le menace, il se rappelle son maître et l'invoque en pleurant.

Aussitôt le Bouddha, dont la science est irrésistible, détruit par des charmes contraires les invocations magiques de la paria, et son disciple sort librement des mains des deux femmes. La jeune fille toutefois ne se décourage pas ; elle songe à s'adresser au maître lui-même, et va l'attendre sous un arbre, près d'une des portes de la ville par laquelle il doit sortir après avoir mendié pour son repas. Le Bouddha se présente bientôt, et il apprend de la jeune fille l'amour qu'elle éprouve pour Ananda et la détermination où elle est de le suivre. Profitant

---

[1] M. Burnouf a rapporté ce passage d'un discours de Bouddha dans les *Considérations sur le bouddhisme*, lues dans une séance publique de l'Institut.

de cette passion pour convertir Prakriti, le Bouddha lui demande si elle consent à suivre Ananda, c'est-à-dire à imiter sa conduite ; si elle veut porter les mêmes vêtements que lui, c'est-à-dire le vêtement des personnes religieuses ; si elle est autorisée par ses parents, question que la loi de la discipline exige qu'on fasse à ceux qui veulent se faire mendiants bouddhistes. Prakriti répond à tout affirmativement. Le Bouddha exige en outre la présence de son père et de sa mère, qui viennent en effet approuver tout ce qu'elle désire, et c'est alors que, distinguant le véritable objet de son amour, la jeune fille reconnaît sa première erreur et déclare qu'elle est décidée à renoncer au monde. Alors le Bouddha, pour la préparer à recevoir la loi, se sert des formules qui purifient l'homme des souillures qu'il a contractées dans les existences auxquelles le condamne la loi de la transmigration.

Cependant les brahmanes apprennent qu'une jeune fille de la caste paria venait d'être convertie à la foi religieuse, et ils se mettent à faire entre eux les réflexions suivantes : « Comment cette fille pourra-t-elle remplir les devoirs imposés aux religieuses et à leurs suivantes ? Comment pourra-t-elle entrer dans les maisons des brahmanes, des chefs de famille et des hommes riches ? » Le roi, entendant parler de cette conversion insolite, voulut en demander l'explication au Bouddha, et il se rendit à son ermitage, accompagné d'une grande foule de peuple. Alors le religieux, connaissant les pensées qui s'élevaient dans l'esprit de la multitude, convoqua l'assemblée de ses disciples et se mit à leur raconter, en présence du peuple, l'histoire d'une des anciennes existences de la jeune fille.

« Jadis, dit-il, au nord du Gange, vivait un roi de parias qui voulut marier son fils à la fille d'un brahmane ; le jeune homme, qui n'était autre que Prakriti, était doué de toutes les perfections de l'esprit ; il possédait à fond le Véda et les autres sciences brahmaniques. Le roi paria se rendit dans la forêt, auprès du brahmane, qui s'y livrait à la méditation,

et lui exposa son désir ; mais le brahmane ne l'eut pas plus tôt entendu, qu'il s'écria plein d'indignation : « Hors d'ici, paria ! Comment celui qui mange du chien ose-t-il parler ainsi à un brahmane qui a lu le Véda? Comment oses-tu demander l'union du plus noble avec le plus vil ? Les bons, en ce monde, s'unissent avec les bons ; les méchants avec les méchants. Tu demandes une chose impossible, en voulant t'allier avec nous, toi qui es méprisé dans le monde, toi, le dernier des hommes ! »
A ces dures invectives le paria répond : « Il n'y a pas entre un brahmane et un homme d'une autre caste la différence qui existe entre la pierre et l'or, entre les ténèbres et la lumière. Le brahmane, en effet, n'est sorti ni de l'éther ni du vent ; il n'a pas fendu la terre pour paraître au jour, comme le feu qui s'échappe du bois que l'on frotte ; le brahmane est venu au monde de la même manière que le paria. Où vois-tu donc la cause qui ferait que l'un est noble et l'autre vil ? Le brahmane lui-même, quand il est mort, est abandonné comme un objet impur ; il en est de lui comme des autres castes ; où est donc la différence ? »

Quand il eut ainsi raconté devant un nombreux auditoire des scènes de la vie passée, où les détails étaient combinés au profit des principes nouveaux, ému, transporté lui-même par ses récits, le Bouddha s'éleva peu à peu au ton prophétique, et résuma ses doctrines sous la forme des stances d'une cantilène ou d'un psaume.

« De même que les rayons du soleil et de la lune, s'écriait-il, tombent également sur tous les hommes, sur les bons comme sur les méchants, sans qu'il y ait diminution ni augmentation de leur éclat ;

» Ainsi la splendeur de la science du Tathagata[1], semblable au soleil et à la lune, convertit également tous les êtres, sans augmenter ou sans diminuer pour l'un ou pour l'autre.

» Le potier, qui fabrique des vases de terre, produit avec la

---

[1] Synonyme de Bouddha.

même argile des vases pour contenir des substances diverses, pour la mélasse, le lait et le beurre; de même c'est de la même essence que tous les êtres sont faits.

» Écoutez-moi, ô vous troupes des dieux et des hommes! approchez pour me voir. Je suis le Tathagata bienheureux, l'être sans supérieur, qui est né ici, dans le monde, pour le sauver.

» Et je prêche à des milliers de milliers d'êtres vivants la loi pure et très-belle. Sa nature est une et homogène; c'est la délivrance et l'anéantissement.

» C'est avec une seule et même voix que j'expose la loi, prenant sans cesse pour objet l'état de Bouddha, car cette loi est uniforme; l'inégalité n'y trouve pas place, non plus que l'affection et la haine. »

On voit dans cette prédication tous les éléments de la doctrine bouddhique, et quoique la résistance des brahmanes s'y fasse jour, on y sent l'impuissance de leurs objections; car, nous le répétons, c'était sur le domaine de la sainteté que le Bouddha proclamait l'égalité des castes, en laissant le principe métaphysique réagir à chaque instant sur les principes sociaux. Du moment que l'admission dans la petite société bouddhique avait, pour ainsi dire, le privilége de conférer la sainteté, une égalité entière existait entre les anachorètes qui s'attachaient à ses pas. Quand l'école de Shakya se fut étendue au point de ne pouvoir former une société exclusivement religieuse, et que ceux qui étaient liés à la société civile par les liens de la famille et de leurs intérêts voulurent, tout en continuant de rester au milieu du monde des affaires, entrer dans le bouddhisme, une distinction se fit entre les religieux et les laïques; mais cette distinction s'appuya sur le fait de la fonction et non sur la caste; l'égalité des saints subsistait toujours.

La conséquence de cette distinction fut celle-ci : les soins du culte et de la propagation de la religion par la parole, les sacrifices et les mortifications, furent le lot des religieux, qui devinrent le clergé de la nouvelle doctrine. Mais dans ses rangs l'entrée fut toujours ouverte à tous, et il se recruta en effet dans toutes les castes. Au lieu de la naissance, l'enseignement, l'inspiration et le célibat furent les conditions d'aptitude. Voilà la vérité sur cette opinion, que Bouddha combattit le système des castes ; opinion inexacte dans sa généralité. Bouddha ne combattit pas ce système, il l'éluda ; et sauf l'ordre des brahmanes, qui se trouvait anéanti par la création du nouveau sacerdoce, les autres castes purent continuer d'exister dans les pays bouddhiques ; elles existent encore aujourd'hui dans l'île de Ceylan, qu'on peut regarder comme la seconde patrie du bouddhisme. Les disciples de Shakya, en se réunissant autour de lui, avaient pris le nom commun de samanéens, qui est dérivé de *sramana*, *samana*, pénitent, et qu'on retrouve dans Sommona-kodom, nom sous lequel Bouddha est adoré dans l'île de Siam. Après la distinction en laïques et religieux, le nom de samanéens resta plus particulièrement affecté aux derniers. C'étaient des prêtres de Bouddha que ces gymnosophistes qui vinrent dans l'Égypte dès le premier siècle de notre ère, et dont parlent Clément d'Alexandrie, Porphyre et saint Jérôme.

Né dans le brahmanisme, prenant en lui ses principes et sa base, la doctrine bouddhique ne dut grandir d'abord que sous l'aile de l'antique culte de l'Inde, et ne différer guère de ces sectes philosophiques du Sankhya et des djaïnas, qui s'entaient également sur l'ancien fonds. En s'isolant de toutes les idées et de toutes les habitudes religieuses de l'Inde, elle se fût présentée avec le décousu et l'incohérence d'une suite et d'un commentaire. Créer de toute pièce une doctrine entièrement neuve, en rompant brusquement avec le passé et ne prenant qu'en soi ses principes, serait une œuvre impossible. Aussi les révélateurs emploient-ils en général de moins brusques procédés, et la réforme bouddhique, ne portant que sur des points de morale, dut coordonner autour du nouveau principe social tous les emprunts faits dans la mythologie, la cosmogonie et les cérémonies de l'ancienne religion; un travail d'amalgame et de fusion demandait pour s'accomplir de longues années. Aussi les progrès furent-ils lents à l'origine, et les brahmanes les regardèrent-ils avec assez d'indifférence; mais quand les bouddhistes, proclamant le schisme, rejetèrent les Védas, se donnèrent des livres sacrés, et non contents de se mettre en dehors de la pure doctrine, ce qu'avaient déjà fait certaines sectes hétérodoxes, se mirent en dehors de la société, par la création d'un sacerdoce distinct et organisé, la lutte éclata, et on le sait, la lutte est la vie des religions dont le prosélytisme est le caractère. Dans les premières épreuves, le bouddhisme avait formé son corps de dogmes et de préceptes; il était prêt pour la propagande.

La religion nouvelle avait proclamé l'égalité de tous les Hindous devant le sacerdoce; la persécution lui fit pousser un peu plus loin ce principe, et elle l'appliqua à toutes les nations. Méprisés et repoussés, les bouddhistes virent dans la condamnation qui pesait sur eux-mêmes une analogie avec celle qu'avait portée contre les peuples étrangers l'esprit exclusif des brahmanes, et désormais ils adoptèrent ceux que damnaient leurs ennemis. La petite société chercha donc ses appuis hors de sa patrie, et rayonnant tout autour d'elle, jeta des foyers secondaires de doctrine à Ceylan, en Kachemire, à Khotan, d'où elle gagna dans la suite la Chine, le Thibet, le Japon, la Tartarie, jusqu'aux régions les plus reculées de l'Asie septentrionale; pénétra chez vingt peuples divers et y produisit des révolutions sociales remarquables, arrêtant en quelques lieux, notamment en Chine, par des superstitions grossières et de vaines pratiques de contemplation, un développement de mœurs et de philosophie égal, sinon supérieur, à celui qui devait sortir du bouddhisme; modifiant sur d'autres, des vertus mâles et guerrières, par le dogme énervant de l'inaction philosophique; mais aussi, initiant partout à la civilisation les peuples les plus barbares et les plus cruels, adoucissant leur rudesse par un sentiment de charité universelle qui s'étendait jusqu'aux animaux, créant des noyaux de ville là où il n'y avait que des campements de hordes, fixant les nomades au sol et les individus à la famille; et enfin, tout en constituant l'Asie, protégeant encore l'Europe contre ces formidables agrégations de populations mobiles que le vent du caprice avait jetées si souvent vers l'ouest et que la religion allait faire désormais adhérer aux demeures natales.

CHAPITRE DIXIÈME.

SUITE DU BOUDDHISME.

Ce que sont devenus les dogmes brahmaniques dans la réforme de Bouddha. — Conception de Dieu. — Nihilisme. — Les *trois précieux* ou triade bouddhique. — Cosmogonie. — Le mont Sou-mérou ; le monde des Désirs, séjour des dieux du panthéon bouddhique. — Rôle des dragons : un dragon embrasse la vie religieuse. — Légende de la fille du dragon du lac. — Le monde des formes et des couleurs. — Vicissitudes et durée de l'univers. — Les petits, les moyens et les grands kalpas. — Anéantissements et renaissances successives du monde.

On ne sait presque rien des luttes que le bouddhisme eut à soutenir dans l'Inde, son berceau ; il serait très-difficile aussi de dire par quelles transformations successives l'école de Bouddha arriva, de secte dissidente qu'elle était, à formuler le système métaphysique et moral qui l'éleva à la hauteur d'une église. Notre tâche sera de tracer sommairement l'esquisse de ses doctrines, telles qu'elles se trouvent consignées dans les livres sacrés, vers le cinquième siècle de notre ère, alors qu'il est parvenu à prendre le premier rang parmi les grands systèmes religieux de l'Asie. A ce moment le bouddhisme est entièrement expulsé des bords du Gange, et les brahmanes, vainqueurs enfin, après plus de mille ans de résistance, de leurs terribles adversaires, se sont hâtés d'intercaler dans leurs doctrines, pour en cacher le souvenir et l'origine, les débris que les vaincus ont laissés après eux. Bouddha, dans leur mythologie, est venu ajouter une incarnation de plus aux neuf incarnations immémoriales de Vichnou. Une constellation nouvelle scintille sous son nom dans le ciel de l'Inde. En retour, qu'est devenue l'antique religion des brahmanes dans le bouddhisme ?

La triade indienne, Brahma, Siva, Vichnou, a disparu. Toutes les existences ont été ramenées à une existence unique qui est l'Être universel, seul véritable, de même que tous les hommes ont été réunis dans l'unité d'origine. Les bouddhistes, dans leurs théories métaphysiques, ne partent jamais de la conception de Dieu considéré comme être primordial. Si on interroge leurs livres ou leurs prêtres sur la création du monde, tous répondent, d'un accord unanime, que le monde est né de lui-même, que les hommes, les différents êtres de la nature, les vicissitudes de l'univers, se sont produits fatalement en vertu de certains germes répandus dans le monde, et qui forcément, à certain point du temps et de l'espace, devaient arriver aux résultats que nous apercevons. Aussi, point de grand ouvrier qui façonne les continents et les mers; point de dieux mythologiques qui, mandataires d'une intelligence supérieure à eux, ou de leur plein pouvoir, viennent surprendre l'encens et les adorations des mortels. Le monde s'est fait de lui-même. La Divinité n'existait même pas, pour ainsi dire, à l'origine des temps; c'est véritablement ici que l'homme a fait les dieux. Les dieux ne sont que des hommes arrivés à la divinisation par la pratique des vertus morales et la science, et en vertu encore d'un germe divin caché dans les profondeurs de leur nature et développé par eux. C'est par le *nirvan'a* ou passage de l'existence matérielle et sensible dans le sein du vide, que s'est accomplie la divinisation de l'homme. C'est ainsi que mérita de s'élever dans les hauteurs de l'empirée le pénitent Shakya, dieu seulement dans la dernière partie de sa vie. Ainsi la nature, loin d'être la création d'un être suprême, est dans le perpétuel enfantement de son dieu.

Mais c'est là une subtilité métaphysique d'une religion panthéistique qui, dans le but de détruire l'idée d'un être concret et personnel, antérieur à toutes choses qu'il crée tout en s'isolant d'elles, n'a point voulu présenter Dieu comme un ouvrier travaillant à son œuvre, et a mieux aimé, dispersant tout centre de principe divin, le déverser dans la nature et faire surgir éternellement celle-ci de sa propre activité. Pourtant, si la négation de cet être primordial se montre dans les termes des traités bouddhiques, tous leurs subterfuges métaphysiques, et ils sont ingénieux, ne peuvent parvenir à chasser l'idée de cet être, qui revient sans cesse et reparaît, au moment où on s'y attend le moins, au fond de leurs théories. Pour faire comprendre ces théories, expliquons même ce qui est sous-entendu.

Suivant une idée familière aux sectes panthéistiques, les bouddhistes n'admettent qu'un seul être dans le monde, mais sous deux états, à l'état actif et à l'état passif; et sous ce rapport ils rentrent dans l'antique opinion du dualisme.

L'être dans son état passif, c'est proprement à leurs yeux ce qu'on appelle la Divinité, la seule existence réelle et véritable, et pour le concevoir sous cet aspect, ils le dégagent de toute manifestation, de tout attribut, lui refusent le mouvement, l'action, la pensée, le corps, l'étendue, toutes les qualités enfin qui sont le signe de l'existence dans notre monde. Tout nom impliquant un objet percevable par les sens ou l'intelligence, ils se sont abstenus de lui donner un nom, et ils ont appelé cet être indéfinissable, le vide et le néant, et l'ont relégué par-delà les espaces concevables, lui ont donné l'abîme pour séjour, pour organe le silence. « On s'abuse, disait Shakya au moment d'entrer par la mort dans le sein de ce vide promis à ses dévots sectateurs; on s'abuse si l'on cherche hors du néant le premier principe des choses. C'est de ce néant que tout est sorti, c'est dans le néant que tout doit retomber. » Quelques écoles ont donné à l'être primordial ainsi conçu le nom d'Adhi-Bouddha.

Dans son état actif, ce même être est la racine et la substance même des choses; mais alors il est dégénéré et n'a qu'une existence apparente. Hommes, plantes, animaux, terres et mers, corps doués de forme, de mouvement, de couleur, ne sont que de purs phénomènes, changeants et sans consistance, jeux capricieux de la trompeuse Maya (illusion, prestige). Quand se fit et par quelle cause s'opéra cette division dans l'être unique, universel? les bouddhistes ne le disent pas, et la tendance de leur système conduit à affirmer que les deux conditions de l'être, esprit et matière (*nirvriti* et *pravriti*), sont contemporaines.

Poser le vide absolu comme fondement de toutes choses et comme la seule réalité possible, c'était là une théorie audacieuse dans les termes, si elle n'était que subtile en logique; aussi n'a-t-elle pas manqué de provoquer de violentes objections de la part des lettrés de la Chine, où elle s'est implantée. Ils ont accusé la métaphysique bouddhique d'être un pur nihilisme, et les accusations de ces adversaires sont devenues l'opinion générale des philosophes et des historiens d'Europe à l'égard de la doctrine de Bouddha. Cependant il est facile de voir qu'on fait une continuelle confusion de mots, en prétendant que les bouddhistes donnent le néant pour cause de la création de l'univers; ils disent bien que le vide est le seul être réel dans lequel se résument toutes les autres existences phénoménales; mais prêter à ces mots le sens qu'ils ont dans la pratique ordinaire, c'est leur prêter des non-sens et une extravagance dont ils repoussent assez le soupçon par la sublimité de leurs idées sur d'autres points. Enfermés par les sens et la pensée dans le monde des formes et des phénomènes, ils ont conçu l'être par la négation de tout ce qui constitue les attributs de la matière et de l'intelligence, et ils l'ont appelé vide, non par opposition à l'existence absolue, mais par opposition au phénomène, à la manifestation percevable par l'homme, voulant par là faire entendre que cet être n'était rien dont nos sens pussent nous donner une idée.

Si tout cela n'a pas la clarté d'une démonstration mathématique, ce n'en est pas moins un résultat élevé des efforts de l'homme pour tenter d'expliquer la notion de Dieu; et les missionnaires catholiques ont donné une preuve d'une mauvaise foi égale à leur ignorance de l'histoire des systèmes philosophiques, lorsque, par haine d'une religion qui a toujours opposé une vive résistance à leur prosélytisme, ils ont appelé la doctrine bouddhique « le comble de la malice réduit en forme de quintessence, dont le vase doit être bien luté, parce que si on considère exactement les maximes, l'art de l'hypocrisie des pharisiens y est parfaitement bien décrit, de même que l'insolence des blasphèmes des athées et l'infamie des hérésies des novateurs du siècle. » Hélas! il se pourrait bien que les principes du bouddhisme eussent quelque rapport avec les hérésies des novateurs du siècle, même aujourd'hui. L'esprit humain, toujours mal assis dans le présent, fait de perpétuels efforts pour se retourner, afin de voir la lumière; et à qui s'en prendre, si là-bas, à quelques mille lieues, les mêmes efforts ont amené les mêmes résultats? L'intelligence est la reine du monde; elle est contemporaine de l'homme sur la terre, et elle est la même sous tous les climats. Partout elle a creusé ces mystères de l'être et de la création, et partout le frêle tissu de ses systèmes, réminiscence ou germe d'opinions analogues, n'a laissé sur l'océan flottant des idées d'autre trace que le sillage de la flèche dans l'air mobile. Interrogez pourtant les stoïciens, les mystiques de l'école d'Alexandrie, les hérésiarques de l'Église chrétienne, les soufis musulmans, tous vous diront leurs vains efforts pour arriver à la compréhension de l'être primordial. Tous ceux-ci ont cru, un jour, dans l'éblouissement que leur causait la méditation, l'avoir découvert sans forme, sans couleur, sans voix, impassible, immuable, inactif dans les profondeurs du ciel que leur œil interrogeait sans cesse. L'être sans l'existence, telle est l'espèce de jeu de mots que l'impuissance de la parole les a forcés de consacrer.

Comme si, en dépit de la variété des systèmes, certains principes devaient sans cesse se reproduire et étaient inhérents aux lois mêmes de la pensée humaine, nous trouvons encore ici l'idée de triade dans l'être primordial, non pas de la triade telle que l'avaient conçue les brahmanes, triade toute corporelle, se personnifiant dans Brahma, Siva, Vichnou, mais d'une triade symbolique, comprenant trois faces indivisibles du même être. La théologie l'a désignée sous le nom des *trois précieux*. Un auteur musulman dit que les Thibétains (bouddhistes) prêtent serment en invoquant le dieu triple, prétendant néanmoins n'invoquer qu'un dieu; les deux autres étant l'un son prophète, l'autre son verbe. Il y a là une erreur. La Divinité embrassant, suivant les idées bouddhiques, toutes les manifestations et tous les êtres de l'univers, les *trois précieux*, quoique pouvant être distingués par la pensée, répondent à trois conditions de l'être unique. C'est le même dieu sous trois modifications qui représentent l'intelligence absolue, sa parole et la multiplicité qu'elle a produite. Les trois termes de la triade sont : Bouddha, Dharma et Sanga, et les bouddhistes lui adressent leurs hommages sous cette formule :

NAMO BOUDDHAYA !
NAMO DHARMAYA !
NAMAH SANGAYA !
OM !

C'est-à-dire :

ADORATION A BOUDDHA !
ADORATION A DHARMA !
ADORATION A SANGA !
OM !

Bouddha est l'intelligence ou l'intelligent, donnant par sa lumière la forme et la délimitation aux corps et aux conceptions; Dharma, c'est l'intelligence produite, c'est-à-dire les lois existantes du monde, et, dans un sens restreint, la révélation faite par Bouddha aux hommes : le *logos* ou le verbe. Sanga est toute l'humanité, l'ensemble des nations, et plus particulièrement le peuple ou la réunion des croyants, l'église militante. L'expression *les trois précieux* est générale dans tous les pays bouddhiques, et d'un usage courant pour désigner la religion de Shakya-mouni ; sa popularité est attestée par l'anecdote suivante, qu'on trouve dans un livre imprimé au Japon vers l'an 528 de notre ère. A cette époque, la religion de Fo commençait à se propager en Corée, et un samanéen célèbre, nommé Hou-tseu, était venu s'y établir depuis quelque temps pour s'y livrer à la prédication. Cette année, l'empereur régnant de la Chine ayant envoyé des parfums à un petit prince de la contrée, ni roi ni sujets n'en purent deviner l'usage, et on eut recours à la science du samanéen. « Ces substances, dit-il quand il fut amené devant la cour, sont destinées à être brûlées. L'odeur exquise qu'elles répandent parvient jusqu'aux saints esprits, et parmi ceux qu'on nomme saints esprits, il n'y en a aucun qui soit au-dessus des *trois précieux*. Le premier s'appelle Fo-tho, le second Thamo, le troisième Sengkia[1]. Si vous formez des vœux en brûlant ces parfums, l'intelligence divine ne manquera pas d'y répondre. » Le livre ajoute que la fille du roi se trouvant en ce moment malade, le samanéen fut chargé de brûler des parfums, et qu'ayant prononcé des formules de prières, le rétablissement de la princesse s'opéra aussitôt.

Quant au monosyllabe OM, qui termine l'invocation aux *trois précieux*, il est commun aux brahmanes et aux bouddhistes, et a pour but, dans la pensée de ceux qui l'ont inventé, de résumer dans une seule émission de voix les trois êtres; mot magique qui exprime l'immensité des puissances du vide, ses perfections et son indéfinissable essence. Les bouddhistes attachent à la répétition de ce monosyllabe une vertu si énergique et si indépendante de toute pensée et de tout sentiment

---

[1] C'est la transcription japonaise des trois mots sanscrits : Bouddha, Dharma, Sanga.

vagues ou déterminés, qu'on voit les dévots de l'Inde et de la Chine le prononcer pendant des heures entières jusqu'à extinction de voix. La superstition sur ce point est allée si loin, que les Chinois ont songé à remplacer la rapidité de la voix par le mouvement d'une machine. Cette machine à prières se compose d'un cylindre autour duquel on a écrit en maint endroit le précieux monosyllabe; et chaque tour de roue procure à celui qui la fait mouvoir des mérites infinis. Étrange application de l'industrie à la prière! Si jamais la vapeur pénètre en Chine, la machine à roues pourra racheter tous les crimes de l'humanité. Les Thibétains ont adopté à la place de la syllabe OM, le mot *Ommanipadmahum*, et un auteur de cette nation s'exprime ainsi sur son efficacité : « Le mont Sou-mérou pourrait être pesé dans une balance; le grand Océan pourrait être épuisé goutte à goutte; les immenses forêts du royaume des Neiges (Thibet) pourraient être réduites en cendres, et les atomes de cendres pourraient être comptés; on pourrait compter les gouttes d'une pluie continuelle pendant douze mois; mais les vertus que produit une seule récitation des six syllabes sont incalculables. »

En dépouillant le bouddhisme de toutes les absurdes pratiques sous lesquelles les prêtres l'ont pour ainsi dire étouffé, en soufflant sur le symbolisme extravagant qui a accumulé par milliers dans les pagodes les monstres et les grossières représentations d'une métempsycose corporelle, on voit que cette religion a conçu la Divinité d'une manière élevée et imposante. Un résultat pernicieux et presque inévitable de la croyance que le vaste esprit de Dieu était répandu dans toute la nature et que Bouddha avait traversé cinq cents manifestations avant d'atteindre la perfection entière, a été de conduire les bouddhistes, pleins de respect pour toutes les formes, pour toutes les apparitions de la vie, à adorer presque tous les êtres comme les vêtements éphémères de Dieu et des saints. Aussi dans la doctrine esotérique les divinités sont-elles innombrables. Ce qui contribuerait encore, si cela était possible, à les multiplier, c'est la tendance du bouddhisme à absorber tous les dieux des nations qu'il convertit.

Les divinités de l'Inde, les tegri des Mongols, les lah des Thibétains, l'innombrable milice des esprits de la Chine, ont trouvé place dans ses légendes et ses temples ; tous ont reçu droit de bourgeoisie dans son immense panthéon, où, classés hiérarchiquement par millions et milliards, ils apparaissent gravitant vers cet être suprême Adhi-Bouddha qui les domine de sa toute-puissance. Adorant le dieu *Tout* dans sa forme collective, ils l'ont adoré aussi dans chacune de ses parties. L'eau, l'air, la terre, le vent, sont à leurs yeux le réceptacle de myriades de divinités; et on peut appliquer aux bouddhistes ce qu'un poëte chrétien disait des Grecs :

> Quidquid humus, quidquid pelagus mirabile gignunt,
> Id duxere deos, colles, freta, flumina, flammas.

> Tout ce que terre ou mer produit de merveilleux,
> Fleuve, flamme, montagne, ils en ont fait des dieux.

L'humanité surtout était le grand laboratoire des êtres surnaturels; à chaque instant il s'élevait de dessus la terre comme une nuée d'âmes épurées que la perfection portait vers les hautes demeures du ciel. Pour achever de faire connaître la notion que les bouddhistes ont eue de Dieu, nous devrions parler encore ici de huit classes d'êtres intelligents qu'ils représentent avec des attributs en dehors de la portée de l'homme; mais ces êtres trouveront mieux leur place dans l'exposition sommaire que nous allons faire de la cosmogonie samanéenne[1].

Toute religion qui arrive à se constituer et veut se faire accepter par des populations nombreuses, doit pouvoir répondre à toutes ces questions que s'est posées l'homme de tout

---

[1] Nous nous servons dans cette exposition des précieux travaux laissés par M. Abel Rémusat, et auxquels nous avons eu souvent à recourir dans le cours de notre ouvrage.

temps, et dont il demande la solution aux philosophes et aux prêtres : Qu'est-ce que Dieu? Qu'est-ce que le monde? D'où venons-nous? Où allons-nous? Sur tous ces points, soit qu'une religion adopte des théories existantes avant elle, soit qu'elle les repousse, elle doit coordonner autour de son principe nouveau tout un corps de doctrines sur la science, l'art et la morale, composer, en un mot, son encyclopédie. Nous avons vu avec quelle hauteur de métaphysique, avec quel luxe de spéculations, les bouddhistes ont répondu à la première question, touchant la nature de Dieu; leurs opinions relativement à la formation du monde et aux vicissitudes de sa durée portent le même caractère de magnificence orientale, d'exubérance d'imagination. En entassant métaphores sur métaphores, hyperboles sur hyperboles, ils ont voulu expliquer l'inexplicable, et ils n'ont fait qu'écraser l'esprit sous le poids de leurs conceptions gigantesques. Leur appareil numérique pour calculer les révolutions du temps semble surtout avoir été inventé par une imagination en délire. Ils ont multiplié les nombres entre eux, les ont élevés à de très-hautes puissances, et à l'unité ont ajouté des séries interminables de zéros, comme s'ils avaient espéré, au moyen de calculs mathématiques, pouvoir saisir la mesure de l'éternité et fixer, par des chiffres définis dans leur immensité, l'infini lui-même. Dans leur système de numération fantastique, l'unité est représentée par cent quadrillons, le dernier terme est le chiffre 1 suivi de 4,456,448 zéros, ce qui, en typographie ordinaire, dit Abel Rémusat, formerait une ligne de près de 44,000 pieds de longueur. On comprend bien qu'il n'est pas dans notre pensée de vérifier les opérations algébriques des bouddhistes; eux-mêmes, avec une humilité qui n'est que le subterfuge de la raison aux abois, déclarent que Bouddha seul les comprend.

Maintenant voyons comment ils ont conçu la constitution de l'univers. Le pivot s'en trouve dans le Sou-mérou, ou montagne céleste, sur les degrés de laquelle s'appuient les différents mondes qui remplissent l'espace, depuis les profondeurs des enfers jusqu'aux régions les plus épurées de l'éther.

Le Sou-mérou n'est ni l'Himalaya ni aucune autre des montagnes connues et réelles ; tout est mythologique dans la cosmogonie samanéenne. Dans sa partie inférieure et à la hauteur de notre globe terrestre, cette montagne est entourée de quatre continents, dont les noms paraissent être des allusions aux caractères des pays auxquels ils s'appliquent. Ce sont : à l'orient, le continent de la beauté ; à l'occident, le continent des bœufs ; celui de la victoire ou de la supériorité guerrière, au nord ; le continent du midi se nomme Djambou-dvîpa ou île d'or. Ce dernier continent paraît être l'Asie, le seul que les bouddhistes ont pu connaître ; aussi la cosmogonie, dans les détails qu'elle donne sur sa physionomie générale, est-elle plus explicite qu'ailleurs.

Quand un monarque universel ne réunit pas sous sa domination toute la terre, le Djambou-dvîpa devient le partage de quatre princes. A l'orient règne le *roi des hommes*, ainsi nommé à cause de la grande population qui naît dans son empire. Une civilisation florissante, des mœurs douces et équitables, la culture des sciences, un climat tempéré et agréable, en font le domaine naturel de l'homme. Le *roi des éléphants* règne au midi ; un sol humide et chaud favorise la propagation de ces animaux ; la violence et la férocité y abrutissent les hommes ; la magie et les sciences occultes les corrompent ; quelques-uns pourtant savent y purifier leur cœur, et monter par la pratique de la foi et de la vertu les degrés de la perfection qui les dégage des sens. A l'ouest est le *roi des trésors* ; souverain comme sujets ne prisent que les richesses ; la mer qui enclot cette contrée fournit à leur avidité des perles et des objets précieux ; mais ils ne se soucient de connaître ni les devoirs sociaux ni les rites. Le royaume du nord est froid et stérile, et ne fournit guère qu'à la nourriture des chevaux; aussi, le prince de ce pays porte-t-il le nom de *roi des chevaux*; ses sujets sont courageux, bravent la mort et les fatigues. Si on veut percer le voile de cette géographie allusive, on retrouvera facilement l'empereur de la Chine dans le roi des hommes; le grand radja des Indes dans celui des éléphants; le roi des trésors représentera assez bien le souverain de la Perse; celui des chevaux, le chef des hordes nomades du nord, Scythes, Huns, Gètes, Turcs et Mongols.

La découverte de la loi de la gravitation universelle est venue dissiper bien des aberrations et bien des folies conçues à l'effet de rendre compte de la pondération de la terre dans l'espace. Comme tous les peuples et toutes les religions, les bouddhistes ont donné des raisons de son équilibre; leurs théories, quoiqu'elles témoignent de leur embarras, n'en sont pas pour cela moins affirmatives et donnent un admirable exemple de la facilité des hommes à se payer de mots quand ils ne peuvent atteindre aux choses, et en même temps du besoin où ils sont de se reposer sur une affirmation bonne ou mauvaise. Pour soutenir la terre, les bouddhistes avaient imaginé de la faire surnager sur une mer d'une épaisseur de 84,000 yodjanas (mesure employée par les voyageurs bouddhistes et qui revient à 5 milles anglais). Mais à son tour, cette mer avait besoin d'appui, et on lui en donnait un dans une couche de feu. Cette couche de feu portait sur une couche d'air ou de vent qui portait sur une roue de diamant qui portait... quel est le support, quelle que soit la subtilité de sa nature, qui n'en aura pas besoin lui-même? Arrivés à ce point de leur exposition, les bouddhistes se seront aperçus qu'ils ne faisaient que chercher le bout d'un cercle, et fatigués enfin ils s'en sont reposés, pour maintenir l'univers, sur la conscience des hommes; ce sont leurs bonnes ou mauvaises actions qui occasionnent définitivement, dans la cosmogonie bouddhique, les vicissitudes du monde terraqué, le conservent ou amènent sa ruine.

Mais revenons au pied du Sou-mérou. Toutes les richesses, toutes les merveilles que l'imagination la plus féconde peut se figurer dispersées sur l'immense surface de l'univers, se trouvent rassemblées sur les étages de cette montagne céleste; elle est au nord couleur d'or, à l'orient couleur d'argent, au midi de saphir, à l'ouest de cristal de roche. Tous les êtres, végétaux, animaux, poissons et quadrupèdes, reçoivent de cette montagne leur couleur, suivant le côté dont ils approchent, et ils la gardent à jamais. Elle est inébranlable au milieu des cataclysmes du monde; la première formée à l'origine des choses, c'est la dernière qui s'écroulera à la consommation des temps. Autour d'elle tournent le soleil et la lune; sur les divers degrés de sa hauteur se superposent les cieux et les demeures de plus en plus élevées des dieux du panthéon bouddhique.

En s'élevant au-dessus de notre globe terrestre, le premier monde qu'on rencontre est le *monde des désirs*; c'est le quatrième des étages du Sou-mérou, et il est situé à la moitié de sa hauteur. Six cieux superposés le composent. Les êtres qui les habitent, bien que haut placés dans l'échelle des êtres intelligents, sont néanmoins encore soumis aux séductions des sens, aux affections et aux passions humaines, et c'est pour cela que leur univers prend le nom de monde des désirs. Tous en effet ressentent plus ou moins violemment les effets de la concupiscence; quelques-uns même dans les régions inférieures s'unissent à la manière du siècle. Mais plus on s'élève, plus les moyens de génération s'épurent. Ici la conception s'opère par des embrassements; là, par un simple attouchement; plus haut, des sourires échangés suffisent; plus haut encore, le désir se borne à des regards mutuels de sympathie.

Le monde des désirs est l'élysée des dieux du bouddhisme; ces dieux varient un peu suivant les pays, car c'est là qu'ont été réunis, par une pensée philosophique, les divinités nationales des peuples convertis. On les classe généralement en huit catégories, qui sont, en commençant par les moins élevées, les Mahoragas, ou dragons terrestres; les Kinnaras, génies cornus; les Garoudas, oiseaux aux ailes d'or; les Asouras; les Gandharvas; les Yakchas; les Nagas ou dragons, et les Dévas ou dieux. Parmi ces êtres surnaturels, il y en a vingt qui ont un rôle mythologique emprunté à des mythologies étrangères; les autres ne font que remplir des étages célestes, demeure accordée aux vertus qu'ils ont montrées dans d'autres existences. Dans le premier des cieux du monde des désirs, sont quatre dieux qui président aux quatre points cardinaux; au second ciel est Indra, le Jupiter indien, avec ses trente-deux compagnons qui font incessamment retentir les airs de leurs harmonieux concerts. Tel les Persans représentent Hormuzd avec sa suite de trente-deux Amschaspands. Plus élevé que ces derniers, parce qu'il pratiqua avec plus de ferveur et d'assiduité l'aumône et les préceptes, Yama séjourne dans le troisième ciel; son nom signifie *beau temps*, car il chante et se réjouit sans cesse. A partir du quatrième ciel, les sens cessent de faire subir leur influence. Enfin, dans le sixième et le plus élevé, règne Maha Ishwara, le grand seigneur de la majestueuse intelligence; c'est le plus vénérable des dieux du monde des désirs. On le nomme aussi le roi des génies de la mort.

Mais les dieux les plus populaires de cette mythologie, du moins dans les livres chinois, ce sont les dragons, animaux déjà connus en Chine avant l'introduction du bouddhisme. Ils occupent ici une place aussi grande que les éléphants dans l'Inde et à Ceylan, et les légendes ne tarissent pas sur leurs mérites et leur intervention dans les affaires de ce monde. On les représente comme des protecteurs attentifs de la doctrine bouddhique, et deux assistèrent à la naissance de Shakya. Lorsque sa mère, portant dans sa main une branche d'arbre, sortit de l'étang où elle venait de se baigner, et le mit au monde, ils le reçurent les premiers et lavèrent son corps.

Cent soixante dix-sept rois règnent sur les dragons; on ne sait quel étage du monde des désirs leur assigner pour demeure, et dans les légendes ils paraissent généralement habiter les eaux de notre globe. Sagara, le plus puissant de tous, fait son séjour dans la mer salée (l'Océan). Maître de l'élément humide, c'est lui qui distribue à son gré la pluie et les orages, en amoncelant les nuages dans le ciel. Quand un Bouddha vient habiter la terre, ce dragon se montre parfois dans sa forme gigantesque sur la surface des mers. C'est maintenant un adorateur soumis de Bouddha, il suit ses assemblées et protége ses sectateurs. Son palais, dont la magnificence est digne du rang qu'il occupe parmi les dieux, fut à la mort d'Ananda, qui avait continué les prédications de son cousin, le dépositaire du Hia-pen-king ou le dernier volume.

Les dragons peuvent naître de différentes manières : d'un œuf, de l'humidité, ou par transformation. Quoiqu'ils aient leurs palais dans le monde des désirs, ils jouissent de la faculté de se transformer, comme tous les êtres supérieurs à l'homme, et aiment à venir habiter parmi eux. Seulement il leur faut faire des efforts sur eux-mêmes pour parvenir à cacher leur forme naturelle, car cette forme reparaît dès qu'ils s'abandonnent à leurs instincts ou à une forte passion. Ainsi en arrive-t-il à leur naissance, à leur mort, quand ils sont animés par la colère, qu'ils se livrent à leurs ébats ou sont envahis par le sommeil. Il existe même à ce sujet une légende assez curieuse.

Un jour que Bouddha était dans un jardin à converser avec des religieux, un dragon, à la faveur de la forme humaine qu'il avait prise, se glissa parmi eux et demanda à embrasser la vie religieuse; les prêtres s'empressèrent de se soumettre à ses vœux, et le nouveau pénitent, voulant faire preuve de zèle, se retira aussitôt pour se livrer à la contemplation. Les dragons, fait observer ici la légende, sont d'un tempérament très-lourd, et celui-ci s'étant assoupi, perdit la faculté de cacher sa forme. Son corps se développant peu à peu dans des proportions gigantesques, eut bientôt rempli toute la salle où il se trouvait. Rentrant quelques instants après, les religieux l'aperçurent et s'enfuirent en poussant des cris effroyables. Tous les religieux réunis revinrent ensuite pour examiner le monstre. Mais celui-ci, réveillé par ces bruits, sans en chercher la cause, s'était hâté de reprendre sa figure humaine, et les religieux le retrouvèrent assis, les jambes croisées et dans une méditation profonde. Nouveau sujet de frayeur: on courut rapporter la chose à Bouddha, qui expliqua le phénomène et fit un long discours sur les pouvoirs des dragons. Il prêcha en même temps en faveur du dragon bien intentionné, et lui ordonna de se retirer parmi les siens.

En général, les faits merveilleux qu'on raconte des dieux du bouddhisme, dragons ou autres, ne s'accordent pas toujours avec l'idée qu'on se fait en théorie de ces puissances surnaturelles, qui ne sont après tout que des hommes ayant mérité de s'élever dans l'échelle de perfection par la pratique des préceptes de Bouddha. Quelques-uns paraissent comme ses ennemis dans les légendes, et ne manifestent leur puissance divine que dans leurs luttes contre lui. Cela doit tenir à ce que nous avons dit plusieurs fois; savoir, que le bouddhisme ayant englobé dans son panthéon les dieux des peuples convertis, a également admis les légendes qui les concernent. Or, il est arrivé souvent que ces dieux nationaux n'étaient devenus populaires que par l'opposition qu'ils avaient faite à l'introduction du culte de Shakya-mouni. N'importe, le bouddhisme fut généreux ou habile; après le triomphe, il amnistia les vaincus, et les annula en leur donnant de sa main l'apothéose.

Tel nous semble être le sens de l'anecdote suivante. Le Joulaï[1] voyageant autrefois à travers l'Inde, s'arrêta un jour dans le royaume d'Ou-tchang, à l'orient du Kandahar, et à peine

---

[1] Transcription chinoise de Tathâgata, le *Venu*, le *Messie*.

y eut-il mis le pied, qu'une pluie l'assaillit avec une telle intensité que ses habits en furent transpercés. On montrait encore deux mille ans plus tard le rocher où Shakya était venu étendre son *kia-cha* (habit de religieux), pour le faire sécher au soleil. Le rocher en gardait encore les traces et jusqu'aux plus menues impressions des fils. Or, par qui avait été excitée cette pluie? Par un roi de dragons, qui, habitant un lac dans le voisinage, avait trouvé dans sa colère ce moyen de chasser le samanéen. Dans la suite, le roi des dragons se convertit et n'en continua pas moins d'opérer des miracles. Fléau du pays avant sa conversion, il ne se laissait fléchir que par l'offre de monceaux d'or, de pierreries et d'objets précieux jetés dans les cavernes du lac. Maintenant qu'un temple avait été élevé sur ses bords pour servir d'asile à cinquante religieux, ce roi des dragons faisait jaillir ces trésors à la surface des eaux, afin que les desservants du temple pussent les recueillir.

Une dernière anecdote sur la puissance mystérieuse des dragons nous montrera encore la confusion des croyances bouddhiques à l'égard des êtres surnaturels. La scène se passe toujours sur les bords de l'étang d'Ou-tchang. A la suite d'une guerre où il avait été vaincu, Chy-tchoung, fuyant sa capitale, voyageait sur terre et sur eau; mais épuisé par la course, il allait se laisser tomber de fatigue, lorsque une oie vint à voler devant lui et se montra si bien disciplinée, qu'il osa se confier à ses ailes pour le porter. L'oie vola longtemps et s'abattit enfin sur les bords de l'étang des dragons. Chy-tchoung ayant perdu à travers les airs toute trace du chemin, désorienté sur cette terre inconnue, chercha le pied d'un arbre pour s'y reposer et dormir. Or, pendant ce temps, la fille du dragon du lac se promenait dans ces lieux, et à la fois effrayée et charmée de cette apparition, elle revêtit la figure humaine, s'approcha de Chy-tchoung et le tira par la main. Réveillé en sursaut, celui-ci se prosterna aux pieds de la jeune fille et lui adressa ses remercîments. « Comment daignez-vous, lui dit-il, vous intéresser à un pauvre étranger tel que moi? un fugitif errant dans les déserts devait-il s'attendre à recevoir vos secours? — Je suis la fille du dragon du lac, répondit la jeune fille; j'ai appris la fuite des saints et leur mésaventure, et je suis venue me promener vers ces lieux, pour voir si je ne pourrais pas offrir des consolations à quelqu'un. » En venant offrir des consolations, elle en cherchait peut-être, car elle ajouta : « Pour mon malheur, j'ai ce corps de dragon; votre éloignement ne vous a pas permis de l'apprendre. » Chy-tchoung, qui possédait une vertu surnaturelle, s'empressa de faire cesser les regrets de la jeune fille, et s'étant écrié : « Que tout ce que j'ai de force, de bonheur et de mérite, fasse reprendre à cette fille du dragon sa forme humaine. » Le dragon redevint femme à l'instant. Pénétrée de reconnaissance et de joie, la jeune fille ne put en faire taire l'expression, et courut aussitôt dans sa demeure du lac annoncer cette bonne nouvelle à son père. Celui-ci ne se montra pas moins joyeux que sa fille, et se laissa guider vers le saint pour l'inviter à venir dans sa maison. Chy-tchoung accepta l'offre, et aussitôt la cour du roi se mit en marche avec une nombreuse musique, pour le recevoir et lui faire cortége; mais à l'aspect de ces monstres, l'étranger fut frappé de crainte et de dégoût, et ne songea plus qu'à s'en aller. En vain le roi des dragons lui offrit-il une maison de plaisance qu'il possédait dans les environs, Chy-tchoung ne voulut point rester. Ne pouvant acquitter ainsi sa reconnaissance, le roi des dragons plaça une épée dans un coffre, et l'ayant couvert d'une riche étoffe de laine blanche : « Prenez cette étoffe, lui dit-il, et portez-la au roi du pays; il acceptera certainement le tribut d'un étranger, et dans cet instant vous pourrez le tuer et vous emparer de son royaume. » Chy-tchoung fit ainsi qu'il lui avait été conseillé, et régna sur le royaume de Ou-tchang. « Je m'épuiserai à votre service sans satisfaire ma gratitude, » avait dit la fille du dragon du lac à Chy-tchoung, au moment où celui-ci lui avait rendu la forme humaine ; elle le suivit et lui donna une nombreuse postérité.

Il est temps de revenir à l'exposition de la cosmogonie samanéenne. Du monde des désirs on s'élève au monde des formes et des couleurs. Ici, plus de désirs, plus de ces agitations internes des sens qui sont une excitation à l'action et au mouvement ; dix-huit degrés d'étages superposés y mesurent autant de degrés de perfection morale et servent de séjour à ceux qui les ont obtenus. Au degré le plus bas se trouvent tous les brahmanes et le grand Brahma-roi lui-même, qui est le premier des vingt dieux du bouddhisme. Quoique les bouddhistes aient fait passer dans leur religion ce dieu de la mythologie indienne, et que quelques légendes le représentent comme le souverain du grand chiliocosme, c'est-à-dire de la plus grande des agrégations d'univers qu'ils ont imaginées, ils ne le considèrent pas pourtant, dans la doctrine ésotérique, comme un dieu créateur ; ils placent, au contraire, au nombre des opinions hérétiques celle qui tendrait à faire dériver de lui la création. En quittant le monde des formes, on s'élève enfin dans le monde sans formes ; ici, les êtres ne conservent même plus ces contours de la forme qui marquent les limites des existences individuelles ; ils n'ont plus que des attributs pour toute substance, les souvenirs et la pensée pour vêtement; la connaissance est toute leur vie. Dans le dernier même des cieux de ce monde, ils n'ont ni localité, ni support, ni substance, et la théologie les désigne par un mot qui signifie *ni pensants ni non pensants*. Au delà sont les bouddhas.

Tous ces mondes réunis constituent l'univers que les bouddhistes, par une métaphore qui se rattache à leurs idées d'ascétisme, appellent le monde de la patience. Cet arrangement, qui semble complet, ne laisse pas de paraître ingénieux et grandiose, quoiqu'il y ait un peu de monotonie dans les exagérations. Mais ce n'est là qu'une charpente, un canevas si l'on peut dire, et sur cette base l'imagination de ces sectaires a échafaudé des systèmes de mondes à l'infini. Chaque ciel est devenu le centre d'un nouvel univers, en tout semblable à celui que nous venons de décrire, reproduisant le même nombre de cieux; ceux-ci donnent à leur tour naissance à de nouveaux univers, et ainsi à l'infini. Ces millions de mondes et de soleils, ces milliards de Sou-mérou secondaires et de continents, forment le grand chiliocosme qui tourne avec ses milliards d'annexes autour du Sou-mérou primordial. Telle est l'image grandiose et fantastique que les bouddhistes, dans leur préoccupation de vouloir représenter l'immensité de la création, ont livré à la crédulité des hommes. C'est le dernier effort, ce semble, de la folie philosophique; mais épuisés de calculs, les bouddhistes ne le sont pas de comparaisons, et à l'ardeur qu'ils mettent à entasser exagération sur exagération, on les prendrait pour des poëtes entraînés par le démon du délire. La conception du chiliocosme leur a paru trop simple; aussi, pour donner une idée de l'infinité de mondes qui le composent, ils prétendent que chaque monde repose sur un épanouissement de fleur de lotus, chaque lotus sur un océan de parfums, et qu'autant cet océan contient d'atomes, autant s'élèvent de fleurs de lotus sur sa surface. Les légendes où sont exposés ces systèmes cosmogoniques sont innombrables, et toutes ont brodé sur ce fond des récits merveilleux qui varient suivant les pays.

L'exagération qu'on remarque dans la conception des parties de l'univers, on la retrouve dans la supputation de la durée et des vicissitudes de ce même univers. La base des calculs est le petit kalpa, c'est-à-dire le temps que met la vie des hommes à descendre de 84,000 ans de durée à dix ans, en décroissant tous les siècles d'une année, joint à celui qui est nécessaire pour revenir à 84,000, la vie croissant également tous les cent ans d'une année. La durée de cette période est de 16,800,000 ans. Vingt petits kalpas font un moyen kalpa, et quatre moyens kalpas ou quatre âges composent une grande révolution. Les grandes révolutions qui renferment dans leur immense durée une création et une destruction complètes, naissent sans cesse les unes des autres ; et quoique l'univers se forme et se détruise dans ses manifestations, dans le temps et l'espace, on peut dire qu'il est éternel dans son germe.

Dans les systèmes panthéistiques, il n'en saurait être autrement. On ne sait où commence la création, où elle s'achève. La vie ne paraît pas plus être un signe de l'existence que la mort ; sans cesse l'une sort de l'autre ; celle-ci n'est que le passage à une modification nouvelle ; celle-là, que le développement d'un germe latent ; de sorte que ce jeu de mots, *la mort c'est la naissance*, est un axiome des croyances bouddhiques. L'effet et la cause sont toujours confondus, et le symbole de cette maxime se trouve dans cet antique serpent de l'Inde, qui mord sa queue. Aussi, pour exposer la succession des quatre âges du grand kalpa, nous commencerons par le dernier, par l'âge de la destruction. A cette période de la durée de l'univers, les êtres, les formes et les phénomènes de la matière sont remplacés par le vide. Le Sou-mérou s'est abîmé ; tout ce qui ne participe pas à l'immatérialité de l'intelligence s'est écroulé avec le monde des désirs. De toutes ces créations de la trompeuse Maya, il ne reste plus que les êtres purs et les dieux qui, sans avoir encore obtenu la dignité de bouddha, sont parvenus cependant dans le monde de l'éther. Plongés dans l'inaction et dans l'océan de la pensée, ils jouissent des voluptés promises à leurs vertus et accomplissent leur temps de félicité. Mais pourtant, quelle que soit la durée de leur vie, et la longévité de quelques-uns de ces êtres s'élève à 1,344,000,000 d'années, l'éternité ne leur est pas accordée, et la transmigration est encore leur loi fatale.

Lorsqu'un grand kalpa va commencer, les dieux du monde des formes et du monde sans formes sont arrivés par une ascension graduelle au terme de leur bonheur. De jour en jour plus pressés, dans l'éther qui les soutient, par les nouveaux êtres qui montent, des symptômes visibles leur annoncent la fin de leur vie céleste. Leurs corps, presque évanouis, reparaissent dans leurs linéaments primitifs; leurs yeux, qui plongeaient dans le vide, s'obscurcissent et sont éblouis par la radiation d'une trop grande lumière. Leur vêtement, dont le poids n'excédait pas dix grains de millet, s'alourdit et se tache. Leur corps, formé d'une substance subtile et pure, commence à laisser échapper des transpirations et des humeurs; ils descendent alors pour chercher des régions plus en rapport avec leur nature, et suivre la fatale loi de la renaissance dans le monde des désirs.

Cependant un nuage de couleur d'or s'est condensé pardessous la demeure des dieux, et il a laissé échapper une grande pluie qui a formé un immense amas d'eau. Des tourbillons de vent l'agitent, et le Sou-mérou apparaît avec ses majestueux appendices. Les dieux descendent toujours; les premiers sont suivis par d'autres. Du monde des formes ils ont passé dans le monde des désirs : quand ils mettent le pied sur la terre, nulle distinction de sexe n'existe encore entre eux. Mais de la terre jaillit une source dont l'eau est douce au goût comme la crème et le miel, et à peine en ont-ils goûté, que naît en eux la sensualité, et avec elle les instincts, les passions et tous les penchants de l'humanité. En ce moment le soleil, la lune et les astres s'illuminent de nouveau et commencent leur carrière autour du Sou-mérou. Le monde est créé. Le moyen kalpa, dans lequel ces prodiges s'opèrent, est l'âge de la perfection et de l'achèvement. La vie des hommes diminue et s'accroît périodiquement, comme nous l'avons dit, dans les vingt petits kalpas qui le composent.

Le second moyen kalpa est appelé l'âge d'arrêt ou de repos; c'est celui dans lequel nous vivons, celui dans lequel est apparu Shakya-mouni.

Dans le troisième, le monde est en ruines et se détruit; c'est l'âge des grands ouragans, des cataclysmes et des incendies ; c'est surtout dans le dernier des vingt petits kalpas que tous ces sinistres éclatent. A ce degré de la période, il ne reste que la charpente du monde, ou, suivant une expression bouddhique, le vase de l'univers vide. La méchanceté des hommes a conduit le monde à ce point ; ce sont leurs crimes qui ont allumé le grand incendie qui va tout dévorer. Les arbres et les plantes se dessèchent parce que la pluie ne les féconde plus ; les grandes mers se tarissent ; un grand vent balaye le palais du soleil. Les hommes ont péri ; les dieux du monde des désirs s'engloutissent dans la chute du Sou-mérou, qui s'est ébranlé et se réduit en vapeur. Il ne reste plus que l'éther, et le quatrième âge commence, kalpa du vide et de la nuit, pendant lequel les dieux immatériels achèvent d'épuiser leur durée de bonheur. La grande révolution est achevée. Si vous voulez vous faire une idée de l'étendue de ces landes chronologiques, lisez les hyperboliques comparaisons des bouddhistes. « Si tout le sable du Gange était comme de la farine, et qu'on en prît un grain seulement tous les cent ans, il faudrait un grand kalpa pour achever de prendre tous les grains. Qu'on se représente un rocher large de deux yodjanas et épais d'un demi-yodjana, et que les dieux du monde des formes, vêtus d'une étoffe assez légère pour ne pas peser plus de soixante grains de millet, viennent une fois tous les siècles secouer leur robe sur ce rocher : le grand kalpa sera terminé quand ce frottement aura complétement usé le rocher. »

Les comparaisons sont poétiques ; tous ces calculs, toute cette symétrie, tous ces échafaudages de périodes, sont des voiles habilement jetés sur le mystère de la création de l'univers et de sa durée ; mais si on les écarte, on trouve au fond ces deux affirmations dans la doctrine des bouddhistes : d'un côté, que le monde est né spontanément en vertu de germes préexistants à sa manifestation, et sur ce point leurs livres et les réponses de leurs prêtres sont explicites ; de l'autre, que la moralité des actions des hommes influe sur les vicissitudes terrestres, et que le point d'appui du monde est dans la conscience humaine. Non-seulement la vertu des saints gouverne d'une manière générale les événements, mais les tremblements de terre sont les effets de quelques-uns de leurs actes. Ces secousses ont lieu lorsqu'un saint, dans la dernière période de son existence qui précède son anéantissement, vient habiter dans le sein d'une femme pour achever d'accomplir la loi, lorsqu'il reçoit le jour, quand il entre dans le nirvanâ, quand les mendiants bouddhistes se livrent à certaines de leurs pratiques religieuses.

Il y a dans le principe qui place la vertu de l'homme au-dessus de l'action aveugle de la matière une pensée noble ; le sentiment de la dignité de l'homme et de son libre arbitre l'ont inspirée. Mais ce principe ne laisse pas d'être embarrassant ; comment le concilier avec celui d'une création spontanée et régulière, s'opérant à des époques précises et symétriques, se reproduisant sans cesse avec une inévitable nécessité, au jour, à l'heure marqués dans la clepsydre de l'éternité ?

Évidemment la soudure manque ici. Et qu'adviendrait-il si le monde était livré aux chances de la moralité humaine? Semblable au char de Phaéthon, tantôt emporté trop haut par un généreux enthousiasme, tantôt retombant avec une vertu défaillante, il ne tarderait pas à s'abîmer dans sa course désordonnée. Si on veut absolument faire cette concession à l'homme, de placer sous sa responsabilité tous les grands accidents du globe, responsabilité que semblent admettre beaucoup de mythologies lorsqu'elles regardent les déluges comme provoqués par les crimes de la terre, il faut soutenir nécessairement que les conditions de l'espèce humaine ne peuvent changer, si les individus varient ; et toute vérité se trouve alors dans ce mot de Fénélon : « L'homme s'agite, et Dieu le mène. »

Germe ou volonté, la fatalité est le caractère distinctif de la cosmogonie bouddhique. D'eux-mêmes les astres s'illuminent dans l'espace, les cieux étendent leurs voûtes constellées, la terre ses continents et ses mers; d'elles-mêmes les époques s'engendrent et se succèdent. Tout s'enchaîne, tout marche vers sa fin, en vertu d'une force propre qui réside dans les entrailles des choses. La chiquenaude du dieu de Descartes n'est pas même ici nécessaire pour imprimer le mouvement.

Après tant d'efforts, de calculs, d'hyperboliques métaphores pour expliquer ce que l'intelligence, malgré l'aiguillon de la curiosité qui la tourmente, n'expliquera jamais : l'éternel et l'infini; après tous ces systèmes, marqués du sceau de la grandeur et de la folie, qu'on livre comme des vérités et des explications au vulgaire, la philosophie bouddhique finit par un aveu d'impuissance. « Il n'est pas du domaine de l'homme, dit-elle, de savoir d'où viennent tous les êtres et où ils vont; comment, après avoir été formés, ils se détruisent, et détruits se reforment. Heureux ceux qui connaissent Dharma (la loi), car ils connaissent l'intelligence absolue, le lien qui rattache les effets aux causes; mais ceux-là sont des bouddhas ou des bodhisattwas! »

CHAPITRE ONZIÈME.

SUITE DU BOUDDHISME.

Moyens de salut. — Ils consistent à se soustraire de plus en plus aux affections et aux instincts de la matière par la contemplation et les pratiques d'ascétisme. — Le suprême degré de perfection est dans l'anéantissement complet. — Le nirvana. — Enchaînement des diverses vies de l'homme. — Différents degrés de sainteté qu'il peut atteindre. — Les shrâvakas; les pratyekas-bouddhas; les bodhisattwas; les bouddhas. — Les véhicules de perfectionnement. — Les mille bouddhas de chaque kalpa. — Le bouddha de l'âge futur.

Quelles que soient les variations des philosophes bouddhistes sur la question de la formation du monde, et l'incohérence de leurs systèmes, le point le plus arrêté de leur métaphysique, et sur lequel il ne peut y avoir ni ignorance ni doute, c'est que le vide est la seule existence réelle et véritable, et que tout ce qui a forme, couleur ou mouvement, n'est qu'un phénomène illusoire ou trompeur, une création de nos sens et de notre pensée. L'homme est donc dans ce monde le jouet perpétuel de ces ombres de la réalité, et tous ses efforts doivent tendre à s'en affranchir et à mériter par là de se réunir au suprême néant. Mais plongé au sein de la matière, attaché à elle par les mille liens de sa pensée, par ses instincts, ses affections et ses sens, il lui faut des milliers de siècles pour arriver au terme de ses voyages. Bien des fois sa vie s'achèvera avant que ses vertus l'aient purifiée de toutes les souillures de la matière. Shakya-mouni eut cinq cents transformations à subir avant de passer sur l'autre rive. Passer sur l'autre rive (paramita), c'est parvenir enfin à ce dernier degré de perfection morale, à cette suprême bodhi ou science, qui doit, brisant le dernier lien de la matérialité et de l'illusion, lui procurer l'anéantissement et l'unifier au vide.

Le vide, l'anéantissement! mots magiques et pleins d'ineffables séductions pour le dévot bouddhiste ; mots qui l'animent des pieux transports du fanatisme, qui l'enivrent des joies infinies de la béatitude dont ils lui retracent le tableau, qui le plongent dans l'extase et le délire, dans cette quiétude énervante de l'âme, espèce de demi-jour de l'existence. Dans la méditation de ces mots, le célèbre samanéen Dharma se séparera des hommes et passera neuf ans dans le petit temple d'une montagne, la face tournée vers une muraille, les jambes croisées, prononçant par intervalles la mystérieuse syllabe *om*. Ce sont ces mots qui exciteront les plus frénétiques délires dans les assemblées des fidèles, lorsqu'un prédicateur expérimenté, après de longs et habiles développements sur la vanité des choses de la terre et de la personnalité même de l'homme, s'écriera en terminant : Que sont tant de choses dont la forme fuit et s'efface sous le regard? ce qu'est le sillage d'un navire, le scintillement de la lumière, le bruit de l'écho, le néant. — Néant! néant! répétera en chœur toute l'assemblée électrisée, et se levant d'un mouvement spontané, des fanatiques courront monter sur des barques stationnant dans quelque rivière du voisinage, et les feront couler sous eux, au bruit de leurs cantiques. Qu'auront-ils à craindre? la mort n'est qu'un soir des nombreuses vies d'une existence complète. Après une courte étape dans la nuit, l'homme renaîtra bientôt, doué de toutes les dispositions au bien que lui auront méritées ses vertus dans les vies antérieures.

A sa rentrée dans le monde, le bouddhiste se retrouvait au point où il s'était arrêté sur la route immense qui s'étendait de sa première naissance jusqu'à l'anéantissement; la vie présente n'était que le prolongement de la vie d'hier ; au moment où il mettait le pied sur la terre, il était soutenu par ses mérites passés, ou alourdi par ses crimes. C'est une maxime populaire dans tous les pays bouddhiques que celle-ci : « La naissance précédente, voilà la providence et le destin. » L'homme se trouve donc constamment sollicité par des forces contraires.

D'un côté est la nature, avec toutes ses illusions, la nature qui l'attire par la voix magique des plaisirs, par le prestige de la beauté, par toutes les affections qui agitent la fibre sympathique de son cœur, par les six poussières enfin, pour parler comme les bouddhistes, auxquelles sont ouvertes les six entrées de la vue, de l'ouïe, du goût, de l'odorat, du tact et de la conception; de l'autre côté sont les *nidanas*, ou réminiscences des époques antérieures qui enchaînent sa vie présente et la poussent sur le penchant de la route déjà parcourue. Il y a douze de ces destinées individuelles ou fatalités communes à tous les hommes; et nul ne se soustrait à leur inévitable influence. Un jour qu'une femme avait accablé d'injures Shakyamouni devant ses disciples, celui-ci en prit occasion pour leur raconter comment il lui restait, maintenant même qu'il avait atteint la qualité de bouddha, à expier par les mauvais traitements des hommes d'antiques méfaits:

« Il y avait autrefois, leur dit-il, dans la ville de Bénarès un comédien nommé Tching-yan (l'œil pur). Dans le même temps vivait une courtisane du nom de Lou-siang. Le comédien prit avec lui cette femme dans son char et l'emmena hors de la ville, dans un jardin planté d'arbres, où ils se divertirent ensemble. Dans ce jardin un pratyeka-bouddha se livrait à la pratique des œuvres pieuses. Le comédien attendit que ce saint personnage fût entré dans la ville pour y mendier sa nourriture, et ayant tué la courtisane, il l'enterra dans la chaumière du pratyeka-bouddha, et mit sur son compte le crime que lui-même avait commis. Cependant au moment où le saint allait être mis à mort, le comédien éprouva des remords, se fit connaître pour le véritable coupable, et fut livré au supplice par ordre du roi. Ce comédien, ajouta Shakya, c'était moi-même; la courtisane, c'était la femme qui vient de m'insulter. Voilà pourquoi, pendant une longue durée de siècles, j'ai souffert, en conséquence de mon crime, des peines infinies, et quoique je sois maintenant devenu bouddha, il me restait encore à endurer, comme dernier châtiment, les injures de ma victime. »

Dans l'exemple qui suit, l'action du passé a été si corrosive, s'il est permis de s'exprimer ainsi, qu'elle est restée empreinte sur la conformation physique. Un femme qui vivait il y a des milliers de siècles, au temps du bouddha Vispa'yi, ayant fourni un peu d'or et une perle pour réparer une défectuosité qui déparait le visage d'une statue de Bouddha, forma le vœu d'être, par la suite, l'épouse du doreur qui fit la réparation ; ce vœu se réalisa : elle renaquit durant quatre-vingt-onze kalpas avec une face couleur d'or ; ensuite elle renaquit comme dieu Brahma, dans le monde des formes ; sa vie comme dieu étant épuisée, elle devint brahmane dans le pays de Magadha. Ce fut dans sa famille que naquit Mahakaya, le premier disciple de Shakya, et de là lui vint le nom de Kiu-se (couleur d'or).

Au moyen des prédispositions individuelles qui sont comme une vitesse acquise pour mieux traverser la route de la vie, l'homme, fortifié contre l'empire des sens, s'achemine vers le vide ; mais quelle distance le sépare de ce port, qui recule sans cesse à ses yeux, comme l'îlot fantastique d'Ulysse ! Quelle est haute la montagne à gravir pour s'élancer vers l'éther ! que les sentiers sont rudes, la route ténébreuse ! Il n'y parviendra qu'en laissant des lambeaux de sa chair à chaque rocher ; que de fois, nouveau Sisyphe, il roulera avec lui jusqu'au bas de la montagne ! Des points sont pourtant marqués sur cette immense route, dont les deux bouts semblent toucher à l'infini, points d'arrêt qui sont comme les campements d'Israël dans son voyage vers la terre promise. Il y a des véhicules de translation, comme les appellent les bouddhistes, qui conduisent sûrement aux divers degrés de sanctification. Le nombre de ces degrés varie beaucoup, suivant les auteurs ; mais on peut le rapporter à trois principaux : le premier est celui des shravakas ou arhans (auditeurs). Les êtres qui ne sont élevés que d'un degré au-dessus de la simple humanité ont mérité leur rang en écoutant la voix de Bouddha, en recueillant ses instructions et *en contemplant les quatre vérités* : la *douleur*, la *réunion*, la *mort* et la *doctrine*. Dans un degré plus élevé de perfection morale et de science sont les pratyekas-bouddhas, qui étudient les douze nidanas ou conditions de l'existence, connaissent le non-sens des mots naissance et mort, s'appliquent à détruire les erreurs qui proviennent de la vue et de la pensée, et remontent à la véritable condition des choses, qui est le vide. Entre les pratyekas et le bouddha il y a les bodhisattwas, qui pratiquent les six moyens de salut, et par dix mille actions vertueuses appliquent leurs mérites à tous les êtres qu'ils sauvent et éclairent, en leur manifestant la *bodhi* ou doctrine. Le bodhisattwa est un bouddha en puissance, dans la dernière des transformations de sa vie, et n'attendant plus que le nirvana pour passer sur la rive de l'absolu. Tel était Shakya-mouni avant sa trentième année, époque où il accomplit la loi et devint bouddha.

Le bouddhisme, dont presque tous les mots de théorie et de discipline rappellent l'idée de transmigration, a établi, comme nous l'avons dit, trois moyens de translation (*yanas*) pour parvenir d'un état de sanctification à l'autre. Des livres spéciaux exposent les pratiques correspondantes à chacune ; mais nous ne pourrions les indiquer sans faire un traité spécial de la sanctification. Nous nous bornerons donc à citer la métaphore des trois chars et des trois animaux, sous lesquels ils ont symbolisé les vertus des trois classes d'êtres surhumains. Le premier char est attelé d'un mouton ; le mouton est l'emblème du shravaka. De même que cet animal, quand il prend la fuite, court sans regarder derrière lui pour savoir s'il est suivi du reste du troupeau, de même le shravaka, se bornant à la contemplation des quatre vérités, ne s'occupe que de son propre salut, sans se retourner vers les autres hommes et les aider à se convertir. Le second char est traîné par des cerfs ; ceux-ci, quoique ayant la pensée de leur salut personnel, peuvent se retourner pour regarder derrière eux si le troupeau les suit; tels sont les pratyekas-bouddhas, bouddhas égoïstes, dont la sympathie pour les autres hommes ne va pas jusqu'à leur communiquer leur science. Le troisième char est celui du bœuf; le bœuf indique, par sa patience et son ardeur à supporter tous les fardeaux qu'on lui impose, l'abnégation du bodhisattwa pour lui-même, et son dévouement à faire tourner la roue de la loi (prêcher la doctrine).

La dignité de bouddha est le couronnement de la vie; c'est l'espérance offerte à tous contre la loi des transformations. Mais si tous les hommes peuvent parvenir à ce suprême degré de l'échelle des temps, combien peu y parviennent! La cosmogonie ne compte que mille bouddhas par moyen kalpa. Sept seulement ont laissé leurs noms au souvenir et à l'adoration des peuples. Shakya-mouni est le septième : il naquit dans le second kalpa, qui est le nôtre et qu'on appelle le kalpa des sages. Trois bouddhas connus avaient déjà paru dans cet âge : c'étaient Krakoutchhanda, Kana-mouni et Kaçyapa. Presque tous ces personnages sont empruntés au brahmanisme, et le dernier y joue un grand rôle dans le culte des serpents. Les bouddhas des âges précédents, ce sont Vipas'yi, Sikki et Vis'rabhou.

Le huitième bouddha, celui qui doit succéder à Shakya-mouni, pour donner à ses doctrines, quand le sens en aura été perdu, une force nouvelle, se nomme Maïtreya. Il doit paraître à l'époque où la vie humaine, après des diminutions et des accroissements successifs, sera portée à quatre-vingt mille ans, c'est-à-dire dans cinq milliards six cent soixante millions d'années. En attendant son anéantissement, il est le bodhisattwa de l'âge présent; il a la mission spéciale de fortifier la doctrine laissée par Shakya. Les Chinois l'appellent Mile et lui rendent un culte particulier sous le nom de Phousa (abréviation de Bodhisattwa). « Quand Mile commencera à tourner la roue de la loi, dit un auteur de cette nation, il convertira d'abord les disciples restés fidèles à la loi de Shakya; quand il aura accompli la loi, les quatre rois du ciel méditeront de nouveau sur Fo, conformément à la loi des Fo antérieurs. » Maïtreya, du temps de Shakya, se trouvait parmi ses disciples. « Toi, A-yto, lui avait dit le maître, dans les siècles à venir tu accompliras l'intelligence de Bouddha et tu t'appelleras Maïtreya. » Shakya avait annoncé aussi quelle serait sa mère : égale à la femme d'Indra, elle aurait des lèvres comme la fleur oubara, l'haleine comme le santal. Le futur bouddha doit naître comme Shakya, par le flanc droit de sa mère ; il vivra quatre-vingt-quatre mille ans, comme les hommes de son temps; après son nirvana, la loi qu'il lèguera aux hommes aura la même durée.

Est-il maintenant nécessaire de répéter que tous ces bouddhas, que ces bodhisattwas et les autres saints du bouddhisme, bien qu'ils jouissent de facultés surhumaines, ne sont pas des puissances indépendantes, des dieux, comme l'entendait la mythologie grecque de Neptune ou de Mars? Faut-il avertir encore que ces êtres surnaturels ne sont que des âmes plus ou moins engagées dans le sentier de la perfection, gravitant toutes vers le suprême Bouddha ou Adhi-bouddha, dont elles émanent, et que ces milliers de bouddhas dont parlent les livres ne sont plus, depuis leur nirvana, des individualités distinctes? Cette conclusion, nous avons cherché à la faire ressortir de toute notre exposition. Ces dieux eux-mêmes, dont les huit classes s'échelonnent sur les divers étages du Sou-mérou, et que le bouddhisme a pris, pour ainsi dire, armés de toutes pièces, avec leurs attributs et leurs légendes, aux peuples qu'il convertissait, il les a bien laissés à l'adoration des mortels, mais en les dénaturant au profit de ses croyances. La doctrine ésotérique les nie devant le dieu unique, qu'elle appelle le vide. Elle ne les compte que pour des âmes de saints personnages, et les soumet tous à la loi de la transmigration et du perfectionnement. Indra, Brahma, les Nagas, les Devas, ne sont à ses yeux que des hommes sanctifiés. La loi est la même pour le monde terrestre et le monde des désirs et des formes. Les bodhisattwas habitent parmi les huit classes de dieux; hommes et dieux doivent venir une dernière fois sur la terre recevoir dans le nirvana la consécration de l'anéantissement.

La légende suivante, curieuse en ce qu'elle rappelle sommairement les divers points de la doctrine bouddhique, témoigne de ce travail universel de perfectionnement qui se fait sur toutes les parties du monde, de la patience et de la sollicitude des bouddhas pour toutes les espèces vivantes, depuis le saint bodhisattwa jusqu'à la brute malfaisante.

Jadis, il y a un asankhya (cent quadrillions de dizaines de quadrillions de kalpas), existait un bouddha nommé Avalokites'wara, qui communiqua au bodhisattwa de même nom la faculté de pouvoir pénétrer en tous lieux, sous trente-deux formes, pour y répandre ses enseignements et sauver généralement tous les êtres; c'est ce qu'on nomme les trente-deux relations ou correspondances d'Avalokites'wara. Aux bodhisattwas, il se montra sous la forme de Bouddha et leur prêcha la loi qui les aidait à accomplir cette délivrance; il apparut ensuite aux hommes parvenus à la dignité de pratyeka-bouddha et sous leur forme, ainsi qu'aux shravakas qui, par la contemplation des douze nidanas, avaient compris la véritable nature des choses. Prenant toujours la figure des habitants des mondes qu'il traversait, il descendit successivement auprès de Brahma, le seigneur du ciel de *la première contemplation du monde des désirs;* de là, dans les cieux d'Indra, d'Iswara, de Maha-Iswara, des quatre dieux qui, dans le premier étage du monde des désirs, président aux quatre points cardinaux de la terre. Arrivé sur notre globe, il visita les rois des hommes, les chefs des tribus, les lettrés ou philosophes, qui se plaisent à prononcer de belles maximes et à pratiquer les principes de pureté, les magistrats qui administrent des portions de territoire, les brahmanes, les mendiants, les mendiantes, les oupasika ou hommes purs, qui mènent une vie laïque, les femmes pieuses laïques, les reines ou femmes des empereurs dont le bodhisattwa prend la forme pour gouverner la foule des femmes et prêcher celles d'entre elles qui exercent des fonctions dans les palais et sont au service des rois, les dieux terrestres, les dragons, les Yakchas ou héros, les Gandharvas ou génies de la suite d'Indra. Comme il s'était fait dieu chez les dieux et homme chez les hommes, en descendant dans le domaine des êtres imparfaits, il prend leur forme et leur langage. Tour à tour il devient difforme Asoura, esprit douteux ou monstre chez les Kinnaras, grand serpent chez les Mahoragas, brute ou démon chez les non-hommes, être corporel ou incorporel, doué ou privé de la faculté de penser. A tous le bodhisattwa prêcha la sainte doctrine : à ceux qui aspiraient à un état meilleur et à ceux qui firent des efforts pour se délivrer des entraves de leur infime nature, il fournit les moyens d'y parvenir. Tel est depuis lors le rôle qu'il accomplit incessamment dans les diverses régions de l'univers.

CHAPITRE DOUZIÈME.

SUITE DU BOUDDHISME.

Préceptes moraux du bouddhisme. — Création de l'ordre des bonzes. — Les bonzesses. — Leurs règles disciplinaires. — Livres sacrés des bouddhistes.— Opinion des bonzes sur l'enfer. — Expulsion des bouddhistes de la presqu'île de l'Inde.— Diffusion de la religion de Bouddha. — Elle s'introduit à Ceylan. — Antiques traditions mythologiques de cette île.—De Ceylan le bouddhisme pénètre à Siam, à Ava, en Cochinchine. — Bouddhisme du Kachmir et du Népal. —Antique culte des Nâgas ou serpents en honneur dans ces pays.

La morale et les moyens de salut s'appuient, en général, dans les religions, sur le système métaphysique, et toujours ils sont une conséquence de la manière dont les questions de Dieu et du monde ont été résolues. Déjà, par ce qui précède, on a pressenti quelle devait être la morale des bouddhistes. Dieu, dans la théorie, est le vide, le néant, c'est-à-dire ce quelque chose que nous concevons dépouillé de tous les attributs ordinaires qu'on donne à ce qui existe ; dans la pratique, nécessité est donc imposée à tous les êtres de la création de tendre de plus en plus à cette inertie divine, par le renoncement de soi-même. L'homme, jeté au milieu de tous les accidents de la matière, matière lui-même, doit consumer sa vie à se dépouiller de sa nature, réunion de passion et de faiblesse, et à rester immobile et impassible devant toutes les sollicitations des sens, qui sont les intermédiaires de son âme avec l'illusoire univers. De là, abnégation complète de soi, préférence de tous les êtres de la création à soi-même. La charité, ce fruit spontané du panthéisme, a, dans le bouddhisme, un caractère d'universalité qui s'étend jusqu'aux êtres les plus infimes de la nature, jusqu'aux animaux, jusqu'aux plantes. Ici les hommes ne sont rien par eux-mêmes, mais ils sont égaux ; ils ne sont que des atomes, mais des atomes faisant partie de la Divinité. Néant et grandeur, c'est là le caractère de cette religion.

Nous avons parlé du fameux livre des quarante-deux paragraphes, que les envoyés de l'empereur chinois Ming-ti étaient allés chercher dans l'Inde et qui fut traduit en chinois : c'était le code de morale des bouddhistes. En voici les principaux articles :

« Celui qui abandonne son père, sa mère et tous ses parents, pour ne s'occuper que de la connaissance de soi-même, et pour embrasser la religion de l'anéantissement, est appelé samanéen. Il doit s'attacher continuellement à observer les deux cent cinquante préceptes (ils se réduisent à quatre : 1° ne pas tuer ; 2° ne pas voler ; 3° ne pas être impur ni adultère ; 4° ne pas mentir), et avancer tellement dans la perfection, qu'il puisse parvenir au quatrième degré, *a-lo-han*; alors il a la puissance de voler dans les airs, de faire des miracles, de prolonger ou de diminuer la vie des hommes, et de faire mouvoir le ciel et la terre. S'il ne peut parvenir qu'au degré *ana-han*, il est encore exposé, après sa mort, à parcourir les neuf cieux ; s'il ne parvient qu'au second degré, appelé *su-ta-che*, après être monté dans le ciel, il est obligé de revenir sur la terre. Enfin celui qui reste dans le premier degré, nommé *siu-ta-taw*[1], meurt sept fois et renaît sept fois ; il doit éloigner de lui jusqu'au moindre désir, être entièrement insensible et ressembler à un homme à qui l'on a coupé les quatre membres, c'est-à-dire qu'il ne doit faire usage d'aucune partie de son corps.

» Un samanéen, après avoir abandonné tout et étouffé ses passions, doit toujours être occupé à méditer sur la sublime doctrine de Fo ; alors il n'a plus rien à désirer : son cœur n'est plus lié ; rien ne le touche et il ne pense à rien.

» Celui qui a coupé sa barbe et ses cheveux pour se faire sa-

---

[1] Ces mots sont chinois et répondent dans le livre de morale pratique dont nous parlons aux quatre degrés de sainteté.

manéen, doit rejeter toutes les richesses du monde et ne prendre que ce qui est nécessaire pour conserver sa vie. S'il mange ou s'il se repose à l'ombre de quelque arbre, il ne doit pas y revenir plusieurs fois, dans la crainte qu'il ne paraisse s'attacher trop à ce lieu.

» Il y a chez les hommes dix mauvaises actions, qui deviennent de bonnes œuvres lorsqu'ils s'en abstiennent. Trois dépendent du corps : le meurtre, le larcin et la débauche ; quatre de la bouche : la calomnie, les mauvais discours, le mensonge et la médisance ; trois de l'intérieur : l'envie, la colère et l'ignorance.

» Le péché, dans l'homme qui ne se repent point, ressemble à une eau qui, tombant goutte à goutte, forme insensiblement un étang considérable. Le pécheur qui se repent est, au contraire, comme un malade que les sueurs ramènent doucement à la santé.

» Les hommes s'accoutument difficilement à donner l'aumône, à étudier la loi, à parvenir aux degrés de perfection qu'elle prescrit, à quitter le monde sans regret, à ne pas se livrer à leurs passions, à ne pas convoiter le bien d'autrui, à supporter patiemment les injures, à dompter leur orgueil et leur ambition, à ne pas avoir de mépris pour ce qu'ils ne connaissent pas, à ne pas mentir, à être toujours dans une parfaite égalité d'âme, et à suivre les bons exemples.

» L'homme vertueux est celui qui observe tout ce que la loi prescrit, et le grand homme celui qui s'unit et s'identifie en quelque façon avec la loi. Souffrir avec patience les injures, c'est avoir beaucoup de force ; celui qui n'a point de haine contre son prochain et qui oublie les injures, est tranquille et respecté de tout le monde.

» Celui qui embrasse et observe ma loi ressemble à un homme qui prend un flambeau pour entrer dans une maison remplie de ténèbres : l'obscurité se dissipe, et il ne reste plus que la lumière.

» Ma loi, dit Fo, est de penser sans paraître penser, d'agir sans paraître agir, de parler sans paraître parler. Celui qui est dans cet état approche de ma loi.

» Celui qui est parvenu à se délivrer de ses passions, mais qui cherche à se faire une réputation parmi les hommes, perd son temps ; son corps n'existe déjà plus que sa réputation est à peine commencée. Cette réputation ressemble à des aromates que l'on brûle et dont l'odeur ne se fait sentir que lorsqu'ils sont consumés. La véritable réputation consiste dans la loi.

» Celui qui observe ma loi, dit Fo, n'a aucun désir qui puisse le troubler ; tous les méchants ensemble ne peuvent le détourner de sa voie ; il marche sans obstacle et ressemble à un morceau de bois qui est au milieu des eaux et qui suit le fil sans se heurter contre les bords. Les hommes ne peuvent le prendre ; les génies ne peuvent le cacher ; les courants contraires ne peuvent l'arrêter ; la pourriture même ne peut le détruire ; il suit tranquillement le courant de l'eau et va se rendre dans le sein des mers.

» Ne suivez pas vos inclinations et n'écoutez pas la chair, car vous ne parviendriez point à la félicité ; ne regardez pas les femmes ; quand même vous seriez samanéen, vous pourriez ne pas résister. Le rigide observateur de ma loi doit être comme un homme environné de plantes desséchées auxquelles le feu prend.

» Si le samanéen qui observe ma loi ne tourmente pas son corps comme celui d'un bœuf, il ne parvient jamais à former son cœur. Si la loi le formait d'elle-même, il ne serait pas nécessaire de l'observer. Le samanéen est comme un bœuf qui marche au milieu des boues, accablé sous le poids d'un pesant fardeau ; il ne doit s'arrêter, pour porter sa vue à droite ou à gauche, qu'après avoir franchi ce passage dangereux. Les passions sont un étang de boue, et il ne faut chercher le repos qu'après en être sorti.

» Les rois et les princes ne sont qu'une vile poussière qui

s'échappe à travers la plus petite ouverture; l'or et les perles, que des morceaux de vases de terre brisés; l'univers entier qu'un atome; la création de l'univers, qui a été tiré du néant, que le simple changement d'une chose en une autre. Je compare l'extase du samanéen à l'immobilité du Sou-mérou, et la loi de Fo à la prunelle de l'œil. »

Telles sont les maximes générales de cette religion d'abnégation, où se retrouve à chaque instant l'idée du néant de l'homme et de la vanité de ses désirs et de ses volontés. Les préceptes formulés sont au nombre de cinq : ne pas tuer les êtres vivants, ne pas commettre de larcin, ne pas commettre d'adultère, ne pas mentir, ne pas boire de vin. Les deux cent cinquante préceptes dont il est souvent parlé dans les livres bouddhiques rentrent dans ces cinq principaux, de l'observation desquels résultent les cinq vertus correspondantes : l'humanité, la prudence, la justice, la sincérité et l'urbanité.

A ces cinq préceptes s'en joignent cinq autres, plus particulièrement imposés à ceux des bouddhistes qui se consacrent à la vie religieuse; ils défendent : 1° de s'asseoir sur un grand lit ou siége large et élevé; 2° de porter des fleurs et des rubans sur les habits; 3° de se livrer aux chansons, aux danses, aux comédies; 4° de porter à ses mains des ornements précieux d'or et d'argent; 5° de manger au delà de midi.

L'origine première du bouddhisme avait été un nouveau sacerdoce. Tous les bouddhistes même avaient commencé par être des religieux. Après la séparation de la société en laïques et religieux, ces derniers continuèrent à être très-nombreux dans le bouddhisme, en dépit du célibat qui leur était imposé. Accès dans leurs rangs était ouvert à toutes les classes; les misérables embrassèrent cet état comme une espérance de bien-être et un moyen de considération; les pères pauvres y consacrèrent leurs fils dès la naissance. Les novices, nommés *chami*, d'un mot qui signifie compatir aux souffrances de tous les êtres et y porter assistance, prenaient des qualifications suivant l'âge : entre sept et treize ans, on les nommait chasseurs de corbeaux; de quatorze à dix-neuf, disciples propres à la loi. Le corps de tous les religieux bouddhistes porte le nom du troisième terme de la triade, et s'appelle *seng* ou *sanga* (unis, église).

Les religieux bouddhistes se divisent en deux grandes observances, suivant que ce sont les œuvres matérielles de religion ou les exercices de l'intelligence, tels que l'extase et la méditation, qu'on pratique. Ces deux observances portent les noms de petite translation et de grande translation. De là la distinction des samanéens en karnikas et yâtnikas. Les différents peuples de l'Asie qui ont embrassé le bouddhisme se sont partagés relativement aux deux translations. Les peuples du nord, au témoignage des Chinois, ont toujours préféré la petite translation, celle des œuvres et des cérémonies; chez les Lapons, les Kalmouks et les hordes de la Tartarie, elle est seule connue, car elle est là en accord avec les instincts belliqueux des uns, l'inerte intelligence des autres. Les nations du midi, soumises à l'influence d'un climat bienfaisant, et pour cela plus portées aux savantes rêveries, ont ordinairement aspiré à la grande translation et ont cherché à la répandre chez leurs voisins; mais ces causes générales de l'adoption de l'une ou de l'autre translation dans les divers pays n'empêchent pas de retrouver souvent les deux dans le même.

Les livres sacrés des bouddhistes se divisent également, suivant le but des deux translations. Les uns contiennent l'exposition des dogmes les plus relevés de la théologie métaphysique; les autres, les principes de la morale et les symboles. Cette division explique ce qu'on entend ordinairement par doctrine populaire et doctrine ésotérique. Les deux sont dans le bouddhisme accessibles à tous, et on peut s'élever de la doctrine vulgaire à l'autre, de même que dans le catholicisme le catéchisme existe à côté des livres des Pères et des traités théologiques sur la nature de Dieu et la formation de l'univers.

Il est vrai cependant qu'ici la séparation est plus qu'une ligne tracée par la seule logique, que c'est une distinction de fait consacrée par les livres. En effet tous les livres de cette religion se partagent en douze classes, et les uns sont communs aux deux translations, les autres sont spéciaux à chacune d'elles. Les communs sont les Soutra, les Geya, les Gatha, les Itihasa, les Djatacha, les Adboutadharma. Les Oudana, les Vaïpoulya, les Vyakarana, qui ne sont que des traités de théologie et de méditation, et ne s'adressent qu'aux seules lumières de la raison, sans commentaires, sans métaphores ou symboles, sont particuliers à la grande translation. Les Nidana, les Aradana et les Oupadesa, qui ont pour objet la mythologie, les instructions morales, les pratiques d'ascétisme, appartiennent à la petite.

Pour n'avoir plus à revenir sur la bibliographie du bouddhisme, nous ajouterons ici que le corps original des saintes écritures, qu'on désigne collectivement ou séparément par les noms de Soutra ou de Bouddha Vatchna (paroles de Bouddha), s'élève à quatre-vingt-quatre mille volumes. On s'étonne de cette immense quantité de livres sacrés, dont quelques-uns sont si longs et contiennent des litanies si monotones et si fastidieuses, qu'on ne peut achever de les lire qu'en y consacrant sa vie entière. Les bouddhistes, dans la composition de leurs livres, comme dans tous les détails de leur culte, ont poursuivi cet infini qu'ils essayaient de fixer par des chiffres dans leur cosmogonie ; l'étendue est la première qualité qu'ils vantent dans leurs traités d'ascétisme ou de mythologie, et comme ceux qu'ils possèdent, quoique d'une longueur démesurée, ont cependant leurs limites, ils parlent encore de livres imaginaires, infiniment plus volumineux et qui se conservent dans les palais des dragons et des Dévas.

Le plus fameux des livres réels est le Kandjour, traduit dans presque toutes les langues de l'Asie ; c'est une véritable *somme* de la religion de Bouddha. Il renferme cent huit volumes et ne peut être porté qu'à dos de chameau. Malgré son étendue, il est loin des autres livres sacrés. Moins gros, mais plus populaire, le Livre des procédés des Tathagatas est comme le formulaire de prières du bouddhiste, qui y trouve toutes les invocations à adresser au suprême Bouddha. On le suppose écrit par Krakoutchtchhanda, un des bouddhas antérieurs à Shakya-mouni. C'est là qu'abondent les formules du genre de celle-ci déjà mentionnée :

> NAMO BOUDHAYA !
> NAMO DHARMAYA !
> NAMO SANGAYA !
> OM !

L'efficacité de cette prière est réputée immense. « Excellent jeune homme, disait le Bouddha, en la donnant au bodhisattwa de son époque; ces invocations sont celles que les bouddhas, ayant le même nom que moi, aussi bien que les bouddhas de tous les temps, ont enseignées. Si les hommes gardaient ces divines formules, ils pourraient, jusque dans les derniers kalpas du temps à venir, établir le culte des trois précieux et faire naître la véritable foi. Quant aux bhikchous et aux bhikchounis qui pourraient réciter constamment ces formules et les observer, ils écarteraient de leur corps visible tous les germes de maladie et de maux. »

Les bhikchous et les bhikchounis sont les prêtres et les religieux de Bouddha, qu'on appelle généralement bonzes, et ceci nous amène à parler de leur organisation. De même qu'il existe dans le catholicisme des ordres religieux ayant des règles particulières, ordinairement établies par leurs fondateurs, telles que les règles de saint Benoît et de saint François, de même les bouddhistes ont plusieurs observances qui tirent leur nom soit d'une montagne célèbre, soit d'un livre fameux, soit de leur fondateur; ils ont aussi des noms de religion analogues à ceux de *mère des anges*, de *père de la miséricorde*, et qui servent à indiquer dans ceux qui les portent des dispositions morales ou intellectuelles; tels sont ceux de *religieux de la quiétude, de la loi, de la vérité, de la prudence.*

Tous les ordres de religieux sont en général mendiants. « Lorsque les quatre fleuves, lit-on dans l'alphabet du Thibet, se jettent dans la mer, ils ne reparaissent plus avec leur nom de fleuve. Lorsque les hommes des quatre castes sont devenus samanéens, ils ont le titre commun de race de Shakya ou de Bhikchou. » C'est un titre honorable qui ne s'applique qu'à ceux qui mendient par un principe de dévotion et d'humanité.

Les devoirs des mendiants sont longuement exposés dans les livres; ils ne le cèdent point en austérité à ceux qu'ont établis dans les autres pays les théories d'abnégation et d'ascétisme. Le mendiant doit rechercher la solitude, pour écarter de lui la poussière des désirs et détruire en son cœur toute cause de perturbation. Il doit mendier sa nourriture et n'accepter d'invitation de personne. Indifférent pour toute sorte d'aliments, il ne doit en rechercher aucun, n'en refuser aucun, recevoir avec la même égalité d'humeur un don ou un refus, attendre pour mettre la main sur la nourriture qu'elle se présente d'elle-même. Il ne doit faire qu'un repas par jour et diviser en trois parts les mets qui le composent. Une part revient à la première personne pauvre qui passera près de lui; une autre est dévolue de droit aux animaux (et à cette fin, le mendiant doit la déposer dans un lieu désert); il peut manger la troisième. Si le mendiant est tenu d'éviter le trop de nourriture, il est tenu plus rigoureusement encore de s'abstenir de celle qui flatterait trop agréablement son palais. Quant aux habits, le mendiant n'en porte qu'autant que la décence et le besoin de la vie l'exigent; il néglige les ornements somptueux, qui font gonfler le cœur sous leur richesse et attirent les désirs d'autrui. Quelques sectes enthousiastes ont porté la folie du renoncement jusqu'au cynisme de Diogène, et leurs affiliés parcourent tout nus les solitudes des montagnes et des déserts.

principe divin dont elles s'appuient. Parfois pourtant, quand elles sentent qu'elles ne pourront comprimer autrement l'émancipation des idées nouvelles ; quand elles voient que leurs dieux, anthropomorphisés, sont forcés de capituler devant les droits de la raison révoltée, elles se retournent vers les idées triomphantes, et renouvelant habilement leurs dogmes dans une partie, pour sauver leur caractère général de divinité, reconstituent à la hâte, en l'attachant à la colonne d'un temple nouveau, tout le vieux réseau de mystères et de symboles, qui reprend dans ses mailles l'homme, toujours impatient du joug religieux et toujours facile à soumettre. Les prêtres bouddhistes, au début, et tant qu'ils avaient été en lutte avec le brahmanisme, s'étaient ri des naïvetés superstitieuses et des excès de leurs devanciers ; quand ils furent maîtres ils les copièrent. Doués d'une tolérance extrême, ils donnèrent une espèce de consécration à tous les dieux des peuples convertis, en les admettant dans leur panthéon, et accommodèrent les diverses croyances populaires avec la légende de Bouddha. Les hochets étaient augmentés : les images de Bouddha venaient prendre place à côté des fétiches locaux ; les nouveaux prêtres se substituaient aux anciens pour le service des primitives idoles, et on tenait le vulgaire par le double lien de la religion et des traditions nationales.

Une sanction manquait encore à cet appareil religieux, celle des peines et des récompenses. Bouddha avait bien établi que l'homme, dans une suite de transmigrations qui pouvaient aboutir au nirvana, recevait, dans les vies diverses qu'il parcourt, le fruit de ses vertus ou de ses vices antérieurs ; mais cette sanction, placée dans la vie terrestre, ne parut pas assez efficace à l'esprit des prêtres ; elle laissait du reste impuissant dans leurs mains ce trésor de foudres et d'anathèmes dont ils sont toujours prodigues envers ceux qui ne le sont pas envers eux. Ils établirent leur autorité sur les épouvantements des enfers. La composition de ce lieu sinistre fut digne en tout des exagérations du bouddhisme. La terrible imagination du Dante est bien faible à côté; les supplices sont ici atroces et variés avec une étude profonde, qui a pris à tâche de tarifer avec précision tous les crimes des hommes; on compte cent trente-six enfers dont huit grands, ayant chacun seize petits enfers dans leur dépendance. Dans les grands sont les criminels qui ont commis les quatre grands crimes : le meurtre, l'adultère, le mensonge et le vol. Tout ce que les prêtres, dans les autres pays, se sont plu à présenter de plus terrible aux esprits, tout ce que le cauchemar peut faire passer de hideux et de fantastique dans un esprit troublé, tout ce que l'imagination peut inventer de plus effrayant, la terreur de plus sombre, la sensibilité de plus déchirant, l'amour de plus odieux, la vengeance de plus ironiquement cruel, se retrouve dans l'enfer bouddhique. Réunissez les supplices de Mexence et de Régulus, les châtiments du pal et de la roue, figurez-vous des chairs pantelantes, des désirs contrariés par une malicieuse et rieuse puissance, la sensibilité tourmentée par des tortures incessantes, des membres bouillis dans l'huile fumante, des crocs de fer rouge labourant les entrailles, des lames glacées glissant sur les muscles et les nerfs, des pointes de fer pénétrant sous les ongles; tout cela sera loin du programme de souffrances annoncées aux coupables.

Dans le premier de ces cent trente-six enfers, appelé l'enfer du sable noir, un vent chaud souffle sur le sable noir, le rend brûlant, et le porte sur la peau et les os des malheureux qui l'habitent et qui en sont entièrement consumés. Quand ils ont épuisé tous les supplices de ce premier enfer, les coupables passent dans le second; ici des boules de fer, qui se remplissent d'excréments brûlants, s'élancent en avant et pressent les victimes, qui sont forcées de les embrasser et de les mettre dans leur bouche; depuis le gosier jusqu'au ventre, il n'y a rien qu'ils ne brûlent en passant. Dans le même temps des insectes à bec de fer leur piquent les chairs et les pénètrent jusqu'aux os. Les supplices vont toujours croissant en horreur à chaque changement d'enfer. Quand le corps, vermoulu, pilé, anéanti, ne laisse plus de prise aux tortures, un vent froid vient à souffler sur lui, le ranime, et le rend dispos pour les nouvelles tortures de l'enfer supérieur.

Détournons nos regards de ces tableaux, plus propres à hébéter les hommes par leurs fantastiques horreurs, qu'à leur inspirer une crainte salutaire, et qui, au lieu d'élever le cœur à la notion de Dieu, ne lui donnent que l'idée d'un génie malfaisant. Reportons-les sur le spectacle que présente la diffusion du bouddhisme dans les diverses parties de l'Asie. Ici du moins le fanatisme est noble et a quelque chose de respectable. Portant pour toute arme le bâton du pèlerin, et pour toutes provisions une besace prête à s'ouvrir aux aumônes du chemin, des hommes courageux, animés de la foi de Bouddha, quittent leur patrie, se mettent en route vers des pays inconnus, vont prêcher leur doctrine à des peuples barbares, qui n'ont ni leur langue pour converser avec eux, ni leurs mœurs, ni leurs sentiments pour les respecter. Les fleuves et les mers qui avaient arrêté des armées, de simples religieux les franchissent; ils traversent des déserts et des montagnes regardés comme inaccessibles aux caravanes. Braver des périls, surmonter les obstacles, est pour eux moins qu'un jeu; c'est chose naturelle. La foi transporte les montagnes : les bouddhistes, traçant les premiers des sentiers sur les frontières de vingt peuples inconnus, préparent l'alliance de ces peuples et les font connaître l'un à l'autre.

On compte en général trois époques dans l'histoire de la propagation du bouddhisme. Bouddha avait proclamé l'égalité des races et détruit l'orgueilleuse distinction en peuple élu et en peuples barbares; une religion étant sortie de ce principe, les apôtres s'en répandirent en tous lieux, et quatre grandes missions se dirigèrent, presque aussitôt après sa mort, dans les contrées limitrophes de l'Inde. Les habitants de la Perse orientale, du Kachemir et du Kandahar, reçoivent la foi, et Ceylan quelque temps après ; c'est la première époque. Dans ces pays la doctrine bouddhique, confisquant à son profit les mythologies locales, s'en inspire, et à leur exemple s'environne de cérémonies et de pompes ; le culte naît avec le prestige de ses représentations. De ces nouveaux foyers le bouddhisme déborde encore avec une nouvelle vigueur, et symbolisé dans les images du fondateur, dans des légendes d'une inextricable mythologie, gagne au nord la Bactriane, la Boukharie, la Chine et le Japon, laissant partout des monuments imposants de son passage ; au midi, il s'établit en Cochinchine, à Ava, à Siam et dans les îles de l'Océan. C'est la seconde époque. La troisième est celle de l'introduction du bouddhisme au Thibet, sous le nom de lamisme.

« Que du pont de Rama (détroit de Ceylan) jusqu'aux montagnes de neige, quiconque épargnera les bouddhas, vieillards ou enfants, soit lui-même livré à la mort. » Tel fut, dans le huitième siècle de notre ère, l'arrêt du roi Sudhawa, arrêt qui marqua dans l'Inde la dernière péripétie de la lutte engagée depuis près de deux mille ans entre le bouddhisme et le brahmanisme. Cet arrêt avait été rendu à l'instigation du savant Kumarila Bhatta, l'ennemi le plus acharné du bouddhisme. Avant d'en venir à l'argument sanglant des armes, les brahmanes n'avaient pas négligé les discussions sérieuses et malveillantes, et surtout cet art si naturellement mis en usage par les sectes religieuses et philosophiques, de déduire des principes de leurs antagonistes des conséquences forcées et injurieuses. Les brahmanes s'étaient bien gardé de nier Bouddha ; mais Bouddha était à leurs yeux une incarnation de Vichnou descendu sur la terre pour se jouer des hommes, et c'était là, disaient-ils, le dieu que les bouddhistes, trompés les premiers, avaient adoré comme le fondateur de leur religion. Aussi ne fallait-il point s'étonner de les voir renoncer aux Védas et aux sastras sacrés, négliger les sacrifices des animaux et le culte des images, et mépriser l'antique sagesse de Brahma pour soutenir que la transmigration est une illusoire espérance ou un vain épouvantail, que les éléments du corps se dissolvent après la mort, et que bien loin que le bonheur consistât dans les actes d'abstinence, de culte et de charité, il se trouvait dans la grasse nourriture, les vêtements commodes et les femmes aimables.

Les bouddhistes avaient répondu à ces attaques par des prétentions exclusives à l'orthodoxie, prétentions qui allaient jusqu'à réclamer pour leur religion l'antériorité sur celle de leurs adversaires, et jusqu'à traiter de vils Asouras ou mauvais génies, Brahma, Siva et Vichnou. La lutte avait duré, comme nous l'avons dit, deux mille ans, sourde d'abord, mais croissant avec l'importance que prenait l'école de Shakya. Après une si longue persistance sur le sol de l'Inde, cette école dut nécessairement y laisser quelques débris; on en retrouve particulièrement dans l'Inde méridionale, où les brahmanes ne jouirent jamais, comme dans le nord, d'une autorité sans partage. On en trouvait encore au neuvième siècle sur la côte de Coromandel; une famille bouddhiste régnait au douzième siècle dans le Bengale, et, au dix-huitième, les voyageurs regardaient comme appartenant à la religion proscrite de Bouddha quelques familles séparées et méprisées des autres classes.

Expulsés de l'Inde, les bouddhistes émigrèrent vers le nord, le midi, l'est et l'ouest; partout ils trouvèrent des sociétés de frères que déjà, depuis des siècles, avait fondées le prosélytisme; et le bouddhisme présenta le spectacle, qui n'est pas sans exemple dans l'histoire, d'une religion déracinée du lieu de son berceau, étendant ses vastes rameaux sur des contrées étrangères.

L'île de Ceylan, l'ancienne Lanka, célèbre par les exploits de Rama, devint alors comme la seconde patrie du bouddhisme. Un grand nombre de livres y furent écrits en pali, la langue sacrée de cette religion. Suivant les Singalais, c'est de la bouche même de Bouddha qu'ils auraient reçu leurs dogmes, et les légendes de l'histoire nationale contiennent de nombreux récits de ses aventures, dont leur île aurait été le théâtre. Elles placent son arrivée en 542 avant notre ère. Cette date diffère sensiblement de celle qu'assignent les Chinois, les Japonais et les Mongols à la naissance de Shakya ; elle diffère également de celle des Siamois et des Pégouans. Les Chinois paraissent les plus rapprochés de la vérité, en faisant naître Bouddha en 1029 avant notre ère; quant aux dates admises par quelques autres peuples, ce sont celles de l'introduction du bouddhisme parmi eux. Ceci pourrait, jusqu'à un certain point, expliquer la prétention des Singalais de tenir leur religion de Bouddha, aussi bien que la multiplicité d'actions et l'ubiquité de ce saint personnage. Dans les pays à moitié sauvages que convertissait le bouddhisme, le premier missionnaire passait pour le dieu lui-même.

Shakya prend, dans l'île de Ceylan, le nom de Gaudma, qu'on écrit, suivant les pays, Gautama, Goudam, et auquel on donne, en général, le même sens qu'à mouni, pénitent. C'est de ce nom, nous l'avons dit, que les Siamois ont fait, en le joignant à Sammana, celui de Sommona-kodom.

Les livres sacrés de Ceylan, traduits par Upham, donnent une foule de détails miraculeux sur le séjour de Bouddha dans cette île. Quant à la doctrine bouddhique, ils ne font que contrôler ce que nous savions déjà. Ils nous apprennent encore que le régime des castes continua à régner chez les Singalais. Le sacerdoce fut seulement un terrain neutre où toutes les classes purent avoir accès.

L'introduction du bouddhisme à Ceylan fut pour cette île, si l'on en croit les légendes, une ère de civilisation. « Primitivement, dit le samanéen chinois Fa-hian, qui voyageait dans ce pays dans le cinquième siècle de notre ère, ce royaume n'était pas habité par des hommes; il n'y avait que des démons, des génies et des dragons. Les marchands des autres pays n'y faisaient pas moins un commerce actif, à certaines époques déterminées. Quand venait ce temps, les génies et les démons ne paraissaient pas, mais ils mettaient sur le rivage des choses précieuses, dont ils marquaient le juste prix; s'il convenait aux marchands, ils l'acquittaient et prenaient la marchandise. Comme ces négociants allaient, venaient et séjournaient, les habitants des autres royaumes apprirent que le pays de Lanka était fort beau; ils y vinrent aussi, et formèrent par suite un grand royaume. » Ce récit, qui présente des analogies avec ce que Pline raconte de la manière qu'avaient les Sères de faire le commerce, laisse facilement entrevoir la réalité sous son enveloppe fabuleuse. Il y a une foule d'autres légendes curieuses sur Ceylan; nous transcrirons seulement celle du voyageur Hiun-thsang, qui s'accorde assez bien avec celle de Fa-hian, et explique, malgré le caractère merveilleux qui y domine, l'origine de la population de cette île.

Il y avait autrefois dans l'île des Joyaux une ville de fer habitée par cinq cents femmes Lo-cha ou démons femelles, dont les artifices et la cruauté étaient égales. Des marchands étant venus dans l'île pour y commercer, les Lo-cha s'étaient hâtées d'apporter des parfums et des fleurs, et joignant à l'offre de leurs marchandises toutes les séductions de la musique et de leurs grâces, les avaient engagés à entrer dans leur ville pour s'y reposer et s'y livrer aux plaisirs. Facilement séduits par la beauté et le langage de ces sirènes, les marchands se laissèrent aller à goûter avec elles les voluptés de l'amour. Les jours et les mois s'écoulèrent dans l'oubli de la patrie, et chacune des femmes mit au monde un fils. Mais alors Sing-kia-lo, le fils du chef, ayant eu en songe la révélation des dangers qui le menaçaient lui et ses compagnons, les en avertit en secret, et tous ayant gagné le rivage, s'échappèrent de l'île, avec l'aide d'un cheval céleste. Grande fut la désolation parmi les Lo-cha, à la nouvelle de la désertion de leurs époux; leur reine s'envola la première à leur poursuite, et les ayant rejoints, essaya la séduction de ses caresses et de ses charmes pour ramener le fugitif Sing-kia-lo; mais celui-ci, avec une cruelle fermeté, s'emporta contre elle en injures : « Vous êtes une Lo-cha et je suis un homme, lui dit-il ; nous ne devons pas nous unir. » La Lo-cha fit parler alors sa colère et sa dignité offensée, reprocha au fils du chef son ingratitude et sa cruauté, l'accusa de ne payer ses présents et ses plaisirs que par l'abandon et des injures. Ses plaintes furent si touchantes et sa beauté si séduisante à travers ses larmes, que le chef lui-même en fut touché et la prit pour épouse, au mépris des sinistres avertissements de son fils. Mais au milieu de la nuit, au moment où tout dormait dans le palais du chef, la Lo-cha s'envole vers l'île des Joyaux, rassemble ses compagnes, et revient avec elles dans le palais. Le lendemain, quand le jour parut, aucun bruit ne trahit l'existence des êtres du palais ; les magistrats et les courtisans, assemblés pour l'audience du roi, attendirent longtemps qu'on leur ouvrît les portes : le silence seul répondit à leur attente. Inquiets enfin de ce retard, ils se hasardèrent à en franchir le seuil ; partout gisaient des os amoncelés et des chairs à demi dévorées. Les Lo-cha avaient assouvi leur vengeance dans la chair et le sang de tous les habitants du palais ; les cadavres de ceux qu'elles n'avaient pu dévorer, elles les avaient emportés dans leur île. Sing-kia-lo, devenu chef des marchands par la mort de son père, prépara une invasion contre l'île des Joyaux ; et, vaincues par ses troupes, les femmes se précipitèrent dans la mer. A la suite des conquérants, il vint des gens de tous côtés, et de leur agglomération naquit le royaume de Sing-kia-lo (Sin-hala).

Ainsi, partout se retrouve cette opinion que la terre fut d'abord peuplée par des génies ou des dieux. Quand l'homme est indigène, il se prétend issu des dieux ; quand il est conquérant, c'est à des puissances surnaturelles qu'il a disputé son domaine. Toujours il lui faut le merveilleux pour origine et pour base de son existence d'aujourd'hui. Dans quelques autres légendes, Shakya est lui-même l'exterminateur des démons qui régnaient encore de son temps sur l'île ; et, suivant les livres singalais, Vidjaya, fils de Sinhala, à la tête de sept cents guerriers, aurait achevé de détruire les êtres surnaturels indigènes.

Comme la tradition fait voyager Bouddha à Ceylan, les traces sacrées de ce personnage, qu'on présentait autrefois à l'adoration des fidèles, y étaient très-nombreuses. Au nord de la ville royale, sur le sommet d'une montagne, était l'empreinte de son pied divin, et à cette place avait été bâti un *sing-kia-lan* ou monastère, dans lequel vivaient cinq cents moines; on l'appelait *la montagne sans crainte*. Cette île avait aussi le bonheur de posséder une dent de Bouddha, et un temple précieux lui servait de sanctuaire. La dent était exposée au public au milieu de la troisième lune, et donnait lieu, vers cette époque, à une fête solennelle. Dix jours auparavant, le roi choisissait un grand éléphant et le donnait à un prédicateur pour aller prêcher par la ville. Celui-ci, monté sur l'éléphant, et vêtu d'habits royaux, rassemblait le peuple au son d'un tambour et lui racontait les vertus de Bouddha pendant sa vie, alors qu'il n'était encore que bodhisattwa. Dix jours après, la dent de Bouddha était portée à la chapelle du monastère, et tous les gens éclairés par la doctrine, qui voulaient planter le bonheur, comme s'exprime Fa-hian, venaient chacun de leur côté aplanir la route et répandre des parfums et des fleurs sur les lieux où devait passer le cortége. Le long de la route et des deux côtés étaient disposées les représentations des cinq cents manifestations successives revêtues par le bodhisattwa avant d'entrer dans le nirvana, parmi lesquelles étaient les transformations en éclair, en éléphant, en cerf, en cheval, etc. La dent de Bouddha passait entre ces symboles, objets de vénération pour les habitants. Arrivé dans la chapelle de *la montagne sans crainte*, on montait à la salle de Bouddha; on y allumait des lampes, on y brûlait des parfums, et pendant quatre-vingt-dix jours on y pratiquait toutes sortes d'actes religieux devant une image de jaspe bleu, étincelante de splendeur et de majesté. La dent était ensuite reportée dans la chapelle de la ville.

Les reliques remplissent une grande place dans le culte des bouddhistes, mais il n'y en a aucune qui ait éprouvé des fortunes aussi diverses que celle-ci. Mahasana, qui régnait à Ceylan 818 ans après la mort de Bouddha, ayant su qu'une dent de ce personnage se trouvait au pouvoir d'un roi de Calingou-rata, au sud du Bengale, envoya vers ce prince une ambassade avec des présents, afin de l'obtenir de lui. Celui-ci consentit à la livrer; mais, pendant l'intervalle, Mahasana mourut, et ce fut son fils qui la reçut. Fidèle à suivre les prescriptions de son père, il éleva un temple pour l'y déposer. Depuis cinq cents ans environ, cette relique recevait les adorations des Singalais, lorsque les Malabars, venant des côtes de Coromandel, fondirent sur Ceylan, persécutèrent la religion, et transportèrent la dent sainte sur les rives du Gange. Quatre-vingt-six ans après, les Malabars étaient chassés, et la dent était reportée en triomphe à Ceylan. Lors de la prise de Ceylan par les Portugais, les honneurs rendus à cette dent la signalèrent à ces ardents catholiques; et leur chef, refusant la riche rançon au moyen de laquelle les Singalais voulaient la racheter, la réduisit publiquement en cendres. Le zèle religieux ne se déconcerte pas facilement; le lendemain, les prêtres de Bouddha proclamaient avoir trouvé, dans une fleur de lotus, une autre dent toute semblable. Celle-ci est à son tour au pouvoir des Anglais, et c'est en vain que l'empereur des Birmans a envoyé deux ambassades à Calcutta pour en obtenir la restitution.

Ce fut de Ceylan, comme d'un nouveau foyer, que le bouddhisme rayonna chez les nations indo-chinoises de Siam, d'Ava et de la Cochinchine, dans les îles de Java, de Sumatra et de Bali. Rien de particulier dans le bouddhisme de ces pays, si ce n'est qu'à Siam, Bouddha porte le nom de Sommonakodom, et ses prêtres, celui de talapoins, à cause du talapa ou ombrelle que ces bonzes portent, comme distinction honorifique plus encore que pour se garantir des rayons du soleil. Mais si en général les religieux siamois et birmans se font distinguer par leur vie ascétique, au point de punir la violation du vœu de chasteté par la mort dans les flammes, il n'en est pas de même de leurs confrères de Camboge (Cochinchine). A mille autres droits magnifiques, les moines joignent celui que les seigneurs du moyen âge exerçaient sur la beauté vassale la première nuit des noces. Un tel droit était sans doute d'un usage traditionnel dans ce pays, et institué par des prêtres idolâtres sans notion de la pudeur. Les bouddhistes n'eurent garde de le détruire; seulement ils le sanctifièrent en s'en faisant les instruments. Toutes les fois donc qu'une fille se marie, un prêtre de Bouddha ou même un tao-ssé, car la religion de Lao-tseu est également en vigueur en Cochinchine, est chargé de lui enlever la virginité. Cette fonction se nomme tchin-than.

Chaque année, à la quatrième lune, l'officier de chaque district fait publier le jour qui a été choisi pour le tchin-than, et avertit tous ceux qui ont des filles à marier de les tenir prêtes pour la cérémonie et de venir lui déclarer leur intention. L'officier donne alors à ceux qui se présentent un cierge sur lequel il fait une marque; on l'allume quand la nuit tombe, et le temps qui s'écoule jusqu'à ce que la flamme ait atteint la marque est le moment fixé pour le tchin-than. Les familles riches ont le choix du bonze, mais celles qui sont pauvres doivent recevoir celui qu'on leur indique. Cette étonnante cérémonie n'est pas seulement un plaisir pour les bonzes, c'est encore une occasion de fortune; car une maison riche fait, dans ce cas, des présents considérables de vin, de riz, de toile, de vases d'argent et d'autres objets, dont on peut porter la valeur à trois cents onces d'argent de Chine. Les présents varient suivant la richesse des familles, mais il y a un minimum au-dessous duquel il n'est pas permis de descendre; et bien qu'ordinairement les filles soient nubiles à sept et à neuf ans, il y en a qui sont obligées d'attendre jusqu'à onze, afin de pouvoir réunir la somme destinée aux présents. Il arrive souvent que tous les membres d'une famille se cotisent pour y parvenir. Comme il se pourrait qu'un ou deux prêtres, favorisés par la nature ou mis en renom par les indiscrétions des femmes, accaparassent à eux seuls les fonctions du tchin-than, les bonzes ont prudemment établi que dans une année un prêtre ne pourrait satisfaire qu'une fille. On ne lui permettrait pas de pousser plus loin la complaisance.

La nuit du tchin-than, un grand festin est préparé ; des musiciens et des tambours se tiennent prêts à former des accords ; les parents et les voisins s'assemblent. Un pavillon attaché à la porte principale indique au dehors la joie de la famille ; des figures d'hommes et d'animaux y sont peintes, et on peut facilement supposer quels en sont les sujets. A sept jours de là, on va chercher le prêtre avec une chaise à porteurs et un parasol, et on l'amène à la maison au son de la musique et des tambours. Un dais est disposé pour le recevoir ; à côté en est un autre où s'asseoit la jeune fille. Pendant tout le temps que le prêtre reste avec la jeune fille, les tambours battent avec force et font un épouvantable vacarme, pour qu'on ne puisse pas entendre les paroles qu'ils se disent. Le voyageur chinois qui raconte ceci, dit que n'ayant pu, en sa qualité de Chinois, assister à la cérémonie, il ne connaît pas les détails du tchin-than ; qu'il sait seulement que, pendant cette nuit, nulle réserve n'est imposée au prêtre. Comme il n'y a que la langue latine pour exprimer les choses de cette nature, nous nous bornerons à dire que la virginité pouvait être enlevée de deux manières[1]. Au moment où le jour va

---

[1] Audivi illum cum virgine simul in proximum cubiculum ingredi, ibique eam, manu adhibita, constuprare ; manum deinde in vinum immitti, quo, si quibusdam credideris, pater, mater, proximi tandem atque vicini frontem signant. Si aliis, vinum ore ipsi degustant. Sunt et qui sacerdotem puellæ pleno coitu misceri asserunt, alii contra contendunt.

paraître, le prêtre remonte dans la chaise à porteurs, et on le reconduit dans le même appareil. Comme le tchin-than a été général dans la même nuit, on entend par toute la ville le bruit des tambours qui reconduisent les bonzes, et, en passant l'un près de l'autre, ces nonchalants vauriens peuvent échanger un sourire de fatuité satisfaite, comme les aruspices de Rome.

Toutes les îles de l'archipel indien, Java, Sumatra, Bali, etc., sont aujourd'hui adonnées au culte de Bouddha; le brahmanisme y règne également. On ne saurait assigner pour chacune d'elles l'époque de l'introduction de ces cultes de l'Inde; mais on parle vaguement du troisième siècle de notre ère, et les rapports fréquents entretenus entre les habitants de ces divers points de l'Océan expliquent le règne simultané des deux croyances. Les haines mutuelles des prêtres du bouddhisme et du brahmanisme se sont épuisées à travers les échelles des îles; à Java et à Bali, ces prêtres vivent en bonne intelligence et portent le nom commun de brahmanes. Les deux courants qui étaient allés s'éloignant toujours à partir de l'Inde, ont convergé ici de nouveau, et il serait difficile de tirer entre eux une ligne bien distincte. Bali est en possession maintenant de la suprématie religieuse, exercée longtemps par Java. Elle est regardée par les bouddhistes comme la ville sainte, quoique les partisans du sivaïsme y dominent.

L'apôtre de ces îles fut le bodhisattwa Batara Gourou. Par une disposition naturelle aux peuples primitifs, les habitants convertis l'ont identifié avec le fondateur du bouddhisme, et Batara Gourou est le grand dieu de l'archipel Indien. Les Javanais l'ont introduit dans leur mythologie en qualité de démiurge, ou ordonnateur de l'univers. Avant que le ciel et la terre fussent, disent-ils, le tout-puissant existait seul; il se nommait Wisesa, c'est-à-dire *celui qui est fort.* Tout à coup les éléments s'étant livré un terrible combat, dont le bruit était semblable à celui des cloches, une boule surgit dans l'espace, et se divisant en trois parties, donna naissance au ciel et à la terre, au soleil et à la lune, et enfin à l'homme (manemaya). Ce fut Batara Gourou qui traça ensuite la marche des corps célestes et les lois des espèces, et livra le monde à la disposition de l'être humain. On voit à Java les fameux temples de Parambanan et de Boro-Boudor, dans l'intérieur desquels d'innombrables images de Bouddha paraissent décorées des attributs de Siva.

Il nous faut maintenant remonter au nord de l'Inde, pour suivre la marche du bouddhisme à travers ces vastes contrées de l'Asie, où il a asservi à ses lois des monarchies puissantes et des populations innombrables, et nous arrêter un instant dans le Népal, le Kandahar et le Kachemir, ces centres actifs de prosélytisme, d'où partirent les missionnaires qui convertirent la Chine, la Corée et le Japon. Dans tous les pays situés au sud de l'Himalaya, les bouddhistes, fidèles aux principes d'émancipation et d'égalité de races proclamés par leur maître, étaient venus de bonne heure fonder des viharas (monastères), et mettant partout sur leur passage les peuples en communication, avaient ouvert en même temps ces pays aux entreprises des brahmanes. Ceux-ci, ennemis de la propagande, par orgueil, n'avaient point songé autrefois à y introduire leurs doctrines; mais attachés à la poursuite des bouddhistes, qui avaient fait là de nombreux adeptes, ils se virent contraints, pour détruire le culte de Bouddha, de lui substituer le leur. Le bouddhisme paraît en effet avoir été précédé par le brahmanisme dans le Kachemir; mais à quelle époque y furent-ils introduits l'un et l'autre, c'est ce que ni les légendes ni le grand ouvrage des annales kachemiriennes, *Ratjatarangini*, ne peuvent nous apprendre. Dans cette dernière histoire, les deux cultes paraissent avoir coexisté de tout temps dans ce pays, longtemps même avant la naissance de Shakya-mouni, ce qui a fait soutenir par certains orientalistes que le bouddhisme était une religion primitive antérieure au brahmanisme, et le fond commun sur lequel le brahmanisme et la réforme du bouddha Shakya-mouni se seraient entés.

Sans vouloir discuter cette hypothèse, et en restant dans les données de l'existence de Shakya-mouni comme fondateur, peut-être ne serait-il pas hors de raison de supposer, que les premiers bouddhistes qui, poussés par l'esprit de prosélytisme, se rendirent dans le Kachemir et les vallées méridionales de l'Himalaya, étaient encore aux trois quarts brahmanistes, et que, semblables à ces chrétiens judaïsants que saint Jérôme vit sur les bords du Jourdain, pratiquant à la fois la circoncision et le baptême, associant la lecture de l'Évangile aux rites mosaïques, ils mélangèrent là les traditions des deux systèmes de l'Inde.

D'après l'histoire des rois de Kachemir, ce pays se serait converti au bouddhisme vers l'an 1436 avant J.-C. Mais comme ici, pas plus que dans l'Inde, la chronologie ne saurait être rapportée à une ère fixe, il est difficile de se confier à cette date donnée par les orientalistes. Un des rois de ce pays, le saint Nagard-juna, a dans le bouddhisme une importance qui ne se borne pas aux limites de ses états, c'est un bodhisattwa. Dans les annales des Mongols, Nagard-juna paraît comme un des anciens maîtres bouddhistes les plus renommés; il y est dit qu'il recueillit et rédigea les doctrines de Shakya-mouni. Les annales l'appellent encore *le fils aîné de tous les bouddhas des trois époques du monde*, et *le cœur de la lumière et de la foi*. On voit figurer aussi dans l'histoire de Kachemir le nom d'Açoka, fameux dans l'Inde pour avoir été le nom de ce prince qui, dit-on, fit bâtir les quatre-vingt-quatre mille édifices religieux qui se trouvaient dans la presqu'île du Gange. Dans le Kachemir, le roi Açoka embrasse définitivement la religion de Djina (secte du bouddhisme), tout en conservant une grande ferveur pour le culte de Siva. Le nom d'Açoka, que tous les peuples bouddhistes connaissent, ne serait-il pas plutôt un prénom que le nom particulier d'un homme? Son universalité le ferait d'abord supposer; mais sa signification fait disparaître même le doute. Açoka se prend pour Gatakleça, *délivré de douleurs*, et l'un et l'autre désignent un bodhisattwa. Il ne faut donc pas s'étonner de retrouver ce personnage chez les Chinois et les Mongols, parmi lesquels il apparut cent ans après la mort de Bouddha. Açoka joue partout le rôle d'un propagateur des doctrines bouddhiques.

Nous venons de chercher à travers d'arides détails la vérité sur le bouddhisme du Kachemir; voici la fable en regard; il y a de la réalité aussi peut-être sous l'enveloppe du merveilleux.

Un chef de prêtres bouddhistes, appelé Madjdjhanleka, serait parti de l'île de Ceylan, vers 307 avant J.-C., pour convertir le Kachemir. Ces vallées, qui paraissent avoir été des lacs avant que les eaux eussent trouvé un écoulement, étaient habitées par des serpents Nagas; et leur roi Aravalo, doué d'une puissance surnaturelle, venait, au moment de l'arrivée du missionnaire, de faire descendre du ciel un déluge furieux qui avait submergé toutes les récoltes du Kachemir et de Gandhara. Le voyageur prit la route des airs, descendit sur le lac, et se promena longtemps sur les eaux, absorbé dans de profondes méditations. Les Nagas l'apercevant, l'attaquèrent avec violence; mais il résista habilement à toutes leurs tentatives, et finit par convertir le roi Aravalo avec quatre-vingt-quatre mille Nagas, et un grand nombre de Gandharvas et de Yakchas. A commencer de cette époque, disent les légendes singalaises, les peuples du Kachemir et de Gandhara furent dévoués aux trois branches de la foi, et le pays resplendit d'habits jaunes (de prêtres bouddhistes).

Ce qu'il y a de remarquable dans ce récit, ce n'est pas la prétention des Singalais à l'honneur d'avoir civilisé le Kachemir, et par suite la date récente assignée au bouddhisme dans ce pays; mais cette tradition qui donne des serpents pour premiers habitants aux vallées méridionales de l'Himalaya. Elle s'accorde du reste avec les récits nationaux qui nomment Kaçyapa (serpent) *le père du vallon de Kachemire.* D'où cette désignation de Nagas peut-elle être venue aux Kachemiriens? Sans doute de l'habitude où ils étaient d'adorer les serpents. Comme c'est la religion qui a fourni les premiers détails géographiques sur les pays, elle n'a vu dans les peuples que leurs emblèmes divins et les a nommés par le nom de leurs dieux. Chose étonnante encore que cette universalité du culte des Nagas (ophites en Égypte), qui remonte par la Bible jusqu'à la création du monde! C'est une preuve de cette identité de l'espèce humaine, qui fait que sous une impression identique la même idée se manifeste par les mêmes actes. Le serpent porte dans son aspect, dans sa marche rapide et onduleuse, quelque chose de rusé et de merveilleux. L'imagination, qui n'est jamais en reste avec la réalité, supposa, chez les peuples barbares et sensitifs, une puissante influence à ces reptiles; la contagieuse crédulité en fit des dieux. Ramenée vers la philosophie, l'expérience des prêtres, sans détruire ce culte honteux qui faisait leur puissance, chercha à l'épurer pour certains initiés; elle fit de ces êtres des symboles, et surtout le type de l'intelligence absolue capable de se replier vingt fois sur elle-même. La science d'un sacerdoce intéressé venait ainsi en aide à l'ignorance, pour sanctionner ses erreurs et fixer l'homme à ces hochets par des liens plus sacrés. L'Inde savante vénère les serpents. Dans le premier siècle de notre ère, des sectes qui tenaient de loin au christianisme, les ophites, vénéraient encore dans le serpent l'emblème de l'être primordial.

Avec les Nagas, nous retrouvons en Kachemir, comme dans presque tous les pays convertis par les bouddhistes, divers êtres du panthéon bouddhique que nous avons vus échelonnés sur les étages du monde des désirs. Dans les livres qui ont cours dans l'Asie centrale, Shakya-mouni est représenté prêchant, quelque temps avant sa mort, à une foule d'hommes et de dieux, tels que des Naga-radjas, des Yakchas, Garoudas, Gandharvas, Asouras, Kinnaras, Mahoragas. Partout se montre, à l'origine des temps, le serpent ou le dragon; partout c'est ce reptile qui paraît être sorti le premier du limon des eaux évaporées.

Pour nous résumer sur l'histoire religieuse du Kachemir, nous dirons qu'à une époque ancienne, mais indéterminée, trois religions paraissent y régner à la fois, en lutte l'une avec l'autre. « Les mœurs étant corrompues, lisons-nous dans l'histoire des rois de Kachemir, les Nagas, dont les sacrifices avaient été interrompus, détruisirent les hommes en faisant tomber une grande abondance de neige. Il arriva alors un prodige : les brahmanes qui, par obéissance aux rites, observaient les cérémonies, ne périssaient pas, tandis que les bouddhas trouvaient la mort. » Cette faveur accordée aux brahmanes fait assez comprendre que le culte des Nagas devait se rapprocher du brahmanisme pur, et pour ne pas laisser de doute, le Radjatarangini nomme Astika, un des principaux Nagas, le meilleur des brahmanes. Postérieurement à cette époque, un prince kachemirien, pour venger l'enlèvement d'une de ses femmes par un samanéen, brûle un million de viharas et donne aux brahmanes les propriétés qui en dépendent. Vers l'an 24 de notre ère, le bouddhisme a le dessus. Le nombre de couvents que Meghavehana et ses épouses bâtissent est innombrable, bien qu'ils étendent aussi leur protection sur les agrahanas, temples des brahmanes. Au cinquième siècle, lorsque le samanéen chinois Fa-hian visitait ces contrées, le bouddhisme était encore dans toute sa puissance.

Le huitième siècle de notre ère est signalé comme l'époque où les brahmanes du Kachemir, excités par l'exemple de leurs coreligionnaires de l'Inde, commencèrent contre le bouddhisme la guerre acharnée qui devait leur donner la prééminence. Au dixième siècle, nous voyons le roi Kchemagupta renversant les viharas et faisant disparaître toutes les traces du culte de Bouddha.

Ce que nous avons dit du bouddhisme du Kachemir peut se dire du bouddhisme du Népal ; une lutte semblable entre cette religion et le brahmanisme eut également ici pour résultat un mélange des deux systèmes, que condamnèrent à la fois les orthodoxes de chacun d'eux. Les Népaliens sont regardés comme des hérétiques par les Indiens, tandis qu'ils passent pour de très-mauvais bouddhistes aux yeux des Thibétains et des Chinois.

CHAPITRE TREIZIÈME.

Introduction et progrès du bouddhisme en Chine.—Les missionnaires y viennent en foule du Kandahar et de Cophène. — Voyage du samanéen chinois Fa-hian à la recherche des traditions répandues dans les divers royaumes bouddhiques. — Luttes des trois sectes de Confucius, de Lao-tseu et de Fo. — Sarcasmes des confucéens contre les superstitions et les fourberies des bonzes de Fo. — Édit de proscription contre les bouddhistes. — Leur retour au pouvoir sous le règne de l'impératrice Tcheou-wou-chi. — Remontrances d'un ministre à l'empereur à l'occasion de l'installation d'un doigt de Fo dans le palais. — Nouvelle proscription des bouddhistes excitée par les tao-ssé. — La dynastie des Song fonde le culte officiel de Confucius et le régime des examens et des concours pour la promotion des lettrés aux emplois de l'état. — A côté de ce culte officiel de l'empire, le culte de Fo devient la religion des empereurs. — Superstitions et ruses des bonzes. — Idoles. — Temples. — Cérémonies civiles de l'empire. — Fêtes du labourage, des lanternes. — Cérémonies en l'honneur de Confucius. — Syncrétisme religieux. — Conclusion.

Vers le premier siècle de notre ère, le bouddhisme était donc florissant dans toutes les contrées qui se trouvent au sud de l'Himalaya. Ce fut là que les généraux chinois qui s'étaient ouvert des relations jusque sur les bords de la Caspienne et du golfe Persique, firent connaissance avec cette religion, et en apportèrent la renommée dans leur patrie. A la suite des armées, les missionnaires gètes pénétraient insensiblement dans le royaume du milieu. Nous avons raconté comment, sous Ming-ti, le culte de Bouddha y avait été enfin officiellement introduit. Depuis lors, les idoles et les livres bouddhiques arrivèrent en foule, et des monastères et des temples s'élevèrent pour loger le dieu et ses interprètes. En 291 de J.-C., un docteur samanéen, nommé Vou-lo-tcha, partit de Khotan, la ville des pompes et des magnificences du bouddhisme, et apporta à ses coréligionnaires de Chine, qui depuis longtemps manquaient de livres sacrés, le Fang-kuang-puon-jo-king. Ce livre était des plus importants, après celui des quarante-deux paragraphes, car il contenait la doctrine de la grande translation. Des bouddhistes établis en Chine s'étaient mis en marche vers l'occident pour aller le chercher, et se trouvant à Khotan vers 282, ils y excitèrent une émeute parmi le peuple, à la seule annonce qu'ils allaient emporter le Fang-kuang. Soulevée sans doute par quelques prêtres, la foule courut vers le roi pour demander qu'il s'opposât au départ des étrangers. « Si vous n'empêchez pas, disait-elle, qu'ils n'emportent ces livres, la grande loi sera détruite, parce que les Chinois sont des peuples sourds et aveugles. » Le roi se rendit. Mais une querelle de religion ne pouvait se vider que par la religion, et on finit par recourir à l'épreuve du feu. On assembla dans le palais un bûcher d'herbes sèches, et l'un des docteurs y ayant mis le feu, s'avança au milieu de l'assemblée en tenant dans ses mains le livre qui faisait l'objet de la dispute. « S'il convient, dit-il, que la grande loi soit portée en Chine, ces livres ne seront pas endommagés par le feu ; si le feu les entame, ce sera un ordre du ciel qui le prohibe. » Et il les jeta au milieu des flammes. Pas un caractère, au dire des légendes, ne fut altéré; ils devinrent plus brillants, au contraire ; et les docteurs, fiers de cette autorisation divine, s'en revinrent en Chine avec leur trophée. Ils emmenèrent Vou-lo-tcha pour traduire le Fang-kuang, écrit, suivant l'usage, en pali.

Chaque jour arrivaient de l'ouest quelques grands missionnaires, et la ferveur des nouveaux convertis en faisait des personnages extraordinaires. On leur demandait de faire des miracles, de ressusciter les morts, de rendre la santé aux malades ; et ceux-ci, disent des historiens aussi crédules que les peuples dont ils parlent, ressuscitaient les morts et rendaient la santé aux malades. L'ivresse de la puissance en poussa quelques-uns jusqu'à rêver un trône. En 337, il y en eut un qui se proclama *hoang-ti*, c'est-à-dire grand empereur, nomma des ministres, des officiers et des chefs d'armée, et rassembla une troupe pour l'aider à se mettre en possession de la royauté gratuite qu'il venait de s'octroyer. Il fut **tué** bientôt après, mais le peuple s'obstina à l'adorer comme un saint; les prêtres lui avaient fait croire que de sa tête coupée pas une goutte de sang n'était tombée pendant dix jours.

C'est vers cette époque que Fa-hian, religieux de cette école de samanéens doctes et courageux qui étaient venus à diverses époques de Cophène et de Khotan, partit de la ville de Tchang-an pour aller visiter les antiques théâtres des actions de Bouddha et les nombreux foyers de sa doctrine. Affligé du dépérissement prématuré de la foi au milieu des guerres longues et désastreuses qui avaient eu lieu de son temps entre les Tartares et la Chine, le pieux pèlerin avait voulu réjouir ses regards par la vue du berceau de la doctrine bouddhique, et recueillir les livres sacrés qui pourraient en rallumer dans son pays le flambeau presque éteint. Ayant donc réuni une petite troupe de religieux, Fa-hian s'était dirigé vers l'ouest. Il traversa toute la Tartarie, s'engagea dans le Thibet, où se trouvent les montagnes les plus hautes du globe, franchit, à l'aide de cordes et de ponts volants, des vallées inaccessibles et des précipices sans fond, pénétra dans le Kachemir, passa deux fois l'Indus, et suivit les bords du Gange jusqu'à la mer, consignant dans son livre de voyage tout ce qu'il trouva digne de l'attention d'un samanéen.

A mesure que le pèlerin approche des lieux où naquit et vécut Shakya, les détails minutieux et pittoresques abondent sous sa plume; les superstitions caractéristiques, les miracles, les traits d'un esprit religieux et convaincu, remplissent son récit. Croyant sans fanatisme, Fa-hian raconte les choses les plus merveilleuses en témoin désintéressé chez qui la conviction n'a pas besoin d'enthousiasme. Après une absence de quinze ans, pendant lesquels il perdit un à un tous ses compagnons, le voyageur s'embarqua à Ceylan pour revenir dans sa patrie, où il rentra avec une riche moisson de livres recueillis sur les divers lieux de son passage. Mais le plus curieux de tous est sans contredit le *Foe-koue-ki*, ou la relation de ses voyages à travers les royaumes bouddhiques, qui est comme le tableau de l'église de Bouddha au cinquième siècle. Fa-hian avait parcouru trente royaumes, visité tous les lieux consacrés par les traditions, et partout, dit-il, il n'avait eu qu'à admirer les vertus, la piété et la conduite régulière des religieux. « En récapitulant ce que j'ai éprouvé, ajoute-t-il, mon cœur s'émeut involontairement. Les sueurs qui ont coulé dans mes périls ne sont pas le sujet de cette émotion. Ce corps a été conservé par les sentiments qui m'animaient. C'est mon but qui m'a fait risquer ma vie dans des pays où l'on n'est pas sûr de sa conservation. Il faut avoir connu la conviction que produit la vérité, autrement on ne partage pas le zèle que la volonté inspire. »

Ces paroles du samanéen chinois sont empreintes d'un noble orgueil et du sentiment profond de la mission qu'il a accomplie. Chez lui, et en général chez les premiers interprètes du bouddhisme, le principe philosophique, la pensée civilisatrice du fondateur, agissent vivement à travers les formules pratiques; on sent l'homme qui aime ses semblables sous le chakia du bonze; on voit que si l'admiration du maître fait naître la superstition, cette superstition est sincère et ennoblie par la conviction. Mais tel n'était pas l'état d'esprit des bouddhistes de la Chine, lorsque Fa-hian y abordait après quinze ans d'absence. Dans ce pays, où les doctrines philosophiques de Confucius et de Lao-tseu avaient depuis longtemps, au sein des arts et des sciences, habitué les esprits aux libres manifestations de la pensée, une religion de propagande, avec ses mystères et ses cérémonies, ne pouvait qu'entraver le mouvement civilisateur; et ce fut le résultat qu'elle produisit. A son arrivée dans l'empire du milieu, le bouddhisme avait trouvé les docteurs confucéens et les tao-ssé aux prises et se partageant les sympathies de la nation; la religion nouvelle se jeta en travers de la mêlée, et généralisa le combat, luttant avec les lettrés de science et d'arguties métaphysiques, ajoutant à l'absurdité des superstitions du Tao des superstitions plus absurdes encore, écrasant l'imagination par une mythologie inintelligible, par la séduction de cérémonies, les gigantesques personnifications de la Divinité et les merveilles d'une poétique métempsycose. Tout l'empire devint comme un champ clos religieux où les trois combattants furent sans cesse en présence. Un vent chargé de superstitions agita toutes les têtes et communiqua au gouvernement des secousses répétées; ballottés entre ces trois sectes, les empereurs ne pouvaient en combattre une qu'en se livrant à l'autre.

Les bouddhistes, excités par un prosélytisme ardent, furent plus remuants encore que les intrigants tao-ssé. Par des manœuvres d'autant plus sourdes qu'elles étaient sans cesse contreminées par celles de leurs adversaires, ils s'insinuaient auprès des rois; par des prédications fanatiques, ils entraînaient le peuple, auquel ils montraient le bonheur planant par-delà cette vie sur un champ de mort et de débris. Aux effets de la parole, ils joignaient aussi la puissance des armes; l'impatience turbulente des bonzes avait parfois recours à la guerre civile. Un jour, le prince de la Chine du nord étant entré dans un monastère, il fut étrangement surpris d'y trouver un amas d'armes. « Sont-ce là, dit-il, les instruments dont les samanéens doivent se servir? » Et il ordonna de raser le temple, d'enlever les trésors du monastère, d'en brûler les livres et d'enterrer vifs tous les samanéens. A la rigueur de l'arrêt, on reconnaît la main qui a conduit la plume du souverain. Il n'y a rien de tel que les partis religieux pour inventer des supplices; mais, par contre-coup, les supplices, dans les querelles de religion, ne découragent jamais les victimes. Les bouddhistes n'en furent que plus ardents dans leurs prédications; ils se firent les courtisans de la populace, en excitant ses désirs de bonheur et en présentant à sa crédulité des réalisations impossibles. L'ambition venant en aide aux plus faibles et le dogme de la transmigration prêtant son appui à toutes les conjectures, tel qui se déclarait bodhisattwa, donnait cependant à ses séides des poignards pour soutenir son pouvoir surnaturel, et entretenait la guerre dans les campagnes et à la porte des villes. Ils circonvinrent aussi les femmes de l'empereur et les eunuques, ces inconstants fanatiques qui, sans but et sans raison, ou peut-être dans la vue d'une petite intrigue de cour, passaient et repassaient sans cesse des hochets des bouddhistes aux rêveries des tao-ssé, des rêveries de ceux-ci aux hochets de ceux-là. L'empereur Wou-ti fut le premier qui favorisa ouvertement le bouddhisme. Lui-même, se faisant bonze, allait souvent dans les temples de Fo pour y expliquer les livres sacrés au peuple et s'y livrer à la contemplation.

Ce fut cet empereur qui fit venir de l'Inde méridionale le fameux Dharma, prêtre samanéen, particulièrement vénéré dans le bouddhisme. La faculté contemplative de ce saint a surpassé les efforts de tous les ascètes de l'Asie. Les légendes rapportent qu'à son arrivée en Chine il se retira dans un temple bâti sur une montagne, au nord de Kiang, et que pendant neuf ans il s'y tint livré à la contemplation la plus profonde. Une foule de bonzes, empressés autour de sa personne, nourrissaient et vêtaient cette momie vivante, et transmettaient au peuple les mots échappés à ses lèvres presque immobiles.

Cependant que faisaient les partisans de Confucius, ces lettrés gardiens traditionnels de la vieille sagesse chinoise? Ils continuaient contre les bouddhistes la guerre de bon sens et d'épigrammes qu'ils avaient livrée aux tao-ssé; ils protestaient contre les débauches de l'esprit religieux, exposaient avec la piquante ironie de leurs commentaires les pratiques du culte idolâtrique, et, avec un peu de cette mauvaise foi qui est commune à toutes les sectes, ils exagéraient les dogmes des bouddhistes pour les rendre ridicules. « Leur religion, disaient-ils, enseigne que le corps n'est qu'une demeure passagère pour l'âme, que conséquemment l'enfant se nourrit du lait de sa mère, de même que le voyageur se désaltère dans l'eau du torrent qui passe. Faut-il, après cela, s'étonner du mépris qu'ils affectent pour leurs parents? Dans leur fol engouement de la solitude et de la communauté oisive des couvents, ils regardent la piété filiale, ce boulevard de l'empire des Thsin, comme un crime; tous les nobles sentiments de la famille, toutes les affections sont étouffées. Le dédain de la forme et la folle croyance dans la transmigration les portent à négliger leur corps et à lui refuser tous les soins; ils en font une vile ordure, comme ils font de cette vie un enfer. Si encore les mortifications étaient les seules conséquences de cette absurde croyance! Mais non, comme il y a une certaine logique dans les erreurs, on voit les bonzes ne tant mépriser le corps que pour avoir le droit de le souiller et de le traîner dans tous les excès. Aussi les filles et les femmes, grandes dévotes de Fo, livrent-elles leur corps aux bonzes, qui assouvissent sur cette vile masure, comme ils l'appellent, toutes leurs passions, couvées par le mysticisme. Pour mieux les séduire, ces prêtres éhontés leur font accroire que c'est avec le dieu Fo lui-même qu'elles ont commerce, et que cette apparente souillure doit les faire naître hommes dans la vie prochaine. Quand des obstacles sociaux s'opposent à ces unions, on voit des couples fanatiques se pendre ou se noyer, pour renaître maris et femmes dans une autre vie. Mais cet expédient paraît parfois violent à de charmantes dévotes, trop éprises de leur vêtement éphémère pour le jouer contre une résurrection chanceuse, et le rusé bonze retourne alors sa supposition. C'est dans les vies antérieures qu'il affirme à celle qu'il veut séduire qu'elle a été son épouse; et l'union d'aujourd'hui trouve sa légitimation dans d'anciens serments de fidélité. Qu'on se figure les abus qui découlent de cette source inépuisable; on ne voit que créanciers de toutes sortes qui reviennent avec des billets de l'autre monde, des héritiers avec des titres de succession. »

Pour montrer ensuite le rôle inutile, quand il n'était pas funeste, de ces bonzes, qui couvraient la Chine par milliers, les lettrés peignaient ces oisifs dans l'épanouissement de leurs béates extases, rappelaient l'histoire du fameux samanéen Dharma, et se riaient surtout de ces pratiques contemplatives de leurs adversaires, qui consistaient à s'asseoir les jambes croisées, les mains sur les genoux jusqu'aux coudes, les yeux invariablement fixés sur le nombril, les lèvres murmurant la fameuse syllabe *om*, dans l'attente qu'une flamme bleue apparût au bout du nez et les initiât par cette douce somnolence, espèce de demi-jour de la vie, aux voluptés de l'anéantissement.

L'avénement de la dynastie des Soui, en 581, prêta une sanction efficace à ces attaques des partisans de Confucius contre les pratiques de Fo. Peu à peu, à travers les conflits des divers cultes, les maximes pratiques du philosophe de Lou passaient dans l'administration, et la conduite des affaires tombait dans les mains de ses sectateurs, qui, avec leur esprit de suite, s'ils n'avançaient pas brusquement et comme par surprise, ne perdaient pas du moins un pouce de terrain. Leur persévérance faisait tout doucement entrer l'empire dans les voies administratives tracées dans le Chou-king. Du reste, au début d'une dynastie, c'était presque toujours Confucius qui l'emportait. Comme un exemple du bon vouloir d'un jour qui anime les princes à leur ascension au trône, les empereurs nouveaux allaient au tombeau du philosophe célébrer les cérémonies instituées par Kao-tsou, et rendaient quelques ordonnances favorables à son culte. Mais presque toujours aussi, à l'aide des femmes et des eunuques qui commençaient à prendre influence, les tao-ssé et les bouddhistes parvenaient à circonvenir le trône, et plus d'un prince qui avait commencé comme Tibère finissait aussi comme lui. Le flot des circonstances et des temps abaissait ou élevait tour à tour le niveau de chacune des trois sectes.

En 581 c'étaient donc les lettrés qui dominaient, et un édit parut qui prescrivait à tous les samanéens d'abandonner leur état de religieux, de sortir des monastères, de payer le tribut dont ils avaient été jusqu'alors exempts. Cette persécution dura peu; les bonzes surnagèrent, et leur triomphe amena la ruine des Soui. En 635 une autre religion abordait en Chine; elle venait de Ta-tsin, et ses prêtres, comme ceux de Fo, portaient le nom de seng (unis). D'après l'inscription d'un monument découvert à Si-gan-fou, capitale de la Chine sous la dynastie des Tang, qui succéda à celle des Soui, il paraîtrait que cette religion était celle du Christ, et la critique archéologique a retrouvé dans l'inscription les symboles de la secte des chrétiens nestoriens. Le fondateur des Tang accueillit ceux-ci avec le même empressement de curiosité que ses prédécesseurs avaient accueilli les samanéens, et autorisa les cérémonies de leur culte. Les dissensions allèrent croissant; l'empereur ne pouvant maintenir un juste équilibre dans ses faveurs pour les quatre sectes, équilibre qui les eût mécontentées toutes, tour à tour celle qui parvenait à avoir l'oreille du prince persécutait les autres. Presque toujours ce fut celle de Fo qui l'emporta, et un moment, sous le faible règne d'un empereur et la régence d'une impératrice, un bonze de cette religion gouverna à son gré l'empire.

Hiao-ti, lorsqu'il n'était encore que l'héritier présomptif du trône, avait conçu une violente passion pour une femme du palais de son père, et après la mort de celui-ci cette femme ambitieuse, qui avait profité de son ascendant sur un vieil empereur pour administrer ses états, s'était vue enfermer avec la foule des concubines dans un monastère de bonzesses. Mais c'était là un instrument trop précieux d'influence pour que les bouddhistes la laissassent languir inutile dans les ennuis du cloître. Grâce à ses charmes et aux intrigues des prêtres, elle fut amenée à exercer de nouveau la séduction de sa personne sur l'empereur Hiao-ti, et devint son épouse. Ressaisissant alors les rênes du pouvoir que lui abandonnait un époux épris, elle ne gouverna plus que pour le triomphe de la religion de Fo. L'impératrice avait auprès d'elle le bonze Hoaï-y, un de ces prêtres qu'on voit dans tous les pays s'insinuer près des femmes des princes, afin de séduire l'esprit par le cœur. Au grand scandale du public, choqué de son faste et de son insolence, le bonze affichait partout son illégitime pouvoir, ne sortant jamais que dans les voitures impériales, se décorant du titre de *chef du temple* appelé Pema et situé près Ho-nan-fou, attachant auprès de sa personne, pour lui servir de garde, une foule de bonzes, complices de ses actes occultes. Comme l'impératrice, après la mort de Hiao-ti, avait exilé son fils, pour s'arroger la toute-puissance effective et nominale, le bonze complaisant composa un livre mystique où il la faisait descendre de Fo-Mile, le bodhisattwa de l'âge actuel. L'impératrice avait donc commencé dans sa personne une nouvelle dynastie, et s'était fait appeler Tcheou-wou-chi.

Hoai-y continuait à régner sous son nom ; il s'occupait à faire bâtir un temple immense, quand les murmures du peuple, excités par les prodigalités de la cour, forcèrent l'impératrice à engager son favori à renvoyer mille jeunes gens de sa suite. Celui-ci, déjà un peu jaloux du crédit qu'un médecin s'acquérait à la cour, prit humeur de cette concession de l'impératrice, qui l'atteignait dans ses projets et ses affections, et mit le feu au temple qu'il faisait bâtir. L'impunité est trop souvent le privilége des grands coupables. Désarmée contre ce crime par son amour, Tcheou-wou-chi se contenta d'ordonner au bonze de teindre de sang de bœuf une statue de Fo qui avait deux cents pieds de haut, et lui fournit de nouveaux subsides pour recommencer la construction du temple. Les murmures recommencèrent de la part du peuple et des ministres.

Le prince qui monta sur le trône après Wou-chi les fit cesser en retenant les bouddhistes dans des limites raisonnables ; un autre leur offrit un nouvel aliment, en appelant les bonzes au pouvoir. Les lettrés, Cassandres méconnues, étaient là pour jeter de temps à autre le cri d'alarme. Jamais pourtant leurs remontrances n'allèrent si loin qu'en 819, à propos de l'introduction dans l'empire d'une relique de Bouddha. C'était un doigt de ce saint personnage, auquel on attribuait une influence mystérieuse sur les récoltes et la température. Tous les trente ans, disait-on, il s'ouvrait de lui-même, et alors l'année était très-abondante. Comme on approchait de la trentième année, l'empereur, par le conseil de quelques eunuques, ordonna qu'on l'apportât dans le palais, ce qui fut exécuté en grande cérémonie. Or voici ce qu'un ministre, révolté de ces grossières superstitions, exposait à l'empereur :

« Prince, qu'il me soit permis de vous représenter avec respect que la doctrine de Fo n'est qu'une vile secte de quelques barbares, qui s'est introduite sous les Han. Hoang-ti régna cent ans et en vécut cent dix; Yao, Chun et Yo vécurent également cent ans, et sous ces princes l'empire jouissait d'une paix profonde, et leurs sujets heureux parvenaient à une extrême vieillesse. Fo et sa doctrine étaient alors inconnus en Chine. En regard de ces longs règnes faut-il vous montrer la rapidité des règnes des empereurs depuis Ming-ti, l'introducteur de cette funeste doctrine? Les dynasties des Soui, des Tang, des Tsi, des Leang, etc., n'ont fait que passer au milieu des troubles soulevés par les bonzes.

» C'est, dit-on, par votre ordre que les bonzes se sont assemblés pour conduire en procession dans votre palais un os de Fo. Malgré mon peu de lumières, je sais que Votre Majesté, bien qu'elle ordonne cet appareil, n'est nullement attachée à la secte de Fo ; elle veut rendre plus marquée la joie que l'abondance de cette année a causée dans tous les cœurs ; elle veut donner quelque spectacle à un divertissement nouveau, et c'est pour cela qu'elle emploie cet appareil ; car enfin y a-t-il quelque apparence que Votre Majesté ait confiance en Fo? Non; mais le peuple, aveugle et grossier, est aussi facile à séduire que difficile à corriger ; il vous imitera. Que sommes-nous, dira-t-il, pour épargner nos corps et nos vies, quand notre sage et grand empereur ne s'épargne pas lui-même? On verra alors ce peuple aller en foule se brûler la tête et les doigts, dissiper son bien et se vêtir d'un habit de bonze, courir en pèlerinage dans les différentes bonzeries, se dépouiller de tout, se taillader les bras et tout le corps en l'honneur de Fo. Cet abus, contraire aux bonnes mœurs, nous rendrait ridicules à tout l'univers. Qu'était donc Fo? un barbare étranger qui n'a jamais connu nos lois, qui a ignoré les devoirs les plus essentiels de prince à sujet et de fils à père. S'il était vivant, s'il venait à votre cour comme député de son prince, vous lui donneriez une courte audience, vous lui feriez quelque présent et vous le feriez reconduire hors de votre frontière. Pourquoi donc tant le révérer après sa mort? Les tristes et pâles restes de son cadavre, os pourris, entrent aujourd'hui en pompe dans votre palais; votre personne approche d'un ossement infect et s'arrête à le regarder. Tous vos officiers cependant se taisent; les censeurs mêmes ne font aucune remontrance. J'en rougis de honte. Remettez, je vous en conjure, cet os à vos officiers de justice, qu'ils le jettent dans les eaux ou le brûlent. »

L'exil fut le prix de la remontrance; les conseils de la raison sont de mauvais topiques contre la folie. Il n'y a souvent qu'une folie pour corriger d'une autre. Ce que les sages remontrances des lettrés n'avaient pu faire, les intrigues et le breuvage d'immortalité des tao-ssé le firent. A l'aide de leurs sortiléges, ces derniers s'étaient emparés de l'esprit de Wou-tsong et lui avaient arraché un édit de proscription contre les bonzes de Fo. Ordre fut donné de détruire en tous lieux les monastères, à l'exception de deux dans les villes impériales de Tchbanngan et de Lo-yang, et un dans les autres grandes villes; à l'exception également de quelques bonzes, qui furent spécialement affectés au service des temples restés debout, tous les autres durent sortir des monastères et rentrer dans le monde. Les étrangers, Indiens, nestoriens ou autres, furent remis aux commandants des frontières pour être renvoyés dans leurs pays respectifs. Les bonzes, pourchassés, voulurent se glisser dans les armées; mais défense fut faite de les enrôler, de crainte qu'ils ne pervertissent l'esprit des soldats, et presque tous périrent misérablement.

Le rapport qui fut dressé à cette occasion sur le nombre des religieux et des temples, constata qu'il y avait en Chine quatre mille six cents temples et couvents autorisés par le gouvernement, et quarante mille bâtis par des particuliers, que le nombre des religieux et des religieuses de Fo était de deux cent soixante mille cinq cents, et celui des ministres de la religion chrétienne et de Zoroastre de trois mille.

Mais on avait beau sévir, les superstitions des prêtres de Fo s'étaient trop fortement emparées de l'esprit du vulgaire, que la pompe des cérémonies et le mystérieux séduisent presque toujours, pour que les mesures de Wou-tsong restassent à l'état de réforme. Sous son successeur, les temples et les monastères se relevèrent plus brillants et plus nombreux. L'os de Fo fut réintégré solennellement au palais, et les tao-ssé, qui avaient amusé le défunt empereur avec le breuvage d'immortalité, furent poursuivis à leur tour; mais l'empereur qui avait ordonné ces réactions, s'enivrant bientôt lui-même des promesses des tao-ssé, mourut d'un excès de ce breuvage fameux qui devait lui donner l'immortalité. L'équilibre était toujours rompu, le mouvement de bascule se perpétuait.

Au milieu de ces oscillations diverses, la dynastie des Song arrivait à l'empire en 965. Ses premiers membres constituèrent l'école des lettrés sous la protection de Confucius, et organisèrent pour ce philosophe une espèce de culte civil, qui fut le culte officiel de l'empire, indépendant de la croyance particulière des empereurs, qui continuèrent presque tous dans leur particulier à écouter les bouddhistes ou les tao-ssé. Ce culte n'avait besoin que d'une consécration explicite; car il s'était peu à peu établi collatéralement aux deux autres. Les Han, en faisant rechercher et éditer les livres de Confucius, avaient nommé *koung* ou duc leur auteur; la dynastie des Tang lui avait donné le titre de *roi illustre des lettrés*, en même temps qu'elle avait honoré ses disciples de différents titres honorifiques. Sous les Song, en 990, parut l'édit qui, après plusieurs tentatives et essais partiels, organisa pour toute la Chine le régime des écoles, des examens, des concours, sur une base uniforme, et le mit sous la garantie du culte public rendu à Confucius. Le petit village de Khoung-li, devenu la ville de Kia-fou-hien, fut regardé naturellement comme sacré, et son enceinte, s'élargissant symboliquement, fut la patrie religieuse de tous les Chinois; ou plutôt la Chine entière devint le temple de Confucius. Cette abstraction eut sa réalisation matérielle dans les temples ou palais qui s'élevèrent bientôt dans les provinces, et dont les soins et l'administration prirent place dans le service réglé de l'état. On écrivit sur les frontispices cette inscription magnifique : *Au grand maître, au premier docteur, au saint, à celui qui a été doué d'une sagesse extraordinaire, à celui qui a enseigné les empereurs et les rois.* Les magistrats, portés dans des palanquins, ne passèrent plus devant ces temples sans faire arrêter leurs porteurs, afin d'aller se prosterner quelques instants devant le portrait de Confucius, représenté dans l'intérieur. Les empereurs eux-mêmes, seuls ou avec leur suite, ne manquèrent jamais à ces actes de respect envers le grand sage de la Chine.

Déjà, depuis longtemps, les magistrats et les savants, cherchant, indépendamment de l'idée religieuse, à se rattacher à un principe d'unité qui, sans les tyranniser, leur servît de lien, se reconnaissaient, à leur entrée en charge, comme les disciples de Confucius, et venaient en cette qualité lui rendre devant son tombeau les honneurs que les disciples rendent aux maîtres de leur jeunesse. Ils avaient ainsi formé une espèce de corporation. Mais ce que les savants n'avaient fait jusque-là que par simple zèle, fut, à l'époque de la réforme des Song, prescrit par une loi constitutive de l'empire. Aucun Chinois ne put être admis aux grades de la littérature, aucun lettré proposé à l'administration d'un mandarinat ne put entrer en charge qu'après avoir accompli solennellement des cérémonies respectueuses au pied des tablettes de Confucius; et c'était parce que la foule des lettrés et des mandarins ne pouvait pas se porter vers le village de Khoung-li, qu'il y eut dans chaque ville un miao particulier, où se firent toutes les cérémonies qui sanctionnaient l'admission des candidats aux grades ou au pouvoir. Ce n'était pas du reste la statue seule de Confucius qui régnait sur l'autel solitaire de ses temples : tout autour d'elle étaient les images de ses disciples illustres, qui, s'illuminant de l'éclat du maître, semblaient assister encore à ses leçons.

La constitution établie par les Song régit encore toute l'instruction publique et mène, par une route invariablement tracée et toute jalonnée par des examens et des concours, le jeune enfant qui entre à cinq ans dans les écoles, jusqu'aux grades les plus élevés de l'administration, de la magistrature et de l'armée. C'est une grande et belle institution que cette vaste corporation des lettrés qui se recrute sans cesse dans toutes les classes de la société, s'ouvre sans exclusion ou privilége à tous ceux qui s'avancent par les rudes sentiers de la science et de l'étude. Au point de vue politique, ce corps de lettrés a pour résultat, en se plaçant entre le chef de l'état et les dernières classes du peuple, d'empêcher l'ascension trop rapide de ces dernières au pouvoir et l'invasion des doctrines gouvernementales trop subversives, et de protéger ainsi contre l'arbitraire du prince et la mobilité du peuple, les traditions de l'empire et l'esprit de suite dans l'administration, rôle que remplissent d'ordinaire les aristocraties dans les monarchies où existe la noblesse de naissance. Lorsque à Rome le vieux patriciat avait disparu dans les secousses de l'empire, il s'était formé quelque chose d'analogue à cette corporation des lettrés mandarins; c'était ce réseau hiérarchique de fonctionnaires, qui retenaient dans leurs mailles serrées les institutions de la vieille société romaine, pendant que les orages grondaient au sommet. Aujourd'hui, comme l'éducation est la seule porte qui donne accès en Chine aux fonctions de l'État, les *y-hio* ou écoles y sont innombrables. C'est un proverbe chinois, qu'il y a plus de maîtres que d'élèves. Mais ceci signifie seulement que le nombre des maîtres est immense, car à coup sûr les élèves ne manquent pas. Un jeune homme qui n'a pas étudié est une preuve vivante de la grande pauvreté des parents, et pour éviter cette espèce d'opprobre, il n'est pas rare de voir les familles réunir leurs moyens, afin de pousser quelqu'un de leurs membres jusqu'aux plus hauts examens, dans l'espérance aussi que plus tard celui-ci enrichira sa race et fera rejaillir quelque peu d'éclat sur elle ; c'est le même rêve que poursuivaient autrefois les familles pauvres en France, en s'imposant de grands sacrifices pour faire entrer un des leurs dans les ordres où l'on pouvait devenir chanoine ou évêque. Mais de même que nos petits abbés, déçus dans leurs hauts projets, étaient souvent obligés pour vivre d'aller traîner le petit collet dans les antichambres des grands seigneurs et voyaient leur destinée aboutir à l'explication des rudiments du latin et du français à un écolier indocile, de même un grand nombre des lettrés de la Chine qui ont échoué aux examens sont réduits à végéter dans la chaire d'un petit village ou dans la maison de quelque riche. Tous ces demi-savants s'abattent comme des nuées sur les points qui peuvent présenter quelque débouché à leur érudition, affichent des leçons, mettent leurs prix au rabais, s'insinuent partout au moyen de leurs prospectus ou du patronage de quelque lettré en crédit ; et parfois, comme le métier de maître d'école n'est pas assez lucratif pour leur procurer une existence supportable, quelques-uns s'arment de la lancette comme nos anciens barbiers, se font un petit formulaire de recettes médicales qu'ils appliquent à toutes les maladies, et ajoutent à leur titre de maître d'école celui de médecin. Quelques autres passent les jours entiers à courir les audiences pour un gain sordide et souvent injuste, achètent la justice et rançonnent les plaideurs. Sans compter ceux qui ont échoué dans les écoles, chaque province a souvent jusqu'à dix mille lettrés gradués. Aussi le développement intellectuel est-il très-général en Chine; il n'est pas un artisan ou un laboureur qui ne sache au moins lire et écrire quelques caractères chinois, et particulièrement ceux qui ont rapport à son métier et aux choses du culte populaire.

Cette puissante machine d'éducation, car nous ne saurions mieux comparer le système des écoles qu'à une machine chargée de distribuer la science, a bien des inconvénients relativement à la science elle-même. Malgré notre sympathie pour la centralisation de l'enseignement, qui permet de faire couler la civilisation dans toutes les artères d'un grand peuple, et de donner à tous les membres des idées pareilles sur les sujets importants de religion, de politique et de morale, il nous faut avouer que cette régularité, cette précision de la machine éducatrice entraîne partout la passiveté des intelligences, ôte à l'esprit son acuïté native, détruit l'originalité et l'individualité des œuvres. La science officielle, au lieu d'assouplir les facultés pensantes, les courbe sous un niveau insurmontable. Les examens décidant de tout, tout est fait dans la vue des examens; le programme officiel des connaissances déterminées pour l'épreuve, est la pensée constante des lettrés; on étudie ainsi par devoir et non par passion. La mémoire est plus sollicitée que l'imagination; on s'applique à la discipline des concours comme le soldat à la manœuvre. Toute la littérature rend en général le même son monotone et ennuyeusement grave. Les élèves, aveuglés par la poussière de l'antiquité au sein de laquelle ils vivent, perdent de vue les sources vivifiantes de la pensée, et dépensent, à se traîner dans les sentiers battus, toute spontanéité, toute vigueur d'initiative ; et si dans l'extrême jeunesse on voit des lettrés fort érudits et fort experts sur les trois Hoang, sur les Koua, la musique de Fou-hi, sur les King et la philosophie, toute sève ayant été comprimée sans emploi, et toute saveur de curiosité étant plus tard épuisée, les lettrés arrivés au pouvoir n'écrivent plus que des mémoires, des commentaires, des encyclopédies, des analecta, des traités et des manuels. Les livres d'économie politique, d'histoire, de didactique, où les auteurs se copient ou se contredisent les uns les autres, par l'envie de dire du nouveau et l'impuissance de trouver rien à dire, tous ces livres enfin d'érudition et de compilation, que la plume écrit sous la dictée de la mémoire et transvase d'un format dans un autre, se produisent ici avec une exubérance et une activité dont notre presse périodique, dans nos pays de liberté et de système représentatif, donnerait une faible idée. Il n'en pouvait être autrement chez un peuple où l'attention est sans cesse appliquée à l'étude de l'antiquité, où les institutions, s'appuyant encore sur un ordre de choses qui date de plus de deux mille ans, font une nécessité de connaître les anciens textes, obligent tout homme qui aspire à quelque chose, à les apprendre par cœur, à jurer par eux, à ne rien faire que d'après leurs principes.

La consécration officielle de la doctrine de Confucius, en tant que religion de l'empire, n'impliquait en rien le devoir pour l'empereur et les fonctionnaires de rompre avec les autres croyances. Dans cette Chine si systématique et si amie de l'ordre et de la règle, on avait fait la part de la sagesse et de la folie; et l'une et l'autre avaient été organisées. Pour satisfaire à la première, avait été décrétée la doctrine d'un pur déisme reconnaissant le créateur du monde dans le Changti ou le ciel; pour satisfaire aux instincts de religiosité et de curiosité mystique, on avait permis l'érection de milliers de temples et de milliers d'idoles; les rues en furent encombrées, et tel lettré qui professait publiquement les doctrines de Confucius, voyait sans sourciller élever et entretenir par ses femmes et ses filles dans l'intérieur de sa maison de petits sanctuaires en l'honneur de Fo.

Vers le treizième siècle, le bouddhisme vint à dominer définitivement ; les tao-ssé virent alors tous leurs ouvrages livrés aux flammes, à l'exception du Tao-te-king, et ils ne trouvèrent plus depuis des partisans de leurs jongleries que dans les derniers rangs de la populace. La religion des lettrés se tenait dans les régions du gouvernement. A cette époque, ce furent les lamas du Thibet, où s'était opérée une réformation du bouddhisme, qui vinrent en Chine à la suite des Mongols et supplantèrent les samanéens du bouddhisme indien. L'influence de ces lamas devint si grande, qu'en 1336, ils obtinrent de l'empereur le privilége de prendre pour leurs voyages les voitures et les chevaux de poste affectés au service des grands fonctionnaires de l'empire, de se faire suivre par des équipages de prince, et de mettre en réquisition sur leur route les habitants des provinces pour des provisions de bouche et les transports. Quelques-uns portèrent le titre de maîtres et de docteurs de l'empire. L'influence des lamas avait amené la ruine des Mongols ; la dynastie des Ming ne profita pas de l'expérience, et se laissa dominer par eux. Maintenant encore, sous les Tartares mandchoux, les prêtres de Fo asservissent l'empire chinois à leurs superstitions.

L'immense quantité de monastères et d'abbayes qui s'élevaient en France et en Espagne avant la révolution ne saurait donner qu'une faible idée du nombre des miao, ou édifices religieux de la Chine. Le père Amiot en comptait, à la fin du dix-huitième siècle dix, mille dans la seule ville de Pé-king. Il n'y avait pas de rue, de carrefour, qui n'eussent leur chapelle, pas d'heure du jour où quelque dévot Chinois ne vînt se prosterner devant le ridicule magot niché dans ces milliers de sanctuaires. Sans les colères du peuple, qui se venge parfois de la négligence ou de l'impuissance des dieux à lui accorder l'objet de ses demandes en brisant leurs idoles, la Chine ne serait qu'une bonzerie. Les monastères ont des biens considérables, des terres, des maisons, dont le gouvernement dirige l'entretien, et leur opulence s'accroît avec l'indigence publique.

Les pagodes consistent en des portiques pavés de grandes pierres carrées et polies, en des salles et des pavillons dans les angles, qui communiquent par de longues galeries ornées de statues de pierre et de bronze. Le toit brille par la beauté de ses briques, couvertes d'un vernis jaune et vert; aux extrémités angulaires sont placés en saillie des animaux fantastiques et des dragons. Les murailles sont revêtues de figures bizarres en relief, représentant tous les êtres du panthéon bouddhique. A l'intérieur, règne une population d'idoles de toutes les formes, de toutes les grandeurs, de petites et de gigantesques. Qu'on se rappelle que Bouddha, dans ses cinq cents manifestations, a parcouru toute l'échelle des êtres vivants, on pourra concevoir la variété des symboles sous lesquels il est adoré. Les Chinois aiment assez à placer leurs idoles au haut des pyramides; il y en a une en cuivre doré, à la pointe de la fameuse tour de porcelaine. On en montre une autre près de Taiven, ville de Chen-si, qui, suivant la tradition, en sortant des mains de l'ouvrier, se leva toute seule et se rendit dans la niche qu'on lui avait préparée.

Les pagodes se rencontrent en grand nombre aussi sur les routes, où elles servent de demeure aux bonzes, regardés en théorie comme la providence des voyageurs, mais qui sont en réalité leur ruine. Par une habitude qui a sa source dans l'idée généreuse que la maison de Dieu doit servir aux besoins de l'homme fatigué, et que les rapports sociaux des hommes entre eux ne sauraient souiller un temple, les pagodes des bouddhistes sont des lieux de réunion lors des grandes foires, et servent d'hôtellerie aux voyageurs. Les bonzes reçoivent leurs hôtes avec tous les signes extérieurs de l'hospitalité la plus cordiale, et vont à leur rencontre au son des instruments, révolutionnent leur maison pour les bien traiter, leur cèdent les meilleurs logements, placent leurs domestiques, leurs voitures, leurs bagages dans le temple. Mais si toutes les portes s'ouvrent à l'envi devant le voyageur, la sortie est plus difficile. Fût-il entré riche comme Callias, il s'en va pauvre comme Irus. Une partie des bagages, si elle n'est volée dans ce temple où elle avait été mise sous la garde du Dieu, est engouffrée dans le payement des longs mémoires de dépense que savent dresser ces dévots hôteliers.

La forme des grandes pagodes est assez généralement la même. Des deux côtés d'une grande porte sont posées deux figures gigantesques représentant des hommes vêtus à la chinoise ; à l'entrée sont de grands vases de pierre, dans lesquels brûlent des parfums. Le corps de l'édifice est une vaste nef dans le fond de laquelle est une table, destinée à porter les offrandes qui ne manquent jamais de venir s'y entasser. Derrière est l'autel ; un Bouddha de forme grotesque, qui étale devant les dévots la vaste convexité de son ventre nu, y est assis sur un coussin ; des draperies assez artistement relevées dans les coins par des oiseaux fabuleux, forment un dais sur sa tête. Suspendues à la voûte, des lampes brûlent nuit et jour dans ce sanctuaire. Les murs latéraux sont percés de niches où se blottissent des milliers d'idoles ; dans les intervalles se lisent des maximes et des passages tirés des livres sacrés. Tout cela est peint avec mille couleurs, parmi lesquelles le rouge, la couleur des choses saintes, domine. Il y a à l'entrée un tambour ; le fidèle qui arrive ou s'en retourne, doit y frapper un coup. Est-ce pour avertir les dieux ? S'ils ne l'ont pas vu, ils pourraient bien ne pas l'entendre.

On fait dater en général l'idolâtrie chinoise de l'époque où le bouddhisme s'introduisit en Chine. Nous savons néanmoins, si toutefois les superstitions des Chen et des Kouei n'ont pas été faussement attribuées aux tao-ssé, ou empruntées par ceux-ci aux bouddhistes, que dans les temps primitifs les Chinois se montrèrent fort adonnés au culte des esprits.

Grâce à la transmigration, l'idolâtrie semble aujourd'hui le tempérament de ce peuple. Habitués à vénérer tous les objets où se manifeste la vie, sur leurs vaisseaux les Chinois font même des prosternations devant la boussole, brûlent devant elle des pastilles et lui offrent des viandes en sacrifice. Tous les êtres sont donc ici adorés, sinon comme divinités, du moins comme symboles, et ce serait s'égarer dans un dédale sans issue, que d'entreprendre d'énumérer les objets du culte chinois. Dieux de la guerre, de la sagesse, de la paix, de la mer, des montagnes, de la pluie, des forêts, des oiseaux, esprits de toute chose, ont leur place dans d'innombrables temples. S'il faut ajouter foi aux transcriptions presque toujours fautives des voyageurs, *Tanquam* donne la pluie; *Tsuiquam* soulève et apaise la mer; *Teiquam* préside à la nativité et à l'agriculture; *Ninifo* est la déesse des amours. Nous n'avons rien à ajouter à ce que nous avons dit du culte des serpents ou des dragons; un de leurs chefs, So-kolo, le roi de la mer salée, fameux dans toutes les cosmogonies bouddhistes, est très-vénéré en Chine. Une des superstitions des Chinois, c'est de croire que le dragon tient sous sa puissance les biens de la terre. Aussi les voit-on, lorsqu'ils creusent des tombeaux, chercher avec sollicitude les traces de cette bête énorme, et faire dépendre de sa rencontre la prospérité de leurs familles.

Un culte plus raisonnable dans la pensée métaphysique, sinon dans les formes, est celui que les Chinois adressent à Omito et à Pou-ssa. Omito est une simple épithète qui signifie incommensurable; elle devient ici le nom du Bouddha primitif, l'être primordial, le vide de la croyance ésotérique. C'est un équivalent de la mystérieuse syllabe *om*, et le mot *omito fo* est écrit des milliers de fois dans les livres et murmuré sans cesse par la bouche des Chinois.

Pou-ssa est une transcription de bodhisattwa. Le bodhisattva de l'âge actuel, gardien et propagateur des doctrines de Shakya-mouni, est Avalokites'wara, qui, dans le but de remplir sa mission, se soumet à une série de renaissances, jusqu'à l'avénement du Bouddha futur, Maïtreya. Dans la langue des Chinois, il est désigné par le nom *Kouan-chin-in aux mille yeux et aux mille bras*. Or, comme Avalokites'wara représente, dans l'ordre mythologique, l'intelligence suprême, il prend dans ses statues quelques attributs d'une divinité femelle. Sur cette apparence, les voyageurs peu au courant de la cosmogonie bouddhique ont fait de Kouan-in et de Pou-ssa deux déesses, et se sont ingéniés pour leur trouver des attributs distincts, et interpréter les symboles qui les accompagnent. Ce qu'il y a de plus étonnant, c'est que, dans la religion populaire des Chinois, Pou-ssa est devenue réellement une divinité femelle, une espèce de Cybèle; et des légendaires, aussi ignorants que prétentieux, se sont mis en frais d'érudition pour légitimer cette erreur favorite du vulgaire. Les idoles peintes ou sculptées, de métal et de porcelaine, qu'on nomme Pou-ssa, présentent les caractères distinctifs du sexe féminin. Dans les temples, l'idole de Pou-ssa est assise sur une fleur de lotus; elle a onze têtes et huit bras. La légende rapporte que Kouan-in-Pou-ssa était la troisième fille d'un roi de Thsou, qui régna 600 ans avant J.-C. Cette princesse, pour sa vertu, sa piété filiale et sa dévotion à l'*honorable du siècle* (Bouddha), mérita les honneurs de la divinité, et son père lui fit ériger une statue sous le nom de la compatissante Bodhisattwa. Par une sorte de malentendu, la statue eut mille yeux et mille bras. Le roi avait ordonné qu'on moulât les mains et les yeux en entier; l'eunuque chargé de transmettre les ordres entendit qu'il fallait donner à la statue mille yeux et mille mains. Il est inutile de faire ressortir l'absurdité de cette légende, qui ferait remonter à cinq cents ans avant que le bouddhisme fût introduit en Chine, la connaissance du personnage de Bodhisattwa et l'érection des représentations indiennes. On croit que ces fausses légendes prirent naissance sous les Song.

Les temples les plus fameux sont situés sur des montagnes, retraites primitives de quelques saints solitaires, où l'on se rend en pèlerinage à des époques fixes de l'année. Les pèlerinages sont la grande passion des bouddhistes. Ni chemins escarpés, ni longueurs de la route, ni affaires domestiques, ne les arrêtent. Ces voyages sont surtout aimés des femmes. La qualité de pèlerines sert de passe-port à ces pauvres recluses pour franchir pendant quelques jours les barreaux de la cage où les tient enfermées la jalousie des maris, et pour aller, sous la protection du grand Fo, respirer un peu d'air libre et de gaieté dans les aventures des chemins. Dans la vie monotone de l'intérieur de la famille, bien des jours sont ensuite illuminés des agréables souvenirs de ces pèlerinages, bien d'autres sont employés à rêver les accidents du pèlerinage prochain.

Les Chinois, dans leurs inventions jalouses, ont su forcer leurs femmes à aller au-devant du joug qu'ils leur imposaient. En plaçant un des caractères de la beauté dans la petitesse des pieds, ils les ont excitées à se mettre elles-mêmes, par un usage cruel, dans l'impossibilité de supporter la marche. On a entendu parler de cette manie qu'ont les femmes chinoises de s'étreindre les pieds et de se replier les doigts par des bandages, jusqu'au point de s'estropier ; il paraîtrait pourtant que cela ne les empêche point de s'engager dans les pèlerinages. « Nos pères, aussi bien que nous, dit un auteur, connaissaient trop les femmes pour croire qu'en leur retranchant la moitié des pieds on leur ôterait le pouvoir de marcher et l'envie de voir le monde. » Dans les états civilisés comme la Chine, le charme des femmes et leur coquetterie doivent triompher de bien des obstacles ; plus elles sont enfermées, plus leur imagination se replie sur elle-même. Mais les embarras des hôtelleries, la foule, la confusion, la liberté du grand air, quels puissants auxiliaires pour une volonté disposée à donner la main à tous les accidents ! Les maris, pris au dépourvu, ont voulu souvent empêcher le pèlerinage des femmes, mais les femmes ont fait parler les bonzes, et les bonzes ont fait parler Dieu. Au nom de Fo, les bonzes donnent aux femmes cette liberté, dont eux-mêmes recueillent parfois les fruits. Le silence des églises, la profondeur de leurs voûtes, servent souvent de manteau à des erreurs peu religieuses, et les lettrés nous ont appris au moyen de quels artifices, appuyés sur la métempsycose, les bonzes savent prouver que l'infidélité actuelle n'est qu'un retour à la légitimité. Les bonzes connaissent aussi le système des dispenses, et les aumônes faites à Dieu excusent des atteintes portées aux devoirs de l'humanité. Une loi condamne le religieux surpris avec une femme à avoir le cou percé par un fer chaud et à traîner dans les rues de la ville une chaîne de dix brasses passée au cou ainsi percé, jusqu'à ce qu'il ait amassé une certaine somme d'argent pour son couvent. Mais ce moyen est illusoire, parce que les moines ont trop d'intérêts communs pour se trahir les uns les autres; et un empereur de la dynastie des Mandchoux a cru ne pouvoir mieux arrêter les intrigues qui se nouaient dans les miao, qu'en interdisant aux femmes de les fréquenter.

On a dit que la médecine serait une bonne chose sans médecins; c'en serait une excellente qu'une religion sans prêtres. En Chine, les bonzes ont vicié jusqu'aux plus profondes racines du sentiment religieux et fait de la doctrine métaphysique du bouddhisme, très-relevée dans ses solutions, un thème d'interprétations propres à légitimer tous les excès, tous les abus; le dogme de la vie future et la croyance dans les peines et les récompenses sont devenus les objets d'une spéculation sordide qui fait douter de la réalité du principe. Dans le culte primitif des empereurs de la Chine, la religion n'était appelée qu'à solenniser les grandes époques de l'année ou quelques actes de toute la nation; dans le culte de Fo tel que l'ont fait les bonzes, la mesquinerie des affaires dans lesquelles l'intervention des dieux et des esprits est sollicitée, avertit trop que ces dieux sont à la taille de l'homme, et que cette providence qu'on réclame sans cesse dispense de la morale et du libre arbitre. Le Bouddha avait dit à ses disciples : Tout autour de vous est un éternel sujet d'erreurs ; la matière, l'ignorance, les sens vous trompent, les passions vous égarent ; il faut dompter les uns, diriger les autres, soumettre votre personnalité à celle d'autrui, vous montrer compatissants pour ceux qui souffrent, parce qu'ils sont vos égaux ; la vertu est le seul véhicule qui peut vous mener à l'anéantissement de toutes les causes de chagrin et d'erreur.

Des hommes se sont organisés pour se faire les gardiens de ces préceptes. Que sont-ils devenus dans leurs mains ? On n'eût pas osé se plaindre à Dieu de la sévérité de ces préceptes, on est venu se plaindre à ces hommes ; les accommodements avec le ciel ont commencé, et la religion est devenue une matière d'exploitation régulière. Les prêtres ont ainsi exposé les avantages de leur société : « Nous connaissons, ont-ils dit, la difficulté de la vertu ; mais voici comment la remplacer : Nous sommes les représentants vivants de la Divinité, traitez-nous bien, nourrissez-nous grassement, bâtissez-nous des monastères spacieux et des temples splendides ; jetez, jetez dans notre escarcelle de riches aumônes ; achetez et brûlez dans les temples des papiers de soie et des amulettes que l'eau lustrale a sanctifiés. Tous ces trésors consacrés aux autels vous les retrouverez dans l'autre monde. L'argent sera votre expiation. Sans l'aumône, la vertu pourrait elle-même ne pas vous sauver, et l'enfer auquel vous vous soumettriez ici-bas ne vous serait pas une garantie assurée de votre paradis là-haut. » Les bonzes se sont chargés, à ce prix, de prier et de se mortifier pour les fidèles généreux, et toute la Chine aujourd'hui leur est livrée.

Que devient le bouddhisme dans ces ridicules travestissements ? Les prêtres eux-mêmes ne font consister la religion que dans les cérémonies ; et rien ne dépasse leur ignorance, si ce n'est leur cupidité : le sacerdoce est l'objet du mépris de tous les Chinois. Un honnête homme n'oserait entrer dans les rangs de cette immense milice de mendiants sales et corrompus qu'on rencontre partout demandant l'aumône par bandes, un chapelet d'une main et le pot de Fo de l'autre. Les monastères ne se recrutent qu'au moyen de l'enlèvement d'enfants et de l'achat d'esclaves. Les plus infimes de ces mendiants, qui n'ont de crédit qu'auprès de la populace, se tiennent le long des chemins, les jambes croisées, et frappent avec un bâton sur des instruments jusqu'à ce qu'on leur jette quelque aumône, mêlant à ce tintamarre leur éternel cri *omito fo* et la récitation de quelques versets des livres sacrés.

L'habileté des bonzes de Fo ne le cède en rien à celle bien connue des rusés marchands de Canton. Les mémoires des ambassadeurs et des missionnaires qui ont voyagé en Chine sont à chaque page remplis du récit de leurs fourberies. Les bonzes ont étrangement abusé surtout du dogme de la transmigration.

Le père Lecomte rapporte qu'un jour deux bonzes, errant dans la campagne, aperçurent deux beaux canards qui se pavanaient au soleil dans la cour d'un riche laboureur. Voilà aussitôt les moines, comme saisis d'un enthousiasme subit, qui se prosternent sur le seuil de la cour et font retentir toute la maison de leurs prières et de leurs plaintes. La fermière, qui les entend, s'empresse de venir leur demander le sujet de leurs plaintes; mais ceux-ci ne répondent que par un redoublement de sanglots; enfin on parvient à les faire parler. « Nous savons, disent-ils alors, que les âmes de nos pères sont passées dans le corps de ces animaux ; la crainte où nous sommes que vous ne les fassiez mourir nous arrache ces larmes. — Nous avions bien pensé à les vendre, répond la fermière ; mais puisque ce sont vos pères, nous les garderons. — Votre mari, reprennent les bonzes, peut n'avoir pas la même charité, et leur mort entraînera la nôtre. » Touchée de tant de piété filiale, la bonne femme ne put s'empêcher de confier les canards aux bonzes pour les nourrir eux-mêmes. Ceux-ci, consolés, firent de nouvelles prosternations, et reçurent les vénérables volatiles avec les signes du plus profond respect. Mais ils n'étaient pas rentrés au couvent, que ces fils sensibles s'étaient fait les sacrificateurs de leurs prétendus pères; et, le soir, apportés sur la table de la communauté, les canards faisaient les frais du souper des bonzes.

Un sectateur de Fo converti au christianisme racontait à un missionnaire que les bonzes lui avaient assuré que son âme devait passer dans un cheval de poste pour porter les dépêches de la cour. Ils l'engageaient alors à ne point broncher, à ne point ruer, à ne point mordre. « Courez bien, lui disaient-ils, mangez peu, soyez patient, et par là vous vous attirerez la compassion des dieux, qui souvent d'une bonne bête font à la fin un mandarin considérable. »

Aux ruses de l'esprit, les bonzes joignent une douceur extérieure et une modestie hypocrite qui achèvent de séduire ceux qui se tiendraient en garde contre leurs fourberies. « Je rencontrai un jour, dit encore le père Lecomte, au milieu d'un village, un jeune bonze de bon air, doux, modeste, et tout propre à demander l'aumône et à l'obtenir. Il était debout dans une chaise bien fermée et hérissée en dedans de longues pointes de clous fort pressés les uns contre les autres, de manière qu'il ne lui était pas permis de s'appuyer sans se blesser. Deux hommes gagés le portaient fort lentement dans les maisons, où il priait les gens d'avoir compassion de lui. « Je me suis, dit-il, enfermé dans cette chaise pour le bien de vos âmes, résolu de n'en sortir jamais jusqu'à ce qu'on ait acheté tous ces clous (il y en avait plus de deux mille); chaque clou vaut dix sous; mais il n'y en a aucun qui ne soit une source de bénédictions dans vos maisons. »

Est-il étonnant après cela que les Chinois, qui n'ont retenu de la religion de Fo que les superstitions, et n'estiment la Divinité qu'autant qu'elle fait droit aux exigences de leurs passions, traitent les idoles des dieux impuissants avec le plus grand mépris. Non-seulement ils leur reprochent leur négligence ou leur peu de pouvoir, mais ils les chargent encore d'injures. « Comment! chien d'esprit! lui disent-ils, nous te logeons dans un temple commode, tu es bien doré, bien nourri, bien encensé, et après tous ces soins que nous nous donnons, tu es assez ingrat pour nous refuser ce qui nous est nécessaire! » Il arrive alors qu'on lie le dieu avec des cordes, qu'on le traîne dans les ruisseaux des rues, où on l'abreuve de boue et d'immondices, pour lui faire payer toutes les pastilles brûlées devant son autel.

Les Chinois ont même jusqu'à des moyens légaux de poursuivre les idoles, en inexécution des services pour l'obtention desquels ils ont fait des offrandes.

Un riche particulier, voyant dépérir sa fille malade, s'était décidé, après avoir vainement essayé de tous les secours des médecins, à implorer une idole dont les bonzes lui avaient garanti le pouvoir. Pour obtenir cette précieuse guérison, la tendresse paternelle avait tout prodigué : prières, offrandes, sacrifices. Cependant la fille mourut. Le père, dans sa douleur, porta plainte aussitôt devant le juge du lieu, et dans son accusation il dénonçait avec indignation la conduite fourbe de cette injuste divinité, et demandait un châtiment exemplaire contre l'idole et contre les bonzes; il terminait par cet invincible dilemme : « Si l'esprit a pu guérir ma fille, c'est pure escroquerie de sa part de l'avoir laissée mourir tout en prenant mon argent. S'il n'a pas ce pouvoir, pourquoi usurpe-t-il la qualité de dieu? Est-ce pour rien que nous l'adorons et que toute la province lui offre des sacrifices? »

L'affaire était grave; le juge la renvoya au gouverneur, mais à son tour celui-ci ne voulut pas se brouiller avec les dieux, et la renvoya plus haut. Le vice-roi commença l'instruction. Circonvenu par les bonzes, il chercha à assoupir l'affaire, et proposa un accommodement. Mais le père, au désespoir de la mort de sa fille, voulait à tout prix en tirer vengeance, et il rejeta la proposition. « Mon parti est pris, répondit-il; l'idole est persuadée qu'elle peut impunément commettre toutes sortes d'injustices, et que personne ne sera assez hardi pour l'attaquer; mais elle n'en est pas où elle pense, et l'on verra lequel de nous deux est le plus fort. » La gravité du procès ayant un fâcheux retentissement, le conseil souverain de Pé-king l'évoqua et appela devant lui les parties. Des avocats en égal nombre et avec égale ardeur attaquèrent et défendirent alternativement l'honneur de l'Esprit. Mais l'éloquence n'eût pas eu ici son entier effet, si le père n'était venu ajouter l'irrésistible argument d'une forte somme à ceux de la rhétorique; grâce à ce secours, la plaidoirie de son avocat décida l'opinion des juges. Condamnée comme inutile et impuissante, l'idole fut précipitée de sa niche; son temple fut rasé et ses ignorants interprètes châtiés. On écrirait des volumes avec le récit des absurdités et des fourberies des bonzes. Toutes se valent du reste. Pour finir, nous dirons la singulière supposition qu'ils mettent en avant pour s'opposer à l'introduction des Européens en Chine. Ils prétendent qu'ils viennent arracher les yeux aux Chinois pour en faire des lunettes, afin de considérer les astres et recruter des âmes dont il y a disette chez eux.

Chose étonnante! plongée dans ce gouffre de superstitions et de cérémonies formalistes qui sembleraient devoir étouffer sous leur épais réseau tout sentiment religieux, toute notion un peu relevée de la Divinité, la Chine, dans son respect pour le passé, a conservé les traditions du déisme de ses premiers habitants. Après quatre mille ans, Yao, Chun et Yu gardent encore leur auréole; leurs institutions, en s'évanouissant par la force du temps, ont laissé leur nom aux institutions qui les ont remplacées, et leur religion, cette religion naturelle et simple qui consistait à adorer le ciel dans ses influences bénignes ou malfaisantes, continue à être, en dépit de toutes les superstitions et de toutes les absurdités, la religion de l'État. Le Chang-ti, que le vieux Chun allait adorer dans les montagnes sur le Tan du kiao verdoyant, est encore le dieu protecteur des lettrés et du prince. Deux temples dans l'empire, le Tien-tan et le Ti-tan, sont dédiés à cet être suprême. Ils sont dans la capitale; aucune idole n'en occupe l'intérieur. Dans l'un, on vénère l'Esprit éternel; dans l'autre, l'Esprit créateur et conservateur du monde. On parle des vases, des cassolettes et des flambeaux qui sont consacrés au service de ces temples, comme de merveilles d'art et de magnificence; les instruments de musique sont les plus beaux de l'empire, et on veut donner, par leur grandeur et leur forme antique, une idée de la prétendue stature gigantesque des anciens habitants de la Chine qui les inventèrent.

C'était le privilége des premiers empereurs, Yao et Chun, de réunir à leur pouvoir de chef de l'empire celui de grand pontife; dans le Tien-tan, c'est encore au nom de tout le peuple que l'empereur offre des sacrifices au Tien ou Chang-ti. Des fruits de la terre, des semences et de jeunes animaux, ce sont là les simples offrandes de ce culte primitif. Nulle procession de l'Europe du moyen âge ou de Rome moderne ne saurait se comparer à la pompe du cortége qui environne le chef de l'État quand il va sacrifier dans le Tien-tan. Vingt-quatre trompettes, ornées d'un cercle d'or, vingt-quatre tambours, vingt-quatre hommes armés de bâtons vernis et dorés, cent soldats portant des hallebardes magnifiques, cent massiers et deux officiers distingués, ouvrent la marche. Puis vient une profusion de lumières à éclipser le jour. Au milieu de l'éclat étincelant de cent lanternes, de quatre cents flambeaux, resplendissent et s'agitent les vives et changeantes couleurs de flocons de soie suspendus à deux cents lances. Par les signes du zodiaque et des constellations représentés sur vingt-quatre bannières, l'ordonnateur des rites semble avoir voulu prolonger l'illusion d'un soleil terrestre. Deux cents éventails aux capricieuses figures de dragon et d'animaux symboliques, et vingt-quatre parasols dorés mêlent encore la diversité de leurs couleurs à ce tableau éblouissant. Derrière paraît, porté par de grands officiers, le buffet sacré où sont déposés tous les objets du sacrifice. L'empereur le suit ; il est monté sur un beau cheval dont l'ardeur, mal contenue sous les superbes draperies qui le recouvrent, semble triompher de dix autres chevaux blancs sans cavaliers qui l'escortent, et que des gardes du palais conduisent par des harnais chargés d'or et de pierreries. Sur la tête de l'empereur est déployé son riche parasol, signe du commandement. Sur ses pas se pressent des princes du sang et des mandarins de tous les ordres. Cinq cents jeunes gens pris dans les meilleures familles de la cour et accompagnés de leurs valets de pied viennent ensuite, puis trente-six hommes portant le trône de l'empereur, et enfin quatre chariots tirés par des éléphants et des chevaux couverts de magnifiques housses. La marche est fermée par deux mandarins lettrés et deux mille officiers de guerre.

Arrivé dans le temple, l'empereur dépouille tous les brillants insignes de sa puissance. Tout à l'heure il prenait la qualification de fils du soleil et semblait le maître de la création ; il se traîne maintenant en esclave, s'accusant de ses faiblesses et de son impuissance, sur les marches de l'autel, qu'il baise avec humilité. Le Chang-ti remplit tout le temple de son esprit ; cependant les Chinois, pour lui donner une sorte de personnification, ont écrit son nom sur une tablette ; et c'est prosterné devant cette représentation convenue que l'empereur fait des offrandes et des sacrifices. Le culte du Chang-ti n'est pas pour ainsi dire le culte des individus, c'est celui de l'État. Aussi le temple de cette divinité n'existe-t-il que dans la capitale de l'empire, à la résidence de l'empereur. Il n'y a ici ni dogmes formulés, ni sacerdoce pour les conserver. Les assesseurs du prince, dans les sacrifices qu'il fait au Chang-ti, ce sont les fonctionnaires civils et les mandarins. Les fêtes en sont rares et ne se présentent qu'avec un caractère de nationalité. Telle est surtout celle de l'agriculture.

Cette fête se célèbre le jour où le soleil entre dans le quinzième degré du Verseau, époque que les Chinois regardent comme le commencement du printemps. Le tribunal des rites, assisté du bureau des mathématiques, a soin d'en fixer le jour avec précision, et de tracer dans son mémorial l'ordonnance des cérémonies à célébrer, et les jeûnes par lesquels l'empereur doit s'y préparer. La veille, le chef de l'empire envoie quelques seigneurs de la cour dans la chambre des ancêtres, attenante au palais, pour leur faire des présents et les prévenir de la solennité du lendemain. Au jour fixé, il se rend, dans l'appareil que nous avons décrit, vers l'autel du Chang-ti, qu'on a dressé sous une tente dans la campagne. Les rues que doit traverser le cortége sont tendues de tapisseries et ornées d'arcs de triomphe. En tête du cortége se voit une vache de terre cuite, si énorme et si lourde, que quarante porteurs ont peine à la faire mouvoir. Un jeune garçon, représentation vivante du génie de l'agriculture, fait le geste de la conduire. Il a une jambe nue, et l'autre couverte d'un brodequin, témoignage de la diligence du laboureur, qui court aux champs sans prendre le temps de compléter son costume.

Le champ sacré à labourer est dans le voisinage de la tente. Après le sacrifice offert au Chang-ti, on y dépouille la vache de ses oripeaux, on ouvre son sein, et on en retire une quantité de vaches plus petites, aussi en terre cuite. Heureux alors le laboureur qui peut en obtenir une dans la distribution solennelle qu'en fait l'empereur; elle est pour lui une garantie de fortune, en même temps qu'une puissante excitation aux travaux de l'agriculture. L'empereur, qui a revêtu le costume de laboureur, s'avance alors dans le champ de labourage, assisté de deux députations des laboureurs de l'empire. L'une, celle des jeunes paysans, attelle les taureaux au joug et porte les instruments; l'autre est celle des vieux laboureurs, qui viennent avec leur expérience en aide à la vigueur de la jeunesse. Quand le chef de l'empire, en écoutant les conseils de ces derniers, a tracé quelques sillons, il passe la charrue à ceux de ses ministres désignés par le tribunal des rites, et jette dans la terre remuée cinq sortes de grains, le froment, le riz, le millet, la fève, et une autre espèce de millet. Dans toutes les villes de l'empire se répète le même jour la même cérémonie; c'est le gouverneur qui la préside. La récolte des champs sacrés se fait aussi chaque année avec une certaine pompe, et la moisson, recueillie dans des sacs jaunes, couleur impériale, sert pendant l'année pour les sacrifices qu'on offre au Chang-ti. A la suite des fêtes du labourage, un laboureur dans chaque ville est élevé à la condition de mandarin de quatrième classe, et a droit à ce titre de s'asseoir dans les fêtes de l'empire à la table du gouverneur.

La fête des lanternes, tout aussi nationale que celle du labourage, n'a pas le même caractère religieux; son origine même est des plus mondaines. On se souvient de l'histoire de cette maîtresse de Cheou-si, qui s'était fait bâtir par son libéral amant un palais de cristal d'une demi-lieue de circuit, et dans lequel, à la clarté de mille flambeaux, elle célébrait ses orgies effrénées avec une horde impudique de jeunes hommes et de femmes. Le peuple, indigné de ces débauches, s'était soulevé, et après avoir détruit le palais, avait suspendu les innombrables lanternes qui l'éclairaient, dans les divers quartiers de la ville. En mémoire du triomphe remporté sur les dérèglements d'un de leurs empereurs, les Chinois suspendirent, les années suivantes, aux mêmes lieux les mêmes lanternes, et l'anniversaire de cet acte de justice devint une fête nationale. Il existe encore une autre version. On raconte qu'un soir la fille d'un mandarin se promenant sur le bord d'une rivière, tomba dans l'eau, et que son père désolé fit prendre à ses gens des lanternes pour se mettre à la recherche de sa fille. Les habitants du lieu vinrent de toutes parts se joindre au cortége, et toute la nuit on vit errer des flambeaux dans la campagne. L'année suivante, le père faisant avec des lanternes commémoration de ce jour fatal, le peuple s'arma également de flambeaux pour lui renouveler le témoignage de ses sympathies, et d'année en année, de locale qu'elle était, cette coutume se répandit dans tout l'empire.

Le jour de cette fête, qui est le quinzième du premier mois, chaque maison se pare d'une foule de lanternes. Le luxe et l'originalité exagérant toujours la nature, on en voit qui coûtent des sommes énormes, d'autres qui ont jusqu'à vingt-cinq ou trente pieds de diamètre. Ce sont de véritables salles et des chambres; on y mange, on y danse, on y joue la comédie. Ces petits palais de verre sont éclairés à l'intérieur d'une infinité de bougies et couronnés de feux d'artifice.

Pour compléter maintenant le tableau des cérémonies importantes qui se célèbrent dans l'empire chinois, nous dirons quelques mots du culte rendu à Confucius par les lettrés et les mandarins de l'empire. Comme celui du Chang-ti, ce culte n'exige point l'organisation d'un corps de prêtres, et consiste également à rendre des hommages et à déposer des offrandes devant une planche dorée, sur laquelle sont écrits ces mots : « C'est ici le trône de l'âme du très-saint et très-excellent maître Confucius. »

La cérémonie du sacrifice offrira au lecteur matière à de curieux rapprochements ; elle est célébrée par le gouverneur de la province, appelé vice-roi. Dès la veille du jour où doit se consommer le sacrifice, les lettrés de la ville ont soin de préparer le riz et les autres semences et fruits de la terre qu'on doit employer et qu'ils disposent dans une salle attenante à celle destinée aux cérémonies. Dès la veille aussi, ils placent dans cette dernière salle sur une table le portrait de Confucius, et à l'entrée une seconde table recouverte d'un tapis, sur laquelle on dispose des cierges, des brasiers et des parfums. Quand le moment du sacrifice est venu, que le temple s'est rempli de la foule des adorateurs, on amène les animaux du sacrifice, qui sont ordinairement des pourceaux. Le mandarin qui pontifie les éprouve en leur jetant du vin chaud dans l'oreille. Ceux qui, sensibles à l'impression de cette eau brûlante, secouent vivement l'oreille et trépignent, sont mis à part pour le sacrifice; les indolents et les mornes vont périr sans gloire sous le couteau de quelque obscur boucher. Au moment d'égorger les victimes choisies, l'officiant fait une révérence qu'il répète lorsque l'animal est tombé. Il rase alors les poils sur le devant de la tête, prend les intestins et les garde dans un bassin avec le sang jusqu'au jour suivant. Le lendemain, dès le chant du coq, la cérémonie recommence. Le sacrificateur, suivi des ses acolytes, revient en grande pompe dans la salle des cérémonies; les cierges s'allument à la hâte, les parfums jetés à flots dans des brasiers épaississent l'atmosphère et embaument le temple. Bientôt, sur l'ordre du maître des cérémonies, des chœurs de musiciens donnent l'essor à leurs voix et à leurs instruments jusque-là muets, et au milieu de ces concerts la voix du maître des cérémonies s'élève de nouveau pour annoncer qu'on va offrir le poil et le sang des bêtes égorgées. Le sacrificateur lève alors de ses deux mains le bassin qui les renferme; le maître des cérémonies reprend et dit qu'on va procéder à l'inhumation du poil et du sang, et tous les assistants se levant aussitôt se disposent à suivre le sacrificateur, qui, portant le bassin dans ses mains, sort processionnellement avec les mandarins, et va enterrer ces objets du sacrifice dans un coin de la cour qui précède la chapelle.

Cependant on a dépouillé les chairs de la victime, et quand le maître des cérémonies, qui règle la marche de tout l'office, vient à s'écrier : « *Que l'esprit de Confucius descende,* » le sacrificateur élève en l'air un vase plein de vin, qu'il répand sur un homme de paille; les Chinois croient ou ne croient pas, mais sont convenus de croire que l'esprit de celui qu'on invoque descend au moyen de cet homme de paille. Après cela l'officiant va prendre le tableau de Confucius et le met sur l'autel en prononçant cette oraison : « O Confucius! vos vertus sont excellentes et admirables. Les rois vous sont obligés de ce qu'ils gouvernent par le secours de votre doctrine. Tout ce que nous vous offrons est pur ; que votre esprit éclairé vienne vers nous et qu'il nous assiste par sa présence. »

Cette oraison achevée, l'assistance se met un moment à genoux et se relève bientôt après. Le sacrificateur fait verser sur ses mains de l'eau pure et les essuie avec un linge. Deux mandarins se présentent alors à lui, l'un tenant un bassin et une pièce de soie ; l'autre un vase plein de vin. La voix du maître des cérémonies se fait entendre et ordonne au sacrificateur de s'approcher du trône de Confucius ; celui-ci obéit, se met à genoux, et au bruit des symphonies des musiciens, qui recommencent, il prend la pièce de soie et la lève des deux mains en forme d'offrande. Il prend de même ensuite le vase de vin et en fait des libations ; enfin il brûle la pièce de satin dans un brasier, tout en récitant cette collecte : « Vos vertus, Confucius, surpassent celles de tous les saints qui sont au monde ; ce que nous vous offrons est peu de chose ; nous demandons seulement que votre esprit nous écoute. »

Après une foule d'autres petits détails, accompagnés d'inclinations de tête et de flexions de genou, vient une espèce de communion ou de repas commun, que le maître des cérémonies annonce par ces mots : « *Buvez le vin du bonheur et de la félicité.* » Après l'avoir bu, le sacrificateur prend la chair des victimes, qu'il élève en l'air, et pendant que le maître des cérémonies dit : « *Prenez la chair du sacrifice*, » il la distribue aux assistants. On attribue à sa manducation de salutaires effets et de grands priviléges. Enfin on reconduit l'esprit de Confucius, qui était venu recevoir le sacrifice ; et la cérémonie se termine par ce cantique d'action de grâces : « Nous vous avons sacrifié avec respect, nous vous avons pressé de venir à nos offrandes d'agréable odeur ; maintenant nous accompagnons votre esprit. » Les assistants, entre lesquels on a partagé les restes du sacrifice, se dispersent alors, et chacun va dans sa famille apporter la part qui lui est échue dans la distribution de ces viandes sacrées. On en fait manger de préférence aux enfants, dans l'espérance qu'elles les feront croître en sagesse et en science.

Y a-t-il de l'idolâtrie dans ce culte public que nous venons de décrire et que la Chine en corps rend à Confucius avec un certain fanatisme? Les discussions à ce sujet ont été vives, et différentes raisons, les unes excellentes, les autres mauvaises, ont été données de part et d'autre. Les missionnaires catholiques, voulant absolument retrouver en Chine les traditions de la Genèse, d'Adam et de Noé, propagées, suivant eux, en Chine après la descente du mont Ararat, ont vu dans Confucius un prophète qui aurait sagement transmis la doctrine des patriarches Yao et Chun, et ils ne trouvent dans ce culte public rendu à Confucius qu'un tribut de légitime admiration, admiration qui, sans empiéter sur l'hommage de latrie dû au seul Chang-ti, prend pour expression des cérémonies purement civiles. Mais ces cérémonies sont-elles purement civiles? Qui le croirait? Voltaire lui-même vient l'affirmer. Mais le témoignage du philosophe de Ferney, tout aussi intéressé que celui des premiers, a un but tout contraire. Voltaire prend l'arme des mains des missionnaires et la retourne contre les doctrines chrétiennes et contre tous les dogmes en général; il cite au profit de sa théorie du déisme, cette religion de la Chine, purement morale, qui, sans prêtres, sans mystères, sans initiation et sans vain symbolisme, honore les vertus des mortels illustres. Il ne faut pas, nous dit-on des deux côtés, se méprendre sur le caractère de ces cérémonies. Accoutumés que nous sommes dès l'enfance à les regarder comme le signe d'un culte religieux, elles nous paraissent, au premier aspect, pleines de superstitions. Cette considération semble avoir même préoccupé un empereur de la Chine, qui, s'apercevant qu'on pouvait tomber par là dans l'idolâtrie, fit substituer des tablettes à la statue qu'on avait vue précédemment dans le temple. Mais ceci ne remédie évidemment à rien, et pour généraliser ce débat, on pourrait se demander comment il est possible de concilier la portée de ce culte rendu aux morts avec l'idée de l'anéantissement de l'âme admise dans la philosophie de Confucius. Nous posons la question sans chercher à la résoudre; mais voici la réponse que font les lettrés. Ils croient, d'après l'autorité de Confucius lui-même, que l'homme est composé de deux substances, l'une aérienne, l'autre terrestre, et qu'après la décomposition qui se fait à la mort, une portion de la substance aérienne vient se déposer sur les tablettes des morts, et ils ont soin de faire les tablettes creuses, afin que cette substance puisse facilement s'y loger. Le mort, ou son essence la plus subtile, est ainsi présent aux honneurs qu'on lui défère, et pour cela les tablettes sont appelées *le siége des âmes*. Ceci ferait naître encore une foule de questions, et entre autres, celle de savoir si cette partie aérienne a quelque sensibilité séparée de l'organisme, ou si elle n'est qu'une matière subtile sans doute, mais sans individualité, sans intelligence. Dans ce dernier cas, quelle peut être l'utilité des prières qu'on lui adresse? Le sauvage des contrées d'Afrique qui adore son fétiche de bois ou de pierre, est-il alors plus stupide et plus idolâtre que le mandarin lettré? Mais ce qui vient encore obscurcir la question, c'est que les Chinois établissent en outre, par une confusion manifeste entre la forme et l'essence, que les esprits qui sont dans les choses ne diffèrent pas des choses elles-mêmes où ils sont; confusion qui a pour résultat de refuser toute vertu intrinsèque à la substance aérienne, et fait résider les attributs de l'être dans sa modalité même. Comme il nous faudrait plusieurs pages de ce jargon métaphysique pour nous faire comprendre, nous obtempérons aux désirs de ceux de nos lecteurs qui aiment mieux ne pas comprendre du tout, et nous tranchons brusquement la difficulté, en disant que l'explication donnée par les lettrés est de la famille de celles qui existent dans toutes les religions; explications plus inintelligibles que ce qu'elles doivent expliquer, et que les habiles donnent par tradition aux bonnes gens habitués à tout croire sans réfléchir, sauf à n'y pas ajouter foi eux-mêmes.

CONCLUSION.

C'est un spectacle imposant que celui que présente l'empire chinois. Contemporain, pour ainsi dire, de la naissance du monde, ses premiers empereurs sont des sages; les peuples qu'ils gouvernent témoignent par leur intelligence et leur bon sens qu'ils appartiennent à ces temps où l'homme se souvenait encore du commerce entretenu avec les sages, dont depuis on a pu faire des dieux. Immense en étendue, en durée, il est encore là, appuyé sur l'océan Pacifique et les monts Himalaya, fort et puissant, prêt à traverser des temps nouveaux, et presque sûr de ce que notre ambition appelle éternité. Il renferme dans sa circonscription six cent cinquante mille lieues carrées; sa population est le tiers de toute celle du globe. Des guerres continuelles, qui ont commencé deux mille ans avant notre ère, ont englobé successivement des peuples innombrables dans sa vaste centralisation, et chaque jour ces peuples sont venus apporter à leur heure dans la communauté politique et religieuse leurs mœurs, leurs institutions et des germes de civilisation. Une vaste fusion de races, de religions, s'est faite au creuset de l'état social primitif, et dans sa durée séculaire l'empire a hérité des travaux de la pensée légués par des milliers de générations qui, d'intervalle en intervalle, se sont couchées dans la poussière. L'ardeur de la jeunesse, toujours empressée de modifier et de détruire; l'expérience des vieillards, modérant l'effervescence innovatrice, ont labouré le champ des institutions et de la science. La nationalité la plus compacte, le corps de peuple le plus homogène par l'esprit et les mœurs, est sorti de ce travail. Voilà pour le résultat politique. Sous le rapport religieux, le phénomène n'est pas moins curieux : la plus grande diversité règne dans les pratiques du culte; mais les doctrines métaphysiques ont une certaine unité, et le proverbe qui a cours en Chine, *san kiao y kiao*, les trois religions n'en font qu'une, n'est pas seulement dans la bouche des philosophes, mais dans celle du peuple. A travers les superstitions innombrables et bizarres qui se disputent l'esprit des Chinois, on voit percer une indifférence qui n'a de foi profonde en aucune croyance, si ce n'est en cette Providence primordiale et générale que l'empire adore officiellement sous le nom de Chang-ti dans le temple du Tien-tan, par un culte politique autant que religieux, culte de la raison qui sanctifie toutes les grandes institutions de l'état. Le passé, les ancêtres, l'état, la famille, voilà les objets de la vénération incessante. La doctrine de Confucius, qui n'est que la consécration de toutes ces choses, se borna longtemps aux applications de la philosophie au gouvernement, à l'étude des devoirs de famille et de société. Plus tard des religions systématisées purent mettre en avant leurs solutions métaphysiques des grands problèmes qui agitent l'esprit humain, et porter aussi loin que chez aucun peuple le scalpel de l'analyse et de la pénétration; elles furent acceptées parallèlement comme une mode. On devint superstitieux, mais non croyant; toutes les idoles furent bonnes.

Les luttes de religion s'accomplirent officiellement, entre les prêtres et le pouvoir politique, sans descendre jusqu'au peuple. On faisait la guerre aux idoles et aux prêtres, on rasait les autels par mesure d'administration, mais non par fanatisme. Les lettrés purent toujours faire entendre la voix de la sagesse, au nom de Confucius. Une tolérance rationnelle, allant jusqu'à l'insouciance, était l'état normal des esprits. C'était dans les moments de faiblesse ou sur le déclin de l'âge, alors que les hommes, courbés par la vieillesse, retombent dans l'enfance, que revenait le sentiment des folies religieuses. Après avoir déclamé contre ces grotesques idoles de Fo livrées à l'adoration du peuple, des femmes et des eunuques, le lettré frondeur se faisait dévot *in extremis*, encombrait sa maison de pieux magots ; et les empereurs, comme les lettrés, prêtres en public de l'antique culte du déisme, se prosternaient dans leurs maisons privées devant les ouvrages de leurs mains.

Plus que partout ailleurs peut-être les symboles, les personnifications de la Divinité, sont maintenant multipliés et diversement bizarres en Chine, et pour l'antiquaire qui, avec les yeux demi-souriants d'un scepticisme investigatif et railleur, ne cherche qu'à augmenter sa collection de rêveries humaines et s'exclame d'aise à la découverte de quelque bonne absurdité qui dépasse par son étrangeté toutes les prévisions de l'imagination la plus fertile, elle a encore des mines fécondes. Mais l'homme attentif à réfléchir sur les causes des erreurs, manifestations avortées de la vérité unique, doit s'incliner devant cette sagesse chinoise, qui n'a pas pris le change sur ses propres folies, qui sous la variété des emblèmes de la force divine semble avoir découvert une unité dogmatique, saisi une perception claire de l'identité de l'espèce humaine et de la similitude de ses procédés intellectuels, au sein des mille accidents de son action, et considéré l'intelligence de l'homme comme servant de laboratoire inépuisable à tous les rites, à tous les signes, à toutes les religions, poursuivant à travers ses essais, ses incertitudes, un même objet : l'adoration d'un être primordial dont la croyance s'impose vaguement à la raison.

Si la vérité est une, ce qu'affirment les sages, il nous faut avouer pourtant que la diversité infinie des institutions humaines ne prouve pas radicalement contre l'inanité de ces institutions mêmes, sous peine de faire de la raison de l'homme un caléidoscope où se jouent toutes les absurdités, et de déclarer que cette vérité n'est qu'un pompeux néant. Pour nous, tout ce qui existe, par cela même qu'il a existence, dérive de certaines lois fixes, et les erreurs ne sont qu'une portion de vérité, des vérités incomplétement développées ou viciées dans leur développement ; elles sont des rapports nécessaires entre la vérité absolue, objectivement insaisissable, et les temps, les circonstances, les lieux; rapports dont le secret nous échappe, mais tout aussi précis sans doute que les résultats de la mécanique céleste; ce que nous ne pouvons mieux exprimer qu'en disant que la vérité est antérieure à toute manifestation, et que c'est sa manifestation, nécessairement empreinte de la défectuosité de la nature humaine, qui la fait dévier. Si l'homme, doué partout de la même organisation, des mêmes facultés, soumis aux mêmes influences, est circonscrit pour le nombre de vérités qu'il peut saisir, il devrait l'être aussi pour l'erreur. Il ne peut en effet s'épancher que par les issues mêmes de ses facultés, et ces facultés, bonnes et mauvaises, étant identiques dans tous les êtres, il ne peut suivre que des routes analogues dans l'erreur comme dans la vérité, quelsque soient d'ailleurs le lieu et le climat qu'il habite.

Pourtant, si le procédé de l'intelligence est au fond le même, le phénomène apparent peut varier, et l'homme, malgré le caractère d'identité qui le fait partout ressembler à l'être de son espèce, ne porte point fatalement inscrit dans son organisme le mode de ses pensées. Que la goutte d'eau lancée dans l'espace prenne forcément la forme d'un sphéroïde, que les cristaux se disposent en figures géométriques au sein de la terre, que l'animal végète et meure dans ses instincts improgressifs, l'homme sent avec orgueil sur son cou flotter, souples et longues, les lisières qui l'attachent aux lois de sa nature; il sent la liberté s'agiter dans sa force ou sa folie. S'il se soustrait, par la spontanéité de ses facultés, à l'empire d'une fatalité irrésistible, les objets extérieurs, les spectacles de l'univers influencent diversement aussi ses sens, et, à travers ses organes, jettent dans sa pensée un reflet d'eux-mêmes, une image flottante de leurs formes et de leurs couleurs. L'homme, en effet, apprend bien par le contact des objets avec ses organes à se distinguer de tout ce qui lui est étranger, mais il reste toujours, dans cette connaissance qu'il acquiert de sa personnalité, quelque chose de la confusion primitive. L'opération de la pensée est double. L'homme s'incorpore une émanation des objets de la nature et leur laisse un peu de son individualité. Dans cet échange d'absorption et d'effusion, dans cette espèce de respiration intellectuelle où il fait tout vivre de sa vie et fait tout converger à la sienne ; dans ce balancement du cerveau aux objets extérieurs et des objets extérieurs au cerveau, les créations de l'univers prennent la teinte que leur donne l'âme, l'âme celle que les sens lui transmettent. L'intelligence n'est ainsi qu'une collection de rapports, un produit intermédiaire du principe actif humain et des qualités impressives des choses. A chaque objet qui successivement passe à la portée de ses sens, l'homme attache un souvenir, une pensée, une émanation de lui-même, et tout, depuis la fleur dont il savoure le parfum ou admire la fraîche couleur, jusqu'à ces plaines lointaines de la mer et du ciel, au delà desquelles son œil plonge avec l'avidité sympathique que provoque l'abîme, tout a un rapport avec lui. Ce sont ces rapports qui fournissent le fond du langage ; c'est pour les exprimer que les signes se créent. L'Olympe devient alors un reflet du monde idéal que l'homme porte en soi, un écho de ses joies et de ses frayeurs, une personnification aimable ou terrible de ses intérêts, de ses passions, illuminée ici d'un éclair de ce bonheur dont il jouit dans les contrées fertiles, là, mystérieuse, assombrie des couleurs ternes d'un ciel gris et d'une nature tourmentée. On a dit que Dieu avait fait l'homme à son image ; il semblerait plus juste de dire que c'est l'homme qui a créé Dieu à la sienne. Qu'est-ce, en effet, que la réalité, sinon les rapports du monde visible, les idées, les institutions, les choses qui passent dans l'âme et que l'âme fixe? Que sait-on au delà? Divinisant tout ce qui sort de lui relativement à la conception de l'Être suprême, quand l'homme a peuplé le monde de ses craintes et de ses espérances, il se prosterne devant ces changeantes images de sa pensée et les proclame ses dieux. Pour donner un corps à sa pensée, pour la réaliser au dehors, l'homme a besoin d'un support; ce support, il le trouve dans les objets même qui donnent naissance à la pensée. Comme dans l'indépendance de toutes formes, dans leur essence absolue, la plupart des idées n'auraient pour se manifester qu'un son inarticulé, quelque chose de vague à l'égal du murmure du silence, elles appellent à leur aide les images et les symboles. Les idées religieuses surtout ont besoin de signes représentatifs, et selon que le prophète aura plus ou moins subi l'influence de telle sensation, il donnera à ses révélations telle image, telle représentation; selon que son inspiration aura été plus ou moins forte et distincte, la relation du signe à l'idée sera plus nette ou plus énigmatique. Au point de naissance d'une même idée, vingt voies s'ouvrent, vingt manifestations sont possibles. De là sans doute la multiplicité d'expressions des idées théoriques qui ont pour objet le principe primordial de l'univers, les causes générales et particulières qui en émanent, leurs influences sur l'homme, la nature de l'homme et sa destinée dans l'agencement du globe; de là le mystère de cette innombrable variété de personnifications de la Divinité, employées à traduire des idées analogues, lettres bizarres et cabalistiques de l'indéchiffrable énigme posée par le ciel à la terre de toute éternité.

Si la philosophie moderne, généralisant ces aperçus, a proclamé que toutes les religions ne sont que des manifestations diverses d'un même besoin, et que les mythes et les symboles renferment la même idée qui surnage sur leurs débris épars; les philosophes chinois, eux, ont appliqué cette vérité aux trois religions de leur pays; et tandis que les intrigues du clergé faisaient sans cesse osciller le vaisseau de l'état, ils cherchaient tous, lettrés, tao-ssé et bouddhistes, à montrer les ressemblances primordiales qui régnaient au fond de leurs diverses religions malgré les manifestations contraires. Le règne des Song, époque illustre à la Chine, pendant laquelle se constitua l'organisation sociale, est aussi l'époque où les meilleurs esprits mirent tout en pratique pour amener une conciliation entre l'ordre idéal de Confucius, la raison de Lao-tseu et le dieu-néant des bouddhistes. Le fameux philosophe Tschu-hy, qu'on regarde comme le chef des philosophes pyrrhoniens de la Chine, entreprit une comparaison de tous les points doctrinaux des livres anciens, une revue de tous les passages théoriques des auteurs principaux de la Chine qui pouvaient se confirmer ou se contredire; et dans un commentaire, vaste arsenal de philosophie, où quelques passages de Confucius étaient habilement disposés pour sanctionner de leur autorité les propres inventions de l'auteur, il systématisa les idées éparses dans les livres des lettrés, au moyen d'une interprétation subtile, agréable et sans effort. Il donna à son ouvrage son vrai titre, en l'appelant *philosophie naturelle*. C'est, en effet, une théorie de ce naturalisme ou déisme de notre dix-huitième siècle qui créa la liberté de la pensée vis-à-vis de Dieu, mais que tant d'hommes, intéressés à parler au nom de la Divinité, qualifièrent d'athéisme et de matérialisme, parce qu'il avait détruit toutes les vaines formes de culte et compté le corps, la matière, pour quelque chose, dans l'appréciation des besoins et des devoirs de l'homme.

Le mouvement conciliateur ne partait pas seulement de l'école des lettrés. Les tao-ssé et les bouddhistes s'y soumettaient dans d'autres vues. Tschu-hy avait cherché à concilier les opinions par l'indifférence et la négation ; ces derniers entreprirent la même tâche en montrant les divers fondateurs de religions animés d'un même esprit et ayant, au moyen d'une inspiration commune, enseigné les mêmes doctrines aux hommes. Le Tao-te-king, ce livre fameux par son obscurité, parut aux habiles syncrétistes le terrain où il serait le plus facile de s'entendre. A dieu muet, oracle favorable. Vingt-cinq tao-ssé, trente-quatre lettrés, sept bouddhistes, sont connus pour avoir commenté ce livre ; tous ont cherché à rattacher le philosophe Lao-tseu à leurs doctrines. Les détails dont le philosophe tao-ssé Sou-tche, l'un des écrivains les plus célèbres de la dynastie des Song, fait précéder son commentaire, expliquent assez bien ce travail de syncrétisme pour que nous lui empruntions notre conclusion.

« A l'âge de quarante ans, dit Sou-tche, je fus exilé à Yun-tcheou. Quoique cet arrondissement soit peu étendu, on y voit beaucoup d'anciens monastères; c'est le rendez-vous des religieux bouddhistes de tout l'empire. L'un d'eux, nommé Tao-thsiouen, fréquentait la montagne de Hoang-nie. En gravissant ensemble les hauteurs, nos deux cœurs s'entendirent. Il aimait à partager mes excursions. Un jour que nous discourions ensemble sur le Tao, je lui dis : « Tout ce dont vous me parlez, je l'ai déjà appris dans les livres des lettrés. — Cela se rattache à la doctrine de Bouddha, me répondit Thsiouen, comment les lettrés l'auraient-ils trouvé eux-mêmes ? » Après un long dialogue, dans lequel Sou-tche s'efforce de montrer les points de ressemblance qui existent, suivant lui, entre la doctrine de Confucius et celle de Bouddha, il continue :

« A cette époque, je me mis à commenter Lao-tseu. Chaque fois que j'avais terminé un chapitre, je le montrais à Thsiouen, qui s'écriait avec admiration : Tout cela est bouddhique. » (En voyageant dans le midi, Sou-tche ayant achevé son commentaire sur Lao-tseu, le confia à son frère. Dix ans plus tard ce frère mourait, et en compulsant ses papiers, le philosophe y retrouvait son commentaire.)

» Je ne pus le lire jusqu'au bout, poursuit Sou-tche. Le livre me tomba des mains, et je m'écriai en soupirant : Si l'on eût eu ce commentaire à l'époque des guerres entre les royaumes, on n'aurait pas eu à déplorer les maux causés par Chang-yang et Han-feï; si on l'eût eu au commencement de la dynastie des Han, Confucius et Lao-tseu n'auraient fait qu'un; si on l'eût eu sous les Thsin et les Song, Bouddha et Lao-tseu n'auraient pas été en opposition[1]. »

[1] Traduction de M. Stanislas Julien.

RELIGION DU THIBET.

LAMANISME

OU BOUDDHISME DU THIBET.

Premiers peuples du Thibet. — Introduction du bouddhisme dans ce pays. — Lutte des lamas ou prêtres de Bouddha avec les chefs des tribus thibétains. — Les Mongols, maîtres de la Chine, font du chef des lamas le *maître de la doctrine de l'empire*. — Origine de la puissance spirituelle du dalaï-lama. — Superstitions.

Longtemps le Thibet a été regardé comme le premier point habité du globe; c'est dans ses monts sourcilleux et abruptes, tout près du nid de l'aigle, que la science naissante et non émancipée encore de l'imagination plaçait le frêle berceau de l'humanité; c'est de ses flancs majestueux se dirigeant vers les quatre parties du monde qu'elle faisait descendre les colonies humaines dans les plaines, à la suite des rivières et des torrents. Elle revendiquait aussi pour l'empire neigeux (Thot) la gloire d'avoir été un antique foyer de civilisation, dont les chauds rayonnements seraient allés, dans les temps postérieurs, réveiller les germes indigènes de la Chine, de l'Hindoustan et de la Perse. Les faits contredisent toutes ces hypothèses d'une érudition poétique, et nous montrent les peuplades du Thibet dans un état voisin de la barbarie, lorsque, au cinquième siècle de notre ère, le bouddhisme s'introduisit parmi elles.

Il est vrai que les Khiang, qui l'habitaient alors, se donnaient une ancienneté peu en rapport avec leur développement intellectuel. Ils se disaient descendre des San-miao ou les trois Miao, qui depuis plus de trois mille ans auraient occupé ce pays; et, à ce titre, ils se vantaient d'être issus d'une grande espèce de singes. Aujourd'hui, la partie moyenne du Thibet s'appelle encore pays des singes. D'après les ouvrages des bouddhistes, qui ont souvent consigné et consacré dans leurs livres les folles prétentions mythologiques des peuples convertis à leur croyance, les habitants du Thibet descendent du singe Saam-metchin et de sa femelle Raktcha. Jaehrig, qui dans ses voyages dans l'Asie septentrionale vécut longtemps parmi les Mongols, prétend également que les traits des Thibétains offrent une grande ressemblance avec ceux des animaux dont ils se disent issus. Cette ressemblance, ajoute-t-il, se montre particulièrement chez les vieillards qui parcourent la Mongolie comme émissaires du clergé du Thibet. Quoi qu'il en soit, les Thibétains, nous le répétons, se glorifient de cette origine, qui donne à leur race une antériorité sur toutes les autres races humaines, et ils sont très-satisfaits de la laideur de leur figure.

Les mœurs des Thibétains, avant que le bouddhisme se fût répandu parmi eux, étaient celles de la plupart des peuples de l'Asie; ils étaient nomades et suivaient avec leurs troupeaux le cours des rivières et des prairies, campant sous des tentes de feutre et promenant leurs campements du nord au sud sur les flancs des montagnes. Plusieurs peuplades, surgissant de temps à autre au-dessus de leurs rivales, avaient dominé et s'étaient tour à tour dispersées, après avoir jeté quelque éclat. La puissance dont s'emparèrent les *Thou-fan*, agglomération éphémère de quelques hordes, eut plus de durée. Ils se fixèrent sur les bords du Khi-pou-tchhouan, appelé aussi Losa. C'est là que devait plus tard s'élever la Hlassa ou Lassa des lamas du Thibet. Quoiqu'il existât déjà une petite ville sur leur territoire, les Thou-fan aimaient mieux camper sous des tentes de feutre, comme leurs ancêtres.

On rapporte généralement au cinquième siècle la première tentative que fit le bouddhisme pour s'introduire dans l'empire naissant des Thou-fan; mais l'introduction ne fut que passagère. Vers l'an 590, le dzan-phou, ou roi de ces peuples, se trouvait avoir tellement agrandi son royaume, qu'il touchait à l'Inde et à la Chine. Le contact des civilisations fit alors forcément ce qu'avaient vainement tenté quelques missionnaires isolés. Srong-sgambouo, héritier de cette vaste puissance, entendit parler de la religion de Bouddha, dont les prêtres sans doute recommençaient à franchir ses frontières, et il envoya, en 632, son ministre Touomi-Sambouoda dans l'Inde, pour y étudier la doctrine de Shakya dans toute sa pureté. Revenu au Thibet, le ministre apporta une civilisation nouvelle avec un alphabet. Dès ce moment, une langue écrite fut créée chez les habitants de l'empire neigeux, et les livres bouddhiques en furent les premiers monuments. Comme il arrivait ordinairement, un temple fut élevé pour servir de dépôt aux livres de la doctrine. Les livres sacrés du Thibet s'appellent le *Kang-gyur*, c'est-à-dire les préceptes ou les mystères de la loi, et se composent de cent huit volumes. On voit aujourd'hui dans les temples de ce pays un grand nombre de cylindres mis en mouvement par des moulins à eau ; chacun de ces cylindres renferme quelques volumes du Kang-gyur, qui par cette agitation influent, croit-on là-bas, sur le bonheur de l'humanité. Le nombre de cent huit est par-là devenu sacré ; le chapelet des prêtres a cent huit grains ; dans les jours de solennité, on allume un guéridon garni de cent huit lampes, qui représentent les cent huit volumes, et qu'on fait tourner dans le même sens que les cylindres.

Dès cette époque, les germes de la foi bouddhique ne se perdirent plus dans le royaume des Thou-fan ; l'extension de ce royaume vers l'est fut une nouvelle garantie de progrès, car le courant religieux lui arriva également de la Chine. Les relations des dzan-phou avec les empereurs chinois, dont ils épousèrent par deux fois les filles, facilitèrent l'invasion des doctrines et commencèrent ce commerce religieux qui devait, dans nos siècles reculés, assurer la suprématie du grand lâma sur les populations bouddhiques de l'Asie orientale.

Touomi-Sambouoda, à sa rentrée dans sa patrie, avait été

suivi par une multitude de samanéens. A peine l'empire des Thou-fan avait-il été signalé, que les religieux s'y étaient jetés comme sur une proie. Des monastères, des temples, s'élevèrent comme par enchantement sur la montagne de Hlassa, et des hymnes, chantés par un clergé discipliné et nombreux, retentirent dans ces vallées, habituées à ne répéter que les cris inarticulés des barbares, et le hennissement de leurs coursiers des steppes. Lassa ne fut même à l'origine qu'une réunion de monastères à poste fixe, construits autour du premier temple bouddhique; ce furent les racines qui devaient fixer au sol les tribus mobiles et voyageuses de ces contrées.

Mais un tel changement dans les habitudes du peuple thibétain était une révolution qui bouleversait toutes les traditions de commandement et de subordination, toutes les règles convenues de hiérarchie administrative, et qui ne pouvait par conséquent se faire sans provoquer des résistances de la part de ceux dont elle blessait l'autorité. Les grands murmurèrent sourdement de voir emprisonnée dans des murs leur indépendance nomade. Bientôt ils suscitèrent des révoltes. Dans ces luttes, qui durèrent plusieurs siècles, les temples et les monastères étaient l'enjeu. Vainqueurs, les grands seigneurs des Thou-fan incendiaient livres, temples, et quelques prêtres par surcroît; vaincus, ils voyaient, sous leurs yeux irrités, se relever ces ruines, et leurs ennemis insulter à leur défaite par l'éclat pompeux de leurs cérémonies. Le dzan-phou lui-même était parfois renversé par le choc de ces puissances rivales. Un jour, les grands parvenaient à mettre sur le trône Dharma, et celui-ci leur payait le prix de leur concours en persécutant à outrance la religion bouddhique, en brûlant les livres et les images, en renversant les temples, en renvoyant les prêtres, en décrétant enfin la levée des tentes pour aller camper loin de Lassa. Le lendemain les samanéens avaient leur revanche; ils soulevaient le peuple contre Dharma; et deux fois monté sur le trône et deux fois détrôné, celui-ci tombait enfin percé d'une flèche, expiant ainsi ses tentatives contre les hommes de Dieu, qui ne cédèrent jamais.

Au milieu de ces luttes incessantes, la puissance de Thoufan alla décroissant. Le clergé seul, par le prestige qu'il s'était acquis au milieu des populations croyantes, conserva son influence, et les Chinois joignirent la puissance temporelle à leur pouvoir spirituel. Déjà même, lors de l'invasion chinoise, des princes, pour se mettre à l'abri des hasards de la guerre, s'étaient abrités dans le sanctuaire. Comme il y avait alors au Thibet deux espèces de bonzes ou lamas, les chapeaux rouges et les chapeaux jaunes, dont les premiers admettaient le mariage et la vie domestique des prêtres, les princes des Thou-fan s'étaient hâtés de devenir lamas dans cette secte, qui prêtait une égide à leur pouvoir séculier. La réduction du Thibet en province chinoise ne mit pas d'entraves à leur existence.

Lorsque les Tartares, ces fils de l'épée, comme les appelait Genghis-khan, se montrèrent dans le monde et étendirent en quelques années leurs conquêtes du Japon et de l'Égypte jusqu'à la Sibérie, les lamas, suivant l'usage général des prêtres, qui tendent les bras à toutes les puissances nouvelles, se pressèrent à la cour de ces terribles envoyés du ciel. Leurs intrigues se trouvèrent croisées par bien d'autres du même genre. Presque toutes les religions, convoitant ces puissantes recrues de la civilisation, avaient mis en avant les séductions de leurs cérémonies et de leurs doctrines, pour les faire entrer dans leur giron. « Les moines catholiques, dit Joinville, portaient avec eux des ornements d'église pour voir s'ils pourraient attraire ces gens à nostre créance. » Indifférents à toutes les religions, les Tartares les accueillaient toutes comme des spectacles, et offraient généreusement à leurs prêtres des présents et des édifices pour les objets de leur culte et pour eux-mêmes.

Chrétiens de Syrie, schismatiques, musulmans, idolâtres,

bouddhistes, tous vivaient confondus à la cour des rois mongols, et y recevaient les mêmes égards. C'est au milieu de cette exhibition de cérémonies et de pompes, que se forma le culte des lamas du Thibet, mélange de toutes. Intéressés à frapper par l'éclat et la magnificence les yeux de ces barbares de l'Asie, les lamas ne crurent pouvoir mieux le faire qu'en empruntant aux cultes rivaux ce qu'ils avaient de plus brillant; et de là est venu que quelques voyageurs ont pris le culte des lamas pour celui des chrétiens nestoriens, qui leur prêta aussi quelques oripeaux.

Le bouddhisme subit alors une grande transformation dans sa doctrine et dans son culte; c'était la seconde.

Dans la première époque de son existence, jeté au milieu d'une société corrompue et d'un ordre politique dont le sacerdoce était la base et la clef de voûte, il avait puisé son inspiration dans la haine des institutions existantes. Aussi, aux formalités d'un culte compliqué qui retenait les hommes dans l'immobilité par les mille liens de la superstition, il avait substitué l'indépendance vis-à-vis du prêtre, et avait mis l'expiation plutôt dans le cœur et l'intelligence que dans le sacrifice. Dogme et culte dans les religions sont l'œuvre du temps; la religion de Bouddha ne fut donc d'abord qu'une morale.

Après la mort de Shakya, l'admiration qu'excita sa personne devint le germe du culte idolâtrique. Les vestiges laissés par lui sur la terre pendant sa carrière mortelle, les débris de ses vêtements et de son corps, furent recherchés. Les *sarira* ou reliques prirent naissance et furent enfermées dans ces fameuses pyramides nommées *stupas*, si nombreuses dans l'Inde. Vides du dieu et de ses restes, les pyramides attirèrent encore, par leur forme seule, la vénération des dévots. Le culte toutefois resta simple, et les adorations rendues au bouddha pouvaient passer pour le culte d'hommes reconnaissants envers un grand homme, un homme de génie et de vertu. Des prosternations respectueuses, des offrandes de fleurs et de parfums, accompagnées de prières et du son des instruments, c'étaient là les hommages rendus aux nombreuses personnifications du bouddha. Tandis que les brahmanes appelaient leur culte Yadjna, *sacrifice*, les bouddhistes appelaient le leur Pudja, *honneur*.

A ces deux époques du bouddhisme correspondent deux espèces de livres sacrés ou *soutras*, les soutras simples et les soutras développés.

Les premiers, plus rapprochés du temps de Shakya, renferment les prédications de ce personnage dans toute leur simplicité, purs développements de pensées morales, ou éloquentes exhortations à la vertu. Là point de système de culte et point de détails de dogme; s'ils s'y font jour, ce n'est que par accident ou par reflet du culte brahmanique. Quoique nous ayons vu que toute la révolution sociale de Shakya consista dans la création d'un sacerdoce, la création était négative et existait en germe plutôt qu'en manifestation. Shakya avait placé l'inspiration au-dessus de la naissance, comme aptitude au sacerdoce. Il créa ainsi des ascètes, des saints plutôt que des prêtres. Ces ascètes ne devinrent prêtres officiels que dans l'époque suivante.

Mais alors ces ministres officiels de la Divinité firent tout doucement dévier la religion vers le dogme et la liturgie. Les soutras développés leur servirent admirablement pour rattacher à leur fondateur toutes les inventions de leur esprit. Une métaphysique habile créa cette science obscure et abstraite qui parle des rapports intimes de l'homme avec Dieu, de la nature de ce Dieu et de la façon dont il s'y était pris pour mettre l'homme sur la terre et la terre dans l'espace. Ils nommèrent cette science théologie, et n'en ouvrirent le sanctuaire qu'aux adeptes. Mais en même temps ils s'appliquèrent à multiplier d'une main prodige pour le vulgaire les pompes et les cérémonies du culte. Dans toutes ces institutions, Bouddha intervint. Les soutras développés font raconter par

Bouddha lui-même les détails d'un culte qui n'exista que plusieurs siècles après.

Pour justifier le culte des reliques, on rapporta des légendes où Shakya apparaissait, distribuant de son vivant à des auditeurs pleins de foi des souvenirs de sa personne mortelle, donnant à des marchands des poignées de cheveux, à d'autres des rognures d'ongles. Si ces faits sont vrais, on pourrait conjecturer que des disciples passionnés s'emparèrent de ces débris grossiers plutôt qu'ils ne les reçurent, et qu'ils leur consacrèrent cette vénération de cœur qu'on adresse aux restes de personnes aimées. Mais rien de plus crédule que le zèle religieux, et nous savons de quoi il est capable, car c'est du lamanisme que nous faisons l'histoire.

Le bouddhisme n'avait donc été d'abord qu'une idée morale, et un culte d'estime et de reconnaissance envers l'homme qui l'avait proclamé. Dans la seconde époque, le grand homme passa dieu et obtint un culte idolâtrique; dans la troisième, le prêtre se substitua à Dieu et se fit adorer. Nous arrivons au grand lama.

Le passage ne se fit pas brutalement et sans transition. Nous avons parlé de cette longue échelle de divinités graduées, par laquelle hommes, démons, shravakas, bodhisattwas, montaient vers l'anéantissement. Qu'elle soit une création de Shakya ou de ses prêtres, toujours est-il certain que l'idée d'un perfectionnement successif à travers les transmigrations lui était due. Or, Dieu étant un, et le Bouddha dans son unité faisant trop bon marché des nationalités des peuples, on le laissa planer dans sa souveraineté solitaire, et on se retourna vers les bodhisattwas. Ceux-ci n'étaient point si rares; chaque nation put à son gré choisir le sien. Le bouddhisme du Népal et du Thibet adopta Avalokites'wara et Manjousri. Le premier avait huit bras et onze têtes, comme signe de son intelligence et de sa puissance. Si Bouddha était l'être sans l'existence, celui-ci fut l'ouvrier actif de ce monde. Manjousri, moins caractérisé, était le fondateur des populations du Thibet.

A ceci se joignit qu'une tradition ancienne, née même dans l'Inde aussitôt après la mort de Shakya, faisait reparaître sans cesse ce personnage dans quelque patriarche imitateur de ses vertus et héritier de sa science. Shakya, depuis son nirvana, ne pouvait renaître; mais la tradition avait égard à ses existences antérieures et les prolongeait après son anéantissement. Il en résulta que Bouddha avait reparu successivement dans l'Inde sous la forme d'un brahmane, d'un vaisya, d'un kchatriya, d'un soudra, sans acception de castes. Sûr de renaître, le bouddha arrivé à la vieillesse montait sur un bûcher et hâtait l'avénement de sa nouvelle enfance. Dans la suite des temps, le patriarche, représentation de Bouddha, passa en Chine. C'était le vingt-huitième depuis Shakya; il se nommait Bodhidharma dans l'Hindoustan. Les Chinois changent son nom en Ta-mo, et le regardent comme l'inventeur du thé. Bodhidharma mourut l'an 495 de notre ère. « Je suis venu dans ce pays, disait-il en mourant, pour étendre la loi et délivrer les hommes de leurs passions. Chaque fleur produit cinq pétales qui se nouent en fruit; c'est ainsi que j'ai rempli ma destinée. » Quelques autres patriarches, honorés du titre de *grands maîtres*, vécurent depuis en Chine et servirent à rattacher, sous les Mongols, les pontifes du Thibet aux patriarches qui s'étaient faits les vicaires de Bouddha dans l'Inde. En thibétain, les prêtres s'appelaient lamas. Le lama, qui, sous les descendants de Gengis-khan, fut nommé *maître de la doctrine*, fit de son nom une dignité primatiale et souveraine, en y ajoutant la qualification de grand; là fut l'origine de cette vaste puissance spirituelle des lamas. Sans avoir l'universalité et l'infaillibilité du monarque qui siége à Rome, le grand lama fut une espèce de pape bouddhique.

Toutefois le grand lama subit au Thibet l'influence locale. Avalokites'wara y était plus populaire que Bouddha; c'était à lui qu'on attribuait l'introduction du bouddhisme et de la civilisation sur le mont Bhouthala. Le grand lama passa donc pour la reproduction vivante de ce puissant bodhisattwa. Le titre de dalaï-lama ne fut créé que sous les Ming, dynastie chinoise qui laissa aux lamas du Thibet la puissance temporelle, formée des débris de l'empire des Thou-fan. Leur pouvoir toutefois n'était ni indépendant ni considérable, mais la politique des empereurs chinois en couvrit le vide sous les appellations les plus pompeuses. Le dalaï-lama fut qualifié de grand roi de la précieuse doctrine, de précepteur de l'empire, de dieu vivant resplendissant comme la flamme d'un incendie. Huit rois, esprits subalternes, grands lamas aussi, formaient son conseil sous le nom de rois de la miséricorde, rois de la science, etc.

Alors naquit aussi, à ce qu'il paraît, l'autorité du bantschin Rinbotché, qui résidait au monastère de Taschih-lumbo. Création de la métaphysique, ce personnage est au dalaï-lama ce qu'est l'être primordial à sa propre émanation personnifiée dans un bodhisattwa. Il passe pour une incarnation d'Amidabha-Bouddha, éternel et incréé, qui porte aussi le nom d'Adhi-Bouddha. Avalokites'wara n'est que son reflet ou son écho ; aussi ce nom signifie-t-il proprement le son qui a été vu. Le rôle du bantschin près du dalaï-lama est ainsi déterminé par la nature même de l'être qu'il représente. Il inspire les méditations du second ; il est son tuteur, quand il est en bas âge, et règne en son absence. En religion, l'un et l'autre jouissent du même degré de considération ; mais en politique, suivant cette logique des peuples qui aime mieux avoir affaire dans les intérêts matériels à des humains qu'à des dieux, il arrive que le dalaï-lama possède l'influence et la direction.

Livré aux grands lamas des divers ordres, à leurs vicaires ou patriarches provinciaux, à tout cet olympe terrestre de dieux et de demi-dieux, ballotté entre les prétentions rivales des bantschins et des dalaï-lamas, que les princes mongols entretenaient et compliquaient sans cesse, le Thibet fut pendant des siècles en proie aux convulsions les plus violentes. Les querelles du douzième siècle entre le sacerdoce et l'empire n'offrirent pas en Italie autant de complications. Quand ils trouvaient dans le lama suprême un chef spirituel ennemi ou peu complaisant, les princes nommaient des anti-lamas, autour desquels ils étaient assez habiles pour grouper une partie du clergé ambitieux. Le clergé resté fidèle refusait, de son côté, de reconnaître les princes mongols. Le privilége de renaissance du lama n'était qu'un embarras de plus. Les uns prétendaient qu'il était *re-né* dans un enfant; d'autres, dans un vieillard. Les princes tartares, quand ils étaient en force, le faisaient renaître dans leur famille. Ces luttes continuaient encore quand les Mandchoux conquirent la Chine. Le clergé, qui les appela pour être les arbitres de leurs querelles, fut dès lors reconnu seul maître

Après la destruction de ses princes temporels, le Thibet ne fut pas plus tranquille; les dieux combattaient entre eux, comme autrefois Mars et Pallas devant Troie, avec cette différence que le bonheur des hommes n'était point ici l'objet de la bataille. Les ordres religieux ne pouvant s'entendre, l'empereur de la Chine entra avec une armée dans le Thibet; et pour alléger ces hommes divins du poids des affaires gouvernementales et les défendre, il plaça près d'eux des généraux et des garnisons, qui occupèrent et occupent depuis les positions les plus importantes. Le chef suprême des lamas devint alors définitivement un des vassaux de l'empire. On adore aujourd'hui les dalaï-lamas; mais, en les protégeant, on les opprime, et la civilité chinoise brille jusque dans les procédés tyranniques dont la politique use à leur égard. Le bantschin Rinbotché, qui était chef de la religion pendant la minorité du dalaï-lama, s'étant permis de recevoir avec bienveillance une ambassade que lui envoya, en 1779, M. Hastings, gouverneur du Bengale, l'empereur Kian-loung en conçut tant de crainte et de mécontentement, qu'il ne cessa de prier le bantschin de faire un voyage à la cour. A force d'instances, celui-ci s'y rendit

L'empereur l'accueillit avec des honneurs extraordinaires, dignes en tout point de cet illustre visiteur ; il envoya même au-devant de lui son fils, chargé de lui offrir de riches présents. Mais trois jours après son arrivée, le bantschin tombait malade, et l'on apprenait qu'il *avait changé de demeure.* C'est l'euphémisme dont on se sert pour désigner la mort des lamas. Les médecins de la maison impériale ne virent rien que de naturel dans ce rapide passage ; mais l'empereur jugea nécessaire pourtant d'écarter les soupçons, et il écrivit aux lamas du Thibet. L'ironie perçait à travers son récit ; il faisait, dans sa lettre, cette réflexion : que l'aller et le retour n'avaient été qu'une même chose pour le lama, et qu'étant mort à Pé-king, il devait lui être indifférent de renaître au Thibet, avec cet avantage de plus que la fatigue du retour lui était ainsi épargnée. Il ajoutait en terminant : La chose que j'attends avec le plus d'impatience, c'est la régénération du lama ; aussitôt qu'elle aura lieu, vous ne manquerez pas de me l'écrire.

En 1783, lorsque M. Turner eut une mission diplomatique à remplir auprès du grand lama, on venait d'inaugurer un enfant comme régénération du bantschin mort à Pé-king. Le dalaï-lama étant mort depuis, on dit qu'il n'a pas encore reparu ; et les signes auxquels on reconnaît la transmission de son esprit sont l'objet d'un débat. Les Thibétains prétendent que le dernier grand lama a légué son âme à un enfant né dans le Thibet, et les ministres mandchoux, au contraire, assurent que ce pontife est déjà *re-né* dans la personne d'un jeune prince de la famille impériale ; « circonstance, dit M. Rémusat, qu'ils regardent comme infiniment heureuse pour les intérêts de la religion samanéenne, et surtout comme très-conforme à la politique de la dynastie régnante. »

C'est une remarque trop souvent faite pour être ici répétée, que celle de la complication du culte, en proportion de la dégénération de l'idée religieuse. Nous avons déjà dit, du reste, que Bouddha avait presque disparu du bouddhisme lamanique pour laisser le sanctuaire à ses prêtres. Le culte des lamas vivants est dérivé pourtant du principe des transmigrations de Bouddha. Ce n'est pas le lama seul qui prétend à la résurrection ; de simples religieux se qualifient parfois de l'épithète de *deux fois né*, et grossissent l'olympe vivant du mont Bhouthala. Le bouddhisme, dans son habile propagande, avait su absorber les dieux des peuples convertis ; le lamanisme a poussé plus loin encore la science des accommodements. Environné des peuplades grossières de la Tartarie et de la Kalmoukie, qui auraient eu quelque peine à comprendre cette transmigration spirituelle du Bouddha dans des êtres vivants, il a respecté leurs idoles, et s'est borné à changer seulement leurs attributions et à inculquer à leurs adorateurs quelques notions morales.

Les religieux du Thibet eux-mêmes leur donnent l'exemple de la superstition, et leurs dégoûtantes pratiques de vénération à l'égard du grand lama ont surpassé tout ce que le fétichisme et le faux zèle religieux ont inventé de plus ridicule et de plus ignoble. Qui ne sait que ce sont de précieuses reliques au Thibet que les scories qui sortent du corps de cette divinité vivante. Heureux qui peut se procurer quelques atomes de cette fiente sacrée, pour en garnir un scapulaire ou en saupoudrer ses aliments ! Pour en obtenir, le dévot paye sans compter, et cette branche de commerce, où se mêle naturellement la falsification, est d'un excellent revenu pour le budget du lama.

Celui-ci semble se réserver de son côté pour l'importante fonction de son ministère. Toute son activité et toute sa vie se consument à se faire transporter alternativement dans deux couvents situés dans le voisinage de Lassa, et dans lesquels il fait son séjour. Constamment environné d'une foule de prêtres qui s'empressent autour de sa personne, il est assis les jambes croisées sur un magnifique coussin qui surmonte une espèce d'autel, et là, dans une immobilité complète, il reçoit les adorations de ses nombreux sectateurs. A ses pieds est un bassin où l'on jette les offrandes. Ce dieu terrestre ne salue jamais, ne se découvre, ne se lève jamais ; il étend quelquefois la main sur la tête de la foule prosternée, et cette marque d'attention est reçue comme une bénédiction ; quelquefois il distribue ces fameuses boulettes de pâte dont les Tartares se servent dans leurs pratiques superstitieuses. La tête et la barbe du lama sont entièrement rasées ; son costume se compose d'un chapeau jaune, d'une robe jaune à longues manches, attachée par une ceinture de même couleur; il tient toujours un chapelet à la main. Le célibat est pour lui une loi.

Le lamanisme est maintenant répandu parmi les tribus nomades des Kalmouks, des Kirguises et des Samoyèdes, des Yakoutes et des Lapons ; mais s'il a adouci un peu le caractère féroce et mobile de ces barbares, il a laissé subsister parmi eux les superstitions primitives. Les lamas des Kalmouks, les peuples les plus rapprochés du Thibet, sont plongés dans une ignorance complète, favorisent le penchant de ces barbares pour la magie, et l'exercent même sous la protection de Bouddha. Les prêtres n'ont pu fonder des monastères parmi ces populations mouvantes ; chaque horde en a un qui s'établit ordinairement sur l'emplacement occupé l'année d'avant par la horde. Les superstitions suivantes donneront une idée du peu de progrès que le bouddhisme a pu faire dans le nord de l'Asie.

Certains Kalmouks Barabinski vénèrent une idole grossière de bois taillé, recouverte d'un habit de mille couleurs. En temps de paix elle fait son séjour dans une armoire ; mais on l'en retire en temps de chasse ou de course ; on la dresse alors sur un traîneau, qu'environne toute la troupe de ses nomades adorateurs, et la première bête qui tombe sous leurs armes lui est sacrifiée. Si la chasse est abondante, on place l'idole, au retour, sur une hutte, et on la charge des plus belles peaux de martres et de zibelines.

Les Tungouses ont la même idolâtrie, ce qui ne les empêche pas de donner à leurs prêtres le nom de schamman (samanéens). Or, voici quelle est l'occupation du chef des schammans : Après avoir reçu d'avance les contributions de l'assemblée, comme le jongleur qui se fait payer en déroulant le programme de ses tours, il se passe sur le corps un habit composé de toutes sortes de pièces, et dont chacune, libre par le bout, tient suspendus par des fils de même métal des morceaux de ferraille ou de clinquant, des figures d'oiseaux, des arêtes de poisson et des écailles de fer ; sa chaussure est composée à peu près de même ; il se gante de pattes d'ours. Dans cet attirail il prend un tambour d'une main et de l'autre une baguette garnie de peau de souris, et se livre à une danse délirante ; il saute, cabriole, observant une certaine symétrie dans ses sauts et ses croisements de jambes, et les accompagnant de coups de tambour et de hurlements affreux. Au milieu de sa danse sauvage, ses yeux gardent une fixité inaltérable, et ils ne dévient jamais d'une ligne qui aboutit à une ouverture du toit. Tout à coup, comme s'il avait aperçu par ce trou quelque chose d'étrange, il tombe par terre et paraît en extase, n'entendant, ne disant rien, ayant perdu le sentiment de la sensation. La croyance du pays veut qu'un oiseau noir lui soit apparu par la terrible ouverture. Revenu à lui, le schamman est en état de répondre sur toutes les questions, de donner fortune et santé à qui le consulte.

Les Burates ont deux fêtes annuelles, dont la célébration consiste à embrocher à des pieux des boucs et des brebis vivants. Ils plantent ces pieux devant leurs tentes, et chaque famille adresse des inclinations de tête et des adorations à l'animal, jusqu'au moment où il expire. Dans quelques pays les prêtres avaient autrefois pour usage de sacrifier des victimes humaines ; ici ce sont les prêtres qu'on immole, et les Burates obéissent à une certaine logique dans leur conduite. « Il faut que vous alliez dans l'autre monde prier pour nous, » leur disent-ils. Une preuve qu'ils ne mettent point à cela de malice hypocrite, c'est qu'ils enterrent ces victimes avec des habits et de l'argent, pour qu'ils puissent tenir un état convenable chez les morts.

La religion nationale des Ostiakes et des Samoyèdes est également un grossier fétichisme, accommodé à l'avenant avec quelques notions de bouddhisme. Comme ces peuples sont adonnés à la pêche et à la chasse, leur dévotion est toujours en rapport avec les produits de ces exercices. La saison est-elle heureuse, de nombreux sacrifices de graisse de poisson et de sang de bête se font sur les monticules où ils placent de préférence leurs idoles. Toutes les cabanes sont rougies du sang des victimes, et les branches des arbres plient sous les dépouilles des bêtes.

Les récits des voyageurs nous offriraient encore, dans le nord de l'Asie, quelques curieuses variétés du fétichisme; mais comme elles ne se rattachent à aucun système et que des exemples analogues pourront se retrouver dans les religions pittoresques des sauvages de l'Amérique et de l'Océanie, nous les passerons sous silence dans ce volume, consacré par sa nature à l'exposition des religions savantes. Le bouddhisme n'a eu dans le nord de l'Asie aucune influence dogmatique. Nous allons voir ce qu'il est devenu au Japon.

RELIGION DU JAPON.

CHAPITRE PREMIER.

Origine des Japonais. — Leur prétention à l'autochthonie. — Leurs notions mythologiques sur la création du monde. — Les deux dynasties d'esprits célestes. — Zin-mou, premier daïri ou empereur du Japon, commence la série des temps historiques en l'année 660 avant J.-C. — Traits distinctifs des Japonais qui empêchent de les confondre avec les Chinois. — Zin-mou est un guerrier qui vient de l'Occident pour soumettre le Japon. — Ses guerres contre les petits chefs des îles. — Caractère de la dignité de daïri; c'est une espèce de dieu terrestre. — Bizarres pratiques au moyen desquelles on le vénère. — Il réside à Miyako, capitale du Japon. — Les séogoun ou lieutenants militaires du daïri s'emparent de tout le pouvoir temporel. — Caractère de la dignité de ces empereurs laïques. — Yedo, seconde capitale du Japon, est le lieu de leur résidence. — Visites annuelles des séogoun aux daïris. — Rivalité des officiers des deux cours. — Conseil d'état du Japon. — Princes feudataires. — Le kara-kiri.

Le même voyageur qui révéla à l'Europe l'existence du vaste empire de la Chine, Marco-Polo est encore le premier homme de notre civilisation occidentale qui ait mis le pied dans le Japon. Le nom qu'il donne à cette île dans la relation de son voyage est celui de Zipangu, transcription altérée du mot chinois *Jy-pen-kouë* (royaume du soleil levant); on y voit déjà l'origine de la désignation adoptée par l'Europe. Séparés du monde asiatique par un bras de mer, relégués dans l'Océan comme un appendice du globe, les Japonais eurent-ils, à l'origine des temps, des rapports avec les autres membres de la famille humaine? Les rochers inaccessibles qui bordent leurs côtes et en ferment l'accès, les brouillards incessants qui les couvrent et les dérobent aux navires égarés dans ces parages, tout circonscrit et isole du reste du monde ce pays, dont l'éloignement semblerait faire supposer que, nés là, les Japonais n'ont dû tirer les éléments de leur civilisation que d'eux-mêmes, et qu'ils présentent ainsi les résultats des forces vives de l'homme abandonné à sa spontanéité. Cependant, lorsque le Japon fut définitivement découvert pour nous, au seizième siècle, par les Portugais, il présentait de nombreuses traces d'alluvion chinoise. Parcourant longtemps avant notre ère les échelles de l'archipel répandu entre la Chine et le Japon, les commerçants du Céleste Empire avaient imprimé, sans trop s'en préoccuper, un pied civilisateur sur le terrain primitif de la barbarie japonaise. Le contact d'un peuple déjà civilisé avec la barbarie, c'est le levain qui fait fermenter les principes latents de perfectionnement que renferment toutes les races.

Mais il y a loin de l'idée d'origine à l'idée de civilisation; et si les Japonais avouent avoir tiré beaucoup des Chinois en fait de civilisation, ils repoussent avec fierté toute parenté avec eux. On retrouve même à un haut degré chez ce peuple la prétention de presque tous les peuples primitifs à l'indigénat, prétention qui, partant de vingt points divers, va ébranler un peu le récit de la dispersion des races dans les plaines de Sennaar. Sous ce rapport, les Japonais n'ont laissé à personne le soin de dresser leur généalogie; leurs annales ouvrent l'histoire du Japon par la création même du monde, et la première terre du globe qui se balança dans l'espace fut, selon eux, la leur. L'empereur actuel du Japon, conformément encore à une habitude d'esprit commune aux peuples qui n'ont point vu leur constitution gouvernementale se modifier par l'immigration ou la conquête, est regardé comme le descendant direct du premier roi du ciel. L'histoire mythologique du Japon fait régner la première dynastie de rois cent mille millions d'années avant nos temps modernes[1].

Anciennement, disent les traditions, le ciel et la terre n'étaient pas encore séparés. Alors le principe femelle n'était pas détaché du principe mâle. Le chaos, ayant la forme d'un œuf, jetait des vagues comme une mer agitée; il conte-

---

[1] On peut consulter Klaproth, *Traduction des Annales des empereurs du Japon.*

naît dans son sein les germes de toutes choses. Ceux qui étaient purs et transparents s'élevèrent et formèrent le ciel, tandis que leur poids et leur obscurité précipitèrent en bas tous les éléments lourds et opaques qui, en se coagulant, produisirent la terre. La matière subtile et parfaite se dégagea et forma l'éther. La matière pesante et épaisse devint l'élément générateur des formes et des corps. Le ciel fut donc formé le premier, et la formation de la terre ne se fit qu'ensuite. Un être divin, *Kami*, naquit au milieu des airs, et une île de terre molle nagea sur les eaux comme un poisson. Il naquit en même temps entre le ciel et la terre quelque chose de semblable à la tige de la plante *asi* (une graminée), qui se métamorphosa en un dieu (*Kami*). On lui donna le nom honorifique de Kouni-toko-tatsi-no-mikoto; c'est le premier des sept esprits célestes.

Ces dieux, qui possédaient les deux sexes, se reproduisaient par eux-mêmes, et chacun d'eux vécut des périodes immenses de temps. Isa naghi-no mikoto, le septième de ces sept génies, paraît s'être dédoublé, et son complément femelle s'appelle Isana mi-no mikoto. Le premier de ces mots signifie *l'honorable qui a trop accordé*; le second, *l'honorable qui trop excite*. Les deux esprits étant montés sur le pont du ciel, désignation que les mythologues japonais commentent par *attachement des deux sexes*, se dirent : N'y aurait-il pas, là-bas au fond, des pays et des îles? Ils dirigèrent par conséquent en bas *la pique céleste de pierre précieuse rouge* (le phallus), et remuèrent le fond. En retirant la pique des eaux troublées, il en tomba des gouttes qui formèrent l'île appelée Ono koro sima, ou *l'île qui s'est formée spontanément*. Les deux génies descendirent alors et allèrent l'habiter. Cette île est la colonne du milieu sur lequel est basé l'empire.

» Le génie mâle marcha du côté gauche, et le génie femelle suivit le côté droit; ils se rencontrèrent à la colonne de l'empire, et s'étant reconnus, l'esprit femelle chanta ces mots :

« Je suis ravi de rencontrer un si beau jeune homme. » Le génie mâle répondit d'un ton fâché : « Je suis un homme, ainsi il est juste que je parle le premier; comment, toi qui es une femme, oses-tu commencer? » Ils se séparèrent alors et continuèrent leur chemin. Se rencontrant de nouveau au point d'où ils étaient partis, le génie mâle chanta le premier ces paroles : « Je suis fort heureux de trouver une jeune et jolie femme. » Et il lui demanda : « As-tu à ton corps quelque chose propre à la procréation? » Elle répondit : « Il y a dans mon corps un endroit d'origine féminine. » Alors le génie mâle répliqua : « Et mon corps a aussi un endroit d'origine masculine, et je désire joindre cet endroit à celui de ton corps. » Tel est le récit un peu naïf de l'union des deux sexes.

De cet accouplement naquit d'abord l'île Awasi-no sima, la première terre du Japon, puis successivement toutes les autres îles. Les deux principes engendrèrent ensuite la mer, les rivières, les montagnes, les arbres, et enfin l'être destiné à gouverner le monde. Cet être divin c'est *Ten sio daï sin*, la grande divinité du Japon, qui n'est autre que l'intelligence précieuse du soleil céleste. Elle reçut dans le ciel le gouvernement universel. Isa naghi-no mikoto donna encore le jour à d'autres enfants qui se partagèrent l'empire du monde et formèrent cinq générations d'esprits terrestres. L'histoire de ces enfants des dieux présente un tissu de faits surnaturels peu intéressants. Il faudrait tout le génie d'un Ovide ou d'un Hésiode pour leur donner cette grâce dramatique dont les Grecs ont su revêtir les scènes de leur mythologie. Il y a en effet au Japon des Hercules, des Mars, des déesses de la beauté, de la sagesse, de la guerre. Pour les Japonais, les épopées qui célèbrent les actions de ces dieux sont pleines d'intérêt et de charme; mais pour nous, à peine pourrions-nous prononcer leurs noms. Comment entreprendre de parler de héros qui s'appellent *Ama-tsou-fiko tiko fono nini ghi no mikoto*, ou *Masa yu yu batsou katsou no faya fi amano osi wo mimi-no mikoto*, etc. ?

Après des récits fabuleux concernant les deux premières dynasties de dieux et de demi-dieux qui sont supposés avoir régné sur le Japon dès l'origine du monde, il faut descendre dans les annales japonaises jusqu'à une époque relativement récente pour trouver le premier fondateur humain de la nation japonaise. Son règne ne commence guère qu'en l'année 660 avant notre ère; il se nomme Zin-mou. Avec lui le surnaturel des actions cesse; les guerres, les combats auxquels il prend part, revêtent les proportions ordinaires de la vie réelle; les acteurs sont de véritables hommes, vivant comme nous, ressentant nos passions et nos faiblesses; et si le véritable peuple japonais n'apparaît encore que mêlé par ses souvenirs aux périodes mystérieuses qui viennent de s'écouler, on le voit cependant dessiner assez vivement sa figure et ses traces à travers la clairière des forêts ou les brouillards des côtes qu'il parcourt. On aperçoit un peuple d'un type particulier, malgré des traits de ressemblance avec les Chinois; des hommes bien faits, libres dans leurs mouvements, d'une structure robuste et d'une taille moyenne, aux cheveux noirs et épais, au teint jaunâtre, tirant parfois sur le brun, tantôt s'effaçant dans le blanc, à la coupe de figure plutôt oblongue que ronde, mais présentant cependant dans les yeux l'obliquité caractéristique de la race dite mongole. Ces traits physiques donnent bien aux Japonais un air de famille avec les Chinois; mais la langue, indice des plus importants pour marquer la filiation des peuples, accuse une autre origine; les mots chinois qui s'y sont mêlés surnagent sans se fondre avec elle. Les traits de caractère et de mœurs séparent encore davantage les deux peuples. La ruse et le calcul semblent être le mobile des actions de l'un; le désintéressement et la franchise, celui des actions de l'autre. Après cela, le Chinois mettra plus de majesté à poursuivre le but parfois injuste de ses désirs, le Japonais se jettera plus inconsidérément dans la poursuite d'une bonne action vaguement entrevue. Sous son apparente modestie, le premier n'abaissera le sentiment intime de sa supériorité devant personne; dans ses allures de fierté, le second ira au vent de son enthousiasme se prosterner devant le premier homme qui voudra se donner la peine de le séduire. L'un, avant d'agir, suppute ce que son acte lui rapportera d'argent ou de considération; l'autre ne réfléchit pas, mais l'instinct de gloire le pousse. Enfin, quand le marchand de Canton, surpris falsifiant sa marchandise, s'excuse en disant : Vous avez plus d'esprit que moi; l'habitant du Japon s'ouvre le ventre pour ne pas survivre à une injure ou à un remords, ou s'en venge en lançant un coup de poignard à celui qui en est la source. A côté de ce parallèle, tout à l'avantage du Japonais, il resterait encore à énumérer bien des vices que le Japonais possède en propre, comme, par exemple, un penchant violent pour les plaisirs des sens et la paresse; mais nous ne voulions ici que montrer combien est fausse l'opinion qui des Japonais fait des Chinois transportés dans les îles orientales.

Néanmoins, à l'origine même de l'histoire japonaise, nous voyons sur le sol du Japon deux peuples en présence, et si cette dualité prouve que des colonies chinoises vinrent de très-bonne heure s'établir sur les côtes du Japon, le rôle de conquérantes qu'elles jouent atteste la préexistence d'une race indigène. C'est l'opinion du savant Klaproth. Toutes les circonstances de la vie de Zin-mou, le premier empereur de race humaine, nous mettent sous les yeux l'opposition des habitants primitifs contre ce chef, qui leur apportait la domination. De plus, la mythologie place le premier séjour de Zin-mou dans le Fiougo, province de l'île de *Kiousiou*, la plus occidentale du Japon; c'est de là qu'elle le fait partir pour soumettre le Japon jusque dans sa partie la plus orientale, et elle représente ses travaux comme ceux d'un Hercule qui, domptant une à une toutes les parties de son empire, finit par en composer un gouvernement régulier. Les populations qu'il trouva dans les îles à l'orient de la Chine s'appelaient *Mozin*, c'est-à-dire hommes velus, et elles appartenaient sans doute à la même race que les habitants reflués depuis vers le nord, que les *Aïnos* de Jesso, hommes à la barbe noire, épaisse, couvrant tout le visage et allant se joindre à une chevelure crépue. Suivant les auteurs japonais, ce peuple était sauvage et ne s'occupait que de pourvoir aux besoins les plus matériels, ne connaissant aucune délicatesse de la vie, aucun des arts qui en font le charme, se servant d'entailles faites à un bois, ou de nœuds à une corde, pour marquer les rares événements qui l'intéressaient. « Tout était, ajoutent-ils, dans cette enfance qui n'est que la grossièreté et la barbarie, et où l'homme, illimité dans ses besoins, ne diffère de la brute que par la faculté de développer son intelligence au moyen de l'expérience. » Aux yeux de ces sauvages, la force semblait désigner la divinité. Les héros, dont toute la vertu consistait à se servir avec agilité d'une massue ou d'un arc, passaient facilement pour des dieux; les Japonais les honoraient après leur mort sous le nom de *kamis*.

Zin-mou, l'homme de l'occident, qui avec une armée réglée était venu donner aux indigènes du Japon le spectacle de sa grandeur et de sa puissance, n'eut pas de peine à séduire ce peuple, quand ses armes l'eurent soumis. Toutefois la conquête de l'île, que ses habitants velus appelaient alors l'île de la Demoiselle, *Akitsou no sima*, ne fut pas sans présenter quelques obstacles; la lutte fut multiple, et dans chaque îlot de l'archipel, Zin-mou était exposé à trouver un petit chef de peuplade hostile.

Le plus souvent, il est vrai, au moment où il allait aborder, il voyait venir à lui une barque montée par quelques hommes, et à la demande qu'il leur faisait de leur nom et de leurs intentions, le principal d'entre eux répondait avec soumission :

« Je suis le *kouni yetsou kami*, ou le chef protecteur de ce pays, et comme j'ai appris l'arrivée du descendant d'un dieu céleste, je m'empresse de venir ici le recevoir. » Mais quelquefois aussi le chef de l'île était puissant ; il attendait l'escadrille des agresseurs avec sa petite troupe rangée sur la côte, et Zin-mou avait besoin de toute son habileté pour poser le pied sur la rive opposée. D'autres fois, Zin-mou avait en outre à combattre la tempête, et c'était en vain que la voix du guerrier divin s'écriait au milieu des débris des navires fracassés entre ces îles : « Mes ancêtres du côté paternel sont des dieux célestes ; du côté maternel, des dieux marins ; pourquoi donc la mer est-elle pour moi si orageuse ? » Ses navires désemparés l'abandonnaient aux flots, d'où il ne s'échappait qu'à la nage.

Dans un de ces nombreux combats avec les indigènes, Zin-mou vit un de ses frères tomber blessé à côté de lui, et cédant à sa colère, il ordonna le massacre entier des habitants de l'île qui avait osé résister. Lui-même présida au massacre, et tout à la fois exalté par la fumée du sang des victimes et par la pensée des douleurs de son frère, il se prit tout à coup à chanter cette cantilène, qui rappelle les sagas des peuples scandinaves :

« Je suis attristé par la mort de mon général, auquel je pense toujours ; l'ennemi doit être haché en pièces comme des oignons, avec ses femmes et ses enfants, aux pieds des palissades. Cela suffira à mettre fin à la guerre.

» Je suis attristé par la mort de mon général, auquel je pense sans cesse ; ma colère est persévérante comme le goût du gingembre ; c'est en les exterminant tous qu'il faut mettre fin à la guerre. »

Le premier jour du premier mois de l'an 660 avant J.-C., Zin-mou fut reconnu empereur par toutes les îles.

Les empereurs du Japon, successeurs de Zin-mou, ont pris le nom de *Daïri*, mot qui signifie le grand intérieur ou le palais impérial ; ils sont regardés comme les descendants directs des divinités du pays, et de plus, le daïri régnant est honoré comme étant l'incarnation réelle de la grande déesse Tensio-daï-sin, le grand esprit de la lumière. La race des daïris passe pour impérissable, et elle se perpétue au besoin par des moyens surnaturels. Encore aujourd'hui, quand un empereur se voit vieillir sans héritier, il va rôder quelques jours autour des arbres plantés à côté de son palais, et il ne manque jamais de trouver un enfant choisi d'avance dans une des familles illustres de la cour, et qu'on a exposé un instant auparavant dans le lieu convenu. Le peuple croit ou feint de croire que cet enfant a été envoyé du ciel.

Le daïri prend le nom de *mikado*, diminutif de *mikoto* (dieu). Dans les idées des Japonais, la sublimité de sa personne est tellement établie, qu'on le regarde comme en dehors de toutes les conditions de l'humanité et des habitudes de la vie commune. Les courtisans, ici comme partout, ont prêté la main à cette apothéose, pour avoir le droit de parler au nom de celui qu'ils reléguaient dans le sanctuaire. Retranché de l'espèce humaine, par l'indignité qu'il y aurait à en accomplir vulgairement les actes, le daïri a perdu, dans la pompe des ridicules cérémonies qui font de lui un dieu, le droit d'être un roi. Dès le douzième siècle, un habile maire du palais en respectant cette nullité majestueuse, a élevé son trône politique à côté du trône céleste, et laissant au daïri le gouvernement des affaires du ciel, s'est emparé, lui, de celles de la terre.

L'absurde vénération des Japonais a fait de l'empereur plus qu'un chef sans influence, elle en a fait un esclave, ou une machine se mouvant au gré d'un rituel. Jamais ses pieds ne doivent toucher le sol, de peur de se souiller par ce contact; s'il daigne sortir de son immobilité, des hommes sont là pour le porter sur leurs épaules; l'air extérieur n'est pas assez pur pour souffler sur son visage; le soleil, pour faire tomber ses rayons sur sa sainte personne. On rapporte, comme un des faits les plus étranges dans la vie des daïris, qu'en 1732, à l'occasion d'une mauvaise récolte dans l'ouest de l'empire, qui est le grenier à riz de tout le pays, le daïri *Maka mikado-no in* marcha nu-pieds sur la terre, afin d'obtenir du ciel la fécondité. Ce serait une profanation de porter la main sur le daïri pour lui couper les cheveux, la barbe et les ongles ; il faut les lui *voler*, et cela se fait lorsqu'il dort ou fait semblant de dormir. On appelle ce sommeil le sommeil du lièvre.

Incarnation de la déesse du soleil, ce dieu vivant était anciennement obligé de rester tous les matins immobile sur son trône comme une statue, ne remuant ni les pieds, ni les mains, ni la tête ; et de cette posture grotesque dépendaient, croyait-on, la tranquillité et l'équilibre du monde. Tout mouvement même involontaire fait d'un côté ou d'autre, était aussitôt interprété comme un présage de guerre, de feu ou de famine pour les provinces vers lesquelles ses yeux ou son corps avaient paru incliner. Comme cette attitude ne laissait pas d'être fatigante, même pour un dieu, on fit dans la suite au daïri l'honneur de croire que sa couronne ferait aussi bien l'affaire que lui-même, et on n'expose plus que la couronne sur le trône.

Les vêtements du daïri sont renouvelés tous les jours ; on est obligé de brûler ceux qui ont servi, car si quelque téméraire s'avisait de les porter sur lui, il ne tarderait pas à en être puni par des ulcères qui lui couvriraient tout le corps. Le même danger menace celui qui mangerait dans les assiettes et les plats à l'usage du daïri ; aussi verres et vaisselle passent-ils immédiatement de sa table dans une fosse voisine. Il est bon de remarquer que, vu cette destination, les vêtements du daïri sont assez grossiers et que sa vaisselle est d'argile.

A l'endroit de ses plaisirs, l'empereur du Japon voit un peu s'allonger les lisières du cérémonial, et nous n'avons trouvé nulle part qu'il eût à recourir au stratagème d'Eumolpe, un des débauchés de Pétrone. Il a le droit d'entretenir quatre-vingt-une épouses, nombre regardé au Japon comme sacramental. Ordinairement cependant il n'en a pas autant, et il arrive à parfaire le nombre fixé en prenant neuf épouses en titre, qui ont chacune huit servantes. Le daïri possède encore trois autres femmes qui, avec les neuf premières, représentent aux yeux du peuple les douze signes du zodiaque.

C'est Miyako, autrefois capitale de l'empire du Japon et réduite maintenant au second rôle, qui sert de résidence au daïri. Là se trouve son innombrable cour, fière de descendre de la même famille que lui, et qui, répartie entre les abbayes, les prieurés, les temples de la ville et les diverses fonctions qu'a fait créer le service compliqué du daïri, forme un personnel au-dessus de cinquante-deux mille âmes. Tous les membres composent une noblesse ecclésiastique nommée *Ko-ghe*; ils se distinguent du reste de la nation par une certaine uniformité dans le costume. Une particularité de ce costume est une large bande de soie, ou de crêpe noir, cousue au bonnet, et que l'étiquette des distinctions laisse pendre sur l'épaule ou retient sur la tête. C'est aussi l'usage, parmi les ko-ghe, de ne se baisser en saluant qu'autant qu'il le faut pour que le bout de leur écharpe touche à terre; de sorte que c'est à la longueur de l'écharpe que se mesure la dignité de la personne. Le nombre des temples et des palais est en rapport à Miyako avec cette population immense de moines et de seigneurs; on y compte six mille temples et cent trente palais. Le plus remarquable est naturellement celui de l'empereur.

Miyako n'est pas seulement la ville sainte du Japon, elle en est encore la ville savante, siége de toutes les universités, de toutes les académies d'art et de lettres. La présence dans son sein de cette population de moines et de seigneurs oisifs, gens par nature destinés à la culture des choses élevées, y entretient une certaine température d'émulation et de vanité, favorable à l'éclosion des produits de l'intelligence. C'est ici que les historiens et les poëtes écrivent leurs compositions, que les savants étudient et méditent leurs systèmes. Les femmes, dans la poésie et la littérature légère et gracieuse, y rivalisent avec les hommes. Dans cette ville sont presque toutes les imprimeries du Japon, au service de l'idée qui les fait mouvoir et leur emprunte des ailes. Malgré le mouvement littéraire dont nous parlons, nous sommes forcés de le dire, au risque de faire songer au bourgeois gentilhomme, le livre que les Japonais préfèrent à tous autres est l'almanach ; et l'édition annuelle qui s'en fait est la plus fructueuse de toutes les entreprises de librairie. Autrefois c'était la cour même du daïri qui avait le monopole des almanachs ; elle ne fait plus qu'en surveiller la composition par des censeurs. Les spectacles, la musique, les plaisirs frivoles, sont la passion de cette cour dévote. La musique surtout y est fort en honneur, et il est peu de femmes qui ne touchent de plusieurs instruments avec distinction. Les exercices gymnastiques, les chasses, les pêches, figurent aussi pour beaucoup dans le programme des fêtes toujours renaissantes. L'almanach ne semble si utile que parce qu'il en règle la succession et le rituel.

Le daïri avait débuté dans l'histoire par être un conquérant et un chef effectif de l'empire ; mais peu à peu il s'était absorbé, comme nous l'avons dit, dans l'exaltation de sa puissance, et les séogoun, lieutenants de l'empereur, dont l'habileté semblait être la vertu héréditaire, avaient peu à peu retiré de ses mains les rênes de l'état pour y placer la baguette de bambou qui commandait à un peuple de moines, et au moyen de laquelle les héros recevaient la consécration de l'apothéose. Ils ne lui laissèrent bientôt plus que la fantasmagorie des représentations impériales, gardant pour eux toute la réalité du pouvoir. De sorte que maintenant il existe de fait deux empereurs au Japon. Ce fut en 1180 que cette révolution, depuis longtemps préparée, se consomma. Dans une guerre civile qui avait divisé en deux camps les principales familles du Japon, Yosi-tomo d'abord et ensuite son fils Yori-tomo, avaient pris le parti du daïri renversé du trône par la faction rivale, et après de longs efforts l'avaient rétabli dans sa puissance. En récompense de tels services, le daïri nomma Yori-tomo général en chef de toutes les forces de l'empire. Celui-ci à sa mort transmit sa charge à ses descendants, et sa famille a créé la dynastie des *Koubo-samas*, qui possèdent et administrent l'empire, tandis que le daïri ne jouit plus que de revenus fixes. C'est du koubo-sama que la cour impériale de Miyako reçoit sa liste civile, et si ce dernier, plein de respect pour les traditions nationales, agit en intendant libéral envers son maître, il est loin pourtant de prodiguer des richesses qui pourraient servir au mikado pour ressaisir son pouvoir. Aussi le mikado a-t-il plus d'honneurs que d'argent à offrir aux officiers de sa cour. Pour soutenir leur rang, ces officiers dépensent d'abord libéralement leurs trésors, s'endettent ensuite autant qu'ils peuvent, et finissent par travailler, pour vivre, à toute sorte de métiers.

Yedo est la résidence du séogoun. Cette capitale politique de l'empire est immense, pleine de mouvement, de magnificence et d'industrie. Sa population peut être évaluée à 1,400,000 habitants. Le palais du *koubo* porte tous les caractères d'une demeure de chef militaire ; il est entouré de murailles, de fossés et de ponts-levis, et forme à lui seul, dans la ville, une ville qui n'a pas moins de cinq lieues de circonférence. Aux garnisons considérables qui l'habitent, au concours de princes feudataires qui la parcourent, au bruit, à l'éclat qui la signalent de loin, on voit que c'est là le centre de l'état et des affaires. Les toits des palais sont ornés de dragons d'or ; partout éclatent l'or, le cèdre, le camphre et d'autres bois odorants, habilement travaillés en colonnettes et en relief le long des murs et des plafonds. Mais l'ameublement de ces vastes palais est invariablement le même ; il consiste tout entier en nattes garnies de franges d'or. C'est sur des nattes que s'assied l'empereur, comme le dernier de ses sujets, pour prendre ses repas, pour travailler aux affaires, pour recevoir les audiences. Les siéges, les tables, tous ces meubles dont nous ne concevons pas chez nous qu'on puisse se passer, sont ici inconnus. On dirait que dans ce pays sans cesse bouleversé par des tremblements de terre, l'homme ait peur de chanceler s'il ne s'appuie sur le sol.

Dans les premiers temps de l'établissement des *koubo-samas*, et longtemps encore après, les maîtres de Yedo étaient obligés de rendre tous les ans visite aux mikados; mais depuis que, dans un accès d'humeur, un de ceux-ci eut osé porter la main à son arc pour lancer une flèche à son puissant visiteur, ces visites ne se font plus que tous les cinq ans, et quelquefois encore par ambassades.

Les hommes sont partout les mêmes; partout certaines classes, élevées dans un rang exceptionnel par la naissance, tiennent plus à leurs titres honorifiques qu'à l'exercice du pouvoir que ces titres donnent; et plus la nullité en devient grande, plus ils mettent d'insolente insistance à abuser des priviléges tyranniques qui leur restent. La cour du daïri en offre un curieux exemple. Rien n'égale l'impuissance de ce chef nominal et de ses officiers. Eh bien! comme pour s'en venger, ces officiers se prévalent à chaque instant d'une espèce de supériorité traditionnelle que les lois antiques du pays leur accordent sur les hauts princes du souverain réel, du séogoun. Lorsqu'ils rencontrent un officier de la cour de Yedo, ils le forcent à s'incliner aussitôt, en approchant la tête et les mains de terre, à mettre également à terre l'unique pique qu'il ait le droit de porter en leur présence. Le récit suivant de Titsingh, traducteur des annales des daïris, qui se trouvait à Yedo en 1782, fera comprendre les petites vexations qu'ont à subir continuellement les officiers du séogoun de la part des inutiles serviteurs du daïri :

« Le prince de Satsouma, dit-il, un des seigneurs les plus

respectables et les plus puissants de l'empire, et dont la fille est fiancée au daïragon sama (l'héritier présomptif du séogoun), n'est considéré par eux que comme un de leurs serviteurs. C'est pour cette raison que les princes, en se rendant à la cour du séogoun à Yedo, ou en en revenant, évitent avec soin de passer par Miyako; ils préfèrent suivre la route qui conduit d'Oudzi à Fousini et qui passe en dehors de cette ville. Il y a quelques années que le prince d'Aki, parent du séogoun, commit une légère impolitesse à la rencontre d'un officier du daïri; celui-ci le fit poursuivre sur la route jusqu'à Pousimi, d'où il le fit revenir. Le prince d'Aki étant retourné sur ses pas sans le moindre train et avec une simple pique, il le fit attendre pendant douze heures chez lui, avant de l'admettre en sa présence. Le prince fit ses excuses, et fut renvoyé après une forte réprimande. »

Lorsqu'un prince passe devant la demeure d'un officier du daïri, il est obligé d'abandonner sa chaise à porteurs et son escorte et de marcher à pied avec une seule pique; tous ses équipages s'éloignent aussitôt en grande vitesse, pour soustraire aux yeux de l'officier cet appareil de puissance, et vont se réfugier dans quelque chaumière ou dans les champs. Tout ce respect pour la légalité n'empêche point cependant que le pouvoir quasi divin du daïri et de sa cour ne soit subordonné à celui du séogoun.

Mais celui-ci, à son tour, s'est tellement laissé éblouir par l'exaltation de sa puissance, qu'il est devenu aujourd'hui à peu près ce qu'est le daïri lui-même, un fantôme de roi, enveloppé dans les nuages de sa fastueuse impuissance.

Le pouvoir militaire appartient presque tout entier à des princes feudataires; le pouvoir politique et administratif a passé de même des mains du séogoun dans celles du conseil d'état, auquel ressortissent toutes les affaires de quelque importance, et qui a son réseau d'agents secondaires dans les provinces. Le séogoun n'a guère plus rien à faire qu'à sanctionner les décisions arrêtées par ce corps ; mais quelquefois cependant il prend à cet empereur des velléités de résistance, et il se réveille de sa torpeur pour imposer un *veto* qui n'est pas absolu, mais seulement suspensif ; c'est jusque-là que va tout son pouvoir. Alors le jugement du débat entre le conseil et le séogoun est abandonné à l'examen arbitral de trois princes du sang, proches parents du séogoun et parmi lesquels peut même se trouver son fils. De quelque côté que la chance tourne, le résultat de la décision est terrible. Si le *veto* est déclaré inopportun, le séogoun n'a qu'à abdiquer. Abdiquer est un acte si commun au Japon, depuis les plus hauts emplois jusqu'aux plus bas, que cet acte a un nom spécial (*inkioe*), et se trouve réglé par le rituel de l'empire, comme la chose la plus naturelle de la vie politique.

Si c'est le conseil qui est mis en défaut, le ministre qui a proposé la mesure, et quelquefois tous les membres du conseil savent ce qu'ils ont à faire ; ils doivent s'ouvrir le ventre avec un couteau. On se coupe le ventre au Japon pour toute espèce de motifs ; pour échapper à la honte d'une injure dont on ne peut se venger, comme pour se soustraire à la peine infamante qu'entraînerait la condamnation d'un crime contre l'état ou contre les personnes. Cette singulière cérémonie s'appelle le *kara-kiri*, et tout Japonais bien né en apprend dans l'enfance les subtilités sacramentelles, en même temps que les éléments de l'arithmétique et de l'écriture. Non-seulement on enseigne dans les écoles à bien faire l'opération, mais encore les différents cas où ce genre de suicide est inévitable pour un homme d'honneur. La fente de l'abdomen n'est jamais prononcée comme peine ; mais de même que les sultans turcs envoyaient autrefois à leurs pachas disgraciés un cordon pour se pendre, de même l'empereur du Japon envoie aux grands dont il a à se plaindre cet avertissement : Un tel ferait sagement d'accomplir le kara-kiri.

CHAPITRE DEUXIÈME.

La religion du sinto, originaire du Japon. — Elle honore les kamis ou les esprits des trois dynasties. — *Ten-sio-daï-si* en est la principale divinité. — Sa fuite du ciel et sa retraite dans une caverne. — Temples de la religion du sinto. — Ils sont bâtis sur des éminences et dans des positions agréables. — Caractère des prêtres du sintoïsme nommés canusis. — Ils ne prêchent que le culte du plaisir et des penchants agréables. — Les fêtes et les jeux sont les pratiques les plus habituelles de ce culte. — Festins des Japonais. — Prêtresses de Vénus. — Excessifs scrupules des sintoïstes en fait de pureté corporelle. — Pèlerinage d'Isie. — Commerce des amulettes d'Isie dans le Japon. — Dieux divers. — La fête du Matsuri. — Représentation des mystères de la mythologie. — Ordres religieux. — Le bouddhisme s'introduit au Japon par la Corée. — Les missionnaires de ce culte et de ce pays sont bien accueillis et on élève des temples à leurs idoles. — Légende de *Ko-bo-daï-si*, apôtre du bouddhisme au Japon. — Baptême bouddhique. — Le daïri fait profession publique de la religion nouvelle, tout en restant le chef du sintoïsme. — Le *Fokekio*, la bible des bouddhistes japonais. — Diverses personnifications de la Divinité. — Idoles. — Description du temple et de la statue colossale du Daïbouts. — Culte des animaux. — Anecdote du renard d'un trésorier de Nangasaki. — État des bonzes. — Confession bouddhique au Japon. — Robes de papier d'Amida, dans lesquelles tiennent à mourir les dévots. — Cérémonies funèbres. — Retour des âmes dans leurs maisons. — Moralistes ou philosophes du siuto. — Ils honorent Confucius. — Introduction du christianisme au Japon. — Expulsion des chrétiens. — Cérémonie nationale du Jésumi, en commémoration de cette expulsion.

Il y a au Japon comme en Chine trois religions, ou plutôt deux religions proprement dites et une secte philosophique. Les religions sont toutes les deux non-seulement tolérées, mais officielles, et se partagent à peu près également les populations croyantes de ce pays. Avec le temps elles se sont un peu mélangées: mais les emprunts réciproques conservent encore le cachet de leur origine et leur tendance, comme ces fleuves qui marquent la trace de leur cours à travers les eaux d'un lac. C'est que ces deux religions ont des sources bien différentes, et que le sentiment religieux, comme les mœurs sur lesquelles elles se sont fondées, appartiennent à des climats divers. L'une est née sur le sol même du Japon et y est nationale; l'autre y a été apportée dans la suite des temps; c'est le bouddhisme, que nous connaissons déjà. Faire l'histoire chronologique de la première de ces religions serait chose impossible, car elle paraît contemporaine de la fondation même de la monarchie japonaise, et elle a un rapport si essentiel avec la constitution et les usages de l'empire, qu'elle peut être regardée comme le moule primitif où ont été coulés la civilisation et l'état social des îles du Japon. Cette religion est celle du *sinto* ou des *kamis*. La cosmogonie dont nous avons parlé plus haut est son ouvrage ; elle a rattaché à la naissance du monde la création des îles du Japon et a peuplé de dieux leurs vallées naissantes et leurs plaines. Elle a marqué tous les lieux un peu célèbres, toutes les villes et toutes les bourgades, de l'empreinte des pas des premiers habitants divins qui précédèrent l'avénement de l'espèce humaine, et a écrit en mille endroits leur histoire légendaire dans la géographie de l'île de la Demoiselle.

Les principaux dieux de la religion du sinto, ce sont les sept esprits célestes qui composent la première dynastie, les cinq demi-dieux de la seconde et tous les grands hommes auxquels le daïri a eu de tout temps la mission de conférer l'apothéose. Parmi ces dieux, *Ten-sio-daï-sin* brille d'un éclat sans égal. C'est la vierge de la lumière ; c'est aussi le soleil. Elle appartient à la seconde dynastie, et rapprochée ainsi de l'espèce humaine, elle est considérée comme placée dans une position plus favorable que les kamis supérieurs, pour s'occuper de la terre. Ce kami passe pour être l'auteur de toute la nation japonaise, et ce sentiment est si unanime, que les sectes religieuses qui n'appartiennent pas à la religion du sinto l'adorent à côté de leurs idoles particulières. L'importance de Ten-sio-daï-sin dans la marche de l'univers nous est révélée par un mythe à la fois gracieux et pittoresque.

Ten-sio-daï-sin avait un frère, et ce frère, esprit du mal, artificieux et turbulent, suscitait toujours des entraves et des querelles à sa sœur, pour se venger de ce que leur père, Isanaghi-no-mikoto, lui avait donné le monde à gouverner. Au printemps il jetait de l'ivraie dans la terre ensemencée ; il chassait en automne les animaux à travers les champs couverts de la récolte. Il se conduisit enfin si méchamment, que Ten-sio-daï-sin s'enfuit un jour dans une caverne formée par un rocher du ciel, et en boucha soigneusement l'entrée avec une grosse pierre. Aussitôt les ténèbres tombèrent sur toute la surface du monde. Les huit cents dieux, que cette retraite laissait sans direction, s'assemblèrent à la hâte près de la rivière Amano-yasou-gawa (dans la province de Yamato), et se consultèrent sur les moyens à prendre pour faire sortir Ten-sio-daï-sin de sa retraite. Les moyens proposés par les dieux prouvent combien ils se connaissaient en bons procédés ; le kami du destin fut d'avis de rassembler des oiseaux de toute espèce qu'on ferait chanter, et cinq cents arbres odorants, qu'on irait chercher sur la montagne *Ama-no-kako-yama* (encore une montagne japonaise), et qu'on planterait autour du rocher ; puis de suspendre au sommet des arbres les cinq cents fils des grains impériaux, au milieu du tronc le miroir *yata-no-kagami*, et aux branches des faisceaux d'herbes ; une femme, désignée par le nom d'une célèbre danseuse japonaise dont l'histoire a conservé le souvenir, serait priée de danser devant le rocher, ayant sur la tête une guirlande de branches et les manches de sa robe retroussées avec des brins d'herbe ; un grand feu devait être le complément des séductions offertes à l'esprit de la déesse.

Ten-sio-daï-sin entendant tout le tumulte qui se faisait autour d'elle, se disait : J'ai bien fermé pourtant l'entrée de la caverne ; il doit régner une nuit obscure dans l'univers. Curieuse d'en connaître la cause, instinctivement entraînée par ces chants des oiseaux, par ce parfum des plantes, par la musique au son de laquelle dansait Ama-no-ousoume-no-mikoto, enfin par ce factice réveil de la nature, qui ressemblait à l'aube matinale, elle poussa la pierre en dehors, et aussitôt un des dieux, passant la main dans l'ouverture, saisit la pierre et la jeta de côté. On fit alors sortir Ten-sio-daï-sin de la caverne ; et de crainte qu'elle ne voulût y rentrer, les dieux tendirent une corde au-devant de l'entrée, et tous ensemble la supplièrent de ne plus s'enfuir. Pour l'apaiser, ils arrachèrent à son frère les ongles des pieds et des mains et les cheveux.

Tout est emblématique dans ce récit. Le miroir, la corde, les faisceaux d'herbes, remplacés par des bandelettes de papier, se retrouvent maintenant dans les temples du sinto; quant à la punition du frère de la déesse, les commentateurs japonais prétendent qu'elle indique la destinée de l'homme, condamné à arracher l'ivraie et à labourer la terre pour qu'elle soit mieux fécondée par les rayons du soleil. C'est ainsi que l'imagination primitive des peuples élève toujours à des proportions divines les premières relations de l'homme avec la nature; c'est ainsi qu'elle remplit les temples de ces objets qui ont marqué le fait surnaturel autour duquel se groupent les croyances. A l'origine, on connaissait le côté symbolique ou allusif de ces objets; mais la foule, qui ne remonte pas aux motifs, a depuis adoré ces objets eux-mêmes, devenus ainsi la source de superstitions. Par quels procédés se fait-il que ces vagues perceptions d'un rapport de l'univers avec l'homme servent de base à un édifice de croyances qui tous les jours se consolide et s'affermit dans la première donnée, que la tendance des mœurs et l'état politique du pays viennent chaque jour étayer? Il faudrait, pour le dire, étudier non-seulement l'habileté des prêtres à convertir en superstitions qui se lient les unes aux autres les idées métaphysiques, mais encore connaître tout le travail spontané qui se fait en ce sens dans les têtes humaines. La plupart du temps on ne sait où le symbole finit, où la superstition commence. Souvent, sous des pratiques grossières et ridicules, gît une idée sublime, ou du moins une allusion à un fait avéré de l'histoire nationale. La manifestation a trompé la volonté; les fleuves perdent leur nom en s'éloignant de leur source; ce qui nous paraît maintenant monstrueux et bizarre, était peut-être gracieux et naïf au point de départ.

Il ne faut pas chercher un système métaphysique dans la religion du sinto ; ce n'est pas là une religion savante, établie à une époque de civilisation ou remaniée théoriquement par les philosophes. Cette religion n'a pas de fondateur, n'a pas de prophètes, n'a pas de missionnaires ; elle est venue, comme les populations qui la pratiquent, on ne sait d'où, on ne sait quand ; elle est née dans le cœur des Japonais avec la pensée. Admet-elle un premier être, un Être suprême, un principe créateur? Cela ne paraît pas. Les sintoïstes parlent vaguement d'une âme du monde, qu'ils nomment le premier *Mikoto* ou *Kami*; mais les dieux efficaces du sintoïsme ce sont les *kamis*, dieux secondaires, manifestations sensibles de la force soit physique, soit morale ; et les archives des monastères de cette religion sont un recueil de fables qui racontent les aventures de dieux agissant à la façon des mortels. On conserve encore dans les anciens temples les épées dont se sont servis ces héros, et on a d'autant plus de vénération pour ces précieux monuments de l'antiquité, qu'on les croit encore animés de l'esprit de ceux auxquels ils ont appartenu. Il n'y a pas de ville au Japon qui ne consacre dans un temple spécial les traditions locales de quelqu'un de ces kamis.

A défaut d'histoire dogmatique, nous tracerons le tableau des temples, des cérémonies et du culte extérieur du sintoïsme. Les temples, nommés *mia*, sont situés le plus souvent sur une éminence, à quelque distance des lieux habités, loin du contact de la vie ordinaire ; leur voisinage est annoncé par des planchettes carrées d'environ un pied et demi, et sur lesquelles sont écrits en caractères d'or les noms des dieux auxquels ils sont dédiés. Le temple ne se montre pas d'abord ; mais une porte de pierre, à laquelle est appendue la planchette, promet d'y conduire le long d'une vaste et belle avenue, plantée d'arbres magnifiques, à travers des jardins et des bassins d'eau qui réjouissent la vue. Le temple paraît enfin ; mais rien dans sa grandeur ou sa construction ne répond à la richesse des alentours. Les

Japonais, qui ont construit tous les temples sur le modèle de celui que leurs incultes aïeux élevèrent à Ten-sio-daï-sin, leur ont donné un caractère de simplicité et de grossièreté antiques. Ce sont pour la plupart de pauvres édifices en bois, cachés dans des massifs d'arbres et de buissons, n'ayant qu'une seule fenêtre grillée, au travers de laquelle l'œil pénètre dans l'intérieur. Cet intérieur, qui était entièrement privé d'idoles avant que l'introduction du bouddhisme en eût popularisé la folie, ne présentait dans le milieu qu'un miroir, emblème national de la Divinité dont il réfléchit la lumière, et tout autour duquel pendaient des housses de paille bien travaillées ou des papiers blancs découpés, attachés à un fil en forme de franges. A l'entrée du temple est encore une corde représentant, disent les commentateurs japonais, celle dont les dieux barrèrent la caverne du rocher quand Ten-sio-daï-sin en fut sortie; elle sert à repousser les fidèles qui seraient dans un état d'impureté.

Le dévot sintoïste ne manque jamais de visiter les temples à certains jours de fête. Il entre d'un air grave par l'avenue extérieure; arrivé au pied de l'éminence sur laquelle le temple est bâti, il fait des ablutions dans un bassin plein d'eau qui se trouve près de là; il monte ensuite avec respect les degrés qui conduisent à une galerie où se promène la foule dans les jours de pluie, et que protége un large auvent en chaume. Il frappe alors trois coups sur une cloche suspendue à l'entrée, comme pour avertir le dieu de son arrivée, et pénètre dans l'antichambre, où se tiennent assis les gardiens dans leurs riches habits de cérémonie. Cette antichambre est une espèce de musée garni de cimeterres d'un riche travail, de modèles de navires et de différentes curiosités locales. C'est là qu'il se met en devoir d'adresser ses adorations à la divinité du lieu, et il le fait en se prosternant à plusieurs reprises sur la terre qu'il baise; il fait ensuite ou ne fait pas de prières, selon qu'il est d'opinion qu'il faut ou ne faut pas importuner les dieux, car les deux opinions sont orthodoxes. Il se relève bientôt après, s'approche de la porte ou d'une des fenêtres grillées qui donnent dans l'étroite enceinte du temple, et tournant ses regards vers le miroir, il ne manque jamais de méditer quelques instants sur cette vérité fondamentale : que, de même qu'il voit dans ce miroir ses traits et toutes les taches de son visage, de même toutes les souillures et toutes les dispositions secrètes du cœur paraissent à découvert aux yeux des immortels. Il jette enfin quelques pièces d'argent dans le temple, frappe de nouveau trois coups à la cloche, et se retire.

De tous les temples de la religion du sinto, les plus remarquables sont les deux consacrés à Ten-sio-daï-sin, dans la province d'Izé. L'un porte le nom de *Naï-kou*, temple intérieur, l'autre celui de *Ghe-kou*, temple extérieur. Le Ghe-kou fut construit, en 477, par le daïri *Seï-nin*, sur l'injonction que lui en fit Ten-sio-daï-sin dans un songe où elle lui apparut. Ce temple, qui paraît être celui du daïri régnant, en tant que représentant de la déesse tutélaire de l'empire, est destiné à conserver un bambou qu'on taille à la mesure du daïri à son inauguration au trône. A sa mort, on transporte en grande cérémonie ce bambou au Naï-kou, en ayant soin d'y attacher douze ou treize petits papiers qui contiennent le nom du prince. Tous ces bambous des daïris défunts sont considérés comme leurs représentations et révérés à l'égal des kamis. On conserve encore dans le Ghe-kou un chapeau de paille, un manteau, et une bêche, emblèmes de la simplicité primitive, attributs de l'agriculture, qui, au Japon, tient le premier rang après l'état militaire. Ces objets sont cachés derrière un rideau de toile blanche, et le peuple voit en eux des images des dieux. Dans le fond resplendit aussi le précieux miroir. On raconte que dans un incendie du temple il se détacha spontanément, s'envola et s'accrocha à la branche d'un cerisier, où une servante du daïri le trouva suspendu. Celle-ci le rapporta au prince, sur la manche de sa robe.

Les prêtres de la religion du sinto sont très-nombreux ;

chaque chapelle a le sien, et chaque mia en renferme plusieurs, qui vivent soit de dotations et d'aumônes faites à leur église, soit d'annuités accordées par le daïri. Dans la foule de ceux qui desservent les temples de la province d'Isie, se trouve toujours une fille du daïri, comme prêtresse ; un fils du daïri occupe constamment aussi la dignité de grand prêtre à Niko, lieu de sépulture des séogoun. Ces prêtres sont connus sous les noms de *neges*, de *sinsios* et de *canusis*; ils sont considérés comme laïques, se marient, nourrissent une famille particulière, participent à tous les droits des autres habitants du Japon, mais restent aussi sous le coup de toutes les lois générales. Ils ne se distinguent guère que par leur costume. Il consiste en de larges robes blanches ou jaunes et dans un bonnet oblong, qui affecte la forme d'une barque, et s'avance en pointe sur le front. Ils portent la barbe rasée et les cheveux longs. Les canusis, du reste, ne sont pas de ces hommes tristes et moroses par état, qui cherchent à détourner la jeunesse et la beauté des doux penchants de la nature et du monde, qui prêchent la solitude, l'austère régime de la pénitence et le renoncement de soi-même. Loin d'arracher l'homme à la société, à la famille, aux paisibles jouissances de la nature et du cœur, par la peinture des colères d'un dieu qui se serait fait un cruel plaisir de placer sa créature entre des instincts qui l'attirent et qu'il doit combattre, et des douleurs qu'il redoute et qu'il doit affronter, de la balloter ainsi entre des penchants et des préceptes, les canusis ne cherchent qu'à exciter, qu'à entretenir par des fêtes riantes et des cérémonies pleines d'abandon les épanchements naturels d'une communicative allégresse. Arrière les fronts pâles et soucieux que l'ennui dévore ou qu'une affaire grave préoccupe! Le dieu qu'on célèbre à Isie ne veut pas qu'ils viennent à ses solennités.

Quiconque a perdu un ami, un parent, doit s'abstenir d'y paraître ; il est constitué en état d'impureté légale : le guerrier encore couvert du sang de sa blessure, le malade chancelant, sont indignes de paraître dans un temple. Les dieux du sinto n'ont point de consolations pour ceux qui se complaisent dans leur douleur. « Point de ces larmes, dit le prêtre à l'enfant qui vient de perdre son père, point de ces larmes qui vous font ressembler à celui que vous pleurez; point de ces désirs de mourir par lesquels vous croyez honorer sa mémoire : c'est à la vieillesse seule de s'avancer vers la mort; la résignation est vertu. » Les fêtes, les cérémonies, voilà donc, à défaut de métaphysique et de morale, le trait distinctif de la religion du sinto. Chaque année, chaque saison amènent les leurs. On en célèbre trois par mois ; ce sont des jours employés à se visiter, à se complimenter, à se réjouir, à montrer aux dieux des visages joyeux et sereins, illuminés par une douce ivresse, les épanchements d'une gaieté commune et d'une affection réciproque passant pour être aux yeux des kamis un spectacle plus agréable que tous les sacrifices; des festins, des jeux conçus dans une pensée de sociabilité, exécutés dans la chaude atmosphère des sentiments, sont le complément indispensable de ces fêtes.

Les festins se donnent dans des salles destinées spécialement à cet usage, et ces salles ne sont pas la pièce la moins importante des maisons japonaises. Elles sont, chez les puissants et les riches, de la plus grande magnificence, boisées et lambrissées de cèdre. Les panneaux sont couverts de bas-reliefs de même matière, représentant quelque divinité avec ses attributs ou les actions de sa vie. Des entrecolonnements d'or et de vernis, sculptés de feuillages et de fleurs, divisent les sujets; on y voit aussi des portraits de famille ou des peintures à la mode chinoise, représentant ces grotesques dont les modèles nous viennent en si grand nombre de ces pays, des oiseaux habilement coloriés, des arbres et des paysages. Les familles plus humbles se bornent à faire graver sur les murs vernissés des sentences de quelque philosophe ou des vers d'un poëte fameux. Dans le pourtour sont des armoires où le riche japonais renferme sa vaisselle et ses porcelaines dont il est si fier. Ordinairement tous ces objets sont conservés dans des enveloppes de soie et dans des étuis précieux; mais les jours de gala, on fait leur toilette; on les prodigue au service, et le surplus est rangé avec soin sur les étagères des armoires, dont on ouvre les portes. On peut être assuré que l'amphitryon jouit plus d'étaler tous ces objets sous les yeux de ses hôtes, que ceux-ci de savourer son repas.

Les convives, du reste, rendent attention pour attention; ils admirent avec complaisance et s'informent avec un certain empressement des différents prix de toutes ces fastueuses raretés. Le maître, reconnaissant, met le même empressement à ne laisser aucune de ces questions sans réponse. Cette chaudière de fer, dira-t-il si on l'interroge sur la chaudière qui bout ordinairement sur un trépied, dans un coin de la salle; cette chaudière, je l'ai eue pour rien; six cents écus d'or seulement. Et comme les hôtes admirent de confiance et paraissent fixer plus particulièrement le trépied sur lequel elle repose, il reprend avec satisfaction : Vous remarquez mon trépied! il est bien vieux; à force d'avoir servi, il a été tant raccommodé, qu'il ne paraît composé que de morceaux. Cependant il ne m'a guère coûté moins de mille écus d'or, et je ne le donnerais pas pour beaucoup plus; mais aussi il est d'un travail admirable, et n'a pas son pareil dans tout le Japon.

Quand le repas commence, l'amphitryon ordonne à ses domestiques, avec une fatuité admirable, de leur servir tout ce que produit le pays; néanmoins, encore ici, il a plus cherché à caresser son coup d'œil que l'appétit de ses convives; et si les plats sont ornés de rubans, si le bec et les pattes des oiseaux sont enveloppés de dorures, les mets ne sont jamais en excès. Le convive en reçoit sa part dans un bol qu'il tient devant lui; un autre bol contient le riz, qui lui sert de pain. Tout autour du cercle que forment les convives assis sur des nattes, les domestiques, hommes et femmes, font circuler les plats, les sauces, les soya et les autres assaisonnements, tels que le gingembre. Ce qui rend ces repas plus que légers, c'est que les grosses viandes ne sont pas d'usage, à cause des préjugés superstitieux qui défendent de tuer certains animaux. Les végétaux de toute espèce y sont servis en entrées avec de la venaison, du poisson et des volailles. Le Japonais aime fort le poisson; il en met partout; le poisson, c'est le mets traditionnel, la nourriture du pauvre comme celle du riche. Les repas se composent d'un grand nombre de services; les petits bols se remplissent plusieurs fois, et le Japonais les vide à l'aide de baguettes de bois vernissé, longues et minces, dont il se sert avec autant d'agilité que nous de nos fourchettes. De temps à autre le maître se lève, fait le tour des convives, et boit avec chacun d'eux un coup de *sake*. A la fin du repas, on apporte le thé, suivant la coutume, et l'amphitryon se complaît aux sages lenteurs de cette préparation, qui permettent d'étaler aux yeux dûment émerveillés des hôtes les ustensiles employés à le confectionner. Sa figure triomphera surtout s'il possède, pour conserver son thé impérial, quelqu'un de ces vases de porcelaine, très-anciens et très-rares, qu'on appelle *maatsubos*. Il insistera à plaisir sur l'excellente qualité de ces vases pour augmenter la vertu du thé; il racontera comment on n'en fabrique plus, depuis que l'île de Mauri, voisine de Formose, qui fournissait la terre propre à cette porcelaine, s'est abîmée sous les eaux, en punition des crimes de ses habitants, et comment ceux qu'il possède sont venus dans ses mains, soit qu'il les tienne de ses ancêtres, soit qu'il les ait achetés d'un habile plongeur, qui les aurait retirés de la mer, dans le voisinage de l'île submergée. Il dira enfin le nombre des vases de cette espèce qui se trouvent au Japon, et citera les personnes de la ville qui en possèdent. Les tasses, les théières, les serviettes de soie, se règlent sur ces vases pour le nombre et la richesse; un service de thé est extrêmement coûteux au Japon. Pour préparer le thé, on moud des feuilles de différentes espèces, et on en verse la poudre dans une tasse remplie d'eau ; on fouette ensuite ce mélange avec une baguette, à peu près comme on brasse le chocolat, et on le présente ainsi. C'est ce qu'on appelle le thé épais ; il a la consistance de la bouillie claire : on prétend qu'ainsi préparé il est d'un goût très-agréable. Rien ne semble plus simple que cette préparation; mais les habiles tiennent l'art de bien faire le thé pour très-difficile, et il ne manque pas de maîtres pour l'enseigner. On apporte dans la fabrication de l'appareil destiné à cet usage le même soin qu'on apporte chez nous à des instruments de précision.

Les Japonais ont cinq grandes fêtes annuelles qu'ils célèbrent avec un grand éclat. Le premier jour de l'an, fête à la fois sociale et religieuse, est employé, comme partout, à se complimenter, à se faire des présents, à s'entredonner du *awabi*, espèce de coquillage, qui fut, prétend-on, la première nourriture des anciens habitants du Japon. Au printemps, la fête de cette saison est une image de la renaissance de la nature ; mais c'est surtout la fête des jeunes filles. Les familles s'empressent avec joie de leur donner des festins auxquels elles invitent leurs jeunes camarades et leurs proches. Un appartement particulier est préparé pour la fête, et l'on y range en grande toilette des poupées et des statuettes, qui représentent la cour du daïri. Le plaisir des jeunes filles est moins d'être servies que de faire elles-mêmes les honneurs de la table et de s'essayer à la destination de leurs mères. Elles placent des mets devant les poupées et vont ensuite en offrir aux convives; elles font circuler en même temps autour d'eux le *sake*, liqueur fermentée faite de riz : cette boisson est toute particulière au Japon, et l'art de la faire se perd dans les ténèbres de sa mythologie.

Les jeunes garçons ont aussi leur fête. Autant la première est paisible et empreinte des douces habitudes de la vie de famille et d'intérieur, autant l'autre est bruyante et animée; elle se compose de tours de force et d'adresse, et de joutes sur l'eau. Dans la chaleur de la lutte, dans les cris que poussent le vainqueur qui est près de toucher le terme, le vaincu qui espère encore, on entend souvent celui de *Peïrun*. Peïrun, le patron de la fête, fut le roi d'une petite île voisine de Formose, de cette même île qui produisait la terre propre à fabriquer la porcelaine des vases à thé. Le commerce qu'en faisaient les habitants les avait tellement enrichis et corrompus, qu'ils s'abandonnèrent aux plus grands vices : ce qui détermina les dieux à les submerger avec leur île. Mais le souverain, qui avait en vain essayé plusieurs fois de ramener son peuple au respect des mœurs, mérita de trouver grâce devant les dieux, et ceux-ci, voulant le sauver, l'avertirent en songe de la submersion prochaine de ses états, lui disant que lorsqu'il verrait une rougeur se manifester sur la face de deux idoles, ce serait alors l'instant de s'embarquer avec sa famille et de fuir. Peïrun rappela une dernière fois à ses sujets leurs débordements, et les menaça de la colère des dieux. Mais ce fut en vain ; et un de ces sceptiques débauchés, pour montrer au roi que les dieux étaient sourds à ses plaintes, alla barbouiller de rouge le visage des idoles. Ce fut le signal même du départ du roi. Il prit sur ses vaisseaux sa famille et tous ceux qui voulurent le suivre, et à peine mettait-il à la voile, qu'il vit l'île s'ensevelir sous les eaux avec ses incorrigibles habitants. Le roi Peïrun ayant abordé sur les côtes méridionales de la Chine, établit annuellement des exercices sur l'eau, en mémoire de sa délivrance ; et l'usage passa de la Chine au Japon, où il est devenu pour ainsi dire national. C'est à Nangasaki que la fête des eaux se célèbre avec le plus de pompe. Les Japonais ont encore deux grandes fêtes annuelles.

Quant aux cérémonies qui tiennent de plus près au culte, et qui se font dans les temples, elles respirent le même air de gaieté vive et naturelle. Ces temples d'abord sont bâtis, comme nous l'avons dit, sur des éminences où l'air est pur, la perspective brillante, au milieu de frais bocages dont l'épaisse verdure des arbres et le murmure des nombreux ruisseaux qui les sillonent ouvrent les sens à des impressions délicieuses. Aussi ne s'étonnera-t-on pas peut-être d'apprendre qu'on fête ici le dieu qui était jadis en si grand crédit dans l'antique Cythère, l'amour, non pas à l'état de mythe ou d'idole, mais sous la forme de piquantes religieuses de Vénus qui, s'égarant à dessein dans les détours des bois, se font un pieux devoir de s'abandonner aux sollicitations des dévots qui les poursuivent. Si c'est une vertu sous la zone tempérée d'étouffer les desirs qui germent dans le sein des deux sexes et qui les portent l'un vers l'autre, c'est un acte religieux, sous le climat brûlant du Japon, de céder à ces penchants.

Les religieuses de Vénus forment un ordre de mendiantes généralement très-belles, car la beauté est le brevet d'aptitude le plus nécessaire pour y entrer. La plupart sont poussées à entrer dans cet ordre par la volonté de leurs parents, qui, se voyant plusieurs filles à nourrir, tâchent d'obtenir pour celles que la nature a favorisées du côté de la figure, le privilége de demander la charité sous l'habit de religieuse. Les jammabos, ordre de moines de la religion du sinto, ne font pas difficulté de choisir leurs femmes dans la communauté de ces mendiantes, et d'y faire recevoir leurs propres filles. Nous ne savons si encore après le mariage les jammabos portent le dévouement jusqu'à permettre à ces prêtresses du plaisir d'accorder aux dévots leur facile ministère. Jeunes et vieilles courent le pays sans aucun scrupule, et vont attendre les passants sur les grands chemins. Dès qu'elles aperçoivent une personne de condition, elles la circonviennent en chantant, se découvrent avec affectation le sein, et par leurs gestes et leurs paroles tâchent d'attendrir les voyageurs. Leur règle leur ordonne d'avoir la tête rasée, et c'est là tout ce qu'elles ont de religieux; mais elles ont soin de dissimuler cet inconvénient au moyen d'une coiffe noire qui relève les agréments de leur visage.

Pour ajouter un dernier trait à l'idée qu'on peut se faire

déjà du naturel voluptueux des Japonais, nous ajouterons que la dernière de leurs cinq fêtes annuelles, établie de temps immémorial, est une espèce de bacchanale qui dépasse en excès toutes les orgies que ce nom rappelle chez les Grecs. Les transports d'une joie déréglée se produisent dans ces jours avec toute la fougue d'un peuple primitif. Non-seulement le *sake* et le thé se boivent partout à pleines coupes; non-seulement table est ouverte en tous lieux aux passants amis ou étrangers, mais la débauche, compagne ordinaire des grands festins, s'étale en plein air et sans honte.

Si les sintoïstes sont très-larges à l'endroit de ce que nous appelons la pureté morale, ils sont d'un rigorisme extrême pour tout ce qui concerne la propreté extérieure du corps : le contact d'un homme avec un corps mort, homme ou bête; une seule tâche de sang de quelque part qu'elle vienne, innocente ou coupable, l'oblige à ne pas se montrer dans les lieux saints. La superstition sur ce point ne se contente pas des ablutions, dont on fait du reste ici un grand usage; une goutte de sang, répandue par mégarde, cause une impureté de sept jours. Les femmes doivent s'abstenir de paraître aux temples pendant tout le temps de leurs ordinaires et quelques jours encore à la suite. La plus grande impureté résulte de la perte de son père ou de son supérieur. Manger de la chair des animaux à quatre pieds, celle des bêtes fauves exceptée, souille pendant trente jours; la chair du volatile pendant une heure. Le faisan, la grue et les oiseaux aquatiques peuvent se manger en tout temps sans faire encourir d'impureté. Lorsqu'on bâtit un temple, si un ouvrier se blesse et que le sang sorte de sa blessure, il devient incapable de travailler à aucun édifice sacré, et si cela arrivait lorsqu'on répare quelqu'un des temples de *Ten-siô-daï-sin*, ou qu'on en construit un nouveau en son honneur, il faudrait le démolir et recommencer sur nouveaux frais.

Il est à présumer que, pour beaucoup de sintoïstes amoureux de leurs caprices et de leurs plaisirs, ces prescriptions sont inutiles ou sans puissance ; mais les dévots, dont on trouve ici comme partout une espèce particulière dans les ambitieux qui visent à la canonisation, portent jusqu'à la folie le souci de leur propreté, ils redoutent l'impureté au point d'éviter que celle d'autrui ne pénètre en eux par les yeux, la bouche et les oreilles. Regarder des gens impurs ou en être regardé, leur parler ou les entendre, constituent à leurs yeux autant de souillures, qu'ils évitent avec une crainte superstitieuse. Kæmpfer, le savant Hollandais à qui nous devons presque tous les détails intéressants que nous possédons sur le Japon, nous fait connaître les étranges scrupules d'un dévot qui vivait de son temps à Nangasaki : lorsqu'il avait reçu la visite d'une personne qu'il soupçonnait d'être impure, il faisait laver toute la maison avec de l'eau et du sel. Kæmpfer ajoute que cet homme avait la réputation, auprès de beaucoup de gens, d'être un grand hypocrite.

La fausse idée des Japonais relativement aux causes d'impureté a été importée dans la vie civile et a formé une caste de parias et d'impurs, de tous ceux qui donnent leurs soins aux morts et travaillent les matières provenant de la dépouille des animaux. Cette caste est entièrement en dehors des huit classes de la population japonaise. Elle comprend les tanneurs, les corroyeurs, ceux qui font le commerce des cuirs et des fourrures. A tous ces gens-là il est défendu d'habiter les villes et les villages occupés par un autre genre de population que la leur ; ils sont relégués, comme nos juifs du moyen âge, dans des quartiers ou dans des hameaux isolés. C'est de là qu'on les fait venir pour exercer le métier de bourreaux, quand le gouvernement veut faire tomber la tête de quelque coupable ; les geôliers se recrutent aussi dans leur corps. Ces parias n'entrent en relation avec le reste du peuple que par l'intermédiaire des teneurs de maisons de thé. Les hôtelleries ne s'ouvrent qu'avec peine pour leur livrer des rafraîchissements quand ils sont en voyage.

Encore les sert-on dehors, et comme l'aubergiste n'aurait garde de reprendre le verre dans lequel un individu de cette espèce aurait bu, ils sont obligés de payer vase et liqueur. L'argent seul est ce qu'on ose recevoir de leurs mains souillées. L'argent a toujours bonne odeur, comme disait Vespasien à Titus, qui lui reprochait de lever un impôt sur les latrines de Rome.

Après les fêtes, ce que les sintoïstes japonais aiment le plus, ce sont les pèlerinages; ces pèlerinages sont encore des fêtes vives et bruyantes, et répondent, par l'affranchissement des convenances et les aventures inséparables du voyage, à l'esprit de sociabilité des Japonais. Les femmes surtout, enchaînées toute l'année par les devoirs rigoureux du ménage et la jalousie dominatrice de leurs maris, sont fort empressées de prendre, au moyen de ce prétexte, l'air de l'émancipation. Les causes d'impureté sembleraient devoir leur faire une loi de s'abstenir de ces voyages, qui durent souvent plus d'un mois; mais les femmes ont habilement établi l'opinion que leurs incommodités ne les prennent pas dans le pèlerinage d'Isie, et elles ont soin de faire honneur de cette singulière suspension des lois de la nature à la protection du dieu qu'elles vont visiter. Les maris veulent bien croire à cette explication.

Au moment d'entreprendre le pèlerinage d'Isie, le dévot attache à la porte de sa maison une corde entortillée d'un morceau de papier bleu, qui sert à en éloigner ceux qui sont dans l'*ima*, ou en état d'impureté, car s'il arrivait à quelqu'un de ces hommes d'y entrer, le pèlerin se verrait exposé à de fâcheux accidents, tels que des songes terribles qui le livreraient à une anxiété dévorante. De petits livres de légendes qu'on vend sur la route, aux environs d'Isie, mentionnent une foule d'accidents de ce genre, et contiennent en outre le récit des dangers encourus pour avoir approché d'une femme pendant ce voyage, même de la sienne. La religion semble vouloir ici, par ces épouvantails, mettre un frein aux débauches ordinaires dont les pèlerinages sont l'occasion. Le pèlerin a soin encore d'écrire son nom et sa demeure sur son chapeau, afin qu'en cas de mort on sache qui il est. Cela fait, quand il est pauvre, il pend une écuelle de bois à sa ceinture, charge son lit, ordinairement une natte, sur ses épaules, prend son bâton, et part.

La fête d'Isie se célèbre le sixième jour de la neuvième lune. Aux approches de ce jour, toutes les routes qui y mènent, tous les sentiers qui communiquent avec ces routes sont couverts de gens de toute condition, de tout costume et de toute vie. A côté de quelques pèlerins de bonne foi et qui trouveraient mieux chez eux le pardon qu'ils vont chercher si loin, on voit des enfants débauchés et rebelles à leurs parents, qui se soustraient à l'autorité paternelle pour aller chercher des indulgences assurées et faciles dans ces courses lointaines et pleines de séductions; des femmes que la curiosité pousse hors de leur demeure et qui prouvent par leur conduite, sinon l'utilité de l'esclavage conjugal, du moins leur peu d'habitude d'user de leur liberté; des mendiants enfin, plus nombreux que les sauterelles dans les plaines d'Égypte, et tout aussi pernicieux pour le repos des pèlerins. Les bouffons et les jongleurs de profession ne négligent pas non plus cette occasion de faire assaut entre eux de souplesse et de force, et ils cherchent à parer aux dépenses du voyage par la représentation de quelque mystère du sintoïsme.

Réunis à dessein ou au hasard, ces derniers, habillés de blanc, se divisent par bandes de quatre ou cinq personnes. Deux membres de chaque groupe marchent d'un pas grave et lent, puis s'arrêtent tout court; ils portent ordinairement une grande civière, garnie de branches de sapin et de papiers blancs découpés; sur cette civière sont placés une fort grande cloche d'une matière légère, une chaudière et quelque objet qui fait allusion aux vieux récits de la mythologie japonaise, dont ils imitent les scènes par leur pantomime et leurs discours. Un troisième, tenant un bâton de commandement orné d'une touffe de papier blanc, danse devant la civière, comme David devant l'arche, et chante d'une voix traînante et monotone quelque cantilène prise dans le rituel d'Isie. Pendant que se joue cette scène mythologique, le quatrième personnage du groupe demande aux spectateurs attroupés le prix du divertissement. Ces pèlerins font aussi de petites pointes dans les villages voisins de la route, pour donner de ces représentations dans des granges ou d'autres lieux couverts, et arrivent enfin à Isie après une foule de détours.

Quant aux autres accidents du voyage, ils sont les mêmes, pour la masse des dévots, que ceux qu'on rencontre dans tous les pèlerinages de cette sorte : beaucoup de désordres, quelques malheurs, peu de dévotion réelle, de la joie et des plaisirs. Les hôtelleries n'ont pas de frais à faire pour attirer les pèlerins; ils affluent toujours en telle abondance, qu'on a beau les entasser sur des lits, sur des nattes, dans des chambres, dans tous les réduits, ils regorgent toujours, et souvent ceux qui sont obligés de coucher dehors, exposés à l'air, à la fraîcheur des nuits et de la pluie, meurent sur les chemins de lassitude et de froid.

Une fois arrivés à Isie, le danger n'est plus à craindre; il y a là, près du temple, le bourg de Ten-sio-daï-sin, dont tous les habitants vivent, à proprement parler, du temple. Ce sont des hôteliers, des imprimeurs de prières, des faiseurs de papiers sacrés et de boîtes propres à mettre des reliques et des amulettes, des relieurs, des artisans de toute espèce, commerçant des objets qui servent dans cette occasion. Ceux qui n'ont pas les moyens de s'installer dans une hôtellerie vont se loger chez les canusis d'Isie, qui sont obligés de les héberger par le devoir de leur ministère. Mais mieux cent fois eût valu au pauvre de n'avoir point recours à cette hospitalité gratuite. Ces bons pères ont le talent tout magique de trouver de l'or là où il n'y en aurait pour personne autre. Le pèlerin qui avait en chemin récolté quelques fruits, soit de ses représentations, soit de sa mendicité, les voit disparaître peu à peu dans les cérémonies ruineuses dont son hôte lui vante à chaque instant la salutaire influence.

Tout entier sous la direction des canusis, pendant le temps de son séjour, le pèlerin est promené de pagode en pagode, de chapelle en chapelle; on lui nomme tous les lieux illustrés par des miracles; on lui indique les prières à faire devant les diverses divinités. Chaque prière doit toujours se terminer par une offrande de quelque pièce de monnaie aux prêtres du lieu. On visite surtout la fameuse caverne où se retira la déesse de la lumière, dans cette nuit où, irritée des iniquités de son frère, elle voila au monde sa face rayonnante. On appelle cette caverne la *région des dieux*.

Lorsque le pèlerin est sur le point de retourner dans son pays, il reçoit du prêtre qu'il avait chargé de sa direction l'acte authentique de son absolution renfermé dans un *ofarai* ou petite boîte remplie de bûchettes et de papiers découpés. L'acte authentique est signé du nom du canusis, qui y prend le nom de *taiji*, ou messager des dieux. Le pèlerin attache son ofarai sur le devant de son chapeau, de sorte qu'il tombe sur le front; sur l'autre pointe du chapeau, qui est fait en façon de barque, il met, pour faire contrepoids, une boîte ou un tampon de paille. Comme la fête du soleil est annuelle, la vertu de l'ofarai ne s'étend pas au delà d'un an ; et cette nécessité du renouvellement constitue un impôt des plus réguliers pour les prêtres d'Isie.

Du reste, le voyage d'Isie n'est pas indispensable pour se procurer ces salutaires amulettes. Il s'en fait un commerce très-actif dans tout l'empire. Tous ceux que leurs affaires, la faiblesse de leur santé ou la vieillesse empêchent d'entreprendre ce pèlerinage, ne manquent jamais, pour y suppléer, de faire venir des ofarais d'Isie ; car on attache à ces ofarais, indépendamment même du pèlerinage, de grandes indulgences : l'absolution complète de tous les crimes, des garanties de fortune, de santé, de dignités, l'espoir d'une postérité nombreuse. Les grands et les princes font ce voyage par procureurs. Le koubo-sama envoie tous les ans une ambassade à Isie, en même temps qu'il en envoie une au daïri.

Il serait trop long et trop fastidieux d'énumérer tous les dieux que reconnaît le Japon et qu'il honore d'un culte national. Nous ne mentionnerons que ceux qui ont leurs analogues dans les autres religions et répondent à certains besoins généraux du sentiment religieux. Jebisu est le Neptune du Japon. La tradition rapporte qu'ayant été disgracié par la déesse du soleil, il fut relégué par elle dans une île. Les pêcheurs et les négociants s'adressent à ce dieu, et le représentent assis sur un rocher de la mer, une ligne dans une main, un poisson dans l'autre. Daikobu est le dispensateur de la richesse. Assis à la japonaise sur une balle de riz, il frappe indifféremment de son marteau sur tous les objets, et sous ses coups naît l'abondance. Tossitoku est un autre dieu qui préside au bonheur des hommes; dans les temples il est représenté debout sur un roc : sa taille est bizarre et irrégulière; il tient un éventail à la main, et porte une robe large dont les manches sont proportionnellement plus longues et plus larges que tout le reste de la robe. Sa barbe est longue et mal peignée, ses oreilles extrêmement évasées, toute sa surface hideuse et difforme.

Fatsman est le Mars du Japon. On le regarde comme un frère de Tensio-daï-sin, quoiqu'il soit placé à une grande distance d'elle. Son temple se trouve dans la province d'Isie, près de Ousa, circonstance qui lui a fait donner le nom de Ousa-Fatsman; Klaproth fait remonter la construction de ce temple à l'an 570 avant Jésus-Christ.

Les attributions du dieu Dabis sont moins bien définies dans la mythologie japonaise; on sait seulement qu'il exige tous les mois, par la voix de ses prêtres, l'offrande d'une vierge. On a soin d'abord d'avertir la victime de ce nouveau minotaure, qu'elle doit se soumettre à toutes ses prescriptions. On l'amène ensuite devant l'idole, qui cache dans sa cavexité un prêtre, organe du dieu. L'entretien entre la jeune fille et le dieu se termine toujours, de la part de celui-ci, par la demande des prémices de la virginité, et la vierge, croyant à l'apparition du dieu sous la forme humaine, se laisse imprimer la qualité de femme. Mentionnons enfin le dieu Suwa, patron des chasseurs ; il est particulièrement adoré à Nangasaki.

Bien que ces dieux soient tous d'origine sintoïste, leurs attributions sont tellement nationales et répondent si bien aux classifications de la population japonaise, que leurs fêtes sont regardées comme fêtes de l'état et que toutes les sectes diverses y prennent part. La plus brillante est nommée Matsuri ; elle consiste, comme les milésiaques décrites par Apulée, en processions dans lesquelles on porte dans les rues les images des dieux à la lueur des lanternes, en représentations scéniques, en farces et en jongleries de toute espèce. Kæmpfer, qui assistait en 1692 à une de ces fêtes, célébrée à Nangasaki en l'honneur de Suwa, nous en a laissé la description.

La procession s'ouvrait par deux chevaux de main, aussi maigres et aussi décharnés que celui que monte le patriarche de Moscow, le jour de Pâques fleuries. Derrière eux paraissaient des bannières et des enseignes, symboles de la simplicité primitive ; c'étaient une lance dorée courte et large, une paire de souliers fort grands et d'un travail grossier, des panaches flottants de papier blanc attachés au bout d'une courte hampe. Ce bâton et ces papiers sont la marque de la juridiction spirituelle. Puis venaient des hommes avec des tablettes destinées à transporter les mikosis, ou niches octogones où sont renfermées les images des dieux ; à côté était un vaste tronc porté par deux crocheteurs et présentant sa bouche béante à la main charitable des dévots. Les mikosis venaient après, vernissées avec art et ornées de corniches dorées, de miroirs de métal poli surmontés d'une figure de grue. Les norimons ou palanquins des deux supérieurs de la pagode de Suwa suivaient les mikosis; ces norimons, d'après la mode du pays, avaient la forme d'un carré long et étaient assez spacieux pour qu'on pût s'y coucher; ils présentaient sur les côtés deux fenêtres. Les porteurs, couverts de la livrée des supérieurs, marchaient en cérémonie et à pas comptés, fiers des bâtons dorés sur lesquels posaient les norimons et qui brillaient sur leurs épaules. Deux chevaux de main et un troupeau de haridelles assez mal enharnachés marchaient derrière; ensuite se déroulait le clergé à pied et en bon ordre. Les habitants de Nangasaki et la foule des étrangers venus exprès pour la fête fermaient le cortége. La procession, après avoir parcouru les principales rues de la ville, rentra dans la cour du temple de Suwa. A peine la foule fut-elle rangée et les canusis et leurs supérieurs eurent-ils pris place sur leurs siéges, que les lieutenants des gouverneurs de Nangasaki se montrèrent avec leur suite. Eu égard à la solennité, ils étaient précédés de vingt longues piques, dont la pointe, suivant l'usage japonais, était ornée de frisures de menu bois vernis. Quatre de ces lieutenants s'étant lavé les mains dans un bassin creusé dans le milieu de la cour, pénétrèrent dans le temple, s'avancèrent vers les deux supérieurs, et tant en leur nom qu'en celui du gouverneur de la ville, leur adressèrent les compliments d'usage. Ceux-ci répondirent au compliment par l'offre d'une coupe d'*amasake*, liqueur faite, comme nous l'avons dit, de riz fermenté, et qui a pour but de rappeler la simplicité des anciens Japonais donnant la coupe de l'hospitalité à des étrangers aussi simples qu'eux-mêmes.

Ces cérémonies accomplies, la procession sortit de nouveau du temple, dans le même ordre de marche, et se dirigea vers une grande place où on avait élevé un temple de bambou avec des pavillons de côté. Ce bâtiment, entièrement couvert de paille et de branches d'arbres, ressemblait à une grange, toujours pour remettre devant les yeux des Japonais la simplicité de leurs ancêtres. Toute la population de la ville prit place sur les siéges élevés dans les ailes du temple.

Bientôt les spectacles commencèrent : c'étaient des représentations théâtrales retraçant, comme celles des Grecs, des sujets nationaux et mythologiques, les guerres des dieux et des héros, leurs aventures, leurs prodiges, leurs amours. Ces pièces, composées ordinairement en vers, étaient accompagnées, par les acteurs, de chants et de danses. Les intermèdes étaient remplis par des scènes muettes, où des paillasses et des bouffons égayaient le public par leur mimique grotesque, leurs tours de passe-passe et leurs sauts. C'était un véritable théâtre de foire. Après les représentations scéniques vinrent des représentations de la nature ; d'habiles machinistes firent passer sous les yeux des spectateurs un panorama varié, où l'on vit des fontaines, des ports, des maisons, des jardins, des arbres, des montagnes, des animaux, et le changement des décorations à vue se faisait avec beaucoup de promptitude. Kæmpfer est en général plein d'éloges pour tous ces jeux du Japon ; et, s'il fallait l'en croire, nos Taglioni et nos Elssler auraient bien de la peine à rivaliser avec les danseuses qu'il vit à Nangasaki. Ces danseuses sont de belles filles de joie qu'on va chercher, pour la circonstance, dans les plus élégantes maisons de débauche, et qu'on habille avec une richesse et une coquetterie capables de faire ressortir leurs grâces. Les pièces de théâtre changent tous les ans ; les quartiers de la ville entretiennent chacun leur collége d'acteurs, qu'ils produisent, à tour de rôle, dans les diverses fêtes de l'année.

Nous terminerons le tableau du sintoïsme par quelques détails sur un ordre de religieux célèbres au Japon, qui, tout en restant dans la vieille religion nationale, ont emprunté au bouddhisme quelques-unes de ses idées, surtout un ascétisme enthousiaste peu en harmonie avec les principes commodes de la religion des kamis ; ce sont les Symmaques de cette vieille idolâtrie. Partisans scrupuleux de toutes les pratiques anciennes, leur dévotion envers les kamis est plus encore peut-être un effet de leur érudition que de leur sentiment. L'ordre des jammabos, c'est le nom de ces religieux, est une espèce de congrégation semi-laïque, semi-militaire. Leur nom signifie proprement soldat des montagnes. L'influence des préceptes de Bouddha est chez eux flagrante, en dépit de leur culte du passé : elle se trahit même extérieurement dans ces espèces de grands chapelets qu'ils portent à leur ceinture et dont ils se servent pour prier. Ils se baignent de préférence, en hiver, dans l'eau glacée des fleuves, gravissent les montagnes et les vallées dans des courses incessantes, vont nu-pieds et couchent sur la dure.

Les jammabos se partagent en deux ordres, ayant chacun leur fondateur différent. Les deux fondateurs, dans les règles qu'ils ont données à leurs religieux, ont cherché avant tout à renchérir l'un sur l'autre, par des préceptes d'un ascétisme rigoureux ; ce qui les divise encore, c'est le lieu du pèlerinage qu'ils se sont imposé, en outre de celui d'Isie. Chacun a mis son honneur à choisir pour théâtre de ce pèlerinage la montagne la plus haute, la plus escarpée, la plus environnée de précipices.

On se figure aisément l'importance que doit donner à ces religieux leur vie d'ascétisme et de périls, parmi ces voluptueux sintoïstes qui ne semblent avoir divinisé dans leur religion que les penchants faciles. Les jammabos sont honorés comme des dieux, et ils exploitent avec art la bonne réputation dont jouit leur ordre. Ces ascensions périlleuses sur les hautes montagnes, qui sont habitées, croit-on, par les génies supérieurs, leur permet d'abuser de leur prétendue science des choses surnaturelles. Le peuple ne doute point qu'ils ne puissent conjurer les malins esprits, pénétrer dans tous les secrets, retrouver les trésors perdus, déceler les voleurs, prédire l'avenir, expliquer les songes, guérir les maladies; en un mot, qu'ils n'aient la haute main dans l'art de la magie. La justice publique du Japon les emploie pour arracher aux coupables l'aveu de leurs crimes.

Dans ce dernier cas, les jammabos font venir l'accusé dans la maison où le crime a été commis, en présence de tous les habitants assemblés. Ils ont eu soin préalablement d'y apporter une idole nommée Judo, qui est représentée au milieu des feux et des flammes. Quand ils ont placé l'accusé devant cette idole, ils ont recours à des conjurations et à des paroles cabalistiques, afin de provoquer chez lui un aveu spontané. Mais si ce moyen ne suffit pas, on en emploie d'autres moins métaphysiques : on fait passer trois fois l'accusé sur un feu de charbon, et toute brûlure implique sa culpabilité. Un moyen plus infaillible encore consiste à faire avaler à l'accusé un papier rempli de caractères et de représentations d'oiseaux noirs marqués du sceau des jammabos; l'innocent, pour être reconnu tel, ne doit éprouver aucune souffrance. Ces papiers s'appellent *goos*, et comme les plus fameux viennent de *Khumano*, la contrefaçon, très-active ici pour les articles de religion, donne à tous ces papiers le nom de *goos-khumano*.

Ce sont là pour ainsi dire les exercices publics des jammabos. Mais leurs attributions ne se bornent pas à cela ; elles s'étendent au contraire à tout. Leur manière de médicamenter les malades ressemble assez à celle de nos magnétiseurs. Ils s'enquièrent attentivement d'abord des symptômes du mal, de la constitution du sujet, de son tempérament, et puis ils tracent sur un morceau de papier des caractères qui ont un rapport particulier avec les signalements qu'ils viennent de prendre. Cela fait, ils posent le papier sur un autel, devant des idoles, par la puissance desquelles ils font profession d'agir, disent quelques mots de grimoire, font quelques passes pour appeler sur le papier une vertu curative, et en forment ensuite des pilules qu'ils remettent au malade.

Celui-ci doit en avaler tous les matins quelques-unes dans un grand verre d'eau d'une rivière ou d'une fontaine que les jammabos lui nomment, et en se tournant vers un des coins du monde scrupuleusement indiqué.

Malgré les pratiques d'ascétisme des jammabos, la notion de chasteté paraît leur être aussi étrangère qu'aux autres Japonais. Les jammabos, nous l'avons dit, ont sous leur vasselage les prêtresses du plaisir, et leurs femmes et leurs filles sont les membres les plus ordinaires de cette singulière confrérie.

Le sintoïsme a deux autres sociétés moitié religieuses, moitié littéraires, qui arrêtent, par leur culte pour les traditions de l'antiquité, la religion nationale sur la pente du bouddhisme. Ce sont deux sociétés d'aveugles ; l'origine de l'une rappelle un souvenir plus tendre ; celle de l'autre, un souvenir plus noble. Le fondateur des premiers, appelés bussets, ne fut rien moins que le fils d'un daïri. Senninar, épris d'une vive passion pour une princesse du sang impérial, l'avait vue mourir dans ses bras après quelques jours de bonheur. Sa douleur fut si violente, que ses yeux se changèrent en deux fontaines de larmes, et que les larmes lui enlevèrent la vue. Dévoué, par ce second malheur, au culte de ses souvenirs amoureux, il voulut les perpétuer par un monument. Il se retira avec quelques amis dans une maison fermée à tous autres, et y institua une confrérie où nul ne put désormais entrer s'il n'était aveugle. Cette société fut très-florissante pendant plusieurs siècles ; mais son éclat s'est obscurci avec le temps.

La fondation de l'autre société se rattache à un grand événement de l'histoire japonaise, à l'établissement même du koubo-sama. Depuis le neuvième siècle, l'empire était fréquemment troublé par les querelles de deux puissantes familles, dont l'une portait le nom de *Taira* ou *Fei-ke*, nom honorifique obtenu, en 825, par un prince parent des daïris ;

l'autre était la famille de *Mina-moto* ou *Ghen-si*, de sang également impérial. A chaque renouvellement de règne, les divisions entre ces deux familles ne manquaient presque jamais d'éclater. A travers des vissicitudes de revers et de succès, toutes les deux s'étaient maintenues puissantes jusqu'au douzième siècle. A cette époque, la guerre civile ayant éclaté plus violente que jamais, les chefs de la famille de Ghen-si, exilés depuis quelque temps de la cour, reprirent les armes. Le célèbre Yoritomo, le chef des Ghen-si, triompha, et presque toute la famille des Fei-ke périt dans une dernière lutte civile, qui fut une des plus sanglantes batailles du Japon. Un des Fei-ke, après avoir fait des prodiges de valeur, fut retenu captif et amené au vainqueur.

Yoritomo, touché d'un si grand courage, voulut s'attacher le héros par des offres brillantes; mais, loin de s'y laisser prendre, celui-ci, non moins généreux que son vainqueur, lui dit : « Je vous dois la vie et je sais à quoi m'oblige la reconnaissance envers vous; mais vous êtes le meurtrier de ma famille, et je ne puis tourner les yeux vers vous sans que je ne me sente porté à venger son sang sur le vôtre; c'est pourquoi n'ayant plus rien à vous offrir que ces deux yeux qui excitent un si cruel combat dans mon cœur, je vous en fais le sacrifice. » En achevant ces mots, il s'arracha les yeux et les offrit à Yoritomo. Rendu à la liberté, le dernier des Fei-ke fonda une institution d'aveugles qui prit le nom de sa famille détruite. Cette institution s'est depuis lors fort étendue au détriment de la première; elle est devenue comme les invalides honorables de tous les savants, de tous les beaux esprits dont l'étude a ruiné la vue, de tous les riches aveugles, qui trouvent là pour leurs vieux jours société choisie et spirituelle.

L'étude est encore ici la principale occupation; on s'y applique à l'histoire, à la poésie, ces deux arts chéris des Homères japonais; et la mémoire de ces aimables savants est un monument plus sûr pour les annales de l'empire et les généalogies des familles, que les livres et les titres domestiques. Les fei-ke, comme les bussets, sont laïques et n'ont rien qui les distingue des autres Japonais, si ce n'est qu'ils portent la tête entièrement rasée.

Si les zélés sintoïstes avaient senti le besoin de se réunir en confréries pour mieux résister aux envahissements de la religion de Bouddha, et si, malgré leur haine contre elle, ils n'avaient réussi qu'à l'imiter, combien l'influence du bouddhisme ne dut-elle pas être grande sur la masse des Japonais livrés sans réserve au contact de la propagande des bonzes bouddhistes! Un mélange ne tarda pas à se faire entre les superstitions des deux cultes, et si le sintoïsme resta toujours religion officielle, il ne fut guère admis que dans les cérémonies et les fêtes publiques, où les mœurs sociales, les usages civils et nationaux étaient tellement mêlés aux devoirs rendus aux kamis, que la tradition seule faisait ici pour lui ce que n'avaient pas essayé de faire ses prêtres.

Le bouddhisme, ce grand prosélytisme de l'Orient, vint donc supplanter encore au Japon la religion nationale. Comme presque tous les arts et toutes les sciences, il pénétra dans ce pays par la Chine. La péninsule de la Corée, jetée à l'extrémité du continent asiatique, en fut l'intermédiaire. Les rois de Koraï et de Fiak-saï avaient été de bonne heure soumis par les insulaires japonais, qui en avaient formé le royaume de San-kan. Ce fut sur cette espèce de terrain neutre entre la Chine et le Japon que se fit l'échange des mœurs et des arts des deux pays, et c'est de là que les Japonais introduisirent peu à peu chez eux la civilisation de leurs voisins. Un jour on voit un homme arrivant de Fiak-saï avec un faucon, apprendre au daïri à chasser au moyen de cet oiseau, et ce dernier établir aussitôt dans son palais des fauconniers; un autre jour, ce sont les livres classiques de l'Empire du milieu qu'on importe de Corée; c'est Confucius leur auteur que le daïri met au nombre des kamis.

Bientôt on ne s'en tint plus aux importations de hasard. En 284, le daïri *O-zin-ten-o* envoie une ambassade spéciale dans le Fiak-saï, pour y chercher des hommes instruits et en état de répandre la civilisation et la littérature chinoises dans son empire. Le Fiak-saï était précisément alors le centre d'un grand mouvement littéraire et religieux. La famille impériale des *Han*, chassée du trône, s'y était retirée avec une foule de grands qui continuaient sur la terre d'exil les traditions de la cour chinoise. Les littérateurs et les missionnaires de la religion bouddhique y affluaient. *Wo-nin*, un des plus célèbres parmi les premiers, descendant en outre des Han, vivait dans le Fiak-saï, et les ambassadeurs japonais n'eurent pas de peine à l'amener avec eux. Arrivé au Japon, Wo-nin jouit d'honneurs extraordinaires. Son mérite le fit même passer pour une divinité aux yeux des ignorants insulaires; des temples lui furent élevés, et on en voit encore un dans la province d'*Idsoumi*, où il est adoré conjointement avec l'*empereur céleste à la tête de bœuf*. Cet empereur céleste est une divinité sintoïste, espèce d'Esculape qui préside à la guérison des maladies; ce culte cache sans doute le souvenir de quelque grand médecin venu aussi de la Corée à la même époque.

On s'accorde généralement à placer dans l'année 70 de Jésus-Christ l'introduction du bouddhisme au Japon; cependant la première mention authentique qu'on trouve de cette religion dans les annales japonaises ne se rapporte qu'à l'année 552. On y lit à cette date, que le roi de Fiak-saï envoya une ambassade au daïri, chargée de lui présenter une image du *Bouddha Shakya*, des pavillons, un parasol et les livres classiques de la religion bouddhique. « Ces présents, ajoute le livre déjà cité, furent très-agréables, et le ministre *Inamé*, secrètement gagné à la nouvelle croyance, entreprit de persuader au daïri d'adorer Bouddha; mais *Mono-nobe-no-Dgosi* l'en détourna en disant : « Notre royaume est d'origine divine, et le daïri a déjà beaucoup de dieux à adorer; si nous adorons ceux des pays étrangers, les nôtres en seront irrités. » Convaincu par ce discours, le daïri fit cadeau de l'image à Inamé, qui, transporté de joie, fit abattre sa maison et construisit sur son emplacement le temple de *Kou-ghen-si*. Il y plaça l'idole et lui rendit constamment son adoration. C'est de cette époque que date au Japon la construction des temples bouddhiques nommés *Ga-ran*.

Depuis ce moment tout favorisa la propagation du bouddhisme : malheurs publics, incendies, désastres, prospérités. Une peste s'étant déclarée vers le temps de la construction du premier temple, les conseillers du daïri accusèrent le nouveau dieu du fléau, et on en chercha la cessation dans la destruction du temple et de l'image. Mais le fléau continuant à sévir, ce fut le tour des bouddhistes de citer cette prolongation comme une punition de l'attentat commis envers Bouddha, et de conseiller des prières publiques en son honneur, comme le seul moyen de salut. Le daïri à la fin se rendit. En même temps le fléau, affaibli par ses excès mêmes, vint à cesser, et pour un temple détruit il s'en éleva vingt. Chaque jour aussi le nombre des bonzes venus du dehors s'augmentait. Comme ces prêtres cultivaient pour la plupart les arts et les sciences de la Chine, il y en avait toujours quelques-uns parmi les offrandes envoyées en tribut par les rois de Sankan, et leur caractère de savants était un passe-port pour pénétrer à la cour. Quelquefois, quand la propagande marchait trop fièrement le front levé, on donnait aux missionnaires une leçon de prudence en renversant les temples, en brûlant les images de Shakya, en renvoyant chez eux leurs trop impatients adorateurs. Mais les idoles, renversées dans un moment de colère, se relevaient dans un moment de longanimité. Quand la médecine avait dicté toutes ses prescriptions sur la maladie d'un daïri, la flatterie courtisanesque conseillait, comme dernier leurre, une invocation au nouveau dieu. Si la chance tournait mal, le peu de croyance qu'on accordait à l'efficacité de cette tardive cérémonie empêchait qu'on n'accusât Bouddha d'impuissance; si la guérison s'ensuivait, la reconnaissance paraissait légitime.

Le bouddhisme est une religion des plus compliquées. Ses prêtres, sans souci de connexion, continuaient à en introduire par fragments au Japon le culte et la doctrine. Aujourd'hui on bâtissait un temple aux quatre rois du ciel; une autre fois c'était aux trois *précieux*, qui sont, nous le savons, les trois termes de la triade samanéenne. Arrivant de l'Inde, un autre prêtre venait enseigner la doctrine des *trois véhicules*, doctrine dont on a pu voir la signification dans les chapitres qui précèdent.

Par tous ces moyens, les prêtres de Bouddha s'étaient multipliés à titre de savants, de devins, d'instituteurs, d'industriels, apportant avec eux les arts et les lettres, défrichant les marais, creusant les rivières, construisant des ponts. Les temples s'étaient élevés sous mille prétextes; de telle sorte qu'au commencement du septième siècle on comptait au Japon quarante-six temples de Shakya, huit cent seize prêtres et cinq cent soixante-neuf religieuses. Le bouddhisme était désormais implanté dans l'île; le germe s'était fait arbre, l'arbre allait bientôt étendre son ombre sur tout l'empire. Dès l'année 745 Shakya eut des fêtes marquées dans le calendrier japonais, et le daïri tira lui-même en personne, à cette époque, une des cordes destinées à dresser dans le temple *Sikarakina-miya* l'image du dieu *Daibouts* (le grand Bouddha).

Kæmpfer nomme Sotoktaïs, neveu du daïri Bindats, comme un des plus ardents propagateurs du bouddhisme; mais ce personnage a laissé bien moins de traces dans les annales japonaises que le fameux Kô-bô-daï-si. Ce dernier missionnaire était Japonais de naissance et natif de la province de Sanouki. Sa mère l'avait conçu à la suite d'un rêve dans lequel elle s'était crue embrassée par un prêtre de Fan (de l'Inde), et douze mois après, en 774, elle était accouchée. De bonne heure l'enfant, par son activité d'esprit et la perspicacité de son intelligence, mérita le surnom de garçon ingénieux. Élevé dans les principes de la doctrine confucéenne, qui s'était introduite au Japon avec les premiers arts de la Chine, il ne tarda pas à pénétrer le sens des six *King*; et sa merveilleuse aptitude pour les choses philosophiques le fit rechercher par le bonze Gou-so, qui tenait une école célèbre. L'étude des livres sacrés de Bouddha et de son obscure métaphysique devint alors sa passion de tous les instants; la forme et les procédés de l'écriture chinoise exerçaient en même temps ses facultés investigatrices. Kô-bô n'avait pas vingt ans que, déjà converti au bouddhisme, il avait pris un nom de religion qui faisait allusion à son profond savoir, celui de *koô-ka, mer du vide*. A l'âge de trente ans, il s'embarqua pour la Chine, où, pendant un séjour de trois ans, il étudia la doctrine de Bouddha, sous la direction du bonze Hoei-ko. Il visita les plus renommés des temples bouddhiques et s'enquit de toutes les doctrines particulières de chaque secte. De retour au Japon, retiré dans le temple du mont Maki-no-yama, il y fonda une école. La reconnaissance publique lui décerna alors un titre d'honneur, qui peut se traduire ainsi : *Le grand maître de la doctrine, dont le pinceau, trempé dans l'aurore, transmet la lumière.*

Kô-bô n'avait pas renfermé toute sa vie dans les pratiques stériles d'une dévotion étroite; il ne fut pas seulement un grand bonze, il fut un grand homme : c'est à lui que le Japon doit son syllabaire national, qui remplaça depuis lors le syllabaire chinois. Trois étangs ou *ike* que ce saint homme fit creuser, et qu'on voit aujourd'hui dans le district de *Fira-se*, témoignent encore de la variété de ses talents et de l'activité de son esprit. Sur la fin de sa vie, l'ardent missionnaire de Bouddha se voyant environné de disciples, jeta, avec leur aide, les fondements d'un temple sur la montagne de *Ko-ya-san*. Il était alors âgé de quarante-trois ans, et il ne le vit pas s'achever; mais il y fut honoré après sa mort. Ce temple porte le nom de *Kon-go-bou-si*; l'entrée en est fermée en tout temps aux femmes. Ses revenus considérables s'élèvent à vingt et un mille sept cents ballots de riz. Sept mille sept cents habitations sont venues, avec le temps, se grouper tout autour et former son domaine. Les daïris, pleins de respect pour la mémoire de ce civilisateur de leur empire, envoient parfois des ambassades à son temple, et ils ont ajouté à son nom de Kô-bô le titre honorifique de *daï-si*, grand maître de la doctrine.

Kô-bô-daï-si introduisit au Japon l'observance de *Sin-gon-sio*, ou l'observance des paroles véritables, fondée dans l'Inde méridionale par le bodhisattwa *Rioo-mio*, qui vivait huit cents ans après Shakya-mouni. Cette observance existe maintenant au Japon sous deux formes. La nouvelle est celle des *negores*, moines guerriers, qu'on retrouve souvent dans les guerres de l'empire. « Cette secte est si nombreuse, dit un missionnaire qui a écrit l'histoire du Japon, qu'elle peut lever en trois ou quatre heures, au son d'une cloche qu'on entend au loin, une armée de trente mille hommes : c'est ce qui oblige les empereurs à leur faire de grands dons, pour l'avoir toujours prête à leur service. Ces negores se querellent souvent entre eux, et alors ils courent les uns sur les autres, ne se faisant point de scrupule de s'entr'égorger, quoiqu'ils s'en fassent de tuer un oiseau ou un moucheron, parce que leurs lois le défendent. »

Avec l'affluence des missionnaires venus de plusieurs points, le bouddhisme vit ses divers ordres religieux se transplanter au Japon, et ses progrès s'accrurent de la rivalité de ces observances, toutes animées de l'esprit de prosélytisme. En 805, le daïri reçut même de la main du célèbre bonze Ten-ghio le baptême bouddhique. Ce baptême, qui s'appelle *kwan-tsioô* en japonais, se pratique dans un endroit obscur, où ne peuvent pénétrer les regards de personne. Le grand prêtre, tenant en main un vase de cuivre, répand un peu d'eau sur la tête du néophyte, et prononce quelques paroles. Cette eau lustrale s'appelle la *rosée douce*. En la versant, le prêtre bouddhiste prie les dieux de remettre au postulant, non pas comme dans le catholicisme les péchés originels qui lui viennent de ses ancêtres, mais les siens propres, ceux qu'il a commis dans ses vies antérieures, et de l'aider à perfectionner son cœur, afin de se réunir à Bouddha. On sait que le bouddhisme est basé sur le dogme de la métempsycose.

Malgré cet acte public d'un daïri en faveur de la religion bouddhique, les chefs de l'empire japonais n'en étaient pas moins restés attachés à la religion nationale du sinto, dont ils étaient les suprêmes pontifes, et tous continuaient à porter le titre de *ten-o*, auguste du ciel, qui indiquait leur descendance divine et les plaçait, par conséquent, au-dessus de toutes les divinités étrangères. Mais le soixante-troisième de la dynastie s'étant résolument converti à la doctrine de Bouddha, en fit la religion officielle du Japon, et substitua le titre impérial de *in*, qui signifie palais, à celui de *ten-o*. Cependant, comme nous l'avons déjà fait remarquer, la religion des kamis tenait trop intimement aux mœurs du pays et aux institutions du gouvernement, pour qu'elle ne gardât pas, du moins dans les formes, une grande prépondérance. Aussi les daïris ne la désertèrent-ils jamais, en tant que chefs de l'empire. Leurs funérailles sont un exemple du compromis qui s'est fait entre les deux religions. Ces funérailles ont lieu près du temple de Daï-bouts (grand Bouddha). En face du temple coule une petite rivière sur laquelle est jeté un pont nommé *Jonin-no-ouki-basi*. Jusqu'au milieu de ce pont, le cadavre est porté avec toute la pompe qu'un daïri étale pendant sa vie, et conformément aux rites du sinto; mais de l'autre côté, il est reçu par les prêtres de Shakya, qui l'enterrent avec l'accompagnement ordinaire des cérémonies bouddhiques.

Pour gagner de nombreux prosélytes dans le Japon, le bouddhisme n'avait pas attendu d'avoir la consécration impériale. En vain les sectateurs de Confucius, représentants du bon sens ici comme en Chine, avaient-ils essayé d'arrêter l'invasion de ses doctrines, et de ses superstitions plus absurdes que ses doctrines, le bon sens devait encore une fois avoir tort devant l'imagination. Naturellement tolérants, par la pitié générale qu'ils avaient pour les faiblesses humaines, les lettrés s'étaient bornés à lancer contre les fanatiques les traits plaisants de l'ironie; les prêtres sintoïstes, aussi indifférents par paresse de pensée que ceux-ci l'étaient par instruction, n'avaient non plus opposé aucun obstacle à la propagation du bouddhisme. Eux-mêmes, du reste, se laissèrent gagner bien souvent comme le peuple aux nouveautés de cette religion étrangère, qui apportait des solutions séduisantes à des problèmes que n'avait pas même soulevés le sintoïsme, et qui cependant semblent naître dans l'âme de l'homme avec sa pensée même. La religion épicurienne du sinto avait prétendu que les dieux étaient placés trop haut pour s'occuper des affaires terrestres, que la joie et le sourire étaient les seuls rayonnements de l'âme qu'ils aimassent à voir sur la figure de l'homme. Mais à côté des manifestations joyeuses de l'âme, il y a les angoisses cruelles et les tendres mélancolies; et la perte d'un objet chéri, d'un parent, d'un ami, les revers même de la fortune, ne les provoquent que trop souvent. Le sintoïsme, loin d'offrir une issue à ces courants de la vie humaine, les refoulait dans le cœur, et ordonnait le sourire aux traits contractés par la douleur, imposait silence aux plaintes, traitait la douleur d'inconvenante ou d'impure; la religion de Confucius, plus noble, plus relevée, disait à l'homme de chercher ses consolations dans lui-même, dans sa dignité et son orgueil. Religions de stoïciens ou de sybarites, l'une et l'autre abandonnaient l'homme à lui-même, ne lui montrant aucun soutien au delà de la vie présente; aucune non plus ne répondait à cette avide curiosité de l'homme, qui aime mieux se repaître d'absurdités et de chimères que de rester oisive.

Les Japonais, auxquels les questions d'avenir et de charité se présentaient avec tout l'attrait d'une révélation première, admirent donc avec fanatisme les doctrines de Bouddha ; ils se laissèrent séduire aussi par l'éclat des cérémonies du culte, le grandiose et la diversité des symboles. La prédication était chose à peu près inconnue dans le sintoïsme ; maintenant les discours des missionnaires bouddhistes passionnaient les imaginations des Japonais, et leurs traits d'éloquence ne manquaient jamais leur effet, lorsque, mettant en opposition avec quelques souffrances supportées avec résignation dans ce monde, les gloires d'un paradis futur, ils montraient l'homme s'épurant de plus en plus à travers les épreuves de la vie et arrivant à l'anéantissement complet de ses sens et de ses passions, à l'identification de sa nature avec le Dieu immuable.

Les exemples d'ascétisme donnés par ces prêtres n'agissaient pas avec moins de succès sur les esprits que ne le faisaient leurs paroles. Les religions qui ont commandé à l'homme l'annihilation des sens et des désirs, le renoncement à soi-même, à son orgueil, à ses penchants, la macération de la chair, ont toujours fait plus de prosélytes que les doctrines commodes d'Épicure. Il y a dans l'homme la fibre de l'enthousiasme qui vibre à certaines heures, et dans ces moments l'émotion est contagieuse; la surprise peut quelquefois faire un dévot et un martyr de l'homme incrédule et voluptueux. Aussi n'était-ce pas sans se sentir véhémentement agités que les relâchés croyants du sinto voyaient les fanatiques sectateurs de Bouddha monter sur des barques et se précipiter dans le sein de la mort, en faisant couler la barque dans les ondes, au bruit des louanges et des hymnes chantées en l'honneur de leur dieu. Ils admiraient ces hommes qui se faisaient enfermer dans des cavernes où ils avaient à peine assez d'espace pour se tenir assis, où ils ne respiraient qu'un air avare par un tuyau, et où ils se laissaient tranquillement mourir de faim, dans l'espoir qu'*Amida* viendrait recevoir leur âme au sortir de leur corps. Quelques moines sans intelligence, qui se précipitaient sous les roues des chariots et se faisaient broyer sous les pieds des chevaux, parlaient à leurs yeux plus éloquemment que ne pouvaient le faire les sceptiques docteurs de la religion confucéenne. Confucius avait fait une philosophie pour des sages; c'était à des peuples encore grossiers que le bouddhisme s'adressait.

Nous n'avons pas à revenir ici sur la doctrine métaphysique du bouddhisme; elle ne s'est point altérée en passant au Japon. La légende qui raconte la naissance et la vie de Bouddha, appelé ici Fotoge, ne s'est pas non plus trop défigurée. Elle fait naître ce personnage douze cent neuf ans avant notre ère. Pour ne parler ici que du dogme externe, il suppose l'existence d'un paradis et d'un enfer. Amida préside au paradis; Jemma est le roi des enfers. Suivant une opinion qui s'est empreinte au Japon d'une couleur toute locale, Jemma voit dans le grand *miroir* toutes les actions cachées des hommes. Mais quoique ce dieu soit d'une sévérité inexorable, si les prêtres implorent l'intercession d'Amida en faveur des damnés, et si les parents du défunt contribuent à l'efficacité des prières par leurs offrandes, Amida sollicite parfois si bien la pitié de son confrère, que le sombre roi des enfers se relâche de sa sévérité et livre ses victimes à Amida, qui les emporte avec lui ou les rend à la terre.

La Bible des bouddhistes Japonais est le *Kio* ou *Fokekio*, le *livre par excellence*, ou *le livre des fleurs excellentes*; il contient les préceptes de Shakya, et n'est autre que le livre des quarante-quatre paragraphes de la Chine.

Toutes les familles, celles qui savent lire comme celles qui ne le savent pas, en possèdent au moins un exemplaire. C'est le catéchisme du laïque, le bréviaire du bonze. Le mendiant qui court incessamment les grandes routes du Japon le considère comme aussi indispensable que sa besace. Des versets de ce livre sont des thèmes perpétuels de discours; c'est à ce livre que dans les discussions on se réfère comme à un juge sans appel.

Le bouddhisme, nous le savons, s'appuie sur l'unité de

Dieu ; mais cette croyance, nous le savons encore, n'est pas un obstacle aux personnifications les plus nombreuses et les plus diverses de la Divinité. Au Japon, il y a trois dieux principaux, que nous pouvons rattacher à cette religion. Ce sont : Amida, Quanwon et Daïbouts. Amida est le souverain du ciel et de la terre, l'Adhi-Bouddha des systèmes métaphysiques. C'est, disent ses adorateurs japonais, une substance invisible, sans forme, sans accident, séparée de toute sorte d'éléments. Il existait avant la nature ; il n'a ni commencement, ni fin, ni limites. Amida est adoré dans le célèbre temple d'*Amida-deva*.

L'idole du dieu est sur un autel ; il est monté sur un cheval qui a sept têtes, chacune d'elles représentant mille ans. Il a une face de chien, et tient dans ses mains un cercle d'or qu'il mord. Tous ces emblèmes représentent des périodes de révolutions, ou l'éternité. Amida est adoré d'un culte tout particulier. La formule de prière : *Amida, sauvez-nous*, s'échappe à chaque instant de la bouche des bouddhistes japonais. C'est pour plaire à ce dieu que s'accomplissent les actes de la dévotion la plus fanatique ; c'est pour se joindre à lui que se font ces noyades dont nous avons parlé ; pour lui, qu'on se renferme dans des cellules murées où on se laisse mourir.

Quanwon et Daïbouts paraissent être deux représentations différentes du même dieu, le grand Bouddha. Le principal temple de Daïbouts est à Miyako ; il se nomme *Fo-kwo-si*, et fut fondé une première fois en 1590. Renversé en 1596 par un de ces tremblements de terre qui sont si fréquents au Japon, il a été rebâti en 1602, par le fils du premier fondateur. Le Fo-kwo-si est construit en marbre blanc et orné dans son intérieur de quatre-vingt-seize colonnes en bois de cèdre. Ce qui rend surtout ce temple célèbre dans tout l'empire, c'est la colossale statue du Daïbouts qu'on voit dans l'intérieur. Elle était autrefois en cuivre massif ; mais ayant été mutilée par un second tremblement de terre, elle fut refaite sur le même modèle en bois doré. La description du temple et de la statue se trouve dans un petit livret qu'on vend à la porte du temple aux étrangers qui vont le visiter. Le livret est intitulé : « Tableau de la grande salle du grand Bouddha, de la résidence impériale et de la salle de trente-trois entre-colonnes de longueur. » Klaproth nous en a donné la traduction.

Les mesures sont en *ken* ou *ma*, c'est-à-dire espaces entre les colonnes, dont chacun équivaut à 7 pieds 4 pouces et demi, ou à 6 *siak*, ou pieds japonais; chacun vaut 10 *sun*, ou pouces.

	Ken.	Siak.	Sun.
Le mur du temple est haut de.	25		
Il a un double toit.			
....			
Le toit de dessus a un auvent ou petit toit en saillie, haut de.	17		
Le premier repose sur quatre-vingt-douze colonnes, dont chacune a en diamètre. . . .		5	5
Les deux façades du temple ont chacune la longueur de.	15		
Et l'épaisseur de.		5	5
Le temple a soixante-douze portes et croisées, chacune de la hauteur de.		4	3
L'image de Bouddha est assise sur une fleur de lotus.			
Depuis la tête jusqu'à la fleur, sa hauteur est de.	10	3	0
La longueur du visage est de.	3		
Sa largeur de.	2	5	
Les yeux sont larges de.		5	7
La bouche est large de.		1	0	5
Le nez est long de.		1	0	8
Les oreilles sont longues de.		1	0	5

	Ken.	Siak.	Sun.
Les mains ont la longueur de........	2	2	0
La largeur de................	1	1	5
Les cuisses sont longues de.........	8	2	
Larges de..................		5	1
Et épaisses de................	1	2	0
Chaque rayon de l'auréole autour de la tête est long de................	12		
La fleur de lotus sur laquelle la statue est assise, a l'épaisseur de diamètre de.....	18		
La circonférence de............	57	0	0
Le piédestal sur lequel est la fleur de lotus, est haut de................	2	3	

La tête de la statue passe par le toit.

La salle dite de trente-trois espaces de longueur se trouve à côté du Daïbouts. On l'appelle encore la salle des trente-trois mille trois cent trente-trois idoles. Elle fut construite dans l'année 1164. De chaque côté du grand autel sont dix rangs de degrés; sur chacun de ces degrés M. Titsingh comptait en 1782 cinquante statues, chacune haute d'environ cinq pieds; le travail en était exquis et elles étaient couvertes de dorure. A voir l'immense population de petites idoles qui pullulent sur la tête, sur les épaules, sur les bras et sur les mains des mille grandes idoles, on conçoit qu'effectivement le nombre total puisse s'élever à trente-trois mille trois cent trente-trois.

Les idoles de Bouddha sont aussi diverses que nombreuses. Dans quelques temples, la figure du dieu est noire, sa chevelure laineuse et crépue; l'idole est assise, à la manière indienne, sur douze coussins; les coussins sont posés sur le haut du tronc d'un gros arbre qui s'appuie lui-même sur le dos d'une tortue. On ne sait à quel symbole rattacher ces cheveux crépus, cette couleur noire, attributs corporels que dans tous les pays les bouddhistes donnent à leur fondateur, car il est certain que Bouddha, né dans le nord du Bengale, appartenait à la race blanche. Pour le dieu Quanwon, nommé aussi Canon, bien que quelques historiens le placent dans la religion du sinto, nous ne balançons pas à croire que c'est une espèce de Bouddha. Il a tous les caractères qui distinguent les idoles de ce dieu, tout ce luxe bizarre d'emblèmes, d'allégories par lesquelles l'esprit exercé des religieux de l'Inde a cherché à représenter les rapports de la Divinité avec la nature et avec l'homme. Quelques traditions font de ce dieu le petit-fils d'Amida, et le disent créateur du soleil et de la lune, des eaux et des poissons.

Enfin Bouddha, en sa qualité d'homme et de fils d'une famille de kchatriyas de l'Inde, a aussi des temples au Japon. Son idole y est représentée assise sur un lotus où il loue et prie sans relâche la Divinité invisible. Des encensoirs sont suspendus tout autour de lui par des chaînes d'or; des parfums y brûlent nuit et jour en son honneur. Le Bouddha sous cette forme est appelé *Fotoge*, le Seigneur, ou le Dieu par excellence.

Dans tous les pays où a été adopté le bouddhisme, le culte des animaux s'est établi comme une conséquence du système de la métempsycose. Au Japon, non-seulement les singes, les renards, les serpents, les chiens, figurent dans la plupart des emblèmes du culte général, mais les singes et les renards ont leurs pagodes particulières. Il y a des temples où l'on ne voit aucune figure humaine, mais des myriades de singes de toutes les espèces et dans toutes les attitudes, élevés sur des socles. Devant chacun d'eux sont des ex-voto, déposés là par la piété des dévots. Certains moines de *Camsana*, loin de se borner à adorer le dieu sous ces idoles, vont jusqu'à vénérer les animaux même sous la forme vivante.

Ils entretiennent, sur une colline qui s'élève auprès de leur couvent, un grand bois sacré, et ils le peuplent de diverses espèces d'animaux. Suivant les idées bouddhiques, ces animaux sont, quant à l'âme, des esprits semblables à nous, doués de nos sentiments, de nos idées, mais retenus dans les limbes de l'intelligence par ce mutisme forcé qui empêche la manifestation de la pensée. Les moines vivent au milieu d'eux comme au milieu des hommes; ils leur fournissent abondamment à manger; les appellent au repas par le son d'une cloche, comme on appelle les moines au réfectoire. Un historien un peu sceptique demande quel rapport il peut y avoir entre ces animaux et les bonzes qui les nourrissent; peut-être celui-là même qui existe entre les ménageries et leurs conducteurs; ils se font vivre réciproquement.

Mais c'est surtout le renard qui jouit ici d'un culte populaire. Ce culte ne s'adresse pas à tous les renards indistinctement, mais seulement à l'espèce appelée *kitsne*, renard blanc. Pour le renard ordinaire, on le chasse à outrance et on se sert de sa fourrure. Presque toutes les grandes familles ont leur renard blanc qu'elles logent dans un petit temple, et qu'elles considèrent comme l'oracle, l'ange gardien de la maison, comme un conseiller dans les affaires difficiles. Un Japonais se trouve-t-il dans une position embarrassante, veut-il tenter une entreprise commerciale ou militaire? il va dans le petit temple du renard, le caresse, lui fait toutes les protestations possibles de respect et d'amitié, et lui offre un sacrifice composé de riz rouge mêlé de fèves. Le lendemain, c'est avec une sollicitude respectueuse qu'il revient au temple, pour savoir si le sacrifice a été accepté. Si l'animal a mangé, ne fût-ce que quelques grains, le signe est favorable. Tout espoir est abandonné s'il n'a pas touché au riz.

Un trésorier de Nangasaki avait dépêché un courrier à Yedo avec des lettres pour les membres du conseil d'état. Quelques jours après, ce ne fut pas sans une cruelle surprise qu'il s'aperçut qu'une des lettres était restée chez lui; car cet oubli l'exposait à de graves reproches de la part du conseiller à qui elle était destinée, et peut-être à une disgrâce. Que faire? ce qu'on fait en pareil cas au Japon : il se hâta d'aller offrir un sacrifice à son renard; le lendemain il revint avec anxiété dans le petit temple. Quel heureux augure! la plus grande partie du riz était mangée. Il courut aussitôt à son cabinet et n'y trouva pas la lettre. A quelques jours de là, son commissaire de Yedo lui écrivait qu'en ouvrant la boîte qui contenait les lettres expédiées, la serrure paraissait avoir été forcée en dehors par une de ces lettres, pressée entre la boîte et le couvercle. C'était la lettre même oubliée à Nangasaki. Comme bien on le pense, la renommée du renard du trésorier s'étendit fort loin, et plusieurs personnes qui avaient à se plaindre du leur vinrent le consulter. De plus, comme au Japon les renards reçoivent des titres, suivant le degré d'intelligence qu'ils montrent et les miracles qu'ils opèrent, le trésorier obtint pour le sien, à force d'argent, la qualité de *Ziô-itsi-i* ou de grand du premier rang de la première classe. Au Japon, comme partout, il y a des hommes de sens et d'esprit pour rire de ces stupides superstitions; mais le sacerdoce, qui fournit des aumôniers à ces temples, les maintient contre l'évidence et la raison.

Du temps de Kæmpfer il y avait au Japon trois mille huit cent quatre-vingt-treize temples bouddhiques, et ils étaient desservis par trente-sept mille quatre-vingt-treize bonzes.

Quelque divers que soient les ordres de prêtres, tous font la même chose. Cette unique chose, Rabelais nous l'indique à sa manière, en disant qu'ils prient pour nous par *paour de perdre leurs miches et leurs soupes grasses*. Tous les sermons des bonzes finissent par une invitation à l'aumône, par une demande d'argent en faveur des monastères et des temples. Un prédicateur habile, qui a su s'emparer de l'esprit de ses auditeurs par quelques beaux développements sur une vertu morale, sagement entremêlés de versets tirés du vénérable Fokekio, sait de loin ménager l'instant opportun pour lancer son exhortation. Quand il voit les cœurs ouverts à toutes les inspirations du ciel, il termine brusquement par ces paroles, qui reçoivent rarement de variantes : « Un fidèle ne doit jamais négliger l'offrande ni l'entretien des couvents ; c'est là que vivent ceux qui vous réconcilient avec les dieux par leurs prières et leurs bonnes œuvres. » Les quêteurs se tiennent prêts pour ce moment, et circulant aussitôt à la ronde avec leurs escarcelles, ils enlèvent d'assaut la recette.

La plupart des ordres religieux sont mendiants ; on sort des mains des uns pour tomber dans celles des autres, et tous demandent avec l'assurance d'un créancier qui exige son bien. Ils vont ordinairement deux à deux et s'asseoient à la lisière des chemins, sur des nattes, ayant toujours devant eux le Fokekio, dont ils ont appris quelques lignes par cœur et avec lesquelles ils assourdissent les passants. Au lieu des versets du livre sacré, d'autres marmottent sans cesse des NAMAMBA, abréviation de NAMU AMIDA BUDDA (*Amida, secourez les âmes des trépassés*), et ils égrènent leur chapelet de cent quatre-vingts grains, enfilés à un fil serré. Ces grains représentent le nombre des péchés que l'homme peut commettre.

En vertu de cette faculté, commune à presque tous les peuples des régions méridionales, qui leur fait réunir la plus grande énergie à la plus grande mollesse, les voluptueux Japonais ont poussé les rigueurs de l'ascétisme bouddhique jusqu'à la barbarie. Les pèlerinages des bouddhistes contrastent singulièrement avec celui d'Isie. Il en est un surtout qui présente de telles circonstances d'horreur, qu'il mérite d'être décrit comme un trait caractéristique du peuple et du culte.

Chaque année, dans l'importante *Nava*, que le nombre de ses temples a fait ranger parmi les villes saintes de l'empire, et qui, par ses lagunes, par les entrecroisements de canaux qu'on y passe sur des ponts de cèdre, par la gaieté de ses fêtes et la pompe de ses festins, rappelle Venise, se réunissent souvent des groupes d'environ deux cents personnes, pour entreprendre ensemble ce pèlerinage. Au jour convenu, la cohorte des pèlerins, dont le sombre aspect semble intimider cette ville de plaisirs, se met en campagne, nu-pieds, la tête découverte. Une distance de soixante-quinze lieues les sépare du terme de la route, et c'est à peine si, à travers les affreux précipices qui la mesurent, à travers des sentiers semés de rochers et de ronces, ils peuvent franchir plus d'une lieue en un jour. Il n'y a sur ces lieux, séjour habituel des animaux et des oiseaux de proie, ni hôtelleries ni habitations, et chacun doit faire en partant sa provision de riz pour tout le voyage. Il est vrai que cette charge ne peut guère ajouter à la fatigue de la marche, car les pèlerins ne mangent que le matin et autant seulement de riz qu'en peut contenir le creux de la main; mais l'eau est d'un transport plus difficile, et comme dans les huit premiers jours on ne trouve pas une seule source, il arrive souvent que ceux qui n'ont pas eu soin de s'en munir avant le départ ou qui l'ont laissée se corrompre, tombent malades en chemin et meurent abandonnés. Des bonzes, nommés goguis, sont les guides de la troupe à travers les montagnes. Rendus farouches par leurs macérations, exaltés par leur abstinence, leur figure a quelque chose de hagard; leur air est sinistre; leur ton de voix, leur démarche, l'agilité convulsive avec laquelle ils escaladent la cime des rocs, le commerce qu'ils sont supposés entretenir avec la Divinité sur ces lieux escarpés, tout leur donne un caractère surnaturel et fantastique, et inspire à leur égard un aveugle respect. Les premiers jours, lorsque la proximité de la ville permettrait aux pèlerins de regagner le foyer domestique, les goguis conseillent paisiblement d'observer le jeûne et le silence, ainsi qu'une foule d'autres petites règles; mais à mesure que les lieux livrent les pèlerins à leur merci, ils se montrent plus sévères, et les moindres infractions sont punies de la perte de la vie. Le coupable est suspendu par les mains à un arbre qui plonge sur un abîme, et la troupe passe outre. Le malheureux, après quelques instants d'efforts, se fatigue, et ses forces se brisant, ses mains s'ouvrent, laissent échapper la branche, et son corps roule au fond du précipice. La troupe ne se détourne même pas pour voir cette lutte de la vie et de la mort. Si quelqu'un des pèlerins, fût-il son fils ou son père, lui portait secours ou osait seulement le plaindre, il serait à l'instant suspendu à la même branche.

Cependant on arrive sur un plateau spacieux. Les bonzes y font asseoir tous les pèlerins, les mains en croix et la bouche collée sur leurs genoux. Il faut demeurer dans cette position un jour et une nuit sans remuer. De grands coups de bâton punissent toute marque de locomotion et de sensibilité. Ce temps est destiné à l'examen de sa conscience et à se préparer à une confession générale, qui est l'acte capital de ce pèlerinage. L'examen fini, on se met en marche, et on ne tarde pas à apercevoir un amphithéâtre de hautes montagnes. Sur le milieu, un rocher escarpé se détache de la masse et la domine, c'est là le terme du voyage. De ce rocher part et plonge perpendiculairement dans le vide de l'amphithéâtre, une longue barre de fer, retenue par une machine, et à cette barre sont attachés des plateaux de balance. Le pèlerin doit se placer dans l'un des plateaux; il y a dans l'autre des poids pour faire équilibre. Quand le pèlerin est assis, on tourne un ressort, et le plateau chargé de l'homme, décrivant un demi-cercle, se trouve suspendu sur l'abîme. C'est là et dans ce moment de terreur, que le pèlerin doit faire sa confession générale. Tous ses compagnons sont échelonnés à l'entour du rocher, pour l'entendre. Malheur au pénitent qui essayerait de cacher le moindre péché; les bonzes à son bégaiement devineraient sa supercherie, et dans leur impitoyable justice, ils imprimeraient à la balance une secousse qui renverserait le coupable dans le profond abîme qui mugit sous ses pieds. Quelques terribles exemples ont pour résultat de délier la langue des plus timides, et lorsque tous, les uns après les autres, ont subi la périlleuse épreuve, on se rend dans un temple de Shakya, où se trouve une statue d'or massif de ce dieu. Après quelques dévotions en actions de grâces, on règle les affaires d'argent avec les moines qui ont reçu la confession ; puis on se rend encore ensemble dans un autre temple, et avant de se séparer, les pèlerins passent plusieurs jours en spectacles et en plaisirs.

Malgré ces rigides préceptes, il y a parmi les bouddhistes du Japon des agents d'affaires célestes qui se chargent de négocier les accommodements de l'homme avec le ciel. En payant largement, les riches Japonais se font facilement suppléer dans les pratiques trop rudes. Les bonzes poussent le désintéressement et l'humilité jusqu'à appliquer à autrui le mérite de leurs bonnes œuvres, et faisant plusieurs parts dans leurs prières, ils donnent un quart à celui-ci, un quart à celui-là, un autre quart à un troisième, mais il est bien entendu que chacun paye pour le tout. Les bonzes escomptent même leur part de paradis, en tirant sur l'autre monde des lettres de change, dont ils ont soin de toucher la provision dans celui-ci. Il est peu de bouddhistes japonais qui ne prêtent ainsi leur argent aux temples pour se procurer quelques billets qu'ils emportent en mourant. On les brûle et on en enterre les cendres avec eux. Les robes de papier dont les superstitieux Japonais veulent être revêtus à leur mort, ne sont pas de moins heureux véhicules pour arriver au paradis; elles sont couvertes de figures et de scènes mythologiques, et représentent en général la vie d'Amida, le dieu du ciel. Ces robes sont fabriquées par des religieuses qui, le plus souvent, habitent dans des monastères de moines, mais dûment séparées d'eux, comme il convient. Les deux sexes ne doivent se rencontrer qu'au temple, où ils chantent alternativement les louanges de Bouddha. Malgré leur pudeur apparente, les voltairiens du pays ne leur font pas une meilleure réputation qu'aux religieuses du sintoïsme. Ils les accusent assez haut d'avoir un mauvais commerce avec les bonzes, et prétendent que c'est par elles que s'est introduit au Japon l'usage si commun aujourd'hui de se faire avorter.

Les cérémonies funèbres d'un peuple indiquent d'ordinaire l'idée religieuse admise chez lui relativement à la vie future. Cette idée se manifeste au Japon dans la fête originale du retour des âmes dans les familles. Le sintoïsme et le bouddhisme ont une égale part dans ce qu'on peut appeler la Toussaint des Japonais. Le jour de la fête, qui est le treizième jour de la septième lune, toutes les maisons sont ornées comme si l'on attendait l'arrivée de personnes du premier rang. A l'entrée de la ville il y a un lieu désigné où les âmes sont censées s'être donné rendez-vous, et le soir qui précède la fête, chaque famille s'y rend en grand appareil. Chacun s'adressant tour à tour aux âmes, les complimente sur leur bienvenue, les interroge sur les fatigues du voyage, les invite à se reposer et leur présente des rafraîchissements. En même temps, une conversation générale s'engage avec ces interlocuteurs fantastiques, conversation qui ne peut manquer d'être fort plaisante, et qui dure au moins une heure. Après cela, une partie de la famille se détache pour aller tout préparer à la maison, et les autres, prenant des flambeaux allumés, se mettent en devoir d'accompagner chez eux les âmes qu'ils ont invitées à s'y rendre. En arrivant, on trouve toute la ville illuminée; le dedans des maisons est aussi éclairé, et des tables magnifiques sont dressées partout. Les couverts des morts sont mêlés à ceux des vivants, et comme les Japonais croient que tous les corps, ceux des animaux et des plantes comme celui des hommes, sont formés d'une partie invisible très-subtile, ils se figurent que les morts savourent cette partie dans les mets qu'on place devant eux.

Le repas de famille achevé, toute la population se met sur pied, les maisons s'emplissent et regorgent de visiteurs qui vont saluer les âmes de leurs voisins ou de leurs amis. Une partie de la nuit se passe à se visiter. Le jour suivant la fête dure encore, mais le zèle envers les âmes commence à se ralentir. Ces amis, que dans l'épanchement d'une première reconnaissance on avait tant caressés, sont l'objet de moins de prévenances. Le troisième jour ce sont des hôtes importuns, et ils sont tenus de se remettre en route vers le paradis, dont ils s'étaient un instant détournés. On leur fait la conduite en cérémonie jusqu'au lieu où on était allé les accueillir, et de crainte qu'ils ne s'égarent et que, dans l'impuissance de retrouver leur chemin, ils ne rentrent dans la ville pour l'effrayer plus tard de leurs apparitions, on jette un déluge de pierres sur les toits, et on frappe à grands coups de bâton sur les murs, pour chasser les hôtes attardés.

Dans cette atmosphère de superstitions sintoïstes et bouddhiques, que les phalanges de prêtres qui végètent sur le sol du Japon se sont réunis pour épaissir, on est tout étonné de trouver un parti de la raison. La raison toutefois est ici fort mal vue, et être raisonnable, c'est déjà être athée. Les bonzes préfèrent des hommes débauchés ou criminels à des esprits droits; on effraye les uns; l'existence des autres est une protestation contre leurs doctrines. La raison pourtant, comme nous le disons, a au Japon ses fidèles : ce sont des philosophes moralistes qui portent le nom de sectateurs du siuto, mot qui, suivant Kœmpfer, signifie la *voie* ou la *méthode des philosophes*. Leur doctrine n'est pas autre que celle des lettrés de la Chine, et comme eux ils ont pour chef Confucius, très-populaire au Japon sous le nom de Koosi. Il n'est donc pas nécessaire d'exposer leurs croyances; nous savons qu'elles s'appuient sur un respect immense pour un être surnaturel qu'ils ne définissent pas et auquel ils ne donnent pas non plus de personnification, sur l'intégrité du cœur, sur la charité et les devoirs naturels dont l'accomplissement a pour résultat de maintenir l'ordre et la convenance des choses établies. Confucius a deux temples à Yedo, qui doivent leur fondation à un koubo-sama. Quand celui-ci vint les visiter pour la première fois, il fit à ceux qui l'accompagnaient un très-beau discours sur les mérites de ce grand philosophe et sur les excellentes maximes de gouvernement dont ses ouvrages sont remplis. Sceptiques à l'endroit de toutes les superstitions, les moralistes du siuto ont adopté, par un sage éclectisme, les sentiments généreux qui ont été l'origine des fêtes nationales ; ils célèbrent même ces fêtes dans ce qu'elles ont de politique et de gouvernemental. Quant à leur culte particulier, il se borne à quelques prosternations devant l'image de Confucius, et à quelques honneurs rendus aux ancêtres, à la manière des lettrés chinois.

Telles étaient les trois religions qui vivaient au Japon en bonne intelligence, lorsque le christianisme, à la suite des commerçants portugais, vint aborder sur ses côtes abruptes et peu fréquentées. Ne prêchant d'abord que la vertu, la morale, les grands préceptes de la sagesse humaine, montrant discrètement les symboles d'un culte qui, du reste, n'en renfermait que fort peu, la nouvelle religion fit parmi la secte du siuto de nombreux prosélytes. Les sintoïstes, indifférents, assistèrent à ses progrès sans avoir l'air de s'en préoccuper ; mais l'ennemi sérieux et acharné que le christianisme rencontra tout d'abord, fut le bouddhisme, religion qui n'était pas avec lui sans quelque analogie, et qui surtout vivait comme lui de propagande et d'exaltation.

A la première nouvelle d'un dieu étranger qui leur venait d'au delà des mers, les bouddhistes se sentirent animés pour leurs propres dieux d'une affection toute spéciale. Ils appelèrent le peuple à des prédications fréquentes, firent parler le grand Amida, menacèrent l'empire de grands dangers, et envoyèrent ambassade sur ambassade aux empereurs, pour les sommer de renvoyer ces hommes nouveaux, leur annonçant qu'ils seraient bientôt les maîtres du Japon, si on consentait à les recevoir aujourd'hui comme des hôtes. Mais les bonzes eurent beau crier, la nouveauté de la religion annoncée, sa morale, ses dogmes, plaisaient aux imaginations japonaises, et les daïris firent souvent aux messagers des bonzes cette réponse de Nabunanga à l'un d'eux : « Prennent-ils donc Miyako pour un village, qu'un étranger sans armes puisse venir à bout de détruire?» Le christianisme fit donc de rapides progrès, qu'attestèrent les fastueuses ambassades envoyées à Rome et en Espagne par les missionnaires du Japon. La résistance n'avait point cessé pourtant de la part des bonzes, et le zèle trop entreprenant des missionnaires, joint aux intrigues des Hollandais pour supplanter les Portugais dans le commerce qu'ils faisaient avec le Japon, vint donner à cette résistance une certaine légitimité. Peu à peu le christianisme perdit du terrain. Les missionnaires, s'irritant de la perte de leur puissance, voulurent la reconquérir par les armes, et comme ils le faisaient partout, ils fomentèrent ici une guerre civile dans laquelle tous les chrétiens furent exterminés en 1640. Un décret du daïri rappela ces paroles de l'empereur chinois Yong-tching, quand il chassa les jésuites de son empire : « Que diriez-vous si nous allions, sous le prétexte de trafiquer dans vos contrées, dire à vos peuples que votre religion ne vaut rien et qu'il faut absolument embrasser la nôtre? » Ce décret prononçait l'exclusion entière des chrétiens du sol du Japon, et par une de ses dispositions, tout chrétien qui tromperait la vigilance des autorités pour s'introduire dans le pays, devait être condamné à mort.

En même temps les Japonais établirent une cérémonie publique nommée *Jesumi*, en commémoration du bannissement des chrétiens. Le caractère de violence qui domine dans les détails de cette cérémonie témoigne assez de la peur que cause encore aux bonzes le souvenir d'une religion qui faillit détrôner la leur. Voici en quoi elle consiste : Vers la fin de l'année, un tribunal d'inquisiteurs se forme à Nangasaki, dans le district d'Omura, un autre dans la province de Bungo, lieux où le christianisme s'était principalement répandu. Chacun d'eux dresse le recensement de tous les habitants de son ressort, et le second jour du premier mois de l'année suivante, ces inquisiteurs, accompagnés des lieutenants des gouverneurs, se rendent de maison en maison avec les images du

Christ et de la Vierge. Là, ils se constituent en tribunal et font comparaître devant eux tous les habitants de la maison, chef de famille, mère, enfants de tout sexe, de tout âge, domestiques et locataires, et à mesure qu'on les appelle, ceux-ci doivent venir fouler aux pieds les symboles sacrés des chrétiens, jetés sur le plancher. On n'excepte de cette démonstration ni les vieillards impotents ni les enfants au maillot. Quand tous ont accompli la cérémonie du Jesumi, le chef de la famille appose son sceau au procès-verbal dressé par les inquisiteurs. A l'expiration de leurs fonctions, les inquisiteurs, avant de dissoudre leur tribunal, font entre eux la même cérémonie et se portent réciproquement garants de leur haine contre le christianisme.

FIN DU DEUXIÈME VOLUME.

TABLE.

RELIGIONS DE LA CHINE.

CHAPITRE PREMIER.

ÉPOQUE ANTÉHISTORIQUE. CROYANCE MYTHOLOGIQUE DES CHINOIS.

Premières colonies chinoises venues des montagnes occidentales de la Chine, du fabuleux Kouenlun. — Les habitants indigènes, nommés *Porteurs de grands arcs*, sont chassés. — Civilisation prématurée des premiers Chinois contrastant avec l'état intellectuel et moral des peuples primitifs. — Point de castes religieuse et militaire. — Indifférence pour le principe de légitimité dans les dynasties. — Gouvernement impérial tempéré par certaine constitution et par l'organisation des mandarins. — Les six ministres du conseil impérial. — Efforts des historiens pour reculer au delà des temps réels l'origine d'un peuple qui présente dès son apparition dans l'histoire un état de civilisation si avancé. — Création de la cosmogonie chinoise. — Pan-kou, premier homme et premier empereur de la Chine. — Les trois Hoang ou Augustes, qui représentent trois énormes périodes de temps régies par des rois du ciel, de la terre et de l'homme. — Traits distinctifs et formes bizarres des premiers Hoang. — Perfectionnements successifs de la forme corporelle humaine. — Les hommes vivent des milliers d'années. — Fou-hi, second fondateur de la nation chinoise. — Il est fils d'une vierge. — Il est l'inventeur de presque tous les arts, surtout de la musique et de l'écriture. — Son règne est rapporté à l'année 3468 avant notre ère. — Hoang-ti, premier empereur de l'histoire authentique. — Considérations sur les croyances cosmogoniques des Chinois dans leur rapport avec la science géologique. — Ossements humains d'une grandeur gigantesque trouvés du temps de Confucius en Chine...... Page 3

CHAPITRE DEUXIÈME.

TEMPS HISTORIQUES DEPUIS HOANG-TI JUSQU'AUX DEUX PHILOSOPHES LAO-TSEU ET KHOUNG-FOU-TSEU (CONFUCIUS) (DE 2637 A 604 AV. J.-C.).

Déisme primitif des Chinois. — Culte de la nature. — Notions métaphysiques de l'Etre suprême. — Système physico-religieux. — Dualité des principes élémentaires l'*Yang* et l'*Yn*, à laquelle est rapportée la création de tous les êtres réels et abstraits, les animaux et les vertus. — Peu de précision dans ces notions. — Croyance superstitieuse aux esprits qu'on divise en trois classes : les *Hien*, les *Chen*, et les *K u i*. — Ces esprits remplissent dans la police des airs des fonctions qui leur sont assignées par l'empereur chaque année lors de la promulgation du calendrier. — Ils président aux jours de l'année et aux heures du jour. — Singulière promotion dans ce gouvernement fantastique que fit Wou-wang, chef de la troisième dynastie de la Chine, dans l'année 1422 avant J.-C. — Magie et sorcellerie pratiquées par l'intervention de ces esprits, et au moyen de la tortue et des *koua*. — Eclipse de soleil, célèbre dans les annales chinoises. — Cérémonies établies en l'honneur du Ciel ou du *Chang-ti* sur les quatre montagnes sacrées de l'empire chinois. — Sacrifices. — Temples des trois premières dynasties. — Troubles dans l'empire causés par les excès du régime féodal. — Naissance de Lao-tseu... 18

CHAPITRE TROISIÈME.

LAO-TSEU, PHILOSOPHE ET FONDATEUR DE LA SECTE DES TAO-SSÉ OU DOCTEURS DE LA RAISON (604 AV. J.-C.).

Les particularités de la vie réelle de Lao-tseu sont fort peu connues. — Il est l'auteur du *Livre de la Voie et de la Vertu* (Tao-te-king). — Son système philosophique de la raison primordiale présente des rapports avec les doctrines idéalistes de l'Inde. — Son voyage supposé à l'Occident. — Exposition de sa théorie de la viduité de Dieu. — L'excellence de cet être primordial consiste dans la non-existence, dans la non-manifestation, dans la non-activité. — La perfection morale placée conséquemment au principe métaphysique dans le non-agir, dans l'annihilation de toutes les facultés tant physiques qu'intellectuelles. — Conséquences funestes en morale et en politique de ce quiétisme philosophique................ 44

CHAPITRE QUATRIÈME.

CONFUCIUS (KHOUNG-FOU-TSEU), FONDATEUR DE LA RELIGION DES LETTRÉS (DE 551 A 479 AV. J.-C.).

Parallèle entre Lao-tseu et Confucius. — Leurs caractères distincts se font jour dans une entrevue qu'ils eurent ensemble. — Naissance de Confucius. — Circonstances fabuleuses qui l'accompagnent. — Son enfance. — Son éducation. — Ses premiers pas dans la carrière du mandarinat. — La mort de sa mère le force, suivant une coutume du pays, de renoncer pour trois ans aux emplois publics. — A l'expiration de son deuil il reçoit des princes féodaux de la Chine les ambassades qui l'invitent à venir donner des codes de lois à leurs royaumes. — Il se rend dans plusieurs. — Dans ses voyages il s'arrête quelque temps chez un célèbre musicien-philosophe, nommé Siang, qui connaissait tous les mystères de l'art inventé par Fou-hi. — Effets merveilleux de la musique chinoise. — Illuminisme des mélomanes de ce pays. — Confucius s'environne de disciples. — Il fonde des écoles dans les divers royaumes qu'il parcourt. — Confucius ne fonde pas un système philosophique ; il ne fait que restaurer les préceptes d'ordre et de sagesse légués par les premiers patriarches de la Chine, et prêcher le respect de l'antiquité. — Jugement porté par Confucius contre la doctrine énervante de Lao-tseu. — Il déduit ses préceptes de l'usage et du principe pratique de l'utilité plutôt que de la théorie. — Antique parabole du seau. — Confucius est la personnification et le résumé complet de tout le peuple chinois. — Il représente sa perfection un peu guindée, sa majesté un peu froide, son bon sens privé d'enthousiasme. — Les désordres moraux de l'empire et son impuissance à les corriger affligent son cœur et déconcertent ses espérances. — Ses chants de désespoir. — Il revient dans sa patrie et s'y applique à la composition des six *King*, livres sacrés de la Chine. — Ses soixante-douze disciples. — Yen-hoei, le disciple bien-aimé. — Confucius se sent approcher de sa fin. — Exhortation à ses disciples. — Il offre avec eux un sacrifice au Chang-ti sur une montagne, le jour de l'achèvement des *King*. — Il meurt en 479 av. J.-C. — Ses funérailles. — Premiers honneurs rendus à son tombeau par le roi de Lou. — Ses disciples recueillent ses instructions et en forment les trois livres classiques de la Chine. — Le *Ta-hio* ou la Grande étude, le *Tchoung-young* ou l'Invariable milieu, le *Lun-yu* ou les Entretiens philosophiques, aussi vénérés que les King. — Système métaphysique qu'ils renferment. — Le sentiment de l'humanité est la base de la morale confucéenne......... 56

CHAPITRE CINQUIÈME.

FORMATION ET DÉVELOPPEMENT PARALLÈLE DES DEUX RELIGIONS DES TAO-SSÉ ET DES LETTRÉS JUSQU'A L'AVÉNEMENT A L'EMPIRE DE THSIN-CHI-HOANG-TI (DE 479 A 249 AV. J.-C.).

Destinée magnifique des deux philosophes Lao-tseu et Confucius. — Confucius arrive plus tôt que Lao-tseu à s'emparer dans l'esprit des Chinois de cette haute autorité qu'il possède aujourd'hui. — Une colonie de disciples s'établit près de son tombeau et y fonde le village appelé Khoung-li, du nom du philosophe. — La secte des lettrés se constitue. — Meng-tseu, le plus célèbre philosophe de l'école confucéenne. — Son livre forme un des quatre livres classiques de la Chine. — Les doctrines quiétistes de Lao-tseu tournent au mysticisme dans les mains de ses sectateurs. — Propagation de ses doctrines au moyen de l'affiliation et des sociétés secrètes. — Les tao-ssé s'emparent des traditions nationales. — Les tao-ssé avant Lao-tseu. — Ermites des montagnes et maîtres du Tao. — Anecdote relative à ces sectaires...... 87

CHAPITRE SIXIÈME.

RÈGNE DE CHI-HOANG-TI (DE 249 A 202 AV. J.-C.).

Thsin-chi-hoang-ti, fils d'un écuyer, devient roi de Thsin. — Accroissement de sa puissance, ses relations avec l'Occident. — Origine obscure du ministre Li-ssé. Il travaille avec son maître à anéantir le régime féodal et à ramener l'empire à l'unité de gouvernement. — Destruction de tous les petits rois de la Chine. — Victoires de Chi-hoang-ti. — Grands travaux. — Monuments. — Routes magnifiques. — Fondation de la fameuse muraille. — Les innovations de l'empereur excitent les murmures de la secte naissante des lettrés. — Leurs remontrances provoquent la colère de Chi-hoang-ti. — Première lutte, au moment où l'empereur va sacrifier sur les montagnes. — Elle a pour résultat d'écarter des cérémonies religieuses les lettrés, qui remplissaient une espèce de sacerdoce. — Les lettrés s'opiniâtrent. — Quelques-uns, invités à un festin, osent s'élever contre les actes de Chi-hoang-ti dans un parallèle injurieux entre lui et le premier empereur de la Chine. — Ils sont interrompus, et le ministre Li-ssé, prenant aussitôt la parole, persifle leur attachement aveugle pour des usages surannés ; il dresse habilement un acte d'accusation contre eux, et conclut en demandant à Chi-hoang-ti l'incendie des livres de Confucius et de son école. — Incendie des King et supplice des lettrés.................. 98

CHAPITRE SEPTIÈME.

SUITE DU RÈGNE DE CHI-HOANG-TI (202 AV. J.-C.).

Chi-hoang-ti agissait d'après les instigations des sectateurs du Tao, disciples de Lao-tseu. — Triomphe de ces derniers. — Ils payent à cet empereur parvenu leur influence en lui créant une généalogie illustre qui rattache la race de Hoang-ti au premier fondateur de la nation chinoise et à Lao-tseu. — Leurs inventions dans le champ mythologique. — La légende de Lao-tseu. — Croyances superstitieuses des tao-ssé qu'ils attribuent à leur maître. — Breuvage d'immortalité fabriqué par leurs bonzes. — La pêche d'immortalité. — Jardin paradisiaque. — Exercices spirituels pour entrer en extase. — Les diverses postures du *kong-fou* pour dégager l'âme du corps et l'exhaler au sein de l'être universel. — Amulettes des tao-ssé. — Leur livre des Peines et des Récompenses aussi vénéré que le Tao-te-king. — Quelques-uns des récits légendaires qu'il contient. — Mort de Chi-hoang-ti. — Tombeau grandiose que Chi-hoang-ti s'était fait construire de son vivant sur le mont Li. — Après sa mort, sa dynastie est renversée et son tombeau brûlé................ 114

CHAPITRE HUITIÈME.

AVÉNEMENT DE LA DYNASTIE DES HAN (202 AV. J.-C. — 65 APRÈS J.-C.).

La nouvelle dynastie révoque les édits de proscription portés par Chi-hoang-ti contre les lettrés. — Visite du fondateur de cette dynastie au tombeau de Confucius. — On commence la recherche des livres échappés à l'incendie. — On n'en trouve pas de traces, et on est obligé d'avoir recours à la mémoire d'un vieillard nommé Foucheng, qui, éloigné du centre de la persécution, avait continué à enseigner à des disciples dévoués les préceptes de Confucius. — Les dictées du vieillard. — On trouve un exemplaire vermoulu de ce livre dans les ruines de l'ancienne maison de Confucius. — Les tao-ssé se glissent de nouveau à la cour. — Ils sont bien venus auprès des impératrices et des femmes des empereurs. — Le ministre Toung-fang-chouo était tao-assé. — Il est accusé par un nain de cette secte d'avoir volé les pêches d'immortalité........................ 147

CHAPITRE NEUVIÈME.

BOUDDHISME OU RELIGION DE FO.

L'empereur Ming-ti, averti par un songe, envoie des ambassadeurs dans l'Inde pour y chercher les images de Bouddha et les livres de sa doctrine. — Comment la première connaissance du bouddhisme était parvenue en Chine. — Exposition de la doctrine. — Elle s'appuie sur deux idées sociales : 1° Rejet des castes par suite de la création d'un nouveau culte. Prédication de Bouddha, légende d'Ananda, de la caste des kchatriyas, et de la paria Pakriti. 2° Rejet de la nationalité en fait de religion. — Identité de toutes les races devant la croyance............·............. 157

CHAPITRE DIXIÈME.

SUITE DU BOUDDHISME.

Ce que sont devenus les dogmes brahmaniques dans la réforme de Bouddha. — Conception de Dieu. — Nihilisme. — Les *trois précieux* ou triade bouddhique. — Cosmogonie. — Le mont Sou-merou. — Le moule des désirs, séjour des dieux du panthéon bouddhique. — Rôle des dragons : un dragon embrasse la vie religieuse. — Légende de la fille du dragon du lac. — Le monde des formes et des couleurs. — Vicissitudes et durée de l'univers. — Les petits, les moyens et les grands kalpas. — Anéantissements et renaissances successives du monde............................ 176

CHAPITRE ONZIÈME.

SUITE DU BOUDDHISME.

Moyens de salut. — Ils consistent à se soustraire de plus en plus aux affections et aux instincts de la matière par la contemplation et les pratiques d'ascétisme. — Le suprême degré de perfection est dans l'anéantissement complet. — Le nirvana. — Enchaînement des diverses vies de l'homme. — Différents degrés de sainteté qu'il peut atteindre. — Les shrâvakas ; les pratyekas-bouddhas ; les bodhisattwas ; les bouddhas. — Les véhicules de perfec-

TABLE

tionnement. — Les mille bouddhas de chaque kalpa. — Le bouddha de l'âge futur 201

CHAPITRE DOUZIÈME.
SUITE DU BOUDDHISME.

Préceptes moraux du bouddhisme. — Création de l'ordre des bonzes. — Les bonzesses. — Leurs règles disciplinaires. — Livres sacrés des bouddhistes. — Opinions des bonzes sur l'enfer. — Expulsion des bouddhistes de la presqu'île de l'Inde. — Diffusion de la religion de Bouddha. — Elle s'introduit à Ceylan. — Antiques traditions mythologiques de cette île. — De Ceylan le bouddhisme pénètre à Siam, à Ava, en Cochinchine. — Bouddhisme du Kachmir et du Népal. — Antique culte des Nagas ou serpents en honneur dans ces pays. 210

CHAPITRE TREIZIÈME.

Introduction et progrès du bouddhisme en Chine. — Les missionnaires y viennent en foule du Kandahar et de Cophène. — Voyage du samanéen chinois Fa-hian à la recherche des traditions répandues dans les divers royaumes bouddhiques. — Luttes des trois sectes de Confucius, de Lao-tsen et de Fo. — Sarcasmes des confucéens contre les superstitions et les fourberies des bonzes de Fo. — Édit de proscription contre les bouddhistes. — Leur retour au pouvoir sous le règne de l'impératrice Tcheou-wou-chi. — Remontrances d'un ministre à l'empereur à l'occasion de l'installation d'un doigt de Fo dans le palais. — Nouvelle proscription des bouddhistes excitée par les tao-ssé. — La dynastie des Song fonde le culte officiel de Confucius et le régime des examens et des concours pour la promotion des lettrés aux emplois de l'état. — A côté de ce culte officiel de l'empire, le culte de Fo devient la religion des empereurs. — Superstitions et ruses des bonzes. — Idoles. — Temples. — Cérémonies civiles de l'empire. — Fêtes du labourage, des lanternes. — Cérémonies en l'honneur de Confucius. — Syncrétisme religieux. — Conclusion.................. 242

RELIGION DU THIBET.

LAMANISME OU BOUDDHISME DU THIBET.

Premiers peuplés du Thibet. — Introduction du bouddhisme dans ce pays. — Lutte des lamas ou prêtres de Bouddha avec les chefs des tribus thibétains. — Les Mongols, maîtres de la Chine, font du chef des lamas le *maître de la doctrine de l'empire*. — Origine de la puissance spirituelle du dalaï-lama. — Superstitions................ 289

RELIGION DU JAPON.

CHAPITRE PREMIER.

Origine des Japonais. — Leur prétention à l'autochthonie. — Leurs notions mythologiques sur la création du monde. — Les deux dynasties d'esprits célestes. — Zin-mou, premier daïri ou empereur du Japon, commence la série des temps historiques en l'année 660 avant J.-C. — Traits distinctifs des Japonais qui empêchent de les confondre avec les Chinois. — Zin-mou est un guerrier qui vient de l'Occident pour soumettre le Japon. — Ses guerres contre les petits chefs des îles. — Caractère de la dignité de daïri; c'est une espèce de dieu terrestre. — Bizarres pratiques au moyen desquelles on le vénère. — Il réside à Miyako, capitale du Japon. — Les séogoun ou lieutenants militaires du daïri s'emparent de tout le pouvoir temporel. — Caractère de la dignité de ces empereurs laïques. — Yedo, seconde capitale du Japon, est le lieu de leur résidence. — Visites annuelles des séogoun aux daïris. — Rivalité des officiers des deux cours. — Conseil d'état du Japon. — Princes feudataires. — Le kara-kiri 305

CHAPITRE DEUXIÈME.

La religion du sinto, originaire du Japon. — Elle honore les kamis ou les esprits des trois dynasties. — *Ten-sio-daï-sin* est la principale divinité. — Sa fuite du ciel et sa retraite dans une caverne. — Temples de la religion du sinto. — Ils sont bâtis sur des éminences et dans des positions agréables. — Caractère des prêtres du sintoïsme nommés canusis. — Ils ne prêchent que le culte du plaisir et des penchants agréables. — Les fêtes et les jeux sont les pratiques les plus habituelles de ce culte. — Festins des Japonais. — Prêtresses de Vénus. — Excessifs scrupules des sintoïstes en fait de pureté corporelle. — Pèlerinage d'Isie. — Commerce des amulettes d'Isie dans le Japon. — Dieux divers. — La fête du Matsuri. — Représentation des mystères de la mythologie. — Ordres religieux. — Le bouddhisme s'introduit au Japon par la Corée. — Les missionnaires de ce culte et de ce pays sont bien accueillis, et on élève des temples à leurs idoles. — Légende de *Ko-bo-daï-si*, apôtre du bouddhisme au Japon. — Baptême bouddhique. — Le daïri fait profession publique de la religion nouvelle, tout en restant le chef du sintoïsme. — Le *Fokekio*, la Bible des bouddhistes japonais. — Diverses personnifications de la Divinité. — Idoles. — Description du temple et de la statue colossale du Daïbouts. — Culte des animaux. — Anecdote du renard d'un trésorier de Nangasaki. — État des bonzes. — Confession bouddhique au Japon. — Robes de papier d'Amida, dans lesquelles tiennent à mourir les dévots. — Cérémonies funèbres. — Retour des âmes dans leurs maisons. — Moralistes ou philosophes du siuto. — Ils honorent Confucius. — Introduction du christianisme au Japon. — Expulsion des chrétiens. — Cérémonie nationale du Jésmni, en commémoration de cette expulsion. 321

FIN DE LA TABLE DU DEUXIÈME VOLUME.

Imprimerie Dondey-Dupré, rue Saint-Louis, 46, au Marais.

Parvati présentant le breuvage d'immortalité au dieu Siva.

Ministre Japonais exécutant le Hara-Kiri.

L'Empereur Chi-Hoang-ti,

Présidant à l'incendie des livres et à l'exécution des lettrés.

des chinois pour les oiseaux.

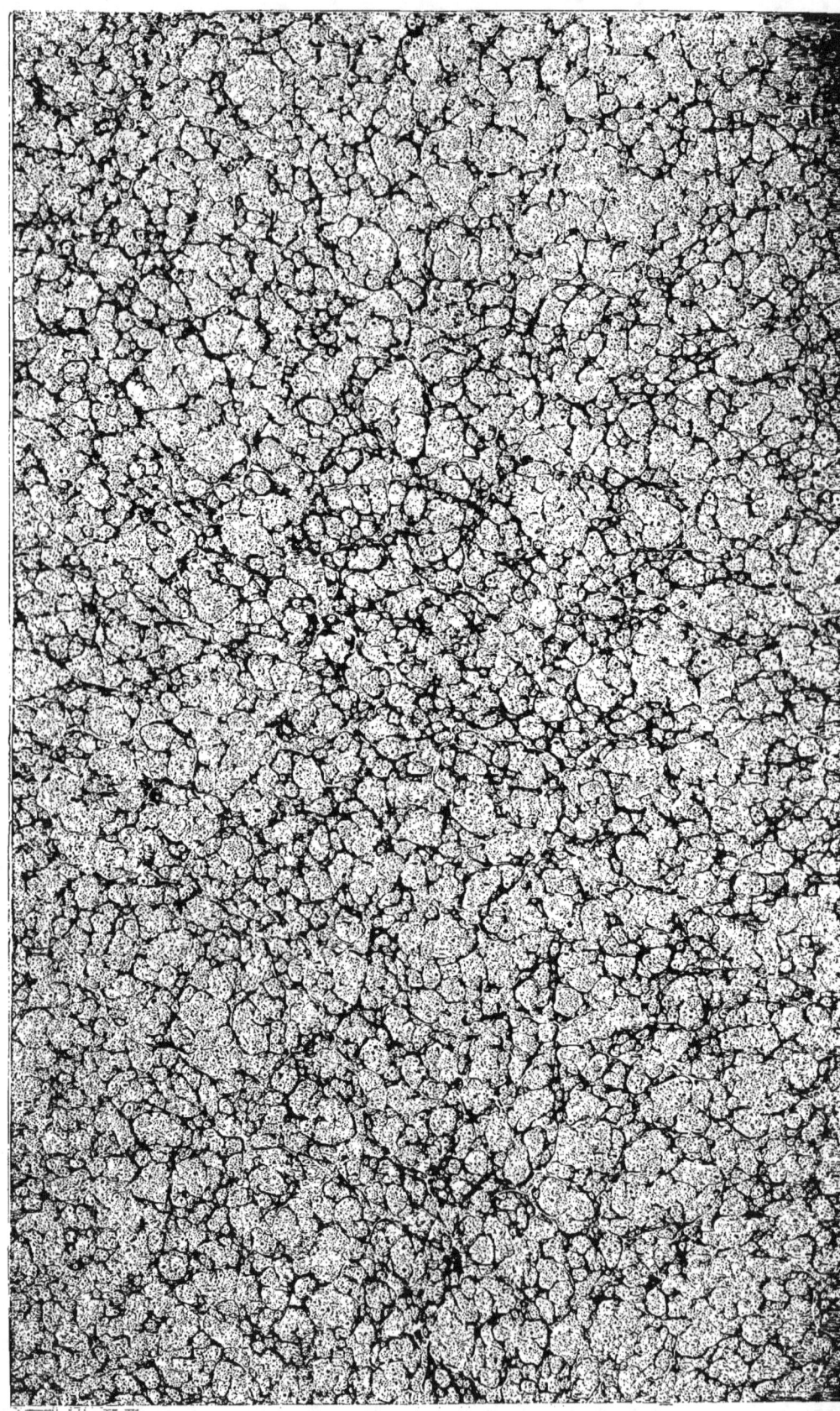

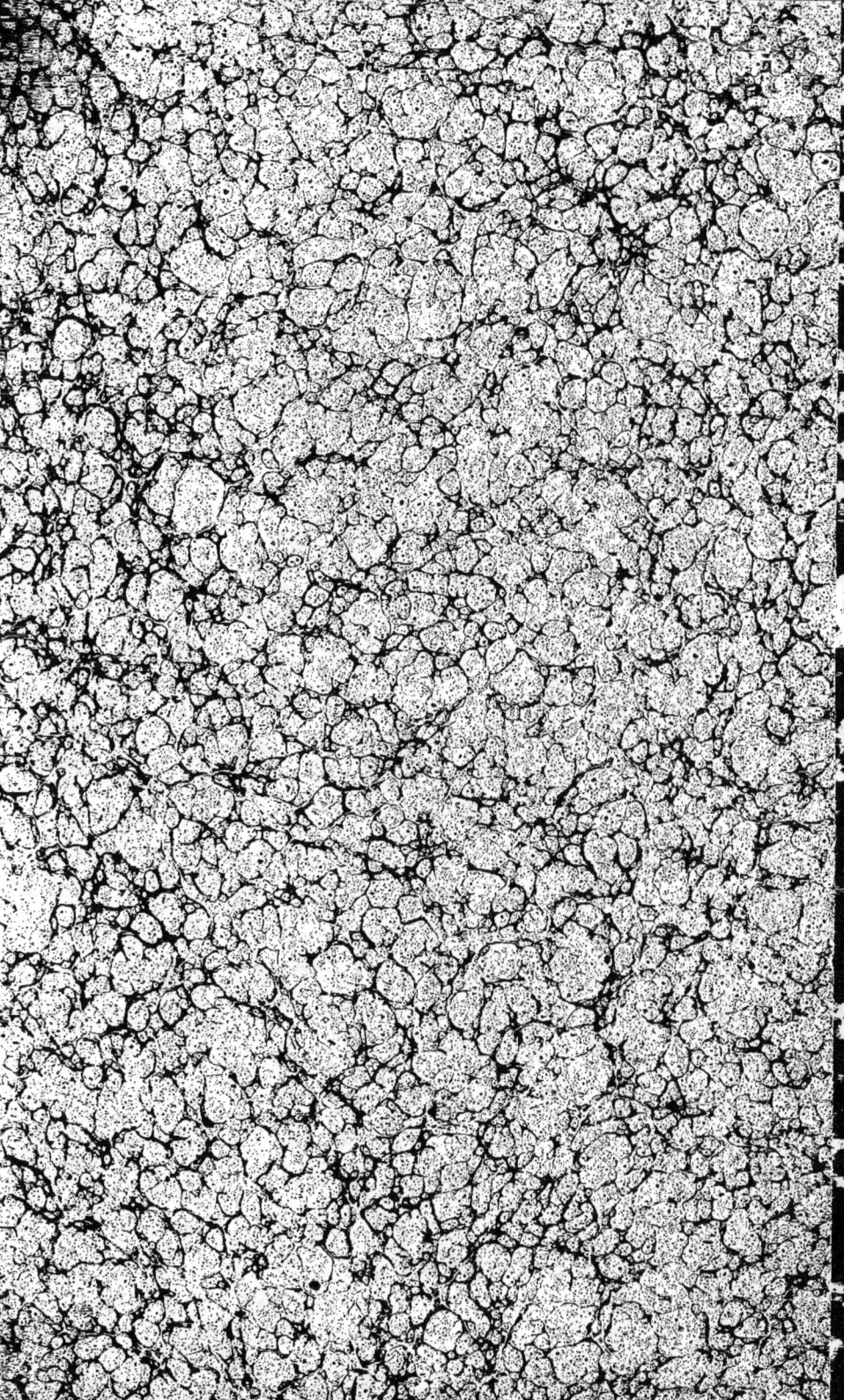